Dr. Rolf Lamprecht

Vom Mythos der Unabhängigkeit

Über das Dasein und Sosein der deutschen Richter

 Nomos Verlagsgesellschaft
Baden-Baden

Die Deutsche Bibliothek – CIP-Einheitsaufnahme

Lamprecht, Rolf:
Vom Mythos der Unabhängigkeit : Über das Dasein und Sosein der deutschen Richter / Rolf Lamprecht. – 1. Aufl. – Baden-Baden : Nomos Verl.-Ges., 1995
  ISBN 3-7890-3933-0

1. Auflage 1995
© Nomos Verlagsgesellschaft, Baden-Baden 1995. Printed in Germany. Alle Rechte, auch die des Nachdrucks von Auszügen, der photomechanischen Wiedergabe und der Übersetzung, vorbehalten.

Inhaltsverzeichnis

Einleitung 15

1. Meditationen über einen Begriff 17

1.1	*Widersprüchliche Definitionen*	17
1.1.1	Ambivalente Eigendynamik	17
1.1.2	Unreflektierter Besitzstand	17
1.1.3	Kein »Adelsregime«	18
1.1.4	Korrektur im Instanzenzug	19
1.1.5	Kritischer Rationalismus	20
1.1.6	Disposition für Selbstzweifel	21
1.1.7	Unangenehme Fragen	21
1.1.8	Akribie und Phantasie	22
1.2	*Latente Selbsttäuschungen*	23
1.2.1	Zwei Kronzeugen	23
1.2.2	Suggestionen des Alltags	24
1.2.3	Qualitative Bewußtseinssprünge	25
1.2.4	Warnung vor Abwehrklischees	26
1.2.5	Werbung um Vertrauen	27
1.2.6	Demoskopischer Tiefstand	28
1.2.7	Justitia, eine lächerliche Figur	29
1.2.8	Moralische Fragwürdigkeiten	30
1.2.9	Kein Wert an sich	31
1.3	*Die Zäsur*	33
1.3.1	Der Geist des Gesetzes	33
1.3.2	Privileg im Scheinwerferlicht	34
1.3.3	Eine unsägliche Begründung	34
1.3.4	Lauter Überzeugungstäter	35
1.3.5	Düpierte Schöffen	36
1.4	*Die Logik des Prinzips*	38
1.4.1	Fehlende Prämisse	38
1.4.2	Richteranklage	38

1.4.3	Parallelen zum Radikalen-Beschluß	39
1.4.4	Abgestufte Rechtsfolgen	40
1.4.5	Bendas Schlußfolgerungen	41
1.4.6	Modifiziertes Beratungsgeheimnis	42
1.4.7	Überstimmt und blamiert?	43
1.4.8	Verhältnismäßigkeit von Reaktionen	43
1.4.9	Der spiegelverkehrte Fall	44
	Quellen	45
2.	**Angriffe und Eingriffe**	**47**
2.1	*Die Furcht vor den Machthabern*	47
2.1.1	Historische Gründe	47
2.1.2	Urängste der Richter	47
2.1.3	Vorbild für das Volk	48
2.1.4	Stärkste Gewalt	49
2.1.5	Urteilsschelte durch Politiker	50
2.1.6	»Potenielle« Mörder	51
2.1.7	Versäumnisse eines Ministers	52
2.1.8	Anstand und Vernunft	53
2.2	*Echo auf mißverständliche Urteile*	53
2.2.1	Sprache und Kommunikation	53
2.2.2	Überinterpretation eines Tatbestandes	54
2.2.3	Unverständnis beim Urheber	56
2.2.4	Die Gerichssprache ist deutsch	57
2.2.5	Aufgabe der Dolmetscher	57
2.2.6	Das Tucholsky-Zitat	58
2.2.7	Wie schon das Reichsgericht	60
2.2.8	Bürger in Uniform	61
2.2.9	Einbruch in die Politik	63
	Quellen	64
3.	**Ernennungen und Beförderungen**	**67**
3.1	*Kern des Problems*	67
3.1.1	Patentrezepte fehlen	67

3.1.2	Verbindungslinien zum Souverän	67
3.1.3	Lebenslange Macht	68
3.1.4	Die autistische Gewalt	69
3.1.5	Einfluß der Parteien	69
3.2	*Das schlechte Beispiel*	70
3.2.1	Bis zur Verachtung	70
3.2.2	Hohe Sympathiewerte	71
3.2.3	Demokratie-Defizit	72
3.2.4	Geheimverfahren	72
3.2.5	»Von Hause aus verfassungswidrig«	73
3.2.6	Resignierende Bilanzen	74
3.2.7	Verdikte über die Praxis	75
3.2.8	Das Tableau	76
3.3	*Kriterien der Eignung*	77
3.3.1	Anteil der Bundesrichter	77
3.3.2	Kenntnisse im öffentlichen Recht	78
3.3.3	Heilsamer Sachzwang	79
3.3.4	Buchführung über Proporz	79
3.3.5	Die Eigendynamik des Amtes	80
3.3.6	Mangelnde öffentliche Kontrolle	81
3.3.7	Debatte im Bundestag	82
3.3.8	Praktikabler Vorschlag	83
3.4	*Stilprägender Verfall*	84
3.4.1	Illegale Bräuche	84
3.4.2	Sittenwidriger Vertrag	85
3.4.3	Grobfahrlässige Verzögerungen	86
3.4.4	Gesetzlicher Richter	87
3.4.5	Wahl der Bundesrichter	88
3.4.6	Unsichere Prognosen	89
3.4.7	Richterwahlausschuß bei Dissens	90
3.5	*Ämterpatronage*	91
3.5.1	Verlust an Vertrauen	91
3.5.2	Effizienz der Auslese	92
3.5.3	Ein symptomatischer Fall	93
3.5.4	Der liebe Gott und die CSU	94
3.5.5	Undurchschaubare Gemengelage	95
3.5.6	Nachhol-Bedarf	96

3.5.7	Zeitverschobene Ausgewogenheit	97
3.5.8	Wortlaut und Geist	98
3.5.9	Dreierliste als Ausweg	99
	Quellen	100

4. Fremdbestimmung der Justiz 103

4.1	*Sachzwänge des Apparats*	103
4.1.1	Am Fließband	103
4.1.2	Das Ärmlichkeitsprinzip	103
4.1.3	Mangel an Solidarität	104
4.1.4	Trüber Gerichtsalltag	105
4.1.5	Der Beischläfer	106
4.1.6	Dienst nach Vorschrift?	107
4.1.7	Der Pensenschlüssel	108
4.1.8	Verletzung der Fürsorgepflicht	108
4.1.9	Rechtsstaat zum Nulltarif	109
4.2	*Der kleinste gemeinsame Nenner*	110
4.2.1	Problematische Auswege	110
4.2.2	Stadium der Illegalität	111
4.2.3	Das Dilemma	112
4.2.4	Quadratur des Zirkels	113
4.2.5	Fehlende Sachaufklärung	113
4.2.6	Übersehenes Rechtsproblem	114
4.2.7	Gefahr für Leib und Leben	115
4.2.8	Wissenschaftlicher Dienst	116
4.3	*Das Dikatat der Sachverständigen*	117
4.3.1	Beurkundung von Fremdurteilen	117
4.3.2	Fall aus dem Sozialrecht	117
4.3.3	Koryphäen im Atomrecht	118
4.3.4	Frommer Selbstbetrug	119
4.3.5	Kartell der Gutachter	120
4.3.6	Fehlende Kontrolle	121
4.3.7	Etwas außerhalb der Legalität?	122
4.3.8	Zynischer Zirkel	123
4.4	*Einflüsse auf das Bewußtsein*	124
4.4.1	Parteispenden-Affäre	124

4.4.2	Umschlag mit 50 Riesen	125
4.4.3	Die Menetekel	126
4.4.4	Risikofaktor Mensch	127
4.4.5	Bedeutung der Lebensgarantie	128
4.4.6	Unangebrachte Resignation	129
4.4.7	Säkularisierter Gottesbeweis	130
	Quellen	130

5. Autonome Selbststeuerungen 133

5.1	*Konflikte am Arbeitsplatz*	133
5.1.1	Mobbing	133
5.1.2	Fünf Prozent Alkoholiker	133
5.1.3	Deformation professionelle	134
5.1.4	Pflicht zum Diskurs	135
5.1.5	Größtmögliche Transparenz	136
5.1.6	Provokante Wortmeldungen	137
5.1.7	»Kleiderordnung« verletzt	138
5.1.8	Beredtes Schweigen	139
5.1.9	Bundesrichter de luxe	140
5.2	*Die Zwänge der Hierarchie*	140
5.2.1	Internes aus dem BGH	140
5.2.2	Rollenverteilung im Spruchkörper	142
5.2.3	Der Einfluß des Vorsitzenden	143
5.2.4	Verdrängte Machtstrukturen	144
5.2.5	Bild von »oben« und »unten«	145
5.2.6	Steuermann und Leichtmatrosen	145
5.2.7	Schwäche der Beisitzer	147
5.2.8	Macht und Sachverstand	147
5.3	*Psychologischer Hintergrund*	148
5.3.1	Emotionales und Rationales	148
5.3.2	Der Berichterstatter	149
5.3.3	In absentia abqualifiziert	151
5.3.4	Der Januskopf	152
	Quellen	153

6.	**Innere Unabhängigkeit**	**155**
6.1	*Strukturelle Zwänge*	155
6.1.1	Selbsterfahrungen	155
6.1.2	Betrifft: Justiz	156
6.1.3	Bestrafungen und Belohnungen	157
6.1.4	Aufbruch zu neuen Ufern	158
6.1.5	Stille Revolution	159
6.1.6	Lehrstück aus Mecklenburg	160
6.1.7	Ein »anstößiges« Telefonat	160
6.1.8	Der eigentliche Skandal	162
6.1.9	Adickes als Kronzeuge	163
6.2	*Anspruch und Wirklichkeit*	163
6.2.1	Selbstkritische Thesen	163
6.2.2	Darstellung des Meßvorgangs	165
6.2.3	Beförderungsverzicht?	166
6.2.4	Sprung aus dem System?	166
6.2.5	Trug- und Fehlschlüsse	168
6.2.6	Verräterische Defizite	168
6.2.7	Verstöße gegen die Erkenntnistheorie	170
6.2.8	Innere Sperren	170
6.3	*Voluntative Aspekte*	172
6.3.1	Die Justiz kann, wenn sie will	172
6.3.2	Gründe und Abgründe	172
6.3.3	Motive für den Berufswunsch	173
6.3.4	Negative Erinnerungen	174
6.3.5	Ideologische Abweichungen	175
6.3.6	»Unterschwellige« Voreingenommenheit	176
6.3.7	Furcht vor Vatermord	177
6.3.8	Reservatio mentalis	178
6.3.9	Heimliche Sehnsucht	179
	Quellen	180
7.	**Befangenheit und Rechtsbeugung**	**183**
7.1	*Gefährliche Fixierungen*	183
7.1.1	Sicht des Bürgers	183
7.1.2	Der Bürger als Schlüsselfigur	183

7.1.3	Intellektuelle Zweifel	184
7.1.4	Objektivität als Wert an sich	185
7.1.5	Ein exemplarischer Fall	186
7.1.6	Der Standpunkt des irritierten Dritten	187
7.1.7	Transparenz des Verfahrens	188
7.1.8	Keine abstrakte Lichtfigur	189
7.1.9	Heiligsprechung für Autoren	190
7.2	*Der Rubikon: Rechtsbeugung*	191
7.2.1	Böcke und Gärtner	191
7.2.2	Die fehlende Komponente	193
7.2.3	Ungesühnte Mordurteile	193
7.2.4	Kriminelle Vereinigung	195
7.2.5	Das Rehse-Urteil	195
	Quellen	196

8. Äußere und innere Werte 199

8.1	*Dubiose Perfektion*	199
8.1.1	Lösung nach dem Dreisatz	199
8.1.2	Drei Stunden oder lebenslänglich	199
8.1.3	Eignung 1935 und 1995	200
8.1.4	Die Banalität des Bösen	201
8.1.5	Die Rolle des Reichsgerichts	202
8.1.6	Selbstdemontage vor 1933	203
8.1.7	Ehre von Prostituierten	204
8.1.8	Präsident Bumke	206
8.2	*Die Fiktion der Hierarchie*	207
8.2.1	Opportunität in eigener Sache	207
8.2.2	Transparenz und Lernfähigkeit	208
8.2.3	Unfähigkeit zur eigenen Meinung	208
8.2.4	Die Finalität der Beurteilung	210
8.2.5	Qualitative und quantitative Unterschiede	210
8.2.6	Die individuelle Methode	212
8.2.7	Dienstzeugnis und Flüsterpropaganda	212
8.2.8	Zeugnisse offenlegen!	213
8.2.9	Rechtstechnokraten und Paragraphenreiter	214

8.3	*Externe Qualitätskontrolle*	215
8.3.1	Computerprogramm »Tristan«	215
8.3.2	Mathematisierte Subjektivität	216
8.3.3	Chancen für die Chancenlosen	217
8.3.4	Soziale Kompetenz	218
8.3.5	Anleihen bei der Industrie	219
8.3.6	Testen durch »Assessment«	220
8.3.7	Profile gemeinsam erarbeiten!	221
8.3.8	Forum für Diskurse	222
8.4	*Noten von anderen*	223
8.4.1	Amerikanische Experimente	223
8.4.2	Auswirkungen auf die Gesellschaft	224
8.4.3	Bewertung aus deutscher Sicht	225
8.4.4	Private Gerichtsbarkeit als Konkurrenz	225
8.4.5	Entbehrlichkeit von Symbolen	227
	Quellen	228

9. Maßstab und Orientierung 231

9.1	*Das schweigende Gesetz*	231
9.1.1	Politikrelevante Tätigkeit	231
9.1.2	Grobmaschiges Normen-Geflecht	232
9.1.3	Unscharfe Methodenlehre	233
9.1.4	Jurist unter vier Reichen	234
9.1.5	Die Farben eines Chamäleons	235
9.1.6	Der Katechismus des Rechts	236
9.1.7	Kopernikanische Wende	237
9.1.8	Nicht nur Grenzmarkierungen	237
9.1.9	Zwei Schritte nach vorn	239
9.2	*Rechtsprechung als Kunst*	239
9.2.1	Kein bloßer Subsumtionsvorgang	239
9.2.2	Bürger ohne Sprachrohr	241
9.2.3	Rede und Gegenrede	241
9.2.4	Fall einer Fall-Reihe	243
9.2.5	Dialog statt Subsumtion	243

9.2.6	Launenhaftes Richterbewußtsein	245
9.2.7	Das Phänomen der Wertungswidersprüche	245
9.2.8	Freiräume des Rechts	247
	Quellen	248
Namensverzeichnis		251

Einleitung

> »Die Unabhängigkeit des Richters
> wächst in dem Maße, wie er sich
> seiner Abhängigkeiten bewußt wird.«
> Arthur Kaufmann (NJW 1988, 2582)

Gegenstand der Betrachtung

Richter repräsentieren das Gewaltmonopol des Staates[1]. Sie ahnden Straftaten und schlichten Streit. Sie nehmen dem einen die Freiheit und dem anderen die Existenz. Sie sagen Ja oder Nein zu Forderungen an die öffentliche Hand. Sie entscheiden über Mieten, Verträge und Löhne genauso wie über Renten und Steuern. Wenn sie gerufen werden, sind sie überall dabei: am Arbeitsplatz, in der Familie, an der Uni, im Straßenverkehr, auf dem Sozialamt und im Eheschlafzimmer. Ihr Einfluß reicht bis weit in die Politik: Sie dürfen nicht nur Behörden und Parlamente korrigieren, sondern sogar Gesetze annullieren. Die Quantität der Kompetenzen, die in ihrer Fülle nur selten wahrgenommen wird, schlägt in Qualität um. Diese wiederum erweckt den Eindruck: Die Vollmachten der Robenträger sind schier unbegrenzt; ihrer Macht kann sich keiner entziehen.
Die »dritte Gewalt« findet, obwohl der klassische Begriff vermieden wird, ihre Verankerung in Artikel 20 III GG. Mit Bezug auf den IX. Abschnitt der Verfassung erhält die Judikative den schlichten Namen »Rechtsprechung«. Der Apparat, dessen Organisationsformen und Strukturen, dessen Rechte und Pflichten in den Artikeln 92 bis 104 beschrieben werden, läßt sich personell klar eingrenzen: Er besteht aus rund 20 000 Richtern in Bund und Ländern.
Sie alle gehören zu den Privilegierten dieser Republik. Sie sind abgesichert wie kein anderer Berufszweig – auf Lebenszeit berufen, unabsetzbar, unversetzbar, unabhängig, keiner Weisung unterworfen, nur an Gesetz und Recht gebunden. Was einer im Beratungszimmer sagt, bleibt geheim. Die Veröffentlichung von »abweichenden Meinungen« ist nur dem Verfassungsgericht gestattet. Richter kontrollieren sich weitgehend selbst. Eignung und Befähigung, auch Qualifikation genannt, werden justizintern definiert. Ob einer befangen ist oder gar Rechtsbeugung begangen hat, entscheiden Kollegen. Fehler oder Irrtümer werden, wenn überhaupt, im Instanzenzug korrigiert. Die Justiz ist ein Staat im Staate, perfekt abgeschirmt gegen die Außenwelt.

Da drängen sich Schlüsselfragen geradezu auf: Wozu bedürfen die Richter der Unabhängigkeit? Was bedeutet der Begriff, im rechtlichen und im überhöhten Sinn?[2] Oder aus politischer Sicht? Wem nützt das alles? Sind Richter so souverän, wie sie sich und andere glauben machen wollen? Wissen sie, mit ihren Privilegien umzugehen? Erfüllen sie die Erwartungen, die in ihre Unabhängigkeit gesetzt werden?

Das Thema einzukreisen, ist einen Versuch wert. Er soll hier gewagt werden – und zwar schrittweise: »Medidationen über einen Begriff« (Kapitel 1) befassen sich mit der Innen- und Außenansicht des Berufs. »Angriffe und Eingriffe« (Kapitel 2), »Ernennungen und Beförderungen« (Kapitel 3) und »Fremdbestimmung der Justiz« (Kapitel 4) nehmen den Richter als Objekt wahr: Wer oder was wirkt auf ihn ein? Wie reagiert er auf Zumutungen? In den nächsten drei Kapiteln steht er als Subjekt im Mittelpunkt. Wie trägt er – »Autonome Selbststeuerungen« (Kapitel 5) – gerichtsinterne Konflikte aus? Beweist er – »Innere Unabhängigkeit« (Kapitel 6) – Mannesmut vor Königsthronen? Wird er sich – »Befangenheit und Rechtsbeugung« (Kapitel 7) – seiner Gefährdungen bewußt? In den letzten beiden Kapiteln geht es um Ansprüche – jene, die andere an ihn, und solche, die er an sich selber stellt. Ist Qualifikation – »Äussere und innere Werte« (Kapitel 8) – überhaupt meßbar? Können Zielvorgaben – »Maßstab und Orientierung« (Kapitel 9) – das Recht optimieren? Fragen über Fragen – und es liegt in der Natur der Sache, daß sich keine erschöpfend beantworten läßt. Sie können das Thema nur auffächern, Denkanstöße geben. Wenn sie einen Diskurs in Gang setzen, ist schon viel erreicht.

Karlsruhe/Bühl, im Juni 1995

1 Ernst-Wolfgang Böckenförde, »Verfassungsfragen der Richterwahl«, Berlin 1974, S. 71 ff.
2 Dieter Simon, »Die Unabhängigkeit des Richters«, Darmstadt 1975 (mit einer eindrucksvollen und umfassenden Quellensammlung zum Thema).

1. Meditationen über einen Begriff

1.1 Widersprüchliche Definitionen

1.1.1 Ambivalente Eigendynamik

Das Zauberwort »Unabhängigkeit«, das den Richtern dazu dient, sich von allen anderen Sterblichen abzuheben, verliert zunehmend an Glanz. Die Privilegierten nehmen ihm selber den Nimbus. Lange Zeit umgab der Begriff ihren Berufsstand wie der Sandwall eine deutsche Strandburg: bis hierher und nicht weiter. Nun sieht es so aus, als ob das mühsam und liebevoll angeschaufelte Kunstwerk der Witterung nicht standhielte. Die Erbauer kümmern sich auch zu wenig um dessen Erhaltung. Kurzum: Die Burg zerbröselt, der stolze Name »Unabhängigkeit«, der sie einst zierte, ist kaum noch auszumachen.

Was steckt hinter der magischen Formel, die den Robenträgern – nach einem weit verbreiteten Selbst- und Fremdverständnis – über die normative Garantie hinaus den Status einer unberührbaren Elite einräumt? Die Uridee, Richter mit allen Attributen der Unabhängigkeit auszustatten, hatte Sinn und Verstand. Die Schöpfer des Grundgesetzes (GG) wollten in Artikel 97 ein Bekenntnis für den Rechtsstaat ablegen. Ihr credo (»Die Richter sind unabhängig und nur dem Gesetz unterworfen«) bezweckte nur eines: die dritte Gewalt gegen sachfremde Einflüsse jedweder Art abzuschirmen. Über das angestrebte Ziel gab es keinen Zweifel. Es hieß: größtmöglicher Schutz der Rechtsordnung.

Bei der Umsetzung des Ideals ließ sich eine ambivalente Eigendynamik nicht vermeiden. Es entstand so etwas wie eine unauflösbare Symbiose. Die Absicherung des Ganzen, also der Justiz und ihrer Rechtsprechung, erforderte logischerweise Schutzgarantien für alle Teilglieder, nämlich die einzelnen Richter. Nicht beabsichtigt war allerdings, daß sich dieser Nebenaspekt verselbständigt und allmählich zum Hauptzweck mutiert.

1.1.2 Unreflektierter Besitzstand

Doch die Neigung, sich mit einmal erworbenen Besitzständen bequem einzurichten und sie quasi als gottgegeben zu betrachten, ohne noch viel nach ihren Ursprüngen zu fragen, entspricht der menschlichen Natur. Warum sollten Richter da eine Ausnahme machen? Ihre berufsspezifische Tendenz,

unreflektiert auf den Status zu pochen, bei jeder passenden und bei jeder unpassenden Gelegenheit, mag zwar kurzsichtig sein, erstaunlich ist sie nicht. Kurzum: Die meisten Richter nehmen, eher gedankenlos, den Teil für das Ganze und verhalten sich wie die Angehörigen einer Kaste, denen die Unabhängigkeit um ihrer selbst willen verliehen worden ist.
Sensible Mitglieder des Kollektivs, die derlei Selbsttäuschungen erschrokken registrieren, warnen denn auch vor Fehlschlüssen, die sich verhängnisvoll auswirken könnten. Der Vorsitzende des Deutschen Richterbundes (DRB), Rainer Voss, präzisierte, wie Unabhängigkeit verstanden werden sollte: Sie sei ein »Pfeiler des Rechtsstaates«, keineswegs »ein Pfeiler der Privilegien«. Das Prinzip diene »in allererster Linie dem Bürger«, es garantiere »ihm Schutz vor Manipulation und Willkür«[1].
Voss appellierte an seine Kollegen: Jeder einzelne müsse »die Kluft erkennen, die zwischen dem Anspruch liegt, mit dem er auftritt, und der Wirklichkeit, die er teilweise zu vertreten hat«[2]. Alle sollten sich »vor Augen halten«, daß »die Unabhängigkeit uns mit einer Macht ausgestattet hat, mit der nicht behutsam genug umgegangen werden kann«[3]. Voss zitierte Georg August Zinn, den hessischen Ministerpräsidenten der ersten Nachkriegsjahre, der eine euphorische Zukunftsvision entwickelt hatte: Das Grundgesetz habe »den kleinen richterlichen Beamten aus Weimarer Tagen verabschiedet« und »den wahrlich unabhängigen Richter an seine Stelle gesetzt«[4]. Ob und inwieweit sich diese optimistische Prognose erfüllt hat, soll Gegenstand dieser Untersuchung sein.

1.1.3   *Kein »Adelsregime«*

Manches hat sich tatsächlich bewegt – und sei es auch nur im Schneckentempo. Bonn ist nicht Weimar. Selbstkritische Reflexionen gehören kaum noch ins Raritätenkabinett. Voss ist kein einsamer Rufer in der Wüste. Er befindet sich mit seinen Beschwörungen in guter Gesellschaft. Auch Wolfgang Zeidler (Präsident und Vizepräsident des BVerfG von 1975 bis 1987) muß bedrohliche Tendenzen wahrgenommen haben, sonst hätte er »die Richterschaft« nicht davor gewarnt, »langfristig eine Art ›Adelsregime‹ anstreben« zu wollen. Er zeigte seinen Kollegen Grenzen auf: Die Justiz sei »dem Demokratieprinzip verpflichtet«, sie bedürfe der Anbindung an den Prozeß der Meinungsbildung. Mit Blick auf das Erreichte fand Zeidler: »Zuviel richterliche Unabhängigkeit kann auch gefährlich werden«[5]. Diese Selbstbescheidung dürfte ihm nicht nur Freunde eingebracht haben.
Auch Thomas Dieterich, BAG-Präsident seit 1994, sah offenbar Anlaß, die Maßstäbe zurechtzurücken: Wenn das Grundgesetz die Unabhängigkeit gewährleiste, sei damit nicht »eine persönliche Vergünstigung für qualifizierte Amtsträger« beabsichtigt. »Die richterliche Unabhängigkeit ist weder Stan-

desvorrecht noch Gratifikation«. Dieterich dämpfte, wie viele andere, den Hang zur Selbstüberheblichkeit: Richter seien »keine höheren Wesen«. Und er zeigte zugleich Verständnis für strenge Kritiker der Justiz: »In einer Demokratie ist Mißtrauen gegenüber der Staatsgewalt erste Bürgerpflicht«[6].

Dietrichs Kollege Horst Sendler (Präsident des BVerwG von 1980 bis 1991) schwankte zwischen zwei Polen: Er kritisierte Auswüchse und zeigte zugleich Nachsicht. Unter Anspielung auf die Mannheimer Affäre schrieb er: »Auch Richter sind Menschen und fehlsam wie andere.« Er hoffe allerdings, daß nach dem Skandal ein »heilsamer Schrecken« die Justiz erfaßt habe. Jedoch sei auch »die allgemeine Einsicht notwendig, daß die richterliche Unabhängigkeit zwar unverzichtbar ist, aber einen hohen Preis fordert«. Denn sie schließe »wie bei jedem Menschenwerk, Betriebsunfälle und Schlimmeres, eben skandalöse Urteile, nicht aus«[7].

1.1.4 Korrektur im Instanzenzug

Walter Odersky (BGH-Präsident seit 1988) äußerte sich ähnlich verhalten. Ihm mißfiel schon das öffentliche Nachdenken über die Frage, ob »ein Richter wegen des Inhalts der Entscheidung durch eine außerordentliche Geschäftsverteilungsmaßnahme ›abgelöst‹ werden« könne. Sein Rezept: Es bleibe nur die Möglichkeit, selbst »eine abwegige und skandalöse Entscheidung« zu ertragen – »mit dem Vorbehalt der Korrektur im Instanzenweg«. Dies sei »der Preis für die richterliche Unabhängigkeit, die in der Bedeutung für die Kräftebalance im Rechtsstaat das ungleich wichtigere Gut ist«. Odersky appellierte aber zugleich auch an seine Kollegen: »Diese Unabhängigkeit zu schützen, und zwar nicht nur vor angeblichen Angriffen von außen, sondern im Bewußtsein der Richter selbst, ist nach wie vor notwendig.«[8]

Voss sagte es pointierter. Er bedauerte, daß »Unkenntnis über Wesen und Tragweite richterlicher Unabhängigkeit« nach wie vor »nicht selten« seien. Seine Forderung: »Hier muß sicherlich erheblich mehr an Aufklärung geleistet werden, insbesondere auch in den eigenen Reihen«[9]. Der Vorsitzende des Deutschen Richterbundes traf ins Schwarze. Es sieht tatsächlich immer noch so aus, als ob weite Teile des Fußvolkes nicht so recht wüßten, welches Schutzobjekt nun eigentlich der allgemeinen Fürsorge bedarf. Ist es der Richterstand oder ist es die Rechtsordnung? Keine Frage: Es gibt diese zwei möglichen Angriffsziele. Und die Subversionen, denen sie ausgesetzt sind, verhalten sich wie die beiden Unbekannten einer Gleichung. Denn die Richter müssen sich vor anderen und vor sich selber fürchten. Gegen Übergriffe von außen hilft das Grundgesetz, gegen Erosionen von innen ständige Wachsamkeit.

Sind sie dazu imstande? Zweifel müssen erlaubt sein. Wer die Justiz als Außenseiter beobachtet, gewinnt dabei – fast zwangsläufig – Eindrücke, die an einen Januskopf erinnern: auf der einen Seite viele hochgescheite, sensible Individualisten, auf der anderen Seite ein autistisches, immobiles und reflexionsscheues Kollektiv. Beide Aspekte lassen sich nicht zur Deckung bringen – und diese Erkenntnis nährt den Argwohn, daß es mit den Selbstreinigungskräften nicht weit her ist. Das Kaspar-Hauser-Syndrom, an dem die Richerschaft chronisch leidet, gefährdet nicht nur die innere Unabhängigkeit, sondern auch die Rechtsordnung.

1.1.5 *Kritischer Rationalismus*

Für den Verfassungspatriotismus, den Dolf Sternberger als katalytisches und lebenserhaltendes Element dieser Republik beschrieben hat, müssen alle drei Gewalten im Staat werben. Keine kann auf die fruchtbare Wechselbeziehung zum Souverän verzichten. Jede bedarf der öffentlichen Anteilnahme – und, wenn es hart auf hart kommt, des öffentlichen Schutzes. Zur Anamnese dürfte ein Ausflug in benachbarte Wissenschaften nicht unangebracht sein.
Als intellektuelle Spielwiese bietet sich die Philosophie an und dort wiederum die Erkenntnistheorie des deutsch-englischen Gelehrten Karl Raimund Popper. Sein »kritischer Rationalismus« kennt keine Wahrheiten, sondern nur Hypothesen, die wiederum jederzeit widerlegt werden können. Sie müssen sich einer permanenten Überprüfung stellen. Ihre Fortbestand hängt davon ab, ob sie, vom wem auch immer, vorläufig verifiziert oder endgültig falsifiziert werden. Eine Annahme, die viele Widerlegungsversuche überstanden hat, gilt als bewährte Hypothese[10]. Größeres Lob hat Popper nicht zu vergeben.
Das ist, auf einen kurzen Nenner gebracht, das Prinzip von »trial and error«. Richtern, die in den Kategorien von richtig und falsch urteilen, muß dieser Denkansatz, der innere Abhängigkeiten entschlüsseln könnte, Furcht einjagen. Es ist schon die Frage, ob sie der Suggestion, daß ihren Wahrheiten nur der Stellenwert von Hypothesen zukommt, überhaupt folgen wollen. Noch geringer dürfte die Bereitschaft sein, die Hypothesen allzeit dem frischen Wind einer möglichen Falsifikation auszusetzen.
Tatsächlich beruht das Selbstverständnis des Berufsstandes, das seit Verabschiedung des Gerichtsverfassungsgesetzes im Jahre 1877 nur vereinzelt in Frage gestellt worden ist, nicht auf evidenten Wahrheiten, sondern auf höchst fragilen Hypothesen. Ob sie stimmen, läßt sich nur durch ständige Auseinandersetzung klären: durch »Diskurs im Recht«. Das kann bedeuten: kontroverse Auseinandersetzung mit Sachfragen. Dieser Dialog findet ohne

Zweifel statt – zwischen Klägern und Beklagten, zwischen Rechtsanwälten und Richtern, zwischen Anklägern und Verteidigern, im Beratungszimmer, im Instanzenzug und in der Fachliteratur. Genau besehen, hat eine gefestigte Rechtsprechung fast den Stellenwert einer bewährten Hypothese im Sinne Poppers.

1.1.6 Disposition für Selbstzweifel

»Diskurs im Recht« heißt auch: dialektische Befassung mit dem eigenen Tun – mit den rationalen und irrationalen Kräften, die jede Wahrheitsfindung beeinflussen und den Gedanken an Abhängigkeiten aufkommen lassen. Die Philosophen sagen: Bedingung für jede Reflexion sei der Anfangsverdacht, daß Gesagtes oder Gedachtes einem Problem nicht gerecht würden[11]. Für solchen Selbstzweifel muß eine Disposition vorhanden sein. Die aber ist in einem Berufsstand, zu dessen hervorstechenden Merkmalen die Selbstgewißheit gehört, zwangsläufig nur schwach angelegt.
Wenn sich die Richter den »kritischen Rationalismus« zu eigen machen wollten, müßten sie alle tradierten Grundüberzeugungen ihres Seins zur allgemeinen Erörterung freigeben – auch die tatsächlichen oder vermeintlichen Parameter für Unabhängigkeit. Doch davor scheuen sie zurück. Dieser dialektischer Prozeß findet, wenn überhaupt, nur in peripheren Zirkeln statt. Auf das ungewisse Abenteuer, die eigene Rolle zu definieren, womöglich immer aufs Neue, will sich der Berufsstand in seiner Mehrheit nicht einlassen.
Selbsterforschung dieser Art vollzieht sich im Dialog. Für den Wechsel von Rede und Gegenrede ist nicht mal ein Kontrahent vonnöten. Die Philosophen setzen als selbstverständlich voraus, daß sich einer auch selbst zum Partner werden kann – »im stummen Austausch von Gedanken«. Rüdiger Bubner, der die »Dialektik als Topik« thematisiert hat, beschreibt die Aufgabe: Man müsse »alternative Gesichtspunkte versuchsweise zu den eigenen machen«[12].

1.1.7 Unangenehme Fragen

Auslöser für diesen Mechanismus ist die Bereitschaft, sich die Wahrnehmung von Alternativen zu gestatten. So kommen Reflexionen zustande. Bubner sieht darin den wirklichen Befreiungsschlag: »Die Durchbrechung der Exklusivität überhaupt zuzulassen, heißt die Illusion zerstören, es gebe nur eine Position in jeder Frage und die sei die eigene«[13]. Diese Einsicht löst innere Sperren. Dem dialektischen Dreisprung von der These über die Antithese zur Synthese steht nichts mehr im Wege.

Wer Antithesen sucht, muß Fragen stellen. Bezogen auf das Thema, empfehlen sich solche, die alle euphemistischen Selbstzeugnisse des Richterstandes in Zweifel ziehen. Zum Beispiel:
1. Ist Recht gegen Ideologie immun? Warum werden Interdependenzen so hartnäckig und leidenschaftlich bestritten? Löst die Erkenntnis, daß alles Recht relativ ist, Widerstände aus? Sind Recht und Gesetz, wie weitgehend und stillschweigend unterstellt wird, tatsächlich deckungsgleich? Wenn nein: Warum wird die Antinomie so selten wahrgenommen? Wie gehen Richter mit außerrechtlichen Einflüssen um? Werden sie geleugnet oder angenommen? Sind Richter bereit und in der Lage, die Determinanten ihrer eigenen Biografie zu erkennen und zu neutralisieren?
2. Ist die Justiz ein Institut zur Beförderung höherer Gerechtigkeit? Oder ist sie nur ein ganz profaner Dienstleistungsbetrieb - womöglich einer, der unter Konkursverdacht steht, weil er langsam, schwerfällig, teuer, unkalkulierbar und ineffizient arbeitet? Braucht das Service-Unternehmen, wenn es denn eines ist, für seinen Erfolg Mitarbeiter, die unabhängig, unabsetzbar und auf Lebenszeit angestellt sind? Wem nützen solche Absicherungen - den Begünstigten oder der Rechtsordnung? Schulden die Robenträger irgendjemandem Rechenschaft? Wenn ja: wem?
Ein Diskurs über solche Irritationen ist nicht mal ansatzweise zu erkennen. Die folgenden Beobachtungen können, der gebotenen Kürze wegen, zwangsläufig nur den Charakter von Beispielen haben.

1.1.8 *Akribie und Phantasie*

Das Stichwort »Recht und Ideologie« setzt Assoziationsketten in Gang. Wer genau hinsieht, stößt immer wieder auf unstimmige Entäußerungen. Sie haben etwas mit den Rechtsanwendern zu tun - mit ihren Motiven und ihren Phobien. Der Beobachter entdeckt, daß Richter ohne erkennbaren Grund Normen mal mit formaler Akribie und mal mit rechtsschöpferischer Phantasie auslegen.
Es lohnt sich, näher zu untersuchen, warum sie das eine tun und das andere lassen, was sie im Einzelnen müde oder wach macht, welchen Fall sie mit spitzen Fingern anfassen und welcher andere ihre kreativen und innovativen Kräfte weckt. Warum hat zum Beispiel der BGH einerseits den immateriellen Schadensersatz bejaht - und zwar contra legem? Und warum hat er sich andererseits unter starrer Anwendung des Gesetzes geweigert, das Fehlurteil gegen Carl von Ossietzky zu korrigieren?
In dem einen Fall ging es um die Geschlechtsehre eines Herrenreiters[14], in dem anderen um die Reputation eines linken Pazifizisten[15]. Beide Male stand der tote Buchstabe des Gesetzes im Wege. Gerechtigkeit war, hier wie dort, nur durch den Einsatz von Richterrecht herzustellen. Doch diese

Variante der Rechtsfortbildung hängt offenbar von Initialzündungen ab, deren Auslöser keiner kennt, weil sie aus dem Unterbewußtsein kommen. Jedenfalls legen Richter für gewöhnlich über solche Irrationalismen keine Rechenschaft ab - noch nicht mal vor sich selbst, geschweige denn gegenüber der Öffentlichkeit. Dabei wäre die Untersuchung der Frage, warum sie mal in Routine verharren und mal über sich hinauswachsen, ein reizvolles intellektuelles Abenteuer. Die Antwort liegt in ihrem ureigensten Interesse. Sie macht den Kern von Recht und Richten aus.

Für das Thema, das in Rede steht, greift die Diskurstheorie von Jürgen Habermas womöglich zu hoch. Er geht von dem Idealziel aus, »daß sich, wann immer wir in der Absicht, einen Diskurs zu führen, eine Kommunikation aufnehmen und lange genug fortsetzen würden, ein Konsens ergeben müßte«[16]. Martin Kriele formuliert die Aufgabe pragmatischer. Für ihn ist die Diskurstheorie »eine Erneuerung der klassischen Demokratietheorie, die auf dem Gedanken beruht, daß durch öffentliche Diskussion Vernunft und Fortschritt erzielt werden kann«[17].

1.2 Latente Selbsttäuschungen

1.2.1 Zwei Kronzeugen

Selbst diesem bescheidenen Anspruch wird die Richterschaft kaum gerecht. Sie führt selten öffentlichen Diskussionen, sondern verkriecht sich zumeist in einem Schneckenhaus. Das mag in einer Schönwetterperiode unschädlich sein. Die Abstinenz konterkariert allenfalls den Anspruch, mit dem die Richter auftreten. Doch mit dem Verzicht auf »kritischen Rationalismus« im Sinne Poppers verspielen die Richter auch jede Chance, Anfechtungen und Krisensituationen zu simulieren, geschweige denn schlimmen Anfängen zu wehren. Wenn Stürme aufziehen, werden sie so wehrlos sein wie ihre Altvorderen zwischen 1933 und 1945. Dann steht ihre Unabhängigkeit wirklich nur noch auf dem Papier.

Die Symptome, von denen hier die Rede sein soll, können nur Beispiele sein, die mögliche Fährnisse transparent machen. Eine latente Gefahr ist die Selbsttäuschung. In jüngster Zeit haben sich namentlich zwei Rechtsgelehrte mit der Frage beschäftigt, aus welchen Tiefen und Untiefen Richter ihre Selbstverständnis beziehen: Arthur Kaufmann aus München und Bernd Rüthers aus Konstanz.

Kaufmann geht von dem stereotypen Bild aus, das die Richter von sich selbst entwerfen. Er skizziert den Steckbrief der Kunstfigur: »Abgeschirmt von politischen, sozialen, religiösen Meinungsgegensätzen, frei von jedem Vor-Urteil nach reiner Erkenntnis strebend, dabei zuerst einen ihm noch völlig unbekannten Sachverhalt ermittelnd und alsdann in einem zweiten zeitlich nachfolgenden Akt das Recht auf diesen anwendend«[18]. Der Münchner Emeritus resümiert: »Daß dieses Subsumtionsdogma nicht stimmt, ist mittlerweile ein Gemeinplatz. Es stimmt aber nicht nur ausnahmsweise nicht, es stimmt überhaupt nicht.«

Gleichsam als Kontrapunkt entwirft der Rechtsphilosoph ein realistisches Bild des Richters, das er in rethorische Fragen kleidet: »Hat er kein Gewissen, das zum Recht Stellung bezieht, zustimmend, zweifelnd und mitunter auch ablehnend? Hat die ›Welt‹, in der er lebt, hat die gesellschaftliche, ökonomische, religiöse, kulturelle Atmosphäre, die ihn umgibt, keinen Einfluß auf sein Denken, Fühlen, Meinen, auf seine Weltanschauung?«[19]. Kaufmann läßt keinen Zweifel aufkommen, daß er seine eigenen Fragen uneingeschränkt bejaht.

Rüthers Antwort besteht in einer satirischen Pointe. Er ergänzt den Artikel 97 des Grundgesetzes und gibt ihm einen hintersinnigen Wortlaut: »Die Richter sind unabhängig, nur dem Gesetz und dem Zeitgeist unterworfen«[20].

1.2.2 *Suggestionen des Alltags*

Die erste Reaktion auf diese Anspielung ist Protest. Denn Richter empfinden den Zeitgeist als etwas Ungehöriges – als Versuchung, der alle anderen erliegen mögen, nur sie nicht. Was wiederum nicht heißt, daß es keine nachdenklichen Robenträger gibt. Sie zumindest leugnen nicht, daß Stimmungen kurzfristig oder für längere Phasen auf die Gesellschaft einwirken – Trends, von denen auch sie erfaßt werden. Zum Beispiel: die Euphorie nach dem Fall der Mauer und die Katerstimmung danach, der Zorn über die Machtelite der Ex-DDR und die allmähliche Einsicht, daß politische Infamien mit den Mitteln des Rechts nur schwer zu greifen sind, Themen wie Asylrecht, Arbeitslosigkeit, Schwangerschaftsabbruch oder Rechtsradikalismus.

Suggestive Ereignisse beeinflussen das Leben jedes einzelnen. Sie wirken auf das Bewußtsein ein – auch auf das von Richtern –, verändern die Perspektiven und Prioritäten; manchmal kommt der Wandel über Nacht. So eine Zäsur war zum Beispiel die Flug-Katastrophe von Ramstein mit 69 Toten und Hunderten von Schwerverletzten. Das Inferno hatte sich vor Millionen Fernseh-Zeugen, Richter inbegriffen, abgespielt und das allgemeine Bewußtsein um eine tragische Dimension erweitert. Zu vermuten ist, daß auch die Rechtsanwender von dem Ereignis nicht unberührt geblieben sind.

Vieles spricht dafür, daß nach Ramstein auch manche Norm aus einer anderen Perspektive betrachtet wurde: Was vorher rechtswidrig war, mußte es danach nicht mehr sein und umgekehrt. Vor der Massentötung wären Bürger, die Zufahrtswege zum Sensations-Schauplatz blockiert hatten, erbarmungslos wegen Nötigung verurteilt worden. Ob hinterher genauso, ist die Frage. Und denkbar erscheint auch, daß dem einen oder anderen nach so einem tiefgreifenden Erlebnis abstrakte Begriffe in einem neuen Licht erscheinen, etwa grobe Fahrlässigkeit, Verursacherprinzip und Gefährdungshaftung.

Zwar ist der Richter an Recht und Gesetz gebunden. Doch mit diesen Vorgaben allein kommt kein Urteil zustande. Es bedarf der Wertungen, die wiederum dem Einfluß biografischer Determinanten unterliegen und eben auch dem Zeitgeist. Wer sich die Sache leicht machen will, kann dieses Phänomen verdrängen und leugnen. Doch jede wahre intellektuelle Souveränität nimmt die Herausforderung an: Sie verarbeitet die Signale, gleichsam im Dreisprung, zu einer Erkenntnis von neuer Qualität. Christoph Strecker etwa hält diese Reflexion für unumgänglich und geboten: »Aus der Bindung an Gesetz und Recht«, so fordert er, »ergibt sich für die Richter die Verpflichtung, sich derartige mögliche Einflüsse bewußt zu machen«[21].

1.2.3 Qualitative Bewußtseinssprünge

Notwendig ist dieser Vorgang immer mit Korrekturen verbunden. Der Schritt von der Analyse zur Synthese ist mitunter schmerzlich, doch zugleich auch befreiend. Der Berliner Schriftsteller Peter Schneider ermuntert alle zu solcher intellektuellen Pioniertat: »Technisch betrachtet, stellt die Inventur der Irrtümer«, sagt er, »ein Verfahren zur Wiederherstellung der Erkenntnisfähigkeit dar«[22]. Für den Richter hat dieser Prozeß zwei Dimensionen: Er muß an den Stoff, mit dem er von Amts wegen beschäftigt ist, immer neue Schichten heranlassen und zugleich das Wachsen dieses Baumkuchens mit wachem Verstand registrieren.

Spreu ist vom Weizen zu trennen – die rechtsfremden Einflüsse von solchen, die durchaus für eine qualitative Veränderung des Bewußtseins brauchbar sind. Er muß innerlich akzeptieren, daß Gesetzesauslegung, wie Strecker zu Recht betont, »ein dynamischer Prozeß ist, »ständigem Wandel unterworfen und nie abgeschlossen«[23]. Tatsächlich kann Erkenntnis »nicht von oben verordnet«, sondern »nur im ständigen – möglichst herrschaftsfreien – Diskurs nach dem Prinzip von ›trial und error‹ gesucht werden«.

Zwar orientiert sich auch das deutsche Recht an Präjudizienvermutungen; es folgt den Wegweisungen der Obergerichte und ist damit dem angelsächsischen »Case law« viel ähnlicher, als die meisten wahrhaben wollen. Doch andererseits darf der Richter, wie Strecker nahelegt, nie aus den Augen verlieren, daß letztinstanzliche Entscheidungen »nie absolute, sondern immer nur räumliche und zeitlich begrenzte Gültigkeit beanspruchen« können. Die

unteren Instanzen dürfen den oberen, soweit nicht ausdrücklich eine Bindung angeordnet ist, sehr wohl »die Gefolgschaft verweigern«.
Dieser Vorgang, herrschende Meinung (hM) anzunehmen oder abzulehnen, setzt die Fähigkeit zum Diskurs voraus - zum Dialog mit sich selbst und mit anderen. Wer das einsieht, hält, wie Strecker, Justizkritik nicht nur für zulässig, sondern sieht in ihr »ein konstruktives Element der öffentlichen Diskussion«. Der bequeme, leider weithin übliche Einwand, Kritik gefährde die richterliche Unabhängigkeit, verkennt von Grund auf, daß Rechtsprechung eine öffentliche Angelegenheit ist. Ein Praktiker wie Strecker weiß, wovon er spricht: Das Rechtsinstitut der Unabhängigkeit habe gerade »den Zweck, die Richter in ihrer beruflichen Situation so zu stabilisieren, daß sie sich angstfrei der Kritik stellen, sie ertragen, akzeptieren und ihr auch widerstehen können«[24].

1.2.4 Warnung vor Abwehrklischees

Vor Fehlinterpretationen des Privilegs durch die Richter selbst warnt auch der Mainzer Justizminister Peter Caesar: Die dritte Gewalt dürfe sich nicht mehr mit der »Aura der Unfehlbarkeit« umgeben, sondern müsse »sich gefälligst, wie andere Staatsgewalten auch, auf ihre Arbeit hinterfragen lassen«[25]. Der »Kritik mit dem lamorjanten Hinweis auf richterliche Unabhängigkeit zu begegnen«, nütze genauso wenig wie das »Deckung-Suchen hinter dem Richtertisch«. Caesar meint das im direkten und im übertragenen Sinn. Er meint auch die Abwehrklischees: »Ich habe das nicht nötig« und »Ich werde euch zeigen, wer am längeren Hebelarm sitzt«.
Diese Haltung sei, so der liberale Minister, »für jeden, der Macht im Blickpunkt der Öffentlichkeit ausübt, ein Armutszeugnis«. Das gehe nicht mehr - »und das ist gut so«. Das Institut der Unabhängigkeit mache den Richter nicht »unfehlbar«, deshalb müsse er sich der öffentlichen Kritik stellen. Denn die Rechtsgarantie helfe ihm nur »im Verhältnis zu den klassischen Staatsgewalten, denen gegenüber er Unabhängigkeit einklagen kann« - aber: »Im Verhältnis zur öffentlichen Meinung hilft sie nicht«[26].
Das ist nicht nur richtig, sondern hat auch positive Seiten. Wenn, wie nach dem Mannheimer Urteil, dem Berufsstand der Wind ins Gesicht weht, hat der Schlagabtausch sogar klärende Wirkung. Richter täten vielfach so, diagnostizierte Heribert Prantl in der »Süddeutschen Zeitung«, als sei die Unabhängigkeit »das Privileg eines Berufsstandes, also eine Art Vergünstigung zur bequemeren Ausübung des Berufs«[27].
Prantl untersucht, wann und in welchem Zusammenhang Richter für gewöhnlich auf ihr Privileg pochen. Seine Zusammenfassung ist nicht eben freundlich, deckt sich aber mit dem Eindruck vieler anderer Beobachter: Der Verweis auf die Unabhängigkeit diene »nicht selten als Ausrede für gei-

stige Unbeweglichkeit«, »zur Bemäntelung von Borniertheit«, »zur Kaschierung von Voreingenommenheit und zur Tarnung von Faulheit«.
Ein Indiz für die allmählich wachsende Bereitschaft des Berufsstandes, sich dem Diskurs zu stellen, dürfte die Tatsache sein, daß der gewählte Repräsentant des Berufsstandes, der Vorsitzende des Deutschen Richterbundes, den Vorwurf aufgreift. Rainer Voss meint: Prantl präsentiere »eine deutliche, sicherlich für viele Richterinnen und Richter unangenehme und schmerzliche Bestandsaufnahme«[28]. Doch er, Voss, wolle »deren prinzipielle Richtigkeit« nicht bestreiten. Der Vorwurf müßte »gehört«, müßte »verstanden« werden. »Er sollte Anlaß zur selbstkritischen Betrachtung unseres Umganges mit der Unabhängigkeit geben.«
Dieterich lenkt den Blick auf die verfassungsrechtlichen Koordinaten. Er findet, daß sich die Richter »Legitimation durch Vertrauen« erwerben müßten. Denn die rechtsprechende Gewalt stütze sich »auf das Vertrauen des Volkes, von dem nach Artikel 20 II GG alle Staatsgewalt ausgeht«[29]. Es genüge daher nicht, elementare Verfassungsgrundsätze einfach nur zur Kenntnis zu nehmen. »Wir sind verpflichtet, sie zu realisieren, also wie Treuhänder zu handeln.« In dieser Verankerung sieht Dieterich die ausschließliche Quelle des Richterprivilegs. Aus der Pflicht zur Umsetzung von Grundrechten, so meint er, »ergeben sich starke Bindungen, die erst in ihrer Gesamtheit die persönliche Unabhängigkeit der Richter aufwiegen und sinnvoll erscheinen lassen«.

1.2.5 *Werbung um Vertrauen*

Bei den herausragenden Vorbildfiguren der Justiz fällt die Güterabwägung zwischen Rechten und Pflichten zumeist sehr anspruchsvoll aus. Sie stellen strenge Anforderungen an das Richteramt – egal ob sie dem linken oder rechten Spektrum zuzuordnen sind, ob sie die Pflichtbindung aus dem GG oder einer preußischen Tradition herleiten. Der renommierte, eher konservative StGB-Kommentator Herbert Tröndle hält, wie Dieterich, Vertrauenswerbung für das »oberste Gebot«. Der Richter müsse eine Atmosphäre schaffen, in der alle Verfahrensbeteiligten zu der Überzeugung kommen, daß er jeden »als Persönlichkeit ganz ernst nimmt, den Sachverhalt unvoreingenommen, gründlich und gewissenhaft prüft und gerecht und menschlich entscheidet«[30]. Ein Richter, der im Umgang mit den Prozeßbeteiligten verfährt, »wie ihm der Sinn steht«, warnt Tröndle, »macht es den Rechtsunterworfenen schwer, ihn als Richter innerlich anzunehmen und Vertrauen zu fassen«, die »Aversion«, die bei arrogantem Auftreten entstehen könne, sei dann keinem zu verübeln. »Sie geht allein auf das Konto des Richters.«
Wenn die Richter ihre Unabhängigkeit sensibel handhaben, zahlt sich nach Ansicht Tröndles diese Investition auch aus. »Es ist tröstlich, daß wenig-

stens die Redlichen unter den Mitbürgern – wissend, daß auch den Richtern nichts Menschliches fremd sein kann – diese klaffende Diskrepanz zwischen Sein und Sollen durchaus wie alles Unvermeidliche hinnehmen, solange nur erkennbar ist, daß der Richter nach Kräften einem richterlichen Leitbild zu entsprechen bemüht ist.« Laut Tröndle sind die Ansprüche an den Richter »umso größer, je höher die Achtung ist, die der Rechtsgenosse dem Gericht entgegenbringt«. Gleichwohl sei es fast unmöglich, diesem Erwartungshorizont zu genügen. »Bei kaum einem Beruf bleibt das, was geleistet zu werden vermag, so sehr hinter dem zurück, was wünschenswert wäre und was man erwartet«[31].

1.2.6 *Demoskopischer Tiefstand*

Tröndles Appell stammt von 1970. Als er seine Gedanken niederschrieb, sah die Bilanz noch gut aus. Doch im Laufe der Jahre, spätestens seit der Wiedervereinigung 1990, ist das Ansehen der Justiz, wie das anderer Staatsorgane, rapide gesunken. Demoskopische Umfragen, deren Aussagewert mitunter auf begründete Skepsis stoßen mag, sind jedenfalls dann, wenn es um reine Einschätzungen geht, ein verläßliches Stimmungsbarometer. Das Ergebnis der Untersuchung zum Recht, die das Allensbacher Institut für Demoskopie im Frühjahr 1995 vornahm, ist geradezu niederschmetternd. »Was ist das für ein Staat«, fragte Elisabeth Noelle-Neumann, »von dem die Bewohner der neuen Bundesländer zu 73 Prozent sagen, die Bürger seien vor dem Gesetz nicht gleich?«[32].
Die Gesamtstatistik ist nicht besser: Die gleiche Antwort geben 68 Prozent, also mehr also zwei Drittel, aller Deutschen in Ost und West. »Zufrieden« mit den »Gesetzen und der Rechtsprechung« sind 16 Prozent im Osten und 47 Prozent im Westen (40 Prozent insgesamt) – weit weniger als die Hälfte der Bevölkerung. »Nicht beschützt« durch unser Recht fühlen sich 72 Prozent im Osten und 33 Prozent im Westen (41 Prozent insgesamt). Geradezu beängstigend ist, daß nur 19 Prozent im Osten und 48 Prozent im Westen (42 Prozent insgesamt) unser Gesellschaftssystem als »gerecht« empfinden – wiederum sehr viel weniger als die Hälfte aller Bürger.
Elisabeth Noelle-Neumann sieht einer der Ursachen für dieses Umfrage-Ergebnis in der Tatsache, »daß der Bevölkerung in Westdeutschland schon Anfang der siebziger Jahre, als der Wertewandel einsetzte, Schlüsselbegriffe zu einem Verständnis unserer Rechtssysteme weitgehend fehlten«. Dies habe sich in den achtziger Jahren verstärkt. »Dazu kam dann mit der Wiedervereinigung das ganz andere Rechtsbewußtsein, zu dem die Bewohner der DDR erzogen wurden.« Der Befund ist, soweit er multikausale Ursachen verantwortlich macht, sicher zutreffend. Doch wenn, wie dokumentiert, das Vetrauen in das Recht und die Gerechtigkeit unter die Halb-

wertgrenze sinkt, spricht mehr als ein Anfangsverdacht dafür, daß die dritte Gewalt versagt hat.

1.2.7 Justitia, eine lächerliche Figur

Für manche Deutungen Tröndles, die nun viele Jahre zurückliegen, gilt – so scheint es – nur mehr der Umkehrschluß. Noch 1970 jedenfalls hatte der Rechtsgelehrte vermutet, die Achtung des Bürgers vor dem Robenträger sei womöglich »eine Spätfolge der archaischen Vorstellung, wonach der Richter ein priesterliches Amt verwaltet«. Von diesem heiligen Schauer, wenn es ihn denn je gab, wird heute niemand mehr überwältigt. Wieweit sich bei solchen historischen Spekulationen Mythologie und Ideologie überlagern, bleibt ohnehin eine offene Frage. Viele Wurzeln sind im Laufe der Jahrhunderte mit Glaubenssätzen zugeschüttet worden. Philipp Heinisch erinnert an eine der jüngeren Überlieferungen, die wir kennen: »Das Symbol der blinden Justiz wird heute allgemein positiv so ausgelegt, daß sie unparteiisch sei, weil sie nicht auf eine der Parteien schielt, die sie vielleicht bestechen könnte«.

Heinisch hat herausgefunden, daß der Bildungsbürger der alles über die Dame mit der Binde vor den Augen zu wissen glaubt, ein Opfer der Ideologen geworden ist. Justitia sei für den Renaissance-Menschen eine »lächerliche Figur« gewesen. Der Autor weist anhand überlieferter Zeichnungen und Skulpturen nach, daß es ein Narr war, »der ihr die Augen verbindet, so daß sie die Wirklichkeit nicht zu sehen braucht und sich ganz der Rechthaberei hingeben kann«[33].

Der Glaube jener Zeit, so Heinisch, ging davon aus, »daß die Gerechtigkeit eine lachhafte Figur sei, an die nur Narren glauben«. Für die Metamorphose des Symbolwerts hat der Autor eine Erklärung: Der Wandel sage einiges über seine »Väter« aus, die das »Idealbild einer unbestechlichen, gerechten, ›Mama‹ brauchten, weil sich dahinter Macht und Herrschaftswille am besten verstecken ließ«. Diese »närrische« Idealvorstellung von Justiz sei – »ob man es will oder nicht – die geistige Grundlage des Juristenbewußtseins«.

Herrschaftswille wird nicht nur versteckt, sondern auch verdrängt, weil sich zumindest die Empfindlichen ungern das Bild trüben lassen, das sie von sich haben möchten. Deshalb sind vielen auch die Erkenntnisse, die Bernd Rüthers gewonnen hat, ausgesprochen unangenehm, etwa der Satz: »Jedes Verfassungssystem hat seine spezifische Systemideologie«[34]. Und direkt an die Adresse der Richter gerichtet: »Die rechtsanwendenden Juristen setzen diese Werteordnungen und Systemideologien in die Praxis des gesellschaftlichen und staatlichen Lebens um.«

Diese Aufgabenstellung bedarf, wenn sie konsequent umgesetzt wird, flankierender Maßnahmen. Manche Fixpunkte der Orientierung sagen über die Zielsetzung mehr aus, als den Erfindern lieb sein kann – etwa die äußeren Daten der Ausbildung. Nur ein Symtom: Anders als in den anglo-amerikanischen Ländern ist der Maßstab für den Zugang zum Beruf, worauf Hans-Ernst Böttcher hinweist, nicht »der liberale Anwaltsberuf«. In Deutschland gelte das entgegengesetzte Prinzip: Der Advokat werde »gemessen an den (mehr oder weniger) ›staatsnahen‹, gelegentlich autoritären Qualitäten des Richters«[35]. Diese Prioritäten finden sogar in der Terminologie aller einschlägigen Gesetze ihren Niederschlag. Den Schlüssel zum Eingang in die heiligen Hallen der Juristenberufe erhält einer nur, wenn er die »Befähigung zum Richteramt« erworben hat.

1.2.8 *Moralische Fragwürdigkeiten*

Diese elitäre Herkunft schafft in der Tat ein Selbstbewußtsein eigener Art. Richter wiegen sich in dem Glauben, ihr Examen sei allein deshalb etwas Höherwertiges, weil sich jeder Jurist an dieser Elle messen lassen muß – egal, ob er in den höheren Verwaltungsdienst, in die Industrie, zu einer Bank oder in die freie Advokatur strebt. Das Eigenlob begnügt sich nicht mit der Qualifikation, es erstreckt sich auch auf die Moral. Richter halten sich für bessere Wesen als etwa die Politiker. »Dummes Zeug«, sagt einer, der sich seit vielen Jahren auf dem Feld der Berufspolitk tummelt. Die verbreitete Suggestion, es handele sich um eine »geschlossene Gesellschaft der Heiligen«, meint Wolfgang Nescovic, habe »mit der Wirklichkeit nichts gemein«, sie sei »ein Märchen«. In einer Beobachtungsphase von mehr als zehn Jahren habe er »von Richtern, insbesondere wenn es um Karrieren ging, mehr moralische Fragwürdigkeiten erlebt als in der Politik.«[36]
Mag sein, daß dies Ausnahmen sind. Doch selbst für Fälle, in denen sich das Streben nach beruflichem Fortkommen ohne Unanständigkeiten abspielt, dürfte die Erkenntnis gelten, daß sich Unabhängigkeit und Beförderungsehrgeiz ausschließen. Und die Wechselbeziehung zwischen Qualität und Quantität spielt bei einem Apparat, der mitllerweile auf rund 20 000 Angehörige angewachsen ist, keine unerhebliche Rolle. »Je mehr Richter wir haben«, argwöhnt Sendler, »desto geringer wird wahrscheinlich der prozentuale Anteil wirklich unabhängiger Richter«[37]. Der ehemalige BVerwG-Präsident sieht »die Gefahr, daß unser Rechtsstaat zum Richterstaat mutiert und damit schlagseitig wird«. Er zitiert Schiller, der im »Wallenstein« sagt: »Seine Macht ist's, die sein Herz verführet.«
Mit ihrer schieren Zahl nähern sich die Richter auch anderen ganz normalen Berufen an, die abgestufte Niveau-Ebenen kennen – und einen zumeist apathischen Durchschnitt akzeptieren müssen. Klaus Beer meint lakonisch: Das Richter-Dasein sei zunächst mal ein »bürokratischer Massenberuf«, für

viele »ein Job der ordentlich erledigt wird - und am Feierabend muß damit Schluß sein«[38]. Beer veranschlagt die Zahl derjenigen, die sich aktiv an »kollektiver Diskussion und Bewußtseinsbildung« beteiligen, auf maximal zehn Prozent - allerhöchstens tausend aus den Ländervereinen des DRB und etwa ebensoviele »am kritisch eingestellten Flügel des Meinungsspektrums innerhalb der Justiz«, also etwa bei denen, die in der ÖTV oder der »Neuen Richtervereinigung« organisiert sind.

Die Passivität der übrigen 18 000 dürfte auf einem tradierten und tief verwurzelten Klischee beruhen. Richter sehen in jedem politischen Engagement nicht nur eine Untugend, sondern halten Abstinenz bereits für ein Anzeichen von Qualifikation. Der Gedanke, der sich so unverblümt meist nur im Gespräch artikuliert, wird in Abhandlungen abstrakt überhöht. Der Richter entscheide den Rechtsstreit »nicht als Vertreter bestimmter Parteien oder Interessen«, so Wolfgang Kinold, ihm sei es daher verwehrt, »seine persönlichen, parteipolitischen oder sonstige oder fremde Verbandsinteressen über die Rechtsprechung in die Praxis umzusetzen«[39]. Dann das Postulat: »Er hat sich im Hinblick auf die Entscheidungsfindung strikt neutral zu verhalten.«

Was Kinold fordert, ist zunächst nicht mehr als ein Allgemeinplatz, der das angestrebte Ziel bereits wie eine vorhandene Realität behandelt. Die eigene Weltanschauung zurückzustellen, ist eine Kunst, die nur wenige beherrschen. Viele sind sich der individuellen Einflüsse nicht mal bewußt; sie fließen unkontrolliert in das jeweilige Urteil ein. Manche kennen zwar die Determinanten, tun aber alles, um sie nicht sichtbar werden zu lassen. In der Begründung findet sich kein Anhaltspunkt für die wahren Motive, der Kluge verbirgt sie sogar in der Beratung und bei der Abstimmung.

1.2.9 Kein Wert an sich

Das Prinzip der richterlichen Unabhängigkeit muß mithin aus seiner Mystifizierung befreit, dialektisch gesehen, vom Kopf auf die Füße gestellt werden. Es ist, wie Christoph Strecker zu Recht hervorhebt, »kein Wert an sich«, sondern hat »eine dienende Funktion«. Einziges Ziel sei, »den Richter von solchen Einflüssen frei zu halten, die ihn hindern könnten, seine Entscheidung an Gesetz und Recht zu orientieren«[40].

Je engagierter und gründlicher sich Richter mit ihrem Beruf beschäftigt haben, desto bescheidener sehen sie ihre Aufgabe. Unabhängigkeit sei, meint Lutz van Raden, nur »Mittel zum Zweck«, kein »Grundrecht des Richters«. Für ihn ist sie der »Reflex eines Bürgerrechts«, deshalb »unantastbar wie dieses« - und selbstverständlich »nicht um seiner selbst willen naturrechtlich den Richtern geschenkt«, sondern zur Sicherstellung des Anspruchs »auf eine unabhängige Rechtsgewährung«[41]. Der Richter dürfe und müsse

sich des Privilegs im Interesse dessen bedienen, »für den ihm sein Amts ›anvertraut‹ ist«. Van Raden sieht den Artikel 97 GG im Lichte des Artikels 20, der die Strukturprinzipen der Verfassung, im Wesentlichen also das Demokratiegebot normiert. Richterliche Unabhängigkeit sei, so fordert auch das BVerfG, »an den Grundwerten der Verfassung orientiert«[42].
Mehr als diese höchstrichterliche Vorgabe muß nach Ansicht van Radens nicht beachtet werden, wenn es um die Planung überfälliger Reformen geht. »Der Kreativität beim Aufspüren von Möglichkeiten der Effizienzsteigerung« sei »kaum eine Grenze gesetzt«. Alle Errungenschaften, die den Richtern lieb und teuer sind – Organisationsregeln, Tarif- und Laufbahnvorschriften ebenso wie Gewohnheiten und Hoffnungen – verdienten »deutlich geringeren Bestandsschutz als die Grundwerte der Verfassung«. Der Autor zeigt zwar Verständnis dafür, daß seine Kollegen manche »Veränderung als Bedrohung« empfinden, meint aber zugleich, daß »traditionelle Tabus und Berührungsängste keine Bedeutung« hätten – vor allem nicht im Hinblick auf die rechtsstaatlichen Pflichten.
Die mögen manchen Richter mitunter hart ankommen. Sie würden, beklagte Wolfgang Zeidler, »tagein tagaus mit im Grunde unwichtigen Rechtsfragen befaßt«. Der frühere Präsident des BVerfG stellte in diesem Kontext die rhetorische Frage: »Wieviel Querulanten haben wir, die unsere Gerichte beschäftigen und trotzdem beschieden werden?« Und er registrierte mit Blick auf die unübersehbare Masse: »Das alles kostet wahnsinnig viel Geld.« Gleichwohl kam er zu dem Schluß, daß die Gesellschaft diesen Preis bezahlen muß. Denn großzügige Rechtsgewährung führe »in der Summe zu der rechtsstaatlichen Qualität, die unsere demokratische Staatsform von den totalitären Staatsformen unterscheidet«[43].
Die unterschiedlichen, mitunter sogar gegensätzlichen Definitionen der Unabhängigkeit widerspiegeln das weltanschauliche Spektrum, das auch bis in die Richterschaft reicht. Der Bogen spannt sich von Wolfgang Kinold, der »Neutralität« anmahnt, bis zu dem linken Wolfgang Nescovic, der Engagement fordert; die Kollegen dürften, um ihrer »Aufgabe gerecht zu werden«, die Unabhängigkeit »nicht nur zur Anhäufung von Standesprivilegien mißbrauchen«, sondern müßten sie vielmehr »als Instrument einsetzen«, um der »Menschlichkeit auch gegen den Staat und die ihn beherrschenden Gruppen zum Siege« zu verhelfen[44]. Nescovic beklagt die »Arroganz« vieler Richter und eine »Geisteshaltung, die tendenziell frauen-, gewerkschafts- und ausländerfeindlich ist«. Seine resignative Bilanz: »Der Mythos von der hohen Moral der Richter ist ein Märchen.«

1.3 Die Zäsur

1.3.1 Der Geist des Gesetzes

Kritik an einer angeblichen Politisierung der Justiz erweist fast immer als ergebnisorientiert. Wenn etwa Konservative gegen »politische« Urteile protestieren, meinen sie nicht die Grenzüberschreitung, sondern den linken oder liberalen Inhalt. Umgekehrt gilt dasselbe. Der liberale Justizminister Peter Caesar aus Rheinland-Pfalz hat den Versuch einer Differenzierung unternommen. Er unterscheidet den »politisch bewußten« vom »politisierenden« Richter. Bewußt meine - »nicht vom Parteibuch her, sondern von seiner politischen Denkfähigkeit her«[45]. Dieser ideale Typ bedenke »die Tragweite seiner Entscheidung auch in bezug auf die Öffentlichkeit«. Er verfalle »nicht in vorauseilenden Gehorsam gegenüber einer öffentlichen oder veröffentlichten Meinung«, sei aber »sensibel und weitsichtig genug«, sie »rechtzeitig« zu antizipieren »und über die Wirkungen eines Urteilsspruchs oder dessen Begründung vorher nachzudenken«.

Zu dieser Perspektive gehört das Eingeständnis, daß Richter Macht ausüben. Ernst Gottfried Mahrenholz (Vizepräsident des BVerfG von 1987 bis 1994) räumte mit einem alten Klischee auf. Nach seiner Einschätzung ist Rechtsprechung weit entfernt davon, »bloß der Montesquieusche Mund des Gesetzes« zu sein. Tatsächlich hat sie mittlerweile alle Freiräume okkupiert. »Sie ist längst der Geist des Gesetzes«[46]. Die Richterschaft muß sich gefallen lassen, daß diese Metamorphose wahrgenommen wird - und zwar mit angespannter Aufmerksamkeit. Mahrenholz warnt denn auch, wie viele andere, vor der verbreiteten Fehlhaltung, jede Urteilsschelte gleich als Angriff auf die Unabhängigkeit zu mißdeuten. »Den Richtern darf es hier nicht anders gehen als anderen am öffentlichen Leben Beteiligten auch. Jede öffentliche Gewalt braucht die kritische Publizistik.«

Deren Notwendigkeit erwies sich nach dem Mannheimer Justizskandal. Zunächst schien es überhaupt so, als ob das Echo in den Medien (in Ermanglung anderer Möglichkeiten) als einziges Korrektiv in Frage käme. Manche qualifizierten den öffentlichen Proteststurm - dankbar, daß es ihn gab - als einzig denkbare Sanktion im verfassungsrechtlichen Parallelogram der Kräfte. Anderen genügte die verbale Zurechtweisung nicht, sie brachten das Institut der Richteranklage ins Spiel. Fest steht jedenfalls: Für das Ansehen der dritten Gewalt bedeutete der moralische Quasi-Freispruch für Volksverhetzung eine Zäsur. Aus dem Reservat, in dem die Richter wohl behütet agieren durften, wurde unversehens eine Quarantäne, die - von außen gesehen - viele Gesunde, aber auch eine ungewisse Zahl von ansteckenden Kranken beherbergt.

Bis zum Herbst 1994 galt die »Unabhängigkeit« als selbstverständliche Errungenschaft, über die keiner viel nachdachte. Richter erinnerten an das Prinzip, wenn sie das Gefühl hatten, daß ihnen irgendein Macht-Inhaber zu nahe treten wollte. Die Bürger wußten mit dem Begriff, den sie für ein (verdientes oder unverdientes) Standesvorrecht hielten, wenig anzufangen. Keiner hatte sie darüber aufgeklärt, daß die Verfassungsgarantie in Artikel 97 des Grundgesetzes (GG) zuvörderst ihrem Schutz dienen soll.

1.3.2 *Privileg im Scheinwerferlicht*

Doch dann, gleichsam über Nacht, stand das Richterprivileg plötzlich in grellem Scheinwerferlicht. Angeknipst hatte es die Justiz selber – mit dem inzwischen berühmt-berüchtigten Deckert-Urteil[47]. Das Votum des Mannheimer Landgerichts entwickelte explosive Sprengkraft, eine unaufhaltsame Eigendynamik: Es setzte ein Wechselspiel von Aktion und Reaktion in Gang. Erst hatten die drei erkennenden Richter den Schutz der Verfassung provokant mißbraucht – mit ihrer unverhohlenen Sympathie für einen Volksverhetzer. Dann rebellierte die Öffentlichkeit – und stellte die Frage nach Inhalt und Grenzen der bis dato unumstrittenen Garantie.
Keiner mochte glauben, daß Staat und Gesellschaft ohnmächtig zusehen müssen, wenn im Namen des Volkes menschenverachtendes Recht gesprochen wird. Legalität und Legitimität schienen weit auseinanderzuklaffen. Die Erkenntnis, daß ein Richter nur zur Rechenschaft gezogen werden kann, wenn er das Verbrechen der Rechtsbeugung begangen hat, stieß auf ethisch-moralischen Widerspruch. Der artikulierte sich nicht scharf, meinte aber sinngemäß, daß ein Robenträger, der den Geist des Grundgesetzes verhöhne, dessen Schutz nicht verdient habe.

1.3.3 *Eine unsägliche Begründung*

Bundeskanzler Helmut Kohl nannte den Mannheimer Richterspruch »schlicht eine Schande«. Das Urteil gegen den Neofaschisten Günter Deckert sei »inakzeptabel und außerhalb des Erträglichen«[48]. So hart war vorher noch kein Regierungschef mit der Justiz umgesprungen. Doch Kohl hatte nur ausgesprochen, was die meisten Kritiker dachten. Die einhellige Forderung der Empörten schlug sich, landauf, landab, in Kommentaren und Zeitungsanzeigen nieder: »Das Urteil muß weg.« Das ist inzwischen auch geschehen. Doch übrig geblieben ist das Versagen der Richter.
Bei ihrem Urteil handelte es sich um eine juristische Rarität. So viele haarsträubende Widersprüche wie in diesem Fall waren dem BGH vorher nur selten aufgetischt worden. Zwar hatte die 6. Große Strafkammer in Mannheim den NPD-Vorsitzenden Günter Deckert wegen Volksverhetzung, Auf-

stachelung zum Rassenhaß und Verunglimpfung des Andenkens Verstorbener verurteilt - zu zwölf Monaten Freiheitsstrafe auf Bewährung. Doch die Begründung las sich so, als ob Deckert mit Glanz und Gloria freigesprochen worden wäre. Die Mannheimer Richter hielten ihn für einen honorigen Mann »mit klaren Grundsätzen«, dem sie sogar das »Bekentnis zur Rechtstreue« unbesehen abnahmen[49].
Das Urteil wirkte so unbefriedigend und provokant, weil es permanent Ursache und Wirkung verwechselte. Es beklagte »das schwere Lebensschicksal« des ehemaligen Oberstudienrats, den das Land Baden-Württemberg aus dem Schulsdienst entlasssen hatte; doch der Grund dafür, seine rechtsradikale, verfassungsfeindliche Verbohrtheit, hinterließ bei den Richtern keinen nachhaltigen Eindruck. Sie betonten wortreich, daß Deckert »in der Hauptverhandlung einen guten Eindruck hinterlassen« habe, doch sie ignorierten die Tatsache, daß er sich draußen als unverbesserlicher Demagoge betätigte. Sie waren noch nicht einmal bereit, in dem Angeklagten einen Antisemiten zu sehen.
Stattdessen versuchten sie den Wesenskern seiner Agitation euphemistisch zu umschreiben. Das liest sich dann so: Die Kammer sei »zu der Überzeugung gelangt, daß er gegen die Juden ein bitteres Ressentiment hegt, resultierend aus deren ständigen Forderungen auf der Grundlage ihres Schicksals in den Jahren 1933 bis 1945«. Bleibt die Frage: Was unterscheidet ein Ressentiment gegen Juden vom Antisemitismus?
»Positiv« fiel für die Richter »ins Gewicht«, daß der Angeklagte, dessen Intelligenz sie rühmten, »während der gesamten Tat von der sachlichen Richtigkeit des Vorgebrachten überzeugt war« - immerhin von der tausendfach widerlegten Behauptung, daß die Judenvergasung nicht stattgefunden hat. Als Charakterstärke wurde dem NPD-Mann schließlich attestiert, daß er »seine politische Überzeugung, die ihm Herzenssache ist, mit großem Engagement und erheblichem Aufwand an Zeit und Energie« verfechte.

1.3.4 *Lauter Überzeugungstäter*

Liebevoller ließ sich das Bild eines Überzeugungstäters, der nicht anders kann und nicht anders will, kaum zeichnen. Auch als es darum ging, die Strafaussetzung zur Bewährung zu begründen, folgten die Richter den Spuren des Angeklagten - etwa indem sie »nicht außer Acht« ließen, »daß Deutschland auch heute noch, rund fünfzig Jahre nach Kriegsende, weitreichenden Ansprüchen politischer, moralischer und finanzieller Art aus der Judenverfolgung ausgesetzt ist, während die Massenverbrechen anderer Völker ungesühnt blieben«.
Die Kammer »zweifelte« nicht daran, »daß die Bevölkerung in ihrer übergroßen Mehrheit durchaus Verständnis dafür haben wird, daß einem 54-

jährigen unbescholtenen Familienvater, dessen Unrecht im Grunde in der Äußerung einer Auffassung bestanden hat, die Rechtswohltat der Strafaussetzung zur Bewährung zuteil wird«. Das entlarvende »im Grunde« gehörte zu den Schlüsselworten des Urteils. Die Verniedlichung ließ den Gedanken aufkommen, daß auch im Gericht Überzeugungstäter am Werke gewesen sein könnten. Jedenfalls bewies ihre Begründung, daß sie von der Rechtsordnung, die es laut StGB zu verteidigen gilt, sehr eigenwillige Vorstellungen haben – Vorstellungen, die mit den Werten des Grundgesetzes, das die Menschenwürde an oberste Stelle setzt, schwerlich in Einklang zu bringen sind.

So sah es auch der BGH. Die Karlsruher Bundesrichter kassierten deshalb den Mannheimer Spruch[50]. Ihre kritischen Anmerkungen trafen die ganze Kammer, insbesondere aber den Richter Rainer Orlet, der sich nicht nur als Verfasser des Urteils zu erkennen gegeben, sondern sich im Nachhinein noch zu jeder der unsäglichen Passagen bekannt hatte. Die Kunstfehler, die ihm unterlaufen waren, wurden durch die Revisionsentscheidung offenbar. Es zeigte sich, daß er die einfachsten Regeln des Handwerks nicht beherrscht. Er kann Amt und Meinung nicht auseinanderhalten.

Deutlich wurde: Richter wie Orlet begeben sich auf das Glatteis der Ideologie, wenn sie Straftätern vom Schlage Deckerts »Uneigennützigkeit« attestieren. Wer »aus politisch motivierter Unbelehrbarkeit« offenkundige Tatsachen leugne, so der BGH pointiert, sei kein »Sachwalter berechtigter deutscher Interessen«. Dem ebenso unbelehrbaren Orlet schrieben die Bundesrichter ins Stammbuch: »Politische Verblendung ist ... nicht geeignet, strafrechtliche Schuld zu mindern.« Für seine weitere Schlußfolgerung, der Angeklagte sei gleichwohl eine »charakterstarke, verantwortungsbewußte Persönlichkeit«, fehlte den Kollegen in Karlsruhe jedes Verständnis. Was sie sahen, war »Uneinsichtigkeit und Hartnäckigkeit«.

Mißfallen erregte auch beim BGH, daß im Mannheimer Urteil »das Gewicht der Tat« mit der Bemerkung »relativiert« worden war, Deckerts Unrecht habe »im Grunde in der Äußerung einer Auffassung« bestanden. Mit diesem Tadel zielte der BGH direkt auf Orlet, der als Verfasser des skandalösen Spruchs noch im Nachhinein erklärt hatte: »Ich würde jeden Satz des Urteils wieder so schreiben«.

1.3.5 *Düpierte Schöffen*

Mit der Karlsruher Zurechtweisung für das Orlet-Urteil stellte sich die Frage nach der richterlichen Unabhängigkeit neu. Lehre und Rechtsprechung entscheiden seit eh und je zwischen äußerer und innerer Unabhängigkeit. Doch mit solchen Differenzierungen hielt sich das Präsidium des Mannheimer Landgerichts nicht auf, als es Orlet, statt ihn einer anderen

Kammer zuzuweisen, auf seinem alten Platz beließ. »Panikartige Reaktionen, wie das gründlich mißglückte Krisenmangement des Mannheimer Landgerichts«, so Jutta Limbach, hätten »nur Öl in das Feuer der Debatte« gegossen[51].

Störungen des Gerichtsfriedens hat sich das Präsidium selbst zuzuschreiben. Anfang 1995 wurden die ersten Befangenheitsanträge gestellt, Schöffen weigerten sich aus Gewissensgründen, an Sitzungen mit Orlet teilzunehmen[52]. Damit wurde schlagartig sichtbar, was sich alles unter dem weiten Mantel der Unabhängigkeit verbirgt. Trotz Beratungsgeheimnis lassen sich einige Abläufe allein durch Nachdenken rekonstruieren.

Ganz offenkundig hat zunächst einmal das Kollegialprinzip versagt. Da nicht zu unterstellen ist, daß es sich bei der Strafkammer um eine versteckte faschistoide Zelle handelt, muß man vermuten, daß die beiden anderen ihrer Pflicht zum Gegenlesen nicht nachgekommen sind – und dies in einem erkennbar hochsensiblen Fall. Es spricht alles dafür, daß die Absurditäten, die der Berichterstatter von sich gegeben hat, nicht von der Urteilsberatung gedeckt waren – wohl die Aussetzung der Strafe zur Bewährung, nicht aber die ideologische Begründung.

Versagt hat in Mannheim aber nicht nur das Kollegialprinzip, sondern auch das Präsidialprinzip. Aufgabe des Präsidiums bei der jährlichen Geschäftsverteilung ist auch, für einen geordneten Ablauf der Rechtsprechung zu sorgen. Wer Orlet auf seinem Platz beließ, mußte mit Störungen verschiedener Art rechnen – Massendemonstrationen vor dem Gebäude, Störungen bei Verhandlungen und einer Flut von Befangenheitsanträgen. Die Tatsache, daß Schöffen ihre Mitwirkung verweigerten (und die Passiven sich mit den Aktiven solidarisierten), ist zwar ein neues, aber durchaus verständliches Phänomen.

Denn Mannheimer Schöffen mußten tatsächlich befürchten, daß sie düpiert und bloßgestellt werden. Sie haben jedenfalls erlebt, daß ein Urteil an dem zwei von ihnen beteiligt waren, mit Gründen an die Öffentlichkeit getreten ist, die mit an Sicherheit grenzender Wahrscheinlichkeit dem Geist und Inhalt der Beratung nicht entsprachen. Wer, wie im Fall Deckert, für ein Jahr Freiheitsstrafe wegen Volksverhetzung gestimmt hat, konnte und mußte kein schriftliches Urteil erwarten, daß sich wie ein glänzender Freispruch liest.

Jede Kritik an der Haltung der renitenten Schöffen übersieht die tiefenpsychologischen Gründe ihrer Abwehr: Sie wollen erkennbar nicht mit einem Richter zusammenarbeiten, von dem sie fürchten müssen, daß er ihre Zustimmung zu einem Urteil kraft seines Amtes mißbraucht. Das Landgericht kann die Schöffen zwar zwingen, in das Beratungszimmer zurück zu kehren, doch der böse Schein bleibt.

1.4 Die Logik des Prinzips

1.4.1 Fehlende Prämisse

Deckerts »Verblendung« ist vom BGH expressis verbis festgestellt worden, die des Richters Orlet steht unübersehbar zwischen den Zeilen. Deshalb blieb, auch nach der höchstrichterlichen Entscheidung, eine Frage offen – und zwar eine, die das Selbstverständnis des gesamten Richterstandes betrifft. Als nämlich, wie bereits angedeutet, Politiker und Publizisten laut über mögliche Konsequenzen für den Richter Rainer Orlet nachdachten, kam aus den Reihen der Justiz ein einziger Aufschrei. Alle – auch solche, die über das Urteil empört waren – verwiesen unisono auf das eherne Prinzip der Unabhängigkeit.

Es lohnt sich, über den Automatismus dieser Reaktion nachzudenken. Sie enthält eine Botschaft. Einhellige Proteste dieser Art sind, formal gesehen, immer Bestandteil eines einfachen Syllogismus. Üblicherweise handelt es sich dabei um den Untersatz.

Wenn dessen Aussagekern, wie in diesem Fall, als schiere Selbstverständlichkeit propagiert wird, ist davon auszugehen, daß der Obersatz besonders eindrucksvoll und überzeugend sein muß. Mitunter – so auch hier – verbirgt er sich allerdings im Hintergrund.

Dann spricht die Logik von einem Enthymen[53]. Das ist ein Schluß, bei dem eine Prämisse fehlt – eine, die in Gedanken zu ergänzen ist. Konkret gesagt: Der Obersatz, unter den der Protest gegen die nur erwogenen Sanktionen für den Richter Orlet zu subsumieren wäre, ist erst noch zu formulieren. Er müßte, wenn er die Empörung des Berufsstandes abdecken soll, etwa lauten: Die richterliche Unabhängigkeit ist eine unbegrenzte und schrankenlose Rechtsgarantie, die zu keiner Zeit und unter keinen Umständen disponibel sein darf.

Hier zeigt sich die Tücke der gedachten Prämissen. Sobald sie aufgeschrieben worden sind, erweist sich auch schon, daß sie so nicht stehen bleiben können. Das Verfassungsrecht nötigt zum Denken in Konkordanzen, die wiederum schrankenlose Prinzipien nicht zulassen.

1.4.2 Richteranklage

Wer im Grundgesetz sorgfältig liest, stößt unmittelbar nach dem Artikel 97, der die Unabhängigkeit garantiert, auf den Artikel 98, der sich über die Richteranklage ausläßt. Die Vorschrift macht deutlich, daß der Verfassungsgeber dem Richterprivileg – unabhängig von den Konsequenzen des Straf- und Disziplinarrechts – Grenzen setzen wollte; sie gilt im übrigen

nicht nur für den Bundesdienst; die Landesverfassungen enthalten analoge Regelungen.
Es handelt sich dabei erkennbar um totes Recht. Es ist nie angewandt und nie thematisiert worden. Selbst nach dem unsäglichen Mannheimer Urteil kam kein Richter auf den Gedanken, den Artikel 98 auf seine Anwendbarkeit zu prüfen. Der erste Hinweis stammt von Journalisten[54]. Politiker haben ihn dann aufgegriffen. Diese Abläufe erscheinen nicht zufällig. Richter glauben, ihr Privileg sei zementiert – und deshalb a priori einer Diskussion nicht zugänglich.
Sie werden sich der Frage nicht mehr entziehen können. Die Suggestion, daß es so etwas wie eine nach oben offene Richterskala gibt, die nur von der Rechtsbeugung begrenzt wird, hat mittlerweile ihre Überzeugungskraft verloren. Es lohnt sich daher doch, über den Artikel 98 nachzudenken. Er sieht die Richteranklage vor für den Fall, daß einer »im Amte oder außerhalb des Amtes gegen die Grundsätze des Grundgesetzes oder gegen die verfassungsmäßige Ordnung eines Landes verstößt«. Roman Herzog hielt in seiner Eigenschaft als GG-Kommentator den Radikalenbeschluß des BVerfG für einschlägig[55].

1.4.3 Parallelen zum Radikalen-Beschluß

Schutzgut ist danach die freiheitlich demokratische Grundordnung. Sie sei »zu bejahen und dies nicht nur verbal«, forderte das BVerfG in der genannten Entscheidung[56]. Jeder Staatsdiener habe »sein Amt aus dem Geist dieser Vorschriften heraus« zu führen. »Die politische Treuepflicht fordert mehr als eine nur formal korrekte, im übrigen uninteressierte, kühle innerlich distanzierte Haltung gegenüber Staat und Verfassung«. Sie verlange vom Amtsträger »insbesondere, daß er sich eindeutig von Gruppen und Bestrebungen distanziert, die diesen Staat, seine verfassungsmäßigen Organe und die geltende Verfassungsordnung angreifen, bekämpfen und diffamieren«. Diese Treuepflicht bewähre sich »in Krisenzeiten und in ernsthaften Konfliktsituationen, in den der Staat darauf angewiesen ist, daß der Beamte Partei für ihn ergreift«.
Dieser höchstrichterliche Appell ist von deutschen Richtern in unzähligen Urteilen befolgt worden. Sie könnten mithin – sollten sie sich um ihresgleichen kümmern – auf einen selbst erarbeiteten Fundus zurückgreifen. Richter Orlet fiele – zumindest im Hinblick auf seine nachträglichen Selbstinterpretationen – unter diese Judikatur der sechziger und siebziger Jahre. Er wird keinem der Postulate gerecht, die das BVerfG aufgestellt hat. Junge Pädagogen sind bekanntlich aus weniger gravierenden Gründen um ihr öffentliches Amt gebracht worden. »Von dem unabhängigen Richter« verlangt

Ernst Benda (Präsident des BVerfG von 1971 bis 1983) »mindestens ebensoviel Verfassungstreue wie von jedem weisungsgebundenen Beamten«[57].

Ein anspruchsvolles Selbstverständnis vorausgesetzt, müßten mithin Richter an ihresgleichen dieselben Maßstäbe anlegen wie seinerzeit an die Junglehrer. Fatal am Fall Orlet ist, daß der Rechtsausleger sein Urteil noch viel ärger und wirrer hätte begründen können - ohne irgendeine Sanktion befürchten zu müssen. Nach derzeitigem Recht kann jeder Richter nach der Eulenspiegel-Methode verfahren - dem Gesetz im Tenor Genüge tun, und es in der Begründung hämisch konterkarieren. Das ist dann zwar keine Rechtsbeugung, aber ein glatter Verstoß gegen Artikel 20 III GG. Benda nennt die zweite Entscheidung des BGH »eine Mißtrauenserklärung an die Mennheimer Strafkammer«.

Genau besehen, greift auch der ständige Verweis auf die Korrekturmöglichkeiten im Instanzenzug zu kurz. Zum einen, weil aus dem Gesichtspunkt der Einzelfallgerechtigkeit heraus ein Urteil, das im Ergebnis vertretbar und in der Begründung verfassungsrechtlich bedenklich ist, in der Regel nicht aufgehoben werden kann. Zum anderen, weil jedes Urteil, zumal das spektakuläre, als Dokument in die Rechtsgeschichte eingeht. Der schriftliche Text, der nicht mehr aus den Archiven und Bibliotheken verbannt werden kann, entwickelt - unabhängig von der Rechtskraft - Wirkungen.

Wenn so ein Selbstzeugnis den Verdacht nahelegt, daß der Richter die Verfassung, auf die er seinen Eid abgelegt hat, gering schätzt oder gar nicht, dann eignet er sich für sein Amt so wenig wie der süchtige Spieler zum Stadtkämmerer. Warum sollte er nicht diszipliniert werden? »Das Verfahren der Richteranklage«, so Benda«, »ist keine Gesinnungsprüfung, sondern reagiert auf Verhaltensweisen, die erkennen lassen, daß der Richter das ihm anvertraute Amt nicht der Verfassung entsprechend ausübt«.

1.4.4 *Abgestufte Rechtsfolgen*

Anders als die Entweder-Oder-Praxis der Berufsverbote greift Artikel 98 nicht willkürlich zu, sondern sieht sogar Abstufungen vor: Entlassung aus dem Dienst, Pensionierung bei vollen Bezügen, Versetzung in ein anderes Amt. Der Gefahr, daß es zu politischen Maßregelungen kommt, wird durch das Quorum ein Riegel vorgeschoben - jeder Richterspruch bedarf einer Zweidrittel-Mehrheit. »Das sind sehr hohe Hürden«, konstatierte Benda, »sie erklären, warum bisher niemals ein solches Verfahren eingeleitet worden ist«. Wie hoch diese Hürden schon im politischen Vorfeld sind, zeigte sich am Fall Orlet. Die Abgeordneten, die nach der Verfassung von Baden-Württemberg eine Richteranklage mit absoluter Mehrheit beschließen müssen, machten sich die die Entscheidung nicht leicht. Das Procedere zeigte:

Bevor die gesetzlichen und tatsächlichen Hindernisse überwunden sind, können Monate vergehen[58]. Die Richter dürfen beruhigt sein. Sie müssen nicht befürchten, daß die Politiker mit ihnen kurzen Prozeß machen.
In Stuttgart hörte das Präsidium des Landtages zunächst einmal Benda als Sachverständigen. Der Freiburger Rechtsprofessor widersprach in seinem Gutachten[59] der verbreiteten Auffassung, daß nur eine »agressiv kämpferische Haltung« die Richteranklage auslösen könne. Er wies darauf hin, daß die im GG vorgesehenen, abgestuften Rechtsfolgen (Entlassung, Pensionierung, Versetzung) nur dann einen Sinn hätten, wenn sie an einen unterschiedlichen Schweregrad des verfassungsfeindlichen Verhaltens anknüpfen.
Der BVerfG-Präsident a.D. plädierte im Fall Orlet für die mildeste Form der Sanktion: Versetzung in ein anderes Amt, nicht notwendig innerhalb der Justiz. Falls das BVerfG so entschiede, meint Benda, »würde es nur nachholen, was das Präsidium des Landgerichts Mannheim schon zum Jahresende bei der Bestimmung seiner künftigen Geschäftsverteilung hätte tun können, aber unverständlicherweise unterlassen hat«. Er riet davon ab, die Anklage auf das empörende Urteil zu stützen; seiner Ansicht nach sind Richter in ihrer Rechtsprechung durch Artikel 97 geschützt. »Auch wenn sie, die im ›Namen des Volkes‹ urteilen, ihr Amt mißbrauchen, kann kein Volkszorn sie hinwegfegen; keine Laterne steht für sie bereit. Rechtsprechung muß frei von äußeren Einflüssen und von jeglichem Druck sein, komme er von der Politik, von den Medien oder von der Straße«.

1.4.5 Bendas Schlußfolgerungen

Doch das ist nur die eine Seite der Medaille. »Unabhängigkeit«, so hält Benda fest, bedeute »nicht Freiheit von Verantwortung«. Die Schöpfer des Grundgesetzes hätten die Richteranklage vorgesehen, »um zu verhindern, daß die Justiz sich – wie in der Weimarer Zeit – gegenüber der freiheitlichen Demokratie reserviert, gleichgültig oder gar feindselig verhält«. Dazu formuliert Benda einen Leitsatz, auf den die Justiz, vor allem das Mannheimer Präsidium, auch hätte selber kommen können: »Der gesicherten äußeren Unabhängigkeit des Richters entspricht seine Pflicht zur inneren Unabhängigkeit.«
Die Pflicht zur Verfassungstreue sieht der Nestor aus Freiburg nicht formal, sondern inhaltlich. Zu fragen sei, »ob die bewußte und entschiedene Abkehr des Grundgesetzes von der menschenverachtenden Ideologie des Nationalsozialismus weiterhin ernstgenommen wird?« Ein Richter, der »Anlaß zu ernsthaften Zweifeln gibt«, müsse sich »die Prüfung gefallen lassen, ob er auf dem richtigen Platz in der Justiz tätig ist«.
Orlet hatte in der »Süddeutschen Zeitung« erklärt, er könne sich sehr gut

vorstellen, mit dem NPD-Vorsitzenden befreundet zu sein. Ihm imponiere, »wenn einer seinen Lebensweg trotz aller Widerstände geht«[60]. Er selbst sei, fand Orlet im nachinein, wegen seines »politischen Wissens« auch der richtige Richter in dieser Sache gewesen. Zum Beweis für seine Selbsteinschätzung zog er entlarvende Parallelen zwischen seinem Deckert-Urteil und dem Schuldspruch gegen Adolf Hitler (nach dem Putsch von 1923). Hitler sei - wie Deckert - verurteilt, sein »uneigennütziges Handeln« ebenfalls mildernd bewertet worden.

Orlets Abdriften in die rechtsradikale Ecke und damit in die Randzone der freiheitlich demokratischen Grundordnung hat die Frage nach einer Neudefinition der richterlichen Unabhängigkeit provoziert. Die Tatsache, daß Konkretisierungen unter Richtern kaum diskutiert werden, ist ein Indiz für die Immobilität des Berufsstandes. Sie hätten unschwer erkennen können, daß ihre bisher liebevoll gehegte These einer grenzenlosen Unabhängigkeit im Sinne Poppers falsifiziert worden ist. Das Mannheimer Urteil verkörpert die Antithese. Über eine vernünftige Synthese wird nachzudenken sein.

1.4.6 *Modifiziertes Beratungsgeheimnis*

Wer auf ein klärendes Wort aus Karlsruhe hoffte, wurde enttäuscht. Orlet, der zwischenzeitlich von seinen Sympathiekundgebungen für Deckert abgerückt war[61], hat krankheitshalber um vorzeitige Versetzung in den Ruhestand gebeten. Die wurde ihm postwendend gewährt. Damit entfiel die Grundlage für eine Richteranklage[62]. Politiker und Richter müssen nun selbst über Differenzierungen nachdenken. Vielleicht läßt sich das Problem, nicht gar so hoch angesiedelt, auch ganz schlicht lösen - etwa durch eine Modifizierung des deutschen Richtergesetzes, an der die Richter aktiv mitwirken.

Wer sich keine Denkverbote auferlegt, wird bei so einem Reformvorhaben auch überprüfen, welche Vor- und Nachteile die Verknüpfung von Beratungsgeheimnis und Unabhängigkeit in sich birgt. Das strenge Beratungsgeheimnis ist ein Relikt aus dem vorigen Jahrhundert. Es sollte den Richter - gerade weil seine Unabhängigkeit nicht garantiert war - vor Repressalien der anderen beiden Gewalten bewahren. Diese Gefahr besteht nicht mehr. Artikel 97 I GG dient, wie das BVerfG betont, »dem Schutz der rechtsprechenden Gewalt vor Eingriffen durch die Legislative und Exekutive«[63].

Angesichts dieser Verbürgung ist der Hauptgrund für das Beratungsgeheimnis entfallen. Über Lockerungen - sei es durch Zulassung der »Dissenting opinion«, sei es durch Transparenz beim Abstimmungsergebnis - ist schon auf dem 47. Deutschen Juristentag im Jahre 1968 heiß diskutiert worden[64]. Die Bekanntgabe der Abstimmung - wer hat für das Urteil gestimmt, wer dagegen? - würde jedenfalls der Klarheit und Wahrheit dienen.

Der Mannheimer Skandal hat deutlich gemacht: Die Anonymität schützt den Richter nicht nur - sie kann ihm auch in eine fatale gesamtschuldnerische Mithaftung bringen.

1.4.7 *Überstimmt und blamiert?*

Der Deckert-Spruch verführt regelrecht zu Sandkastenspielen. Theoretisch denkbar wäre immerhin, daß einer der Richter seinen Namen nur unter Protest für das Urteil in seiner Endfassung hergegeben hat. Diesem Dissidenten hätte es, als dann die Wogen hochschlugen, durchaus passieren können, daß ihm, menschlich verständlich, der Satz entschlüpft wäre: »Ich wasche meine Hände in Unschuld!« Ein klarer Fall: Wer sich so ungeschützt äußert, verletzt die in Paragraph 43 des Deutschen Richtergesetzes normierte Schweigepflicht. Er macht sich eines Amtsvergehens schuldig und landet vor dem Richterdienstgericht. Das Ergebnis dieser Fiktion: Der Einzige, der im Mannheimer Fall Sanktionen hätte erdulden müssen, wäre ausgerechnet das Kammermitglied mit der weißen Weste gewesen.
Zur Fehlerdiagnose, die in erster Linie den Richtern obliegt, gehört nicht nur der Gedanke, was eine derart absurde Konsequenz im Endeffekt bedeutet, sondern auch eine kritische Selbstbefragung, ob die Empörung über Urteilsschelte aus Politikermund eigentlich angemessen war. Das Prinzip der Verhältnismäßigkeit beansprucht auch in einem Fall wie diesem Geltung. So gesehen, werden Politiker schlicht überfordert, wenn ihnen Richter ansinnen, auf ein unverhältnismäßiges Produkt der Justiz verhältnismäßig zu reagieren. Wer in den Bergen jodelt, darf sich nicht wundern, daß sein Echo vielfach und verstärkt zurückkommt.

1.4.8 *Verhältnismäßigkeit von Reaktionen*

Politiker (wie der Bundeskanzler, die Bundesjustizministerin und der Landesjustizminister) haben mit ihren Kommentaren im übrigen zur Begrenzung des von der Justiz verursachten Schadens beigetragen. Ihr pointierter Hinweis, daß richterliche Sympathie für einen Volksverhetzer die Ausnahme und nicht die Regel in der deutschen Justiz sei, diente der Befriedung und bewahrte die Bundesrepublik vor einem weiteren Ansehensverlust. Das Engagement der Politiker entsprach womöglich sogar ihrer verfassungsrechtlichen Verpflichtung, Schaden vom deutschen Volk abzuwenden. Richtern, die gelernt haben, Worte und Tatbestandsmerkmale zu wägen, sollte jedenfalls eine Einsicht nicht schwer fallen: Daß selbst harscher Politikertadel noch keinen »Eingriff« im Sinne der höchstrichterlichen Rechtsprechung darstellt.
Vielfach wird eingewandt, die Richteranklage sei eine hoch angesiedelte Ul-

tima ratio. Der Fall Orlet erscheine dafür zu kleinkariert. Wer mit diesem Instrument gegen den Mannheimer Richter vorgehe, schieße mit Kanonen nach Spatzen. In dieser Logik steckt eine gefährliche Konsequenz. Danach wäre der Artikel 98 so elitär, daß er sich für mittelschwere Fälle nicht eignet. Wenn mangelnde Verfassungstreue eines Richters nicht gänzlich ohne Sanktion bleiben soll, müßte unterhalb des Artikel 98 GG ein eigener Disziplinarkodex geschaffen werden. Der wiederum würde mit Sicherheit weniger Schutz für die richterliche Unabhängigkeit bieten als der Artikel 98 GG, der die Hürden für einen Eingriff mit Bedacht hoch angesetzt hat.

1.4.9 *Der spiegelverkehrte Fall*

Auch das Argument, die Justiz sei auf einem Auge blind, fordert eine redliche Auseinandersetzung. Denn selbst Wohlwollende können sich mitunter nicht des Verdachts erwehren, daß zumindest die Reizschwellen in der Justiz unterschiedlich hoch sind. Eine Fallkonstruktion mag diese Hypothese belegen. Angenommen, ein Richter verführe in einem Mauerschützenprozeß nach der Orlet-Methode: Er verurteilt einen Grenzoffizier, der auf die Einhaltung des Schießbefehls gedrungen hat, zu der vom BGH vorgegebenen gängigen Strafe, billigt ihm aber Bewährung zu. Die wiederum begründet er wie folgt: Die DDR habe die Mauer bauen müssen, um den Exodus ihrer Intelligenz zu stoppen. Die Sicherung dieser Grenze mit allen Mitteln habe einem verständlichen Bedürfnis des SED-Staates entsprochen. Wer sich unbefugt der Grenze genähert habe, sei sich des Risikos bewußt gewesen. Die Befugnis, von Amts wegen schießen zu dürfen, berge nun einmal Todesgefahren in sich. Im übrigen hätten im vergleichbaren Zeitraum westdeutsche Polizeibeamte durch voreiligen Gebrauch der Schußwaffe mehr Menschen zu Tode gebracht als die Volksarmee an der innerdeutschen Grenze.
Den Schrei der Entrüstung, der nach so einem Urteil ausgebrochen wäre, kann sich jeder vorstellen. Um die Parallele zu Orlet weiterzutreiben: Unterstellt, der Mauerschützen-Richter sagte nach seinem Urteil in einem Interview, er könne sich gut vorstellen, mit einem Mann wie dem Angeklagten befreundet zu sein. Ihm imponiere jeder, der für seine Idee bis zum Äußersten gehe. Und der Satz, daß dort, wo gehobelt wird, auch Späne fallen, sei leider nun mal eine gesicherte historische Erkenntnis. Vieles spricht dafür, daß den meisten Richtern der Gedanke, sich so eines Kollegen zu entledigen, leichter gefallen wäre. Selbst die Hürde, ihn schon wegen seines infamen Urteils zur Rechenschaft zu ziehen, hätte keiner mehr als unüberwindlich angesehen.
Für Orlet sprang die - keineswegs homogene - Solidargemeinschaft, die sich zur Verteidigung der Unabhängigkeit zusammengefunden hatte, noch

mal in die Bresche. Doch selbst diese Rückzugsgefechte und die damit verbundenen Trug- und Fehlschlüsse signalisieren zumindest eines: daß die Zeit für Reformen gekommen ist. Spätestens seit der Novellierung des Artikels 16 GG müßte eigentlich jedem klar sein, was einem Grundrecht ohne Gesetzesvorbehalt widerfahren kann, wenn Bürgern und Politikern der Preis für die schrankenlose Freiheit zu hoch wird.

Dieses Schicksal könnte auch den Artikel 97 ereilen. Die Richter sollten daher die Sache selbst in die Hand nehmen, bevor andere die Initiative ergreifen. Die Idylle ist jedenfalls vorbei. »Unsere Kritiker«, so Jutta Limbach, »wollen Taten sehen und nicht nur Worte hören«[65].

QUELLEN: Kapitel 1

1 Rainer Voss, DRiZ 1994, 446 (448).
2 Rainer Voss, DRiZ 1994, 448.
3 Rainer Voss, DRiZ 1994, 448.
4 Georg August Zinn, zitiert bei Rainer Voss, DRiZ 1994, 446.
5 Wolfgang Zeidler, DRiZ 1984, 251.
6 Thomas Dieterich, RdA 1986, 3.
7 Horst Sendler, ZRP 1994, 377 (380).
8 Walter Oderski, Rede beim Pressegespräch am 24.1.1995.
9 Rainer Voss, DRiZ 1994, 446.
10 Karl Raimund Popper, Ausgangspunkte (Kap.16, »Erkenntnistheorie: Logik der Forschung«); 1979, S.108 ff.
11 Rüdiger Bubner, Dialektik als Topik, 1990, S.11.
12 Vgl. (o.Fußn.11), S.17; Rolf Lamprecht, »Diskurs im Recht«, ZRP 1994,181 ff.
13 Vgl. (o.Fußn.11), S.19.
14 NJW 1958, 827.
15 NJW 1993, 1481.
16 Jürgen Habermas/Luhmann, in Theorie der Gesellschaft oder Sozialtechnologie, 1972, S.139.
17 Martin Kriele, Recht und praktische Vernunft, 1979, S.31.
18 Arthur Kaufmann, »Über Gerechtigkeit«, 1993, S.144.
19 Arthur Kaufmann, aaO S.141.
20 Bernd Rüthers, »Ideologie und Recht im Systemwechsel«, 1992, 184.
21 Christoph Strecker, »Betrifft JUSTIZ« (BJ) 1991, 141.
22 Peter Schneider, »Vom Ende der Gewißheit«, 1994, S.11.
23 Christoph Strecker, BJ 1991, 141.
24 Christoph Strecker, BJ 1991, 141.
25 Peter Caesar, DRiZ 1994, 455 (456).
26 Peter Caesar, DRiZ 1994, 457.
27 Heribert Prantl, SZ 17.8.1994.
28 Rainer Voss, DRiZ 1994, 448.
29 Thomas Dieterich, RdA 1986, S.4.
30 Herbert Tröndle, DRiZ 1970, 213.
31 Herbert Tröndle, DRiZ 1970, 214.
32 FAZ, 8.März 1995, S.5.
33 Philipp Heinisch, BJ 1993, 174.
34 Bernd Rüthers, aaO S.97, 98.
35 Hans-Ernst Böttcher, BJ 1991, 110.

36 Wolfgang Nescovic, BJ 1990, 238, 239.
37 Horst Sendler, ZRP 1994, 343 (344).
38 Klaus Beer, BJ 1991, 107.
39 Wolfgang Kinold, DRiZ 1992, 55.
40 Christoph Strecker, BJ 1991, 141.
41 Lutz van Raden, BJ 1991, 85, 86.
42 NJW 1976, 1392.
43 Wolfgang Zeidler, DRiZ 1984, 253.
44 Wolfgang Nescovic, BJ 1990, 238.
45 Peter Caesar, DRiZ 1994, 457.
46 Ernst-Gottfried Mahrenholz, DRiZ 1991, 432.
47 BJ 1994, 327-332.
48 »Die Welt«, 13.8.1994.
49 (s.Fn 47).
50 NJW 1995, 340 f.
51 Jutta Limbach: »Richterliche Unabhängigkeit - ihre Bedeutung für den Rechtsstaat«, Neue Justiz 6/1995, Seite 1 ff.
52 FR 1.2.1995, Kölner Stadtanzeiger 2.2.95, FAZ 4.2.95, Stuttgarter Zeitung 1.2.95.
53 Johann Fischl, »Logik«, Graz, 3.Aufl. 1967, Seite 113.
54 Michael Reissenberger, DRiZ 1995, 74.
55 Maunz-Dürig, Herzog zu Art.98, Randziffer 24.
56 BVerfGE 39, 334 ff (346 ff).
57 Ernst Benda, »Die Zeit«, 17.3.1995.
58 taz 7.12.94, Welt 12.1.95.
59 SZ 9.3.95, FAZ 9.3.95, Welt 9.3.95, taz 9.3.95.
60 SZ 5.9.94.
61 SZ 6.5.95; 12.5.95.
62 FAZ 11.5.95; SZ 11.5.95.
63 BVerfGE 12, 67, 71.
64 47.Deutscher Juristentag Band I, Teil D, Band II, Sitzungsbericht, Teil R, München 1968; Rolf Lamprecht: »Richter contra Richter - Abweichende Meinungen und ihre Bedeutung für die Rechtskultur«, Baden-Baden 1992, m.w.Nachw.
65 Jutta Limbach, siehe Fn. 51.

2. Angriffe und Eingriffe

2.1 Die Furcht vor den Machthabern

2.1.1 Historische Gründe

Richter hatten in vergangenen Zeiten gute Gründe, um ihre Unabhängikeit zu fürchten. Deshalb wurde das Beratungsgeheimnis eingeführt. Es sollte ihrem Schutz dienen. Anders als ihre Kollegen in Staaten mit einer frühen demokratischen Tradition waren die deutschen Richter Untertanen von feudalistischen Herrschern – Großherzögen, Königen und Kaisern. Sie konnten, wenn ihre Rechtsprechung mißfiel, durchaus im Kerker landen. Die Regierenden maßten sich das Recht an, Richter zu disziplinieren.
Ihnen drohte, wie Konrad Zweigert auf dem 47. Deutschen Juristentag (DJT) anmerkte, »Absetzung, Versetzung, Verhaftung«. Tatsächlich war der Robenträger in jener Zeit nicht viel mehr als ein Lakai seines Herrn, ein Beamter, dessen Mangel an Subordination jederzeit geahndet werden konnte. »Vor allem«, so betonte Zweigert, »gab es noch nicht die verantwortliche Beteiligung des Volkes am staatlichen Wirken«[1]. Das hieß: »Die Kontrolle der Staatstätigkeit durch eine demokratische Öffentlichkeit« fehlte, »so daß der etwa in seiner Unabhängigkeit bedrohte Richter auch nicht imstande war, die Öffentlichkeit anzurufen«.
Von einer Unabhängigkeit des Richters und der Rechtsprechung konnte mithin nicht die Rede sein. Er war nicht Diener des Rechts, sondern ganz profan Diener der Macht – ein Zustand, von dem sich der Berufsstand nur allmählich, aber nie gänzlich gelöst hat, wie die Geschichte beweist. Jedenfalls attestierte selbst Zweigert, ein Vorkämpfer für mehr Transparenz in der Justiz, dem Beratungsgeheimnis »eine Funktion zur Zeit seiner Entstehung«. Denn die Richter seien »von ihren Landesherren in einem massiveren Maße abhängig« gewesen, »um dessentwillen« habe ihr »Abschirmungsbedürfnis seinen Sinn gehabt«[2].

2.1.2 Urängste der Richter

Der Gedanke, wegen eines mißliebigen Urteils sofort oder später von irgendeinem Machthaber zur Rechenschaft gezogen zu werden, gehört erkennbar zu den Urängsten der Richterschaft. Rudolf Pehle, Widerpart Zweigerts auf dem 47. DJT, räumte zwar ein, »daß die Exekutive sich gegenwärtig der Zurückhaltung gegenüber der Rechtsprechung befleißigt«. Doch zugleich warnte er davor, Gerichtsverfassung und richterliche Unabhängigkeit von der aktuellen politischen Situation abhängig zu machen: Wie jede Verfassung im weitesten Sinne darf auch die Gerichtsverfassung nicht ein ausgesprochenes ›Schönwetterprogramm‹ darstellen«[3].

Was verbirgt sich hinter der Metapher vom Schönwetterprogramm? Die Anspielung deutet darauf hin, daß es Richter gibt, die dem Verfassungsstaat Bundesrepublik, auf den sie immerhin ihren Eid geleistet haben, nicht über den Weg trauen. Sie haben offenbar Scheu, das Eis, das ihnen sehr dünn vorkommen mag, festen Schrittes zu betreten.

Pehle sprach diesen Umstand offen an: Die Gerichtsverfassung müsse, sagte er in Anspielung auf die NS-Diktatur, nicht unbedingt »auf die Wiederkehr derart abnormer Verhältnisse zugeschnitten« sein. Sie habe aber in Rechnung zu stellen, »daß in politischen Sturmzeiten Regierung und Parlament sich gedrängt sehen könnten, in das Beratungsgeheimnis einzudringen«[4] und damit die richterliche Unabhängigkeit anzutasten. Realität oder Phantasie? Richtig ist, daß keine Verfassung der Welt die Gefahr eines Putsches gänzlich ausschließen kann. Zu fragen bleibt nur, ob die Richter über die Garantien des Grundgesetzes hinaus eine Sonderrolle für sich beanspruchen können.

2.1.3 *Vorbild für das Volk*

Der Anwalt Christian Raabe erinnerte auf demselben DJT daran, »daß schließlich, als die braune Flut begann, die Wissenschaftler, die Künstler, die Gewerkschaften und viele anständige Menschen eben dafür, daß sie ihre confessio abgegeben hatten, in die Gefängnisse gehen mußten und in die Konzentrationslager«[5]. Für den Rechtsprofessor und Ex-Verfassungsrichter Ernst Friesenhahn gehörte eben solche Zivilcourage zum unerläßlichen Berufsrisiko des Berufsstandes: »Wer als Richter nach dem Recht und nach seinem Gewissen geurteilt hat, muß die Folgen auch dann auf sich nehmen, wenn ein Diktator die Macht ergreift und einen Unrechtsstaat begründet«[6]. Raabe ergänzte: Erwartet würden »nicht etwa Helden«, doch das Recht könnten nur diejenigen »voranbringen, die wirklich mit ihrem moralischen Einsatz auch beispielgebend für das Volk sind«.

Heute ist die Furcht, wegen eines Urteils zur Rechenschaft gezogen zu werden, nur noch tiefenpsychologisch zu erklären. Keiner der Richter, die derzeit amtieren, hat Repressalien, die über den gewöhnlichen Anpassungsdruck des Arbeitslebens hinausgehen, aus eigener Anschauung erfahren müssen. Die Zeiten, in denen sich »die Dritte Gewalt vor allem dagegen zu wehren« hatte, »daß die anderen Staatsgewalten unter Verstoß gegen das Gewaltenteilungsprinzip in die Rechtsprechung eingriffen«, gehören der

Vergangenheit an. Die Abwehr solcher »Machtsprüche« und »die Sicherung der richterlichen Unabhängigkeit« sei - so notiert Hans Joachim Faller (Richter am BVerfG von 1971 bis 1983) - »das Ergebnis eines mehr als hundertjährigen Kampfes gegen ›Kabinettsjustiz‹«[7].
Diese Phase der Gefährdungen war 1949 mit dem Inkrafttreten des Grundgesetzes vorbei. Nunmehr können die Angehörigen der Dritten Gewalt aufatmen und (mit Faller) registrieren, daß Normen der verschiedensten Art »die Unabhängigkeit des Richters in einer Weise und in einem Umfange sichern, wie es sie in der deutschen Rechtsgeschichte bisher nicht gegeben hat, und die einen Vergleich mit anderen Rechtsstaaten nicht zu scheuen brauchen«.

2.1.4 *Stärkste Gewalt*

Tatsächlich hat sich das Blatt gewendet. Die Dritte Gewalt ist, streng genommen, stärker als die beiden anderen. Dies zeigt sich laut BVerfG zum Beispiel darin, »daß Akte der Rechtsprechung von den Trägern der anderen Gewalten nicht abgeändert werden können«[8]. Umgekehrt hingegen dürften »Akte der Gestzgebung von den Verfassungsgerichten für nichtig erklärt und Maßnahmen der vollziehenden Gewalt auch von anderen Gerichten aufgehoben oder geändert werden«. Die Gewichte haben sich verschoben - zugunsten einer Dominanz der Dritten Gewalt.
Legislative und Exekutive müssen heutzutage die Judikative fürchten - mit der Folge, daß die zur Gesetzesinitiative Befugten (im Parlament und in den Ministerien) ängstlich bemüht sind, Norm-Entwürfe nicht nur verfassungsfest, sondern auch verfassungsgerichtsfest zu formulieren. Gleichwohl sind Infiltrationen zwischen den drei Gewalten nicht gänzlich zu vermeiden. »Dem Verfassungsaufbau der Bundesrepublik« entspreche, so hält das BVerfG fest, »nicht eine absolute Trennung der Gewalten, sondern ihre gegenseitige Kontrolle und Mäßigung«[9].
Diese Erkenntnis legt den Gedanken nahe, daß die Richter ihren Status zwar längst nicht mehr erkämpfen müssen, daß ihnen aber auch nicht zu verübeln ist, wenn sie jeden Fingerbreit des Erreichten verteidigen. Die höchstrichterliche Definition (»Gegenseitige Kontrolle und Mäßigung«) beschreibt zugleich ein Wechselspiel, bei dem es nicht um Sein oder Nichtsein geht, sondern eher um Geben und Nehmen, um das Austarieren von Möglichkeiten - um check and balance. So ein Schlagabtausch erfordert Kontrahenten, die ihre Kräfte sportlich messen - und nicht gleich aufschreien, wenn sie mal eine Schramme abbekommen haben. Augenmaß ist angesagt - die Fähigkeit, das Wesentliche vom Unwesentlichen zu unterscheiden.
Mit dem Hinweis, daß Art.97 I GG dem Schutz »vor Eingriffen durch die

Legislative und Exekutive« diene, weist das BVerfG den Weg[10]. Alles, was unterhalb der Schwelle des »Eingriffs« liegt, sollte zwar beim Namen genannt, aber souverän als läßliche Sünde eingeordnet werden. Wer jede Anrempelei als Angriff anprangert, verschießt sein Pulver, das er für gravierende Fälle trockenhalten sollte. Die zentrale Frage, die Deutschlands Richter bewegen muß, lautet mithin: Wann beginnt der Eingriff? Und wo sind die Übergänge so fließend, daß es den Anfängen zu wehren gilt? Als potentielle Störenfriede sind nach der Definition des BVerfG - das wird leicht vergessen - nur die Legislative und die Exekutive anzusehen. Deren Einflüsse, die abzuwehren sind, bergen tatsächlich die Gefahr in sich, daß die Grenze vom Zulässigen zum Unzulässigen überschritten wird, etwa dann:
1. Wenn die Legislative nicht nur Urteilsschelte betreibt, sondern sich die Kompetenzen eines Zensurorgans anmaßt.
2. Wenn die Legislative, die in ihrer Eigenschaft als Repräsentativorgan des Volkes Richter legitimieren soll, diese Schlüsselstellung mißbraucht, um Parteipolitik zu treiben.
3. Wenn die Exekutive durch Ämterpatronage die Justiz nach ihrem Willen programmiert.
4. Wenn die Exekutive den Richtern die personellen und sachlichen Mittel verweigert - und mit diesem ärmlichen Sein das Bewußtsein steuert.
5. Wenn die Spitzen der Gerichte (in ihrer Eigenschaft als Exekutivorgan de Justiz) versuchen, Richter und Rechtsprechung zu dominieren.

2.1.5. *Urteilsschelte durch Politiker*

Falls sich die Balance zwischen den drei Gewalten nicht verschieben soll, bedürfen diese fünf Einbruchstellen ständiger Beobachtung. Die erste, die Überbeanspruchung des allgemeinen Rechts auf Urteilsschelte, ist zwar spektakulär - sie birgt aber für die Unabhängigkeit die wenigsten Gefahren in sich. Worte, wenn sie nicht in Drohungen übergehen, sind im Staat des Grundgesetzes noch keine Eingriffe. Und Drohungen wiederum sind nur ernst zu nehmen, wenn sie ein Mächtiger ausspricht, der sie realisieren könnte.
Die Schatten der Vergangenheit mögen zwar immer wieder mal auftauchen. Doch in einem Staat, dessen Grundgesetz seit mehr als 45 Jahren Sicherheit schafft, muß kein Richter den Helden spielen. Wer Zivilcourage zeigt, hat nichts zu befürchten - außer öffentlicher Kritik. Ob die in den Medien geäußert wird oder aus dem Bundestag kommt, macht freilich auch heute noch einen Unterschied. Die drei Gewalten sollten sich im Umgang miteinander von wechselseitigem Respekt leiten lassen - nicht nur, weil sie das Prinzip der Bundestreue dazu verpflichtet, sondern auch, weil das Prinzip

der richterlichen Unabhängigkeit als kostbares Gut der immerwährenden Schonung bedarf. Ausnahmen (siehe Kapitel 1) bestätigen die Regel. Wenn Urteile, wie der Mannheimer Skandal-Spruch, die Toleranz der Politiker überbeanspruchen, kann es passieren, daß sie auf den groben Klotz einen groben Keil setzen. Diese Reaktion muß die Justiz hinnehmen.
Mitunter allerdings ist das Echo unangemessen. Gegen Instinktlosigkeiten, die sich führende Politiker zuschulden kommen lassen, ist die Richterschaft auch in einer Demokratie nicht gefeit, wie die deutsche Nachkriegsgeschichte zeigt. Dafür – pars pro toto – einige Beispiele. Das Tucholsky-Zitat »alle Soldaten sind Mörder« hat den Bundestag gleich zweimal beschäftigt: 1989 und 1994. In der ersten Debatte ging es um einen Spruch, der als Frankfurter »Soldatenurteil« in die Rechtsgeschichte eingegangen ist, im zweiten um einen Beschluß des BVerfG.

2.1.6 *»Potentielle« Mörder*

In dem Fall, der dem ersten zugrunde lag, hatte ein Arzt während einer öffentlicher Diskussion eine modifizierte Variante des Zitats verwendet und von Soldaten als »potentiellen« Mördern gesprochen. Ein Offizier erstattete Anzeige, es kam zum Prozeß, ein Frankfurter Gericht sprach den Pazifisten frei – danach brach der Sturm los. Johannes Gerster, damals noch CDU-Bundestagsabgeordneter, inzwischen Landesvorsitzender seiner Partei in Rheinland-Pfalz, belegte das Urteil mit dem Verdikt »Rechtsbeugung«[11].
Der Politiker, im bürgerlichen Beruf Regierungsdirektor, ist von Hause aus Jurist. Wenn ein Mann vom Fach Rechtsbeugung und Rechtsirrtum, den er im Sinn gehabt haben mag, miteinander verwechselt, ist er dumm oder demagogisch. Rechtsbeugung hat hierzulande einen besonderen Klang. Es ist ein Verbrechen aus dem Raritätenkabinett – so selten, daß nach dem Krieg vier Jahrzehnte lang keiner deshalb verurteilt worden ist, nicht mal Richter, die sich als verlängerter Arm des NS-Terrorsystems betätigt hatten.
Damit ist deutlich, wo der Christdemokrat die »Untat« der Frankfurter Richter ansiedeln wollte. Gerster wäre keine drei Absätze wert, wenn ihn ein Berufener zurechtgewiesen hätte; und nicht nur ihn, sondern die meisten Politiker, die – ohne zu wissen, was ein Strafurteil vermag – Unsinn verzapft hatten.
Wer wäre ein Berufener gewesen? Da fällt nur einer ein: der Bundesjustizminister. Er hieß zu jener Zeit Engelhard. Die »Aktuelle Stunde« im Bundestag, am 26.Oktober 1989, hätte seine Sternstunde sein können. Er hat sie verschlafen. In der Debatte verteidigte ein Abgeordneter den ranghöchsten deutschen Offizier: »Ein Generalinspekteur, der sich vor seine Soldaten stellt, ist am richtigen Platz.«

2.1.7 *Versäumnisse eines Ministers*

Justizminister Engelhard hätte sich, um im Bild zu bleiben, nicht mal vor »seine« Richter stellen müssen. Es sind nicht seine - und sie würden sich das besitzanzeigende Fürwort auch verbitten. Doch Engelhard hätte sich, wenn er problembewußter gewesen wäre, vor seine, vor unsere Rechtsordnung stellen können. Nach vielen hohlen Phrasen zum damals vierzigjährigen Jubiläum des Grundgesetzes wäre die Debatte ein lohnender Anlaß gewesen, zurückgebliebene Abgeordnete und wißbegierige Bürger darüber aufzuklären, was eine unabhängige Justiz im Gefüge dieser Verfassung für den einzelnen und für alle bedeutet.

Was Engelhard wirklich gesagt hat, läßt sich nachlesen im Stenographischen Bericht über die 171.Sitzung auf Seite 12 865. Wer irgendeine definitive Aussage des Ministers sucht, legt den Text enttäuscht aus der Hand. Nahegelegen hätte, über die Möglichkeiten und Grenzen eines Strafurteils zu sprechen - über Einzelfall-Gerechtigkeit, über die objektive und subjektive Seite von Unrecht; vor allem über die Kernfrage, ob nicht vielleicht ein äußerst differenzierter Freispruch vom edelsten Prinzip des Strafrechts bestimmt gewesen sein könnte, in dubio pro reo.

Resignation beschleicht jeden, der noch frühere justizpolitische Debatten im Ohr hat, mit Rednern wie Thomas Dehler (FDP), Max Güde (CDU), Adolf Arndt (SPD) oder später Ernst Benda (CDU). Wer den Abstieg qualifizieren möchte, muß aufpassen, daß er sich dabei nicht in der Wortwahl vertut.

Als Engelhard im Bundestag ans Rednerpult trat, war er schon nicht mehr im Stande der Unschuld. Nach übereinstimmenden Zeitungsberichten hatte sein Ministerium, bevor auch nur ein Halbsatz der Frankfurter Begründung vorlag, Stellung bezogen: »Das Urteil verletzt das Rechtsempfinden aller Menschen guten Willens«[12]. Ob der verräterische Lapsus, der Erinnerungen an das »gesunde Volksempfinden« unseliger Zeiten weckt, von ihm abgesegnet worden war oder ob er ihn, wie bei seiner Amtsführung zu vermuten, erst am Frühstückstisch gelesen hatte, tut nichts zur Sache. Das eine wäre so schlimm wie das andere.

Kritik an der Justiz darf in einem demokratischen Staatswesen kein Tabu sein. Da es den »Contempt of Court« aus guten Gründen nicht gibt, ist auch Urteilsschelte erlaubt. Ob sich die eine Gewalt, die der anderen ein »Mäßigungsgebot« auferlegt, beim Schimpfen zügelt oder nicht, bleibt mithin eine Frage des Stils, den ein souveräner Justizminister hätte anmahnen müssen. Bei der Debatte über die Memminger Abtreibungsprozesse hatte Engelhard - wohlbegründet - davor gewarnt, von der Tribüne des Bundestages aus »ein laufendes Strafverfahren zu kommentieren«. Das eine Mal lautete die Frage, wie Richter mit der Frauenehre, das andere Mal, wie sie mit der Soldatenehre umgehen. Ein Schelm, der sich bei der unterschiedlichen Handhabung etwas denkt.

2.1.8 Anstand und Vernunft

Engelhard konnte sich darauf berufen, daß er auch gesagt hatte, Kritik müsse »mit Anstand und mit Vernunft« gepaart sein. Doch was war das für ein Mahner, der sich in Abstraktionen erging und so tat, als ob er nicht wüßte, daß der Anstand längst auf der Strecke geblieben war, ganz zu schweigen von der Vernunft.

Die ganze Debatte entlarvte sich selbst als überflüssig, was leicht zu beweisen gewesen wäre: Da es allen Rednern angeblich nur um die Reputation der Bundeswehr ging, hätten zwei Zitate aus dem »Schandurteil« (so der Bundeswehrverband) genügt: »Die beiden Adressaten - der Offizier Witt und die Bundeswehr - sind durch die Äußerungen des Angeklagten in ihrer Ehre gekränkt und damit beleidigt worden.« Und: »Dieses Urteil hat keine präjudizielle Bedeutung, die Benutzung derselben Ausdrücke in anderer Situation oder zu anderen Zwecken kann durchaus strafbar sein«[13].

Solche Sentenzen, die den Unrechtscharakter einer Aussage betonen und ihrer Weiterverwendung einen Riegel vorschieben, hätten dieselben parlamentarischen Übelnehmer, etwa in einem Spruch aus Karlsruhe, als glänzenden Prozeßerfolg gefeiert; ob sie die präjudizielle Wirkung ihrer eigenen Argumente bedacht haben, ist füglich zu bezweifeln.

Schizophrene Debatten wie diese könnten sich leicht als Bumerang erweisen. Hysterische Abgeordnete, die sich über die Ungeheuerlichkeit des Mordvorwurfs empören, ohne über die Unweigerlichkeit des Tötungszwanges nur ein Wort zu verlieren, entwerfen ein schiefes Bild vom Kriegshandwerk. Was geschieht, wenn Wehrpflichtige nun glauben, sie müßten nicht unbedingt jedem Schießbefehl Folge leisten? Die Naiven würden sich vor den Schranken eines Gerichts wiederfinden - nicht als potentielle, sondern als strafwürdige Deserteure.

2.2 Echo auf mißverständliche Urteile

2.2.1 Sprache und Kommunikation

Die Beziehung zwischen Justiz und Öffentlichkeit ist, wie das Jahr 1994 gezeigt hat, äußerst fragil - ein zartes Pflänzchen, das immer wieder einzugehen droht. Zwar verkünden alle, daß Rechtsprechung der skeptischen Distanz bedürfe. Der ehemalige BVerfG-Vizepräsident Ernst Gottfried Mahrenholz erinnerte an diese Selbstverständlichkeit: »Jede öffentliche Gewalt

braucht die kritische Publizistik«[14]. Doch Richter tun sich schwer, diese Einsicht zu verinnerlichen. Deshalb sehen sich Spitzenjuristen immer wieder genötigt, an ihre Kollegen zu appellieren, sie sollten nicht jedes harsche Echo gleich als Angriff auf die richterliche Unabhängigkeit mißdeuten. »Richter sind keines höheren Wesen«, notierte (wie bereits gesagt) BAG-Präsident Thomas Dieterich, »und in einer Demokratie ist Mißtrauen gegenüber der Staatsgewalt erste Bürgerpflicht«[15].
Zur »Richterpersönlichkeit von heute«, zähle »auch ein Blick für die realen Gegebenheiten der modernen Meinungs- und Mediendemokratie«, gab Peter Caesar, Justizminister von Rheinland-Pfalz, zu bedenken. Richter sollten die Reaktion der Öffentlichkeit nicht »als lästige Begleiterscheinung empfinden«; sie sei »schlichtweg zunehmender Bestandteil des richterlichen Berufsfeldes«. Jeder einzelne habe dieses Faktum »vor und nach seiner Entscheidung zu bedenken« – und einzukalkulieren, »daß öffentliche Kritik an Gerichtsentscheidungen schon wegen der meist komplizierten juristischen Zusammenhänge verkürzt und ungerecht, und da, wo politische Interessen berührt sind, zum Teil auch böswillig ausfallen kann«[16].
Wie berechtigt Caesars Mahnung ist, erwies sich im Jahr 1994. Es gab gleich zwei Entrüstungsstürme. Sie wiederum sind ein idealer Anlaß, über die Beziehung der Gerichte zur Öffentlichkeit nachzudenken – und über die Rolle, die Journalisten in diesem Stück spielen. Weltweite Aufmerksamkeit rief das erste »Deckert«-Urteil des BGH vom 15. März hervor, ohne das die spätere Mannheimer Skandalentscheidung gar nicht zustande gekommen wäre. Eine eher deutsche, aber nicht minder erregte Debatte provozierte dagegen der »Soldaten-Mörder«-Beschluß des BVerfG vom 21. September.
Die Ursachen beider Konflikte dürften in Übertragungsschwierigkeiten und Kommunikationsproblemen liegen – oder schlicht in der Sprache. Sie ist der wesentliche Berührungspunkt zwischen Juristen und Journalisten. Beide Berufszweige gehen tagtäglich mit ihr um. Sie ist ihr wichtigstes Handwerkszeug. Ohne das gesprochene und geschriebene Wort bliebe ihre Arbeit ohne Wirkung. Die einen wie die anderen treiben verbale Kommunikation mit den Mitbürgern. Es wäre ein Wunder, wenn dabei nicht der eine oder der andere immer wieder mal stolpern würde. Sätze machen sich selbständig, beginnen ein Eigenleben zu führen und erzeugen Reaktionen, die der Urheber nicht beabsichtigt hat. Wenn der Schaden da ist, neigt jeder Verursacher dazu, die Schuld zu mystifizieren.

2.2.2 *Überinterpretation eines Tatbestandes*

Bei genauerer Betrachtung liegen die Gründe für Fehlinterpretationen zumeist beim Absender eines Textes, mitunter auch bei seinem Empfänger; oft jedoch bei beiden. Ein klassisches Beispiel dafür ist die besagte Ent-

scheidung des BGH im ersten Revisionsverfahren des NPD-Vorsitzenden Günter Deckert. Das Echo war von Schlagzeilen geprägt, die den BGH nicht entzücken konnten. Allgemeiner Tenor: »›Auschwitzlüge‹ keine Volksverhetzung!«[17]. Reporter schrieben: »Bundesrichter sehen im Leugnen der Morde noch keine Hetze«[18]. Kommentatoren fragten: »Quo vadis, BGH?«[19]. Andere gaben gleich die Antwort: »Auf dem rechten Auge blind«[20]. Heribert Prantl rügte in der »Süddeutschen Zeitung« die »gnadenlose Gleichgültigkeit der Richter« und kam zu dem Schluß: »Die Justiz kann Volksverhetzung bestrafen – aber sie will es nicht«[21].
Das verheerende Echo in der Öffentlichkeit war von einer Besonderheit gekennzeichnet. Weil das Urteil, jedenfalls seinem ersten Anschein nach, günstig für den rechtsradikalen Demagogen ausgefallen war, blieb kaum Raum für eine einfühlsame und sachkundige Interpretation. Der Fall entwickelte eine ausufernde und kaum kontrollierbare Eigendynamik. Prantl brachte das Problem auf den Punkt: »Die Unterscheidung zwischen einer straflosen einfachen und einer qualifizierten strafbaren Auschwitzlüge hat nicht der Gesetzgeber, sondern die Rechtsprechung erfunden«[22]. Eine Botschaft wie diese ist ohnehin nur schwer zu vermitteln. Prantls Deutung schien auch aus einem anderen Grund nicht gänzlich abwegig.
Sie konnte sich auf gewichtige Kronzeugen berufen. Nachdem der BGH in einem weiteren Durchgang das zweite, nun wirklich skandalöse Deckert-Urteil des Mannheimer Landgerichts aus der Welt geschafft hatte, kam aus der Bundesanwaltschaft der süffisante Kommentar: Der ganze Lärm wäre der Republik erspart geblieben, wenn der BGH dem sorgfältig begründeten Antrag des Generalbundesanwalts in der ersten Revision stattgegeben hätte.
Fazit: Das Presse-Echo auf die mündliche Urteilsbegründung war teils oberflächlich, teils objektiv falsch. Das beantwortet freilich nicht die Frage, wem die Fehlinterpretationen zuzurechnen sind. Immerhin kam die Urteilsschelte nicht nur von Laien, sondern auch von Fachleuten. Und manches spricht dafür, daß sich der BGH selbst nicht ganz wohl gefühlt hat.
Insider können sich jedenfalls nicht erinnern, daß der BGH in seiner Geschichte jemals Anlaß gesehen hätte, eine bereits verkündete Entscheidung nachträglich zu ergänzen und zu erläutern – quasi als Antwort auf das Presseecho. Kernaussage der BGH-Pressemitteilung: »Von einem ›Freispruch‹, wie von verschiedenen Medien behauptet, kann keine Rede sein«[23].
Die Abläufe ähneln einem Fall aus früheren Tagen. Der 3. Strafsenat des Bundesgerichtshofs hatte über die Revision in einem Vergewaltigungsprozeß zu entscheiden. Ein Lehrmädchen war vom Meister mehrfach mißbraucht worden. Die Vorinstanz hatte den Chef wegen Vergewaltigung in mehreren Fällen verurteilt, der BGH bestätigte die Entscheidung der Tatsacheninstanz im wesentlichen. Doch er kam – vielleicht dogmatisch kor-

rekt – in einem Fall zu der Erkenntnis, daß hier keine Vergewaltigung vorgelegen habe. Der Chef war mit dem Mädchen in den Wald gefahren und hatte den Wagen unmittelbar neben einem Baum geparkt, sodaß die Beifahrertür nicht mehr aufging. Dann machte er sich über seine Schutzbefohlene her. Die höchstrichterliche Wahrheitsfindung fand ihren Niederschlag in einem Leitsatz, der Proteststürme provozierte – von der Feministinnen-Bewegung bis zu kirchlichen Kreisen.

Der denkwürdige Leitsatz lautet: »Nicht in jeglichem Einschließen oder ähnlicher Beschränkung der Bewegungsfreiheit einer Frau in der Absicht, mit ihr geschlechtlich zu verkehren, liegt bereits Anwendung von Gewalt« – auch nicht im »Fahren zu einer abgelegenen Stelle, an der die mitgeführte Frau Hilfe nicht erwarten kann«[24].

2.2.3 *Unverständnis beim Urheber*

Wie gesagt: Das Echo war schlimm. Und die Bundesrichter verstanden – damals wie heute – die Welt nicht mehr. Selbstverständlich fühlten sie sich zu Unrecht attackiert. Aus ihrer Sicht hatten sie nichts weiter getan, als die Auslegung einer Strafvorschrift um eine weitere Facette bereichert. Diese Selbstinterpretation, die von den meisten Richterkollegen geteilt wurde, sagt eine ganze Menge darüber aus, wie Richter regieren, wenn sie – sei es aus sprachlicher Unbedachtheit, sei es aus intellektueller Arroganz – Mißverständnisse auslösen.

Zunächst einmal verrät die Zurückweisung jeder Kritik, wie schwer Richtern die Einsicht fällt, daß sie nicht im luftleeren Raum agieren. Sie haben erkennbar Mühe, schlichte Selbstverständlichkeiten auf sich anzuwenden, etwa den Erfahrungssatz, wonach Mißverständnisse im allgemeinen zu Lasten des Autors gehen. Daraus lassen sich mehrere Schlußfolgerungen ziehen. Eine und die wichtigste wäre – die Zielgruppe für erprobte Strategien bei der Verfertigung von Urteilen zu erweitern.

Usus ist, daß ein Richter bei der Abfassung des Votums ein Fachpublikum vor Augen hat, das er überzeugen möchte: die Mitglieder seines Kollegiums, den Anwalt, der zu unterliegen droht, die Parallelsenate im eigenen Haus, die Richter der nächsthöheren Instanz und schließlich die Leser der juristischen Periodika. Spätestens, wenn sie gedruckt und allgemein zugänglich sind, liegen Entscheidungen auf dem Prüfstand, werden gewogen und womöglich für zu leicht befunden. Die eigene Reputation steht auf dem Spiel. Wie drohende intellektuelle Niederlagen zu vermeiden sind, hat der Jurist in seinen ersten Studiensemestern gelernt. Die Methode ergibt sich fast von selbst.

Der Autor überlegt, welche Argumente der Gegner seines Standpunktes vorbringen könnte. Wenn er penibel ist, listet er sie sogar auf und versucht, sie Punkt für Punkt zu wiederlegen – direkt oder versteckt. Er setzt sich mit den imaginären Widersachern auseinander. Die Operation ist gelungen, wenn es kein denkbares Gegenargument mehr gibt, das nicht berücksichtigt worden wäre. Eine Anschlußfrage drängt sich geradezu auf: Warum haben Richter, wenn sie ihre Urteile abfassen und verkünden, zuvörderst ihre Fachwelt vor Augen und – wenn überhaupt – erst in zweiter Linie das normale Publikum? Diese Reihenfolge ist keineswegs selbstverständlich.

2.2.4 *Die Gerichtssprache ist deutsch*

Richter üben Staatsgewalt aus. Sie beziehen ihre Legitimation vom Souverän – also von der Gesamtheit aller Bürger. Deshalb sprechen sie im Namen des Volkes Recht, das zwangsläufig auch der eigentliche, vielleicht sogar der einzige Adressat ihrer Verlautbarungen sein sollte. Der Bürger muß verstehen, was die Richter sagen wollen. Paragraph 184 GVG bestimmt bekanntlich: »Die Gerichtssprache ist deutsch.«
Ebenso wie sich Eltern bemühen, ihren Kindern die Welt zu erklären und dafür den richtigen Ton zu finden, müssen Richter idealiter mit den Rechtsadressaten kommunizieren. Der Abdruck von Urteilen in Entscheidungssammlungen und Fachzeitschriften ist nicht der Hauptzweck ihrer Amtsaufgabe, sondern allenfalls ein Abfallprodukt. Daraus folgt: Richter, die ganz selbstverständlich das Echo der Fachwelt antizipieren, hätten eigentlich die Pflicht, mit derselben Intensität Phantasie für die Reaktionen der Öffentlichkeit zu entwickeln. Dafür bieten sich ein paar Daumenregeln an. Die erste ist: Abschied von den Sollenskategorien zu nehmen.
Alle Idealvorstellungen, wie Medien vernünftigerweise über Urteile berichten sollten, erweisen sich – bedauerlicherweise – als untauglicher Denkansatz. Wer eine Sprache pflegt, die auf Dolmetscher angewiesen ist, darf sich nicht beklagen, wenn die Übersetzung anders ausfällt, als er sich das wünscht. Diese Erkenntnis ist eine nüchterne Bestandsaufnahme und keinesfalls ein Verzicht auf die Forderung, daß Dolmetscher ihr Handwerk beherrschen sollten.

2.2.5 *Aufgabe der Dolmetscher*

Wer in Seinskategorien denkt, muß jedenfalls akzeptieren, daß die schwierige Aufgabe, von der Meta- in die Umgangssprache zu übersetzen, oft nicht optimal gelingt. Journalisten haben, wenn sie über die Justiz berichten, Laien vor Augen. Deshalb wenden sie Kunstgriffe an: Sie vereinfachen und verkürzen. Leider werden gedankliche oder sprachliche Unklarheiten eines Urteils auf diese Weise potenziert. Das mag man beklagen. Doch daran wird sich – so fürchte ich – kaum etwas ändern lassen.

Richter sollten sich realistischerweise auf diese Problematik einstellen. Wenn sie Mißverständnisse vermeiden wollen, müssen sie diesen Umstand einkalkulieren. Vor allem bei Reizthemen ist äußerste Vorsicht geboten. Sie zu erkennen, bedarf keiner großen Phantasie. Der Zündstoff liegt zumeist in der Luft. Gesellschaftliche Konflikte, die Emotionen hervorrufen könnten oder schon mal welche entfesselt haben, gehören erkennbar dazu: Politischer und rassistischer Extremismus, Gewalt gegen Frauen, Ausgrenzung von Minderheiten, Ehrverletzung von Bevölkerungs- und Berufsgruppen, Schmälerung von Besitzständen und schließlich alles, was mit den Grundbedürfnissen der Menschen zu tun hat – Wohnung, Arbeit, Nahrung, Sexualität.

In all diesen Fällen zielt die Neugier auf die Frage nach dem »Cui bono« ab: Wer ist betroffen, wer nicht? Wer wird benachteiligt, wer begünstigt – und warum? Wenn ein Urteil diese Fragen nicht beantwortet oder sogar eine vage Aussage durch obiter dicta noch weiter relativiert, steht das Tor für unbeabsichtigte und peinliche Mißverständnisse weit offen.

Einige dieser Mechanismen lassen sich am Deckert-Urteil demonstrieren. Der NPD-Vorsitzende, ein besonders hartnäckiger Neonazi, war vom Landgericht Mannheim wegen Volksverhetzung verurteilt worden. Der BGH hob dieses Urteil auf verwies die Sache an die Vorinstanz zurück. Wie Laien auf einen solchen Spruch reagieren, war vorauszusehen. Erster Eindruck: Die Verurteilung hatte keinen Bestand. Zweiter Eindruck: Die Revisionsentscheidung ist zugunsten des Angeklagten ergangen. Dritter Eindruck: Richter legen den Tatbestand der Volksverhetzung auf die juristische Goldwaage. Vierter Eindruck: Was dabei herauskommt, wenn sie einen eigentlich klaren Sachverhalt drehen und wenden, glaubt jeder zu wissen. Erfahrungen mit juristischer Rabulistik gehören leider zum Allgemeingut.

Dieser Erfahrungshorizont ist nicht weniger wichtig als dogmatische Perfektion. Deckert verließ, wie nicht anders zu erwarten, den BGH hoch erhobenen Hauptes – als Sieger. Sachkundige wissen zwar, daß die Aufhebung kein Freispruch war. Doch das Urteil hat genauso gewirkt. Die Klarstellung, die dann später über eine amtliche Presseerklärung erfolgte, hätte schon der Verkündung gut angestanden. Der wissenschaftliche Anspruch, den ein höchstrichterliches Urteil für sich reklamiert, muß nicht darunter leiden, wenn in den Gründen gesagt wird, was entschieden, vor allem aber, was nicht entschieden worden ist.

2.2.6 *Das Tucholsky-Zitat*

Auch für den zweiten Fall, die Soldaten-Mörder-Entscheidung des BVerfG, gilt das mehr oder weniger modifizierte Verursacherprinzip. Ihm steht freilich ein anderes Phänomen gegenüber – das des törichten oder gar böswilligen Mißverstehens. Wenn der eine sagt, der Himmel sei bewölkt und der andere heraushört, daß es Wolkenbrüche geben wird, liegt die Ursache erkennbar beim hysterischen Rezipienten. Zwischen diesen beiden Eckpunkten, zwischen der Sende- und der Empfangsstation, ist das Problem angesiedelt, von dem die Rede ist. Sender im übertragenen Sinn war das BVerfG, als Verstärker fungierten die Medien. Empfänger der Signale sind in einem Fall wie diesem die politische Klasse im Speziellen und das Volk im Allgemeinen.

Störungen und Defekte können an allen Ecken des Parallelogramms auftreten. Im konkreten Fall waren alle vier betroffen – aktiv wie passiv. Das BVerfG hatte es an der letzten Klarheit fehlen lassen. Die Medien fielen aus Gründen, die noch zu beleuchten sind, als Quelle der Erstinformation weitgehend aus. Stattdessen verbreiteten die Politiker gezielte Falschnachrichten, von Anfang an verknüpft mit wahlpropagandistischen Kommentaren. Das Volk, hier namentlich die Bundeswehr, empfing verzerrte Signale, die sich wie Unwetter-Warnungen anhörten – und es reagierte entsprechend, in Panik.

Die Fakten wurden auf den Kopf gestellt – und da stehen sie offenbar, wie das populistische Kasino-Gerede des Generals Schultze-Rhondorf Monate später zeigte, unverrückbar für alle Zeit. Die Erzeugung der Legende fand, genau besehen, innerhalb von drei Tagen statt. Es lohnt sich, die Abläufe näher zu untersuchen, weil nur dabei die Fehlerquellen sichtbar werden.

Am 19. September 1994, einem Montag, gab das Gericht den fraglichen Kammerbeschluß zur Veröffentlichung frei[25]. Die in Karlsruhe akkreditierten Journalisten waren von dem Tenor nicht sonderlich elektrisiert. Sie stuften den Spruch als Fortsetzung einer längst bekannten und mehrfach vermeldeten Rechtsprechung ein. Der später erhobene Vorwurf an die Richter, sie hätten es am nötigen Fingerspitzengefühl für die zu erwartenden Emotionen im Land fehlen lassen, gilt, selbstkritisch gesehen, auch für die in Karlsruhe ansässigen Journalisten. Ihre Einschätzung war – wie die des Gerichts – in der Sache korrekt und in der Prognose naiv.

Deshalb muß man in den Printmedien Originär-Meldungen aus Karlsruhe am Tag darauf, dem 20. September, mit der Lupe suchen. Die Karlsruher Journalisten hatten über den Fall, wenn überhaupt, nur kurz berichtet. Sie waren an diesem Tag auf dem Weg nach Münster, zum Deutschen Juristentag. Dort wurden sie von dem Flächenbrand, den Politiker in Bonn gezündelt hatten, eingeholt und eingezingelt. Sie konnten nicht mehr agieren, sondern nur noch reagieren.

Politiker, namentlich solche aus dem konservativen Lager, hatten sich der Entscheidung bemächtigt und sich – in einem Akt von Amtsanmaßung – als Pressestelle des Gerichts betätigt. Sie verbreiteten und kommentierten in einem Atemzug den Beschluß. Mit diesem Desinformations-Coups be-

herrschten sie die Fernsehkanäle am 20. und die Tagespresse am 21. September.
Der Pappkamerad, die Parole, auf die sie sich eingeschossen hatten, lautete kurz und bündig: Das BVerfG hat den Satz - »Soldaten sind Mörder« - von Amts wegen sanktioniert. In diesen Kontext fielen dann die sattsam bekannten Injurien. Verteidigungsminister Rühe nannte den Beschluß einen »politischen Skandal«, der nicht hingenommen werden könne. Wörtlich: »Wer Soldaten pauschal verunglimpft, der spricht dieselbe verabscheuungswürdige Sprache wie derjenige, der Haß gegen Ausländer schürt«[26].
Auch der Altliberale Hans-Dietrich Genscher qualifizierte den Beschluß als »Skandal-Urteil« und kam zu dem Ergebnis: Der Spruch entziehe den Soldaten und ihren Familien den Schutz der Menschenwürde und stelle sie damit moralisch vogelfrei. Dazu dürfe das Verfassungsorgan Bundestag nicht schweigen[27]. Der CDU-Verteidigungspolitiker Jürgen Augustinowitz empörte sich, das Urteil sei eine Schande für die deutsche Justiz[28], der SPD-Bundestagsabgeordnete Manfred Opel wollte nicht nachstehen. Er fand, »für unsere Soldaten ... ist das Urteil ein Schlag ins Gesicht«[29]. Mit dieser Blütenlese soll es sein Bewenden haben.
Wer den Beschluß liest, erfährt anderes: Höchstrichterlichen Zweifel, ob ohne Güterabwägung im konkreten Fall eine Kriminalstrafe stets die angemessene staatliche Sanktion ist - etwa für einen Pazifisten, der mit dem Tucholsky-Zitat und anderen Symbolen erkennbar gegen den Golfkrieg protestieren und demonstrieren wollte.

2.2.7 Wie schon das Reichsgericht

Das Bundesverfassungsgericht befand sich damit in der guten Gesellschaft des Reichsgerichts, dem nicht gerade der Ruf einer besonderen Liberalität nacheilt. Die Leipziger hatten 1931 in ihrem Freispruch gesagt: Der Satz »Soldaten sind Mörder« sei ein Abstraktum; er meine mehr und anderes als die Reichswehr, die sich daher auch nicht beleidigt fühlen könne[30].
Die schiefe Darstellung und Kommentierung des Karlsruher Spruchs durch die politische Klasse in Bonn erinnert an eine Erkenntnis der Logik. Sie unterscheidet bekanntlich zwischen Fehlschlüssen und Trugschlüssen. Die einen kommen zustande, weil es am Verstand hapert, die anderen in der Absicht zu täuschen. Welche Variante auf Rühe, Genscher und die anderen Wortakrobaten zutrifft, darf sich jeder aussuchen.
In dieses Bild paßt auch die Neujahrsansprache des Bundeswehrgenerals Gerd Schultze-Rhondorf. Er sagte: »Der Vergleich von Soldaten mit Mördern ist so absurd und zutiefst ehrabschneidend, wie es ein Vergleich des BVerfG mit dem Volksgerichtshof der NS-Zeit sein würde«[31]. Der General war, genau besehen, nur ein Anschlußtäter. Im Vergleich zu seinem ober-

sten Dienstherrn hat er sich noch moderat ausgedrückt. Da gilt die alte Kalenderweisheit: Wie der Herr so das Gescherr. Was der General absonderte, war, wie Kenner wissen, von der Rechtsprechung zur Meinungsfreiheit abgedeckt.
Eine andere Frage ist, ob ihn sein oberster Dienstherr an die Pflicht aller Staatsdiener zur gebotenen Zurückhaltung bei öffentlichen Äußerungen hätte hinweisen sollen. Doch das konnte Rühe wohl kaum. Als Mittäter war er in diesem Punkt befangen. Und nicht nur in diesem: Als Teil des Verfassungsorgans »Bundesregierung« hat er sich gegenüber dem Verfassungsorgan »Bundesverfassungsgericht« eindeutig im Umgangston vergriffen. Ähnliches gilt für Genscher, der das Verfassungsorgan »Bundestag« expressis verbis ins Spiel gebracht und sogar zum Zensor ausgerufen hatte.
Der wechselseitige Respekt untereinander, zu dem die Verfassungsorgane aufgerufen sind, gehört im wohlverstandenen Sinne zum Prinzip der Bundestreue[32]. Keinem Beobachter der Karlsruher Szene ist erinnerlich, daß die höchsten Richter in den Jahrzehnten seit Gründung des Gerichts mit anderen Verfassungsorganen ähnlich rüde umgesprungen wären, obwohl Anlaß genug dazu bestanden hätte. Insoweit war die Rechtsprechung des BVerfG stilprägend. Es hat die anderen Organe, soweit das erforderlich war, mitunter in der Sache hart kritisiert, dabei aber stets die Form gewahrt.
Zu bedauern ist, daß sich die Verfassungsrichter nicht gewehrt haben. Das Plenum wäre sich aus Gründen der Selbstachtung eine Reaktion schuldig gewesen – auch um das Volk, das die höchste Instanz in Karlsruhe seit eh und je an die Spitze der Prestige-Skala setzt, in seiner Wertschätzung nicht zu verunsichern. Das Plenum hätte den undiszipinierten unter den Politikern unmißverständlich klar machen müssen, daß auch sie bestimmte Grenzen nicht ungerügt überschreiten, zumindest aber den kleinsten gemeinsamen Nenner der Rechtskultur nicht unterschreiten dürfen.

2.2.8 Bürger in Uniform

Der Geist, der etwa Rühes Ausfällen zugrunde lag, hat denn auch jede souveräne, vielleicht sogar konstruktive Reaktion verhindert. Naheliegend wäre gewesen, sich an die Bundeswehrphilosophie vom »Bürger in Uniform« zu erinnern, den Karlsruher Beschluß unter den Soldaten zu verteilen und im Politikunterricht zu diskutieren. Unterstellt, daß es in der Bundeswehr Offiziere gibt, die über einen höheren IQ als der schwadronnierende General verfügen, hätte bei solchen Erörterungen auch Positives herauskommen können – etwa Einsicht in die Werte, zu deren Verteidigung die Bundeswehr da ist. Dazu gehört mit Sicherheit das Grundrecht auf Meinungsfreiheit.
Ein intelligenter Offizier hätte mit seinen Soldaten vielleicht sogar über Differenzierungen gesprochen. Zum Beispiel über die Frage, ob die Aussage

»Alle Soldaten sind Totschläger« weniger anstößig gewesen wäre. Jedem, der – wie beim Mörder-Zitat geschehen – politische Schlagworte vordergründig auf die Begriffe des Strafgesetzbuches reduziert, müßte die Definition des Totschlags (»Wer einen Menschen tötet, ohne Mörder zu sein...«) zumindest nachdenklich machen. Denn Töten – und sei es nur zur Verteidigung – gehört mit Sicherheit zum Dienst des Soldaten.
Ein Unterrichts-Offizier, der nicht nur intelligent, sondern obendrein noch humorbegabt ist, hätte vielleicht sogar einen anderen Fall durchgespielt – was zum Beispiel passiert wäre, wenn der Anwalt dem Angeklagten geraten hätte, zu widerrufen und das Gegenteil zu behaupten: »Alle Soldaten sind Pazifisten.« Dem Gedanken, daß dies wiederum eine Beleidigung sein könnte, womöglich in Tateinheit mit »Störpropaganda«, wie der neue Begriff für Wehrkraftzersetzung heißt, ist der belehrende und aufklärerische Charakter zumindest nicht abzusprechen.
Aus Fehlern lernen – der Imperativ gilt auch hier. Von Politikern, die ihre Einfallslosigkeit täglich immer wieder aufs Neue beweisen, sind kritische Selbstdiagnosen kaum zu erwarten. Sie reagieren wie der Pawlow'sche Hund und müßten neu konditioniert werden. Wer sollte diese Mammutaufgabe übernehmen? Fehlanzeige auch bei den Militärs, die – Gott sei dank – noch keine Schlachten geschlagen und deshalb auch keine verloren haben. Der Herausforderung, aus Fehlern neue Strategien zu entwickeln, haben sie sich bisher nicht stellen müssen. Deshalb sind auch die Waffensysteme, die sie bestellen, meist schon veraltet, wenn sie geliefert werden.
Fehlervermeidung ist mithin nur vor Ort möglich. Der Sender Gericht und die Verstärker Medien müssen sich um ein Frühwarnsystem bemühen – das heißt: ein Sensorium dafür entwickeln, wann warum bei Empfängern nur noch ein unverständliches Rauschen ankommt. Dafür gibt es nur eine Daumenregel: Defensives Verhalten, wie im Straßenverkehr – immer mit Verrückten rechnen. Richter, aber auch Journalisten, müssen wohl zumindest bei Reizthemen die Reaktion der Öffentlichkeit antizipieren. Die meisten Mißverständnisse ließen sich vermeiden, wenn das Gericht im Urteil oder in einer Presseerklärung deutlich machte, was nicht entschieden worden ist. Weder die Dummen noch die Demagogen könnten dann, wie geschehen, dem höchstrichterlichen Spruch einen Sinn unterlegen, den er nicht hat.
Für die Frage des Verstehens mag eine erhellende Andekdote aus der journalistischen Zunft beitragen. Berichtet wird, daß der berühmteste Autor der »Weltbühne« und ihr Chefredakteur, also Kurt Tucholsky und Carl von Ossietzky, in einem Dauerclinch miteinander lagen. Es kam immer wieder mal vor, daß Ossietzky Texte seines Starautors mehrmals lesen mußte, um sie richtig zu verstehen. Tucholsky unterbrach für gewöhnlich diese Denkpause mit dem Hinweis: »Ich habe sagen wollen...« Ossietzky pflegte dann unwirsch zu antworten: »Dann schreib's doch hin!«

Das BVerfG hat bei seinem Soldaten-Mörder-Beschluß nichts anderes getan – und ist dennoch mißverstanden, wenn nicht sogar bewußt verketzert worden. Die Attacken auf die Karlsruher Richter mögen gerade noch hinnehmbar sein. Sie sind Mitglieder eines Verfassungsorgans, haben die höchste Sprosse ihrer Laufbahn erreicht und müssen, da eine Wiederwahl ohnehin nicht in Frage kommt, auf niemanden Rücksicht nehmen. Doch wenn der Zorn hochrangiger Politiker einen Richter der unteren Instanzen trifft, kann das schon bedrohlich wirken.

2.2.9 Einbruch in die Politik

Ernst Gottfried Mahrenholz rügte in seinem Festvortrag beim Deutschen Richtertag 1991, ohne Namen zu nennen, den bereits erwähnten Übergriff Gersters. Der CDU-Abgeordnete hatte nämlich im Nachgang zum Freispruch im ersten Soldaten-Mörder-Prozeß nicht nur erklärt, das Frankfurter Urteil erfülle »glatt den Tatbestand der Rechtsbeugung«, sondern auch den Dienstherrn aufgefordert, gegen die Richter strafrechtlich und disziplinarisch vorzugehen.
Mahrenholz: »Da hätte man sich einen Landesjustizminister gewünscht, der mit Nachdruck und ohne Zweideutigkeit die Unabhängigkeit des Richters in seinem Urteil verteidigt, selbst wenn er es nicht gebilligt haben sollte. Der Respekt der Öffentlichkeit wäre ihm sicher gewesen. Der Vorsitzende des Deutschen Richterbundes hat sich aus demselben Anlaß diesen Respekt verdient«[33].
Ursache für dieses Konfliktpotential dürfte die Tatsache sein, daß »die rechtsprechende Gewalt«, wie Wolfgang Zeidler registrierte, zunehmend in politikrelevante Bereiche« einbricht; je häufiger sie »mit politischen Sachverhalten befaßt wird, desto stärker gerät sie in das Kreuzfeuer der politischen Auseinandersetzung«[34].
Caesar, der öffentliche Kritik an der Rechtsprechung im Prinzip für legitim, ja für förderlich hält, warnt indessen vor der zunehmenden Tendenz, die Justiz ohne jedes Augenmaß zu attackieren. »Wenn es pro Jahr in der Bundesrepublik über 5,6 Millionen Urteile in fünf Gerichtsbarkeiten, davon über 650 000 Strafurteile von mehr als 20 000 Richtern, gesprochen werden, wird es auch weiterhin Fehlurteile und dubiose Urteilsbegründungen geben«[35].
Doch diese »offensichtlichen Ausreißer« seien »kaum in pro mille zu fassen«. Zwar wirke es mitunter »recht ärgerlich«, wenn der eine oder andere »jedwede Kritik als Angriff auf die verfassungsmäßig garantierte Unabhängigkeit« qualifizieren wolle, doch wirklich gefährlich sei die »akribische Lust« einiger Presseorgane, »einen ganzen Berufsstand niederzumachen«. Die Medien müßten wissen, »daß sie damit einen weiteren Wertmaßstab

unserers Staates zerstören – vielleicht einen der letzten, die wir noch haben«. Ohne Zweifel, so räumt Caesar ein, werde aber auch Kritik geübt, »die man nicht auf das Konto juristischer Unbedarftheit von Bürgern und Journalisten abbuchen darf«[36]. In der Regel handele es sich dabei um Fälle, in denen »eine gravierende Differenz zwischen dem Rechtsgefühl der Öffentlichkeit« und dem des »vielleicht allzu professionell oder zu wirklichkeitsfern arbeitenden Richter« offenbare.

Auch Sendler empfiehlt Gelassenheit. »Wir müssen jede Kritik – nicht nur die sogenannte konstruktive Kritik – unvoreingenommen überdenken, von wem sie auch immer kommen mag«[37]. Richter, namentlich in ihrer Eigenschaft als »Kontrolleure der Macht«, schwebten nicht »frei im Raum«, sondern bedürften »in gewissem Umfang der Kontrolle«. Sendler erinnerte seine Kollegen an das Zustandekommen von Urteilen: »Wir wissen doch selbst viel zu gut, wie zweifelhaft manche unserer auch grundsätzlichen, manchmal nur mit knapper Mehrheit ergehenden Entscheidungen sind, und sollten dies auch ehrlich zugeben«. Andere wüßten es auch und dürften »das natürlich sagen«.

Politikern stünde es gut an, solche vornehme Einsicht in die eigenen Grenzen zu honorieren. Wenn die Spitzenvertreter der Justiz die Zerbrechlichkeit des eigenen Tuns reflektieren, haben Politiker allen Anlaß – darauf weist Richterbundsvorsitzender Voss nachdrücklich hin – bei ihrer Kritik Maß halten: »Konkret heißt dies, daß sie den Bürgern nicht wider besseres Wissen suggerieren dürfen, die Unabhängigkeit der Richter sei bis zu einem gewissen Grad disponibel«[38].

QUELLEN: Kapitel 2

1 Konrad Zweigert, 47.DJT I D, S.37.
2 Konrad Zweigert, 47.DJT I D, S.31.
3 Rudolf Pehle, 47.DJT II R, S.24.
4 Rudolf Pehle, 47.DJT II R, S.25.
5 Christian Raabe, 47.DJT II R, S.101.
6 Ernst Friesenhahn, 47.DJT II R, S.54.
7 Hans Joachim Faller, Festschrift für Wolfgang Zeidler, Berlin 1987, 81 ff.
8 BVerfGE 7, 182 (188).
9 BVerfGE 3, 225 (247).
10 BVerfGE 12, 67.
11 DRiZ 1991, 434.
12 DRiZ 1991, 434.
13 Bundestagsprotokoll, 171. Sitzung, 26.10.1989.
14 Ernst Gottfried Mahrenholz, DRiZ 1991, 432.
15 Thomas Dieterich, RdA 1986, 3.
16 Peter Caesar, Rede am 10.10.1994, vor dem DRB in Speyer, DRiZ 1994, 455 ff.
17 taz, 16.3.1994.
18 FR, 16.3.1994.

19 WELT, 16.3.1994.
20 FR, 16.3.1994.
21 SZ, 19.3.1994.
22 Heribert Prantl, SZ, 19.3.1994.
23 Pressemitteilung des BGH 17/1994, 20.4.1994.
24 BGH, Urteil vom 1.7.1981
   AZ: 3 StR 151/81.
25 BVerfG 1 BvR 1423/92.
26 FAZ, 22.9.1994.
27 FAZ, 21.9.1994.
28 FAZ, 21.9.1994.
29 FAZ, 21.9.1994.
30 zitiert bei Sendler, ZRP 1994, 343 (344).
31 FAZ, 19.1.1995, ZEIT 20.1.1995.
32 BVerfGE 42, 117 unter Hinweis auf BVerfGE 13, 75 f.
33 Ernst Gottfried Mahrenholz, DRiZ 1991,432 (435).
34 Wolfgang Zeidler, DRiZ 1984, 251.
35 Peter Caesar, Die Welt, 11.3.1995.
36 Caesar, ebenso.
37 Horst Sendler, NJW 1983, 1449 (1453).
38 Rainer Voss.

3. Ernennungen und Beförderungen

3.1 Kern des Problems

3.1.1 Patentrezepte fehlen

Die Sottise, die dem preußischen Justizminister Leonhardt zugeschrieben wird - er habe nichts gegen die Unabhängigkeit der Richter, solange er sie befördern könne -, gehört mittlerweile zu den kaum noch zitierfähigen Allgemeinplätzen des Berufsstandes. Und dennoch trifft sie den Kern des Problems. Einerseits suchen sich Exekutive und Legislative ihre Kontrolleure selber aus - andererseits ist »die Selbstergänzung der Richterschaft« auch keine Lösung. »Vor allem wäre damit«, betont Sendler, »die Gefahr des Kastendenkens und einer berufsständischen Inzucht und Isolation, sozusagen das Schmoren im eigenen Saft verbunden«[1].
Patentrezepte gibt es nicht. Deshalb wird sich an dem herkömmlichen Verfahren nicht allzu viel ändern lassen: Für die Qualifikation der Richter ist der Justizapparat zuständig (durch entsprechende Beurteilungen), für die Legitimation sorgen parlamentarische Gremien (durch Wahl). Das ausdifferenzierte Geflecht wird allerdings immer dann gestört, wenn die Beteiligten das Prinzip der Verhältnismäßigkeit außer acht lassen. Dann gerät das System der Richterauslese in eine Schieflage - und das passiert nicht eben selten. Eine Ursache dafür dürfte sein, daß sich auch die Richter in ihrer Mehrzahl bisher nicht genügend um die Definition ihrer Rolle im Staat bemüht und deshalb auch keine energische Position vertreten haben.

3.1.2 Verbindungslinien zum Souverän

Politiker und Publizisten stellen immer wieder die Frage nach der politischen Legitimation des Rechtsprechens. Sie führt, worauf Thomas Dieterich hinweist, trotz »Bindung an das Gesetz nicht zu eindeutigen Ergebnissen«, es bleibt »ein rechtspolitischer Handlungsspielraum«[2]. Dieterich meint, hier liege der Versuch nahe, »eine demokratische Legitimation zu konstruieren und bei dem Ernennungsakt der Richter anzuknüpfen«. Doch das führe nicht weiter, »wenn man nicht bereit ist, auch eine demokratische Kontrolle zuzulassen«. Er kommt zu dem Schluß, daß eine Richterwahl »nur für eine überschaubare Amtszeit demokratisch legitimieren« könne. »Die politische Verantwortung eines ernennenden Ministers ließe nur dann demokratischen Abglanz auf die Rechtsprechung fallen, wenn Richter wie Minister und politische Beamte abberufen werden könnten«.

Dieterich relativiert seinen ketzerischen Gedanken dann allerdings sofort mit der Frage:»Wer wollte das?« Er verweist auf die - zweifellos vorhandenen - anderen Faktoren von check and balance. Zum einen sei die rechtsprechende Gewalt »geteilt«: »Nicht der einzelne ›Richterkönig‹, sondern ein arbeitsteilig gegliederter Apparat mit einem System von wechselseitigen Bindungen und Kontrollen bestimmt, was rechtens ist«. Zum anderen stütze sich die rechtsprechende Gewalt auf das Vertrauen des Volkes, von dem nach Artikel 20 II GG alle Staatsgewalt ausgeht«.

Der Hinweis läßt offen, ob sich die Richter wirklich bewußt machen, daß der Artikel 20 GG in vollem Umfang, also einschließlich seines Demokratiegebots, auch für sie gilt. Unverkennbar ist, daß die Verbindungslinien zum Souverän bei der Dritten Gewalt schwächer und weniger direkt sind als bei den anderen beiden Gewalten. Statt dieses Legitimationsdefizit zu kompensieren, etwa durch besondere Transparenz, schottet sich die Judikative - wie in vorkonstitutionellen Zeiten - perfekt nach außen ab.

3.1.3 *Lebenslange Macht*

Während den Angehörigen der Legislative nur Macht auf Zeit verliehen ist, werden die Amtsinhaber der Judikative auf Dauer berufen. Sie genießen dieses Privileg der Unabsetzbarkeit zum Schutz der Rechtspflege. Streng genommen müßte sich deshalb die rechtsprechende Gewalt der öffentlichen Kontrolle in viel stärkerem Maße stellen als die gesetzgebende Gewalt, die alle vier Jahre aufs Neue um Bestätigung nachsuchen muß. Bei der Dritten Gewalt fehlt dieses Korrektiv. Es gibt - außer dem BVerfG - kein Kontrollorgan, das den Gefahren und Versuchungen, die einer auf Lebenszeit garantierten Macht innewohnen, wirksam begegnen könnte.

Diesen Thesen liegt ein zentraler Gedanke zugrunde - nämlich die Erkenntnis, daß zwischen abstrakten Staatsideen und konkreten menschlichen Schwächen ein nur schwer auflösbarer Widerspruch besteht. Die wesentliche Ursache dafür, daß Theorie und Wirklichkeit so häufig weit auseinanderklaffen, liegt im Bereich individueller Verdrängungen. So selbstverständlich es ist, daß in einer Demokratie alle Staatsgewalt vom Volk ausgeht, so gewiß ist auch, daß dieser Kernsatz im Bewußtsein und Tun der Machtinhaber nur eine untergeordnete Rolle spielt. Wer der eigentliche Souverän ist, gerät schnell in Vergessenheit.

Vollmachten kann der Bürger, streng genommen, nur dann erteilen, wenn er diejenigen kennt, deren Handeln er legitimieren soll. Transparenz ist dafür eine unabdingbare Voraussetzung. Diese Wechselbeziehung wiederum kommt nur durch einen sinnvollen Diskurs zustande, durch eine Osmose aller relevanten Konzepte, Gedanken und Ideen - von innen nach außen und von außen nach innen. Der Austausch kann nicht funktionieren, wenn die Inhaber der Macht ihr Herrschaftswissen wie ein Geheimnis hüten oder wenn sie sich hinter einer Metasprache verstecken.

3.1.4 *Die autistische Gewalt*

Die gesetzgebende Gewalt ist schon aus Selbsterhaltungsgründen zur Transparenz verpflichtet. Wer wiedergewählt werden will, muß sagen, wer er ist, was er tut, wie er denkt und wohin er will. Die vollziehende Gewalt tut sich mit der Transparenz schon schwerer. Doch sie hat zumindest im regionalen und kommunalen Bereich gelernt, daß sie den Dialog mit dem Bürger führen muß. Die rechtsprechende Gewalt dagegen hat sich - in den vielen Jahrzehnten nach Inkrafttreten des Grundgesetzes - aus der selbstgewählten Isolation nicht befreien können. Die Verwendung des Begriffs »autistische Gewalt«[3] scheint deshalb weniger abwegig, als Empfindsame meinen.
Das BVerfG hat mehrfach festgehalten: »Alle Organe und Vertretungen, die Staatsgewalt ausüben, bedürfen hierfür einer Legitimation, die sich auf die Gesamtheit der Bürger als Staatsvolk zurückführen läßt. Das demokratische Prinzip erstreckt sich nicht nur auf bestimmte, sondern auf alle Arten der Ausübung von Staatsgewalt. Die verfassungsrechtlich notwendige demokratische Legitimation erfordert eine ununterbrochene Legitimationskette vom Volk zu den mit staatlichen Aufgaben betrauten Organen und Amtswaltern«[4].
Fest steht allerdings auch, daß die Legitimation nicht in jedem Fall durch unmittelbare Volkswahl erfolgen muß. In aller Regel genügt es, daß sie sich mittelbar auf das Volk als Träger der Staatsgewalt zurückführen läßt. Doch dann muß die Schlußfolgerung erlaubt sein: Je schwächer die Legitimation, desto stärker die Pflicht zur Transparenz und die Bereitschaft zur Kontrolle. Vice versa verlangt das BVerfG in ständiger Rechtsprechung: Der Bürger dürfe niemals zum Objekt staatlichen Handelns herabgewürdigt werden. Das Postulat, Gebot und Verbot zugleich, schützt vornehmlich den Rechtsunterworfenen - in seiner Eigenschaft als Beschuldigter, Angeklagter oder Prozeßpartei. Doch gilt die Maxime nicht auch für den Bürger als Souverän, als Teil der Instanz, von der alle drei Gewalten, die Judikative eingeschlossen, ihre Legitimation beziehen?

3.1.5 *Einfluß der Parteien*

Wenn man es mit diesem »Prinzip der demokratischen Legitimation ernst« nehme, meint Zeidler, könne »es wohl keine Staatsgewalt geben, die sich völlig vom Willen des Volkes, wie er sich in Wahlen äußert, löst; in dieser

Hinsicht muß es irgendeine Rückbindung geben«[5]. Zeidler macht gar nicht erst den Versuch, um den zentralen Punkt herumzureden: »Da nun einmal unsere Demokratie weitgehend ein Parteienstaat ist, haben die Parteien zwangsläufig Schlüsselfunktionen inne.« Ihm scheint es »deshalb systemimmanent zu sein, daß die Parteien letztlich auch einen entscheidenden Einfluß darauf haben, wer ein hohes Richteramt ausüben soll«.

In der Philosophie, so Zeidler, könne man »vielleicht Alternativmodelle entwerfen. aber mir scheinen solche Modelle nicht realisierbar zu sein«. Zeidlers Einschätzung mag zutreffen. Doch die Bereitschaft, sich in das Unvermeidbare zu fügen, ist noch kein Freibrief für unwürdige Kungeleien im Hinterzimmer. Wenn, wie es immer wieder geschieht, die Vorauslese und die endgültige Auswahl der Richter den fatalen Eindruck vermitteln, daß sich die Politiker nicht nur ihre Kontrolleure selber aussuchen, sondern sie auch wie beliebig verfügbare und austauschbare Schachfiguren behandeln dürfen, kann das nicht ohne Folgen für die Gerichtsbarkeit bleiben.

3.2 *Das schlechte Beispiel*

3.2.1 *Bis zur Verachtung*

Die Parteien, die den Staat ungeniert als Selbstbedienungsladen behandeln, haben diese Mentalität mittlerweile auf die Dritte Gewalt ausgedehnt. Sie besetzen namentlich die 16 Planstellen der höchsten Instanz, des Bundesverfassungsgerichts in Karlsruhe, nach den Riten eines orientalischen Bazars. Für die fünf obersten Gerichtshöfe gilt Vergleichbares – die Vorauslese der Richter erfolgt in den Parteizentralen, die Richterwahlausschüsse sind nur Vollzugsorgane. Die Länder folgen mehr oder weniger der Unsitte, die in Bonn eingerissen ist. Die Verfassungsrichterwahl prägt den Umgang mit der Justiz schlechthin. Wer weiß, wie die Roten Roben gekürt werden, kennt das ganze System. Die Verfassungsrichterwahl, von der zunächst die Rede sein soll, ist paradigmatisch und bewußtseinsbildend für die ganze Republik. Die Devise heißt: zwei links, zwei rechts.

Laudationes auf die Verfassungsrichterwahlen wird der interessierte Zeitgenosse in der Literatur vergeblich suchen. Es gibt keine. Das »praktizierte Verfahren«, so Wilhelm Karl Geck, stoße »bei fast allen Beurteilern, vor allem in der herrschenden Verfassungslehre, auf begründete Ablehnung«; sie reiche »manchmal bis zur Verachtung«[6].

Das Verdikt weckt Neugier. Sind die Wahlen für das höchste Richteramt der Republik tatsächlich so schlecht wie ihr Ruf? Welchen Spielraum haben die Wahlgremien, wenn sie aus einer bislang nie quantifizierten Schar von diskreten Bewerbern und potentiellen Kandidaten (und zwar solchen mit reellen Chancen) die 16 Planstellen beim BVerfG besetzen müssen – niemals alle auf einmal, sondern zeitverschoben immer mal eine oder zwei, bei größeren Revirements bis zu maximal fünf? Wirkt sich das umstrittene Wahlverfahren auf die Reputation der höchsten Spruchinstanz aus? »Dem Ansehen des Gerichts«, vermutet Geck, habe die Bonner Prozedur nur deshalb »bisher nicht entscheidend geschadet«, weil die Fachkritik »nicht in die Massenmedien vorgedrungen« sei.

Gecks Monitum greift, so scheint es, um etliche Längen zu kurz. Zum einen stehen die Richterwahlen seit langem auch im kritischen Blick der veröffentlichten Meinung.

Zum anderen rangiert das BVerfG aller Schelte zum Trotz auf der Prestige-Skala der demoskopischen Umfragen nach wie vor an vorderster Stelle[7]. Der naheliegende Rückschluß von der wenig durchschaubaren Personalauslese auf die Qualität der Spruchpraxis, den Geck und andere erhoffen oder befürchten, findet überraschenderweise nicht statt.

3.2.2 *Hohe Sympathiewerte*

Vielleicht ist der Befund aber auch gar nicht so überraschend. Zentrales Objekt jeder Betrachtung ist verständlicherweise, bei Wissenschaftlern wie bei Journalisten, die BVerfG-Rechtsprechung selbst, der jeweils aktuelle Spruch – und zwar ohne Rücksicht auf die Frage, wie die Richter einstmals in ihr hohes Amt gekommen sind. Diese Bilanz aber fällt positiv aus. Alles in allem wirken die höchstrichterlichen Entscheidungen verständlich und ausgewogen; zumeist sind sie selbst für die Unterlegenen wenigstens plausibel. Die Spruchpraxis ist dank einer vorzüglichen Öffentlichkeitsarbeit populär, das Institut der »dissenting opinion« sorgt, wenn erforderlich, für eine transparente Darstellung der gegensätzlichen Positionen.

Der weitgehenden Akzeptanz unter den Rechtsadressaten schaden auf Dauer noch nicht mal jene Urteile und Beschlüsse, die in der Sache bei einem Teil der Bürger auf Widerspruch stoßen. Gleichbleibende Sympathiewerte über Jahrzehnte belegen das Vertrauen der Bevölkerung in die Integrität jener Instanz, die beides ist: Gericht und Verfassungsorgan zugleich.

Der allmählich entstandene Glaubwürdigkeits-Bonus, von dem das BVerfG verdientermaßen zehren darf, deckt die Blößen des Geheimverfahrens bei der Personalauslese barmherzig zu. Auch für einen Blick zurück im Zorn gibt es kaum Anlaß. Denn mit BVerfG-Entscheidungen, die ernsthafte Zweifel an der Weisheit der Wahl aufkommen lassen, wie etwa bei der Rechtsprechung des BGH zur Euthanasie[8] oder zur Vergewaltigung[9], wird die Öffentlichkeit, wenn überhaupt, nur selten konfrontiert.

Andererseits ist die Tatsache, daß dem BVerfG keine nennenswerten Kunstfehler unterlaufen, noch kein Beweis für die Güte der Verfassungsrichterwahlen. Sie spricht nur dafür, daß es den »Königsmachern« in Bonn gelingt, eine weltanschauliche Balance im Gericht zu wahren. Sie sagt wenig aus über eine exzeptionelle Qualifikation der Gewählten – und nichts über die Legitimation oder die Transparenz des Wahlverfahrens.

3.2.3 *Demokratie-Defizit*

Der Weg der Richter nach Karlsruhe ist geheimnisumwittert. Ihre Auslese ist streng vertraulich, ihre Biographie der Öffentlichkeit oft unbekannt, ihre Wahl wird in kleinem Kreis abgesprochen: Wenn die höchsten Richter der Republik neu zu bestimmen sind, wird in Bonn, wie manche Kritiker meinen, die Verfassung vorübergehend außer Kraft gesetzt.
Denn Artikel 94 des Grundgesetzes gebietet, daß die 16 Bundesverfassungsrichter »je zur Hälfte vom Bundestage und vom Bundesrate gewählt« werden. Doch das Parlament wählt gar nicht. Es hat einen zwölfköpfigen Wahlausschuß mit der Aufgabe betraut. Dem Bundestag gehören 672 Abgeordnete an, 660 sind von der Verfassungsrichterwahl ausgeschlossen. Sie kennen weder die Personen, die in ihrem Namen nach Karlsruhe entsandt werden, noch deren Qualifikation oder beruflichen Werdegang. Das Wahlgremium ist zur Verschwiegenheit verpflichtet.
Wer »vom Bundestage« gewählt worden ist, erfahren die Abgeordneten aus der Zeitung – am Tag danach. Tatsächlich hat noch nicht einmal das Dutzend Parlamentarier, das Entscheidungen solcher Tragweite fällt, das Sagen. Wer nach Karlsruhe geht, handeln »Arbeitsgruppen« von zwei bis drei Personen hinter verschlossenen Türen aus.

3.2.4 *Geheimverfahren*

Der Bundesrat wählt zwar, grundgesetzkonform, in voller Besetzung. Doch die schlechten Sitten im Bundestag haben die guten im Bundesrat verdorben: Wegen des Parteienproporzes werden alle Richter-Kandidaturen unter Vertrauensmännern beider Parlamente abgesprochen.
Das Grundgesetz kennt fünf Verfassungsorgane, vier davon (Bundespräsident, Bundesregierung, Bundestag, Bundesrat) werden öffentlich gewählt oder bestimmt. Dagegen werden die Mitglieder des fünften, die 16 Verfassungsrichter, heimlich ausgehandelt. Wenn deren Namen vorher in die Öffentlichkeit dringen, dann nur durch Indiskretion. Damit fehlt dem Staatsorgan, das gelegentlich mächtiger ist als alle anderen zusammen, nach verbreiteter Ansicht eine hinreichende demokratische Legitimation.

3.2.5 *»Von Hause aus verfassungswidrig«*

Die Reduzierung der Bundestagsrechte auf das Wahlmännergremium nannte Richard Thoma schon 1957 »als von Hause aus verfassungswidrig«[10]. Art.94 GG sei verletzt, wenn dem Bundestag »das Recht der Wahl von Richtern zum BVerfG« entzogen und »auf ein vom Bundestag zu wählendes Gremium von 12 Wahlmännern« übertragen werde. Für Thomas Einwand spricht die Systematik des GG. Die Verfassungsschöpfer haben in Artikel 95 Abs.2 GG (Richterwahlausschuß) deutlich zu erkennen gegeben, wann sie eine Verlagerung der Richterwahlen vom Plenum in einen kleinen Kreis von Parlamentariern für akzeptabel und ausreichend halten. Wenn sie der Ansicht gewesen wären, daß die Verkürzung des Legitimationsweges auch für die Wahlen zum BVerfG genügt, dann hätten sie (wenn schon, denn schon) folgerichtig in Artikel 94 Abs.1 GG das Wahlmännergremium ausdrücklich installiert. Um so mehr muß die Zuweisung der Wahlkompetenz an den Bundestag als eindeutiges Signal verstanden werden. Das bedeutet: Die Bundesrichter beziehen ihre Legitimation direkt aus dem Grundgesetz, die Verfassungsrichter müssen sich mit einem Ausführungsgesetz begnügen, mit einer Legitimation minderer Güte.

Franz Klein erinnert an ein ehernes Prinzip: »Je politisch wichtiger eine Kompetenz ist, desto mehr erwartet die Verfassung ihre Wahrnehmung durch das Plenum«[11]. Und mit Blick auf den Wahlmännerausschuß gibt er zu bedenken, daß »die Relation zwischen dem Gewicht der Aufgabe und der Intensität ihrer Übertragung der Bedeutung des GG Art.94 nicht mehr gerecht« werde. Zugleich hält Klein allerdings fest: Die Literatur gelange »mit unterschiedlicher Begründung« zu dem Schluß, »daß trotz bestehender verfassungsrechtlicher Zweifel von der Gültigkeit der durch den Wahlmännerausschuß vorgenommenen Wahlen ausgegangen werden« könne.

Selbst Thoma, der schärfste Kritiker in der Anfangsphase, zögerte schon seinerzeit, die Zusammensetzung des BVerfG als verfassungswidrig zu bezeichnen. Seine Begründung: Da sich bei Konstituierung des Gerichts weder in der Opposition noch in der Wissenschaft Widerspruch erhoben habe, seien damit vollendete Tatsachen geschaffen worden: »Die durch keine Verfassungsurkunde auszuschaltende ›normative Kraft des Faktischen‹« habe damit »ihre Wirkung getan und eine Verfassungswandlung bewirkt«. Dieses Resultat müsse »von einer lebensnahen Jurisprudenz« anerkannt werden[12].

Dieser Appell, sich der politischen Realität zu beugen, kann – wenn er nicht zynisch gemeint war, was kaum zu vermuten ist – nur als Ausdruck hilfloser Resignation verstanden werden. Denn die dem Ausspruch innewohnende Moral, daß verfassungswidrige Sitten letztlich durch Zeitablauf geheilt werden können, ist kaum einsehbar und nur schwer erträglich – vor allem deshalb, weil sich mit dieser Logik auch jedes andere windige Gewohnheitsrecht begründen ließe.

Nicht ohne Bedeutung für die Rechtsfrage dürfte sein, daß auch verfassungskonforme Richterwahlen durch das Plenum des Bundestages bereits den Legitimationsstrang verkürzen würden. Auf diesen Aspekt weist Heinz Laufer eigens hin: »Nimmt man das in Art. 20 Abs. 2 GG verfassungsrechtlich normierte Prinzip ernst, wonach alle Staatsgewalt vom Volk ausgeht und diese Staatsgewalt unter anderem von Organen der Rechtsprechung ausgeübt wird, dann müssen auch die Amtsinhaber des BVerfG ihre Amtsgewalt von der Aktivbürgerschaft ableiten«[13].

An dieses Ur-Prinzip erinnert auch Franz Klein: »Aus dem demokratischen Grundsatz folgt, daß alle Staatsgewalt vom Volke ausgeht«. Er zieht daraus den Schluß, »daß auch die Einsetzung oberster Staatsorgane nur auf eine Willensäußerung des Volkes oder der vom Volke berufenen Repräsentanten des Volkes gegründet werden kann«[14]. Die Frage, wie oft sich die Repräsentanten wiederum repräsentieren lassen dürfen, liegt aber nahe.

Laufer hält sich bei seinem eigenen Hinweis auf die Verfassungstheorie nicht weiter auf, sondern beschwört die Realität: Direkte Wahlen ließen sich aus praktischen Gründen vermutlich kaum durchführen. Er konstatiert deshalb: Die Wahl durch das Parlament sei »nach der direkten Volkswahl der höchstmögliche demokratische Berufsmodus, der in einer Parteiendemokratie sowohl der Berufung durch die Regierung als auch der durch das Staatsoberhaupt vorzuziehen ist«[15].

3.2.6 Resignierende Bilanzen

Mit dem Faktum, daß der Bundestag seine Wahlkompetenz delegiert hat, finden sich – ähnlich wie Thoma und Laufer – die meisten Autoren ab. Klaus Kröger sieht Interpretationsspielraum: Da es in Artikel 94 Abs. 1 GG »unstreitig an einer eindeutigen Regelung« fehle, »ob die Wahlen der Verfassungsrichter direkt oder indirekt vorzunehmen« seien, werde man »ein indirektes Wahlverfahren verfassungsrechtlich nicht ausschließen können«[16].

Geck hingegen findet, daß »der Wortlaut des Art. 94 Abs. 1 Satz 2 GG« für eine direkte Wahl der Verfassungsrichter »einen wesentlichen Anhaltspunkt gibt«[17]. Auch er realisiert allerdings, daß »die für das verfassungsrechtliche Erfordernis einer unmittelbaren Wahl vorgetragenen Gründe« sich nicht durchgesetzt hätten. Heute sei die indirekte Wahl in der verfassungsrechtlichen Praxis nicht mehr umstritten.

Geck skizziert den gegenwärtigen Stand der Meinungen: »Die maßgeblichen Normen werden als grundsätzlich geeignet angesehen, demokratische

Legitimation zu vermitteln und einen breiten Konsens der großen politischen Gruppen zu gewährleisten«[18].

3.2.7 Verdikte über die Praxis

»Ganz anders«, so Geck, sei »das Urteil über die Praxis des Auswahlverfahrens«. In der Kritik an dem procedere stimmten »die - wenigen - interessierten Massenmedien und nahezu die gesamte wissenschaftliche Literatur weitgehend überein«[19]. Auch Werner Billing hält fest, daß die Berufungspraxis »sowohl in der Fachliteratur als auch in Parlament und Öffentlichkeit immer wieder Gegenstand heftiger Kritik« gewesen sei; seine Fußnoten zu diesem Aspekt füllen fast eine Seite[20].
Alle Kritiker rügen vor allem die nochmalige Schrumpfung des ohnehin minimierten Wahlgremiums von 12 auf faktisch zwei - auf die beiden Obleute, die letztlich eine mehr oder weniger verbindliche Vorauslese treffen. »Es sind«, resümiert Geck, »nur ganz wenige Personen, die als Findungskommission für ihre Partei in diesen Gremien den maßgeblichen Einfluß ausüben«. Es könne vorkommen, »daß die Entscheidung in einzelnen Phasen des Auswahlverfahrens je einer Person pro Seite zufällt«[21]. Nicht zu bestreiten sei, folgert Geck, »daß die Konzentration der eigentlichen Entscheidung auf zwei - oder im Extremfall einen - Unterhändler pro Seite der demokratischen Legitimation der Gewählten nicht dienlich ist«. Gemessen an den Einwänden von Thoma hat sich das Legitimationsdefizit vervielfacht. Folgerichtig ruft Geck deshalb in Erinnerung, daß sich der Wahlmännerausschuß »anstelle des eigentlichen Legitimationsgebers Bundestag zwar durchgesetzt hat, aber verfassungspolitisch problematisch bleibt«[22].
Auch Kröger äußert schwerwiegende Bedenken: Die Vorschaltung der »Arbeitsgruppe« habe »nunmehr eine qualitative Veränderung bewirkt«[23]. Die Folge: »Absprachen und Präjudizien verlagern sich mehr und mehr aus dem zuständigen Organ heraus«. Kröger befürchtet mit gutem Grund, daß die im Gesetz vorgesehene »Weisungsfreiheit und sachliche Unabhängigkeit der Mitglieder des Wahlmännerausschusses unterlaufen« werde, weil die »›Arbeitsgruppe‹ unzweifelhaft dem Einfluß der Fraktionsführungen unterliegt«.
Nach Ansicht Krögers verlieren die Gründe, die zugunsten der indirekten Richterwahl ins Feld geführt worden seien, »nämlich die Zurückdämmung der Parteieinflüsse und die Versachlichung der Kandidatenauswahl«, durch die Vorschaltung der Obleute ihr Gewicht. »Unter den obwaltenden Umständen droht der Wahlmännerausschuß zum Ort bloßer Sanktionierung anderwärts ausgehandelter Kandidatenvorschläge zu werden; insoweit ist

nicht einzusehen, warum der Bundestag nicht selbst über die Bestätigung der Kandidatenliste verfügt«[24].

Die an sich vernünftige Zweidrittelmehrheit, die verhindern soll, daß eine Parteiengruppierung die andere majorisiert, nötigt die Wahlgremien (Wahlmännerausschuß des Bundestages und Bundesrat) förmlich dazu, Personalpakete zu schnüren. Wahlen, die unter solchem Einigungszwang stehen, begünstigen Versuche der Politiker, sich heimlich zu arrangieren. In Bonn ist dabei im Lauf der Jahre ein festes Tableau herausgekommen.

3.2.8 *Das Tableau*

So besetzen SPD und Union in jedem der beiden Senate jeweils drei Posten mit Richtern ihrer Couleur – das sind schon sechs von acht. Je zwei Planstellen in jedem Senat sind nach gängiger Praxis für »neutrale« Juristen reserviert, was aber nicht viel besagt, da immer einer von der Union und der andere von der SPD benannt wird.

Schließlich tritt die große Regierungspartei, früher die SPD und nun die CDU, eine Richterstelle an den jeweiligen Koalitionspartner ab: Das war bisher immer die FDP.

Folgerichtig prüfen die Talentsucher der Parteien zunächst, ob einer konservativ oder linksliberal orientiert ist. Daneben gibt es andere Kriterien für die Auslese – mit dem durchaus legitimen Ziel, möglichst viele gesellschaftlichen Gruppierungen zu berücksichtigen. Bonner Politiker geben mitunter scherzhaft zu, warum der letztlich auserkorene Kandidat bevorzugt worden ist, nämlich weil er – um es volkstümlich auszudrücken – evangelisch betet oder katholisch beichtet, weil er Rock oder Hosen trägt, weil er dort zu Hause ist, wo badischer oder rheinischer Wein, bayrisches Bier oder norddeutscher Korn getrunken wird – Auswahlkriterien, die, gemessen an den Artikeln 3 und 33 GG, zumindest fragwürdig erscheinen; andererseits legt Artikel 36 GG eine landsmannschaftliche Berücksichtigung »in angemessenem Verhältnis« nahe.

Unter dem Gesichtspunkt, daß die BVerfG-Senate auch die Proportionen der Gesellschaft widerspiegeln sollen, sind deshalb manche Aspekte der Auswahl durchaus zu rechtfertigen. Mit fünf weiblichen Mitgliedern (unter 16) hat das BerfG seit Mitte 1994 den höchsten Frauenanteil unter den Verfassungsorganen der Republik.

3.3 Kriterien der Eignung

3.3.1 Anteil der Bundesrichter

Außer den Merkmalen politischer, religiöser und landsmannschaftlicher Natur gibt es eine normative Bedingung: Sechs der 16 Verfassungsrichter, drei für jeden Senat, müssen sich aus dem Personalbestand der fünf obersten Gerichtshöfe (BGH, BVerwG, BFH, BAG und BSG) rekrutieren. Der Verfassungs- und der Gesetzgeber wollten gewährleisten, daß im BVerfG der Sachverstand und die Denkart von Karriere-Richtern hinlänglich vertreten sind. Mit den jeweils fünf »anderen« Mitgliedern pro Senat, die der Politik, der Wissenschaft, der Anwaltschaft und der Exekutive entstammen dürfen, sollte eine Mischung von dogmatischer Strenge und flexibler Betrachtungsweise hergestellt werden.
Zur ratio, die dem Aufgliedern der Richterbank in drei Profis und fünf »andere« zugrunde liegt, notiert Willi Geiger: »Die Berufsrichter sollten die Gewähr geben, daß gewachsene Richter mit richterlichen Habitus für eine Rechtsanwendung nach den Regeln der juristischen Hermeneutik, für eine verfahrensmäßig korrekte Abwicklung des Prozesses und für eine kunstgerechte Fertigung einer Urteilsbegründung sorgen«[25]. Komplementäre Eigenschaften sollten dagegen die »anderen Mitglieder« einbringen: »Notwendige politische Erfahrung«, »Sinn für die politischen Auseinandersetzungen und politischen Konflikte, die in jeder Verfassungsstreitigkeit stecken« - kurzum: Angestrebt war, durch »Rückbindung des Gerichts an das Politische« Spezialkenntnisse »möglichst wirklichkeitsnah in die Rechtsprechung« einfließen zu lassen.
Der Rückgriff auf sechs Bundesrichter hat, so der einschlägige Kommentar zum BVerfGG, ursprünglich einen tieferen Sinn gehabt: »Die Zahl sechs (drei in jedem Senat) ist gewählt worden, damit jedes oberste Bundesgericht mit einem Richter, das Doppelgericht BGH (Zivil- und Strafsachen) mit zwei Richtern im Bundesverfassungsgericht vertreten ist. Leider ist dieser Gesichtspunkt nur bei Errichtung, nicht aber bei späteren Wahlen beachtet worden«[26].
Tatsächlich stellte der BGH immer mehr als zwei. Derzeit sind die sechs Planstellen übererfüllt: mit drei Richtern aus dem BGH, dreien aus dem BVerwG und einem aus dem BSG. Aus dem BFH wurde nur einmal - bei Gründung des BVerfG - ein Richter nach Karlsruhe gewählt. Er schied nach vier Jahren aus Altersgründen aus. Danach geriet das oberste Gericht für Steuer- und Zollsachen aus dem Blickfeld der Wahlmänner. Sie wählten seither nie wieder einen Richter aus dem BFH. Für die Ursprungsidee, sich der unterschiedlichen Sachkunde aus den fünf obersten Gerichtshöfen zu bedienen, spricht manches. Mitunter hat es zumindest den Anschein, als ob

steuerrechtliche Probleme beim BVerfG auf die lange Bank geschoben würden. Das Engagement und der Impetus eines Richters aus dem BFH könnten dem hohen Haus jedenfalls nicht schaden, zumal das BVerfG häufig Steuersachen zu beurteilen hat.

Ausschlaggebend für die Tatsache, daß der BFH aus Bonner Sicht stets im toten Winkel lag, dürften mehrere Faktoren sein. Eine Ursache ist sicher, daß sich die wenigen Partei-Obleute des Wahlmännerausschusses und die meisten BFH-Richter nur selten begegnen. Steuerjuristen treten auf den herkömmlichen verfassungsrechtlichen Tagungen und Kongressen kaum in den Vordergrund. Sie fallen nicht auf – weder durch Redebeiträge noch durch einschlägige Veröffentlichungen. Zugegebenermaßen trifft das z.B. auf Zivil- oder Arbeitsrechtler ebenso zu. Mit diesen Rechtsgebieten und ihren Vertretern sind indessen die Wahlmänner eher vertraut. Abhilfe ist auf zweifache Weise denkbar: Zum einen könnten die Mitglieder des BFH mehr für ihr rechtspolitisches Image tun, zum anderen müßten die Wahlmänner (davon später) gezwungen werden, ihr Gesichtsfeld bei der Kandidaten-Kür zu erweitern.

3.3.2 *Kenntnisse im öffentlichen Recht*

Der Begriff Qualifikation entzieht sich – zumal bei partiell politischen Ämtern – einer konsensfähigen Definition. Der Abfall unter ein bestimmtes Niveau läßt sich vermutlich nur durch formale Kriterien aufhalten. Um so bedenklicher ist, daß die politische Klasse in Bonn den eigenen Spielraum durch Streichung unerläßlicher Mindestvoraussetzungen beharrlich erweitert hat. Geiger rügt zu Recht die »Eliminierung der gesetzlichen Vorschrift, die vom Bewerber für das Amt des Bundesverfassungsrichters gefordert hatte, daß er ›sich durch besondere Kenntnisse im öffentlichen Recht auszeichnen und im öffentlichen Leben erfahren sein‹« müsse[27].

Laut Paragraph 8 BverfGG führt der Bundesjustizminister zwei »Vorschlagslisten« – einmal für die Bundesrichter, die »sich schriftlich bereit erklärt haben, Mitglied des Bundesverfassungsgerichts zu werden«, und gesondert für die »anderen« Kandidaten, die »von einer Fraktion des Bundestages, der Bundesregierung oder einer Landesregierung vorgeschlagen werden«. Geiger meint: »Der Zweck dieser Vorschrift ist klar; sie hat nur dann einen Sinn, wenn damit der Kreis der Wählbaren für die Wahlkörperschaften abschließend bestimmt ist«[28]. Die Norm »degeneriert« für Geiger »zu einer nichtssagenden Arabeske des Wahlverfahrens«, wenn die Listen nicht ernst genommen werden; tatsächlich spielen sie in der Praxis jedoch so gut wie keine Rolle.

Ähnliches gilt für die Vorschrift (Paragraph 7a BVerfGG), die dem BVerfG ein Vorschlagsrecht einräumt, wenn »zwei Monate« nach dem Ablauf der

Amtszeit eines Richters dessen Nachfolger noch nicht gewählt worden ist. Die Wahlkörperschaften verzichteten häufig, beklagt Geiger, auf einen Vorschlag des BVerfG – mit dem Hinweis, sie würden ihre »Wahl demnächst treffen«. Geigers Rüge: »Die geschilderte Degenerierung der gesetzlichen Vorschriften ist natürlich nur möglich, weil die in ihrer Kompetenz Betroffenen – dort der Justizminister, hier das Gericht – statt sich gegen die Mißachtung ihrer Kompetenz zur Wehr zu setzen, sich das alles ungerührt gefallen lassen«.

3.3.3 Heilsamer Sachzwang

Beispiele beweisen, daß Personalvorschläge des BVerfG-Plenums die Wahlgremien in Bonn durchaus unter heilsamen Sachzwang setzen können. 1981 endete die Amtszeit des Verfassungsrichters Martin Hirsch. Eine rechtzeitige Wahl des Nachfolgers kam nicht zustande, weil die SPD Mühe hatte, sich auf einen Kandidaten zu einigen. Ausnahmsweise war das Vorschlagsrecht des BVerfG gefragt. Das Gericht beschränkte sich – geschickt und realitätsbewußt – auf die Nominierung von drei qualifizierten Sozialdemokraten: Kai Bahlmann, Ministerialdirektor im BMJ, Professor Martin Kriele und Kultusminister a.D. Ernst Gottfried Mahrenholz; letzterer wurde schließlich gewählt. Das Verfahren in diesem speziellen Fall macht anschaulich, daß sich Qualitäts-Vorgaben und Freiheit der Wahl durchaus vereinbaren lassen.

Begründete Zweifel an der Qualifikation eines Verfassungsrichters werden im übrigen selten laut. Geck versucht, diese Tatsache zu erklären. Kritische Einwände, meint er, kämen »aus verschiedenen Richtungen – und die widerstreitenden Gründe balancieren sich einigermaßen aus«[29]. Sein Fazit: Die Vorbehalte führten »insgesamt offensichtlich nicht zu dem Ergebnis, daß das Bundesverfassungsgericht seine wesentlichen Aufgaben unzureichend erfüllt; es läßt sich – gerade bei einem Kollegialgericht – auch nicht belegen, daß einzelne Richter ›versagt‹ haben«.

3.3.4 Buchführung über Proporz

Näher untersucht werden muß die immer wiederkehrende Kritik an den parteipolitischen Dimensionen der Richterwahlen – die dem dumpfen Unbehagen der Deutschen an allem Politischen zu entspringen scheint. Franz Klein rückt unter Berufung auf Kelsen die Proportionen zurecht, wenn er schreibt: Es sei besser, »den politischen Parteien eine ihnen legitim zustehende Beteiligung bei der Richterwahl einzuräumen, als diese auf den dunklen Weg inoffizieller und unkontrollierter Einflußnahme abzudrängen«[30]. Das Erfordernis der »qualifizierten Mehrheit« verhindere »eine Majorisierung der Minderheitsgruppen«. Stets müsse das Zugeständnis der einen Seite mit dem Zugeständnis der anderen erkauft werden; keine könne ihre »ausgeprägtesten Vertreter« entsenden. »Der von der einen Seite Vorgeschlagene müsse für die andere Seite immer tolerierbar sein.«

Geiger weist auf die Kehrseite der Medaille hin: »Daß von Anfang an die politischen Kräfte in den Wahlkörperschaften begannen, über den Proporz im Gericht gleichsam Buch zu führen«[31]. Für Geck wird die Auswahl »verfassungs- und sachwidrig«, wenn von Anfang an feststehe, »daß für die Mehrzahl der Richterstellen nur Mitglieder der CDU/CSU, SPD oder - für einen Sitz - der FDP oder aber Personen, die einer dieser Parteien offensichtlich nahestehen, überhaupt in die engere Auswahl einbezogen werden«[32]. Demzufolge komme »für etwa dreiviertel der Richterstellen eine erhebliche Zahl hochqualifizierter Personen von vornherein nicht in Betracht«[33]. Auf Dauer müsse daher die Rechtsprechung »als Fortsetzung der Politik mit anderen Mitteln erscheinen«[34].

Ohne Zweifel werden bei der Wahl auch Weichen für die Rechtsprechung gestellt. Wer das BVerfG personell ausstatte, räumte Ex-Verfassungsrichter Martin Hirsch ein, bestimme »bereits weitgehend nicht nur über den Inhalt, sondern auch über den Umfang der Verfassungsinterpretation«[35]. Und er beichtete mit entwaffnender Ehrlichkeit: »Jeder Richter, erst recht jeder Bundesverfassungsrichter« neige »zum politischen Engagement im Schutz der Robe«[36].

Ebenso richtig sind allerdings zwei Einschränkungen Gecks. Zum einen sieht er »Gegengewichte« - sowohl »im Richterethos, das zu einer kritischen Selbstkontrolle des eigenen Verständnisses führen« könne, als auch »in der gegenseitigen Kontrolle der Senatsmitglieder«[37]. Zum anderen weist er darauf hin, daß Fälle mit einem spezifisch politischen Hintergrund nur einen Bruchteil der Rechtsprechung ausmachen. Sie hätten freilich besondere Bedeutung. »Daher spielen die Erwartungen der Parteien über das Verhalten der Kandidaten in solchen Prozessen bei der Auswahl der Bundesverfassungsrichter eine ganz wesentliche Rolle«.

Der Befund ist einerseits zutreffend. Andererseits scheint es so, daß die Parteien ihre Kandidaten noch so gut aussuchen können und dann zähneknirschend beobachten müssen, wie die Erwählten ihre eigenen Wege gehen. Das Amt verändert die Menschen. Wer die rote Robe trägt, kann und will in der Regel nichts mehr werden. Allein diese Erkenntnis macht unabhängig.

3.3.5 *Die Eigendynamik des Amtes*

Die Güterabwägungen von Fall zu Fall und die Argumentationszwänge in den Beratungen schaffen im übrigen eigendynamische Gesetzlichkeiten - und damit zugleich ein Umfeld, in dem sich Richter enwickeln und mitunter

auch ziemlich weit von ihrer Ausgangsbasis entfernen. Dafür gibt es zahllose Beispiele, sogar unter den besonders sorgfältig ausgewählten Präsidenten. Ernst Benda (CDU) und Wolfgang Zeidler (SPD) haben den Erwartungshorizont ihrer Parteien in entscheidenden Fragen nicht erfüllt. Auch Geck hat keine Belege dafür gefunden, »daß die von einer Partei vorgeschlagenen Richter regelmäßig den Standpunkt dieser Partei vertreten« hätten, er fand vielmehr »eindrucksvolle« Gegenbeispiele[38].
Wer eine Steuerungsschiene Bonn-Karlsruhe vermutet, befindet sich im Irrtum. Frauen und Männer, die zum Zeitpunkt ihrer Wahl um die fünfzig sind, können bereits auf ein langes berufliches Leben zurückblicken. Sie sind in der Regel durch eine Fülle von individuellen und intellektuellen Einflüssen geprägt. Unter den zahllosen Engrammen, die ihr Wesen geformt haben, ist die Parteizugehörigkeit nur ein Faktor – und er rangiert in der Prioritätenliste vermutlich eher weiter hinten.
Mit dem Begriff der juristischen Qualifikation verbindet sich in Deutschland vielfach die Vorstellung von politischer Abstinenz. Unbeantwortet bleibt die Frage, ob es für dieses subjektive Empfinden objektive Belege gibt. Zumeist sind es Schlagworte, die den vordergründigen Schluß nähren, der politisch gebundene Richter sei notwendigerweise auch ein parteilicher Richter. Die spiegelverkehrte Betrachtung ergibt auch einen Sinn. Der Richter mit dem Parteibuch in der Tasche, der bei der Mehrheit seiner Kollegen immer noch nicht als satisfaktionsfähig gilt, gehört vermutlich zu den ungefährlichsten Figuren der Justiz: Er weiß um seine Parteimitgliedschaft, die anderen wissen es – und er weiß, daß es die anderen wissen. Darauf muß er sich einstellen und danach trachten, jedwede Blöße zu vermeiden. Welcher andere Richter muß sich mehr um Objektivität bemühen?
Umgekehrt wäre zu fragen: Worin unterscheidet sich ein Richter, der praktizierender Katholik oder alter Herr im CV ist von einem Christdemokraten? Oder: Gibt es nennenswerte Unterschiede zwischen einem Sozialdemokraten und einem Parteilosen, der den Gewerkschaften nahesteht, »Amnestie International« unterstützt und mit der Friedensbewegung sympathisiert? Der einzige Unterschied könnte darin bestehen, daß ein Richter, der keiner Partei angehört, aber dennoch ideologisch fixiert ist, sich weniger rechtfertigen muß. »Wie die gesellschaftlichen Mächte«, notiert Ernst-Wolfgang Böckenförde, »ihren Einfluß vielfältig, direkt und indirekt, und bei jedem System der Richterbestellung« suchten, bedürfe »vielfäliger Balancierungsfaktoren«, um die Unabhängigkeit schon bei der Auswahl zu wahren[39].

3.3.6 Mangelnde öffentliche Kontrolle

Geiger notiert, daß die Teilnehmer eines Symposiums zum 70.Geburtstag von Ernst Friesenhahn »die Undurchsichtigkeit des Wahlvorganges« als ei-

nen »der schwerwiegenden Mängel erkannt« hätten[40]. Die politischen Akteure seien »von den ersten Schritten zur Vorbereitung einer Wahl bis zum Wahlakt völlig ›unter sich‹«. Auf diese Weise könnten sie sich »der öffentlichen Beobachtung entziehen« und obendrein »jede öffentliche Kontrolle« ausschließen, »die in einer Demokratie selbstverständlich sein sollte«.
Billing befürchtet: Die fehlende Öffentlichkeit des Verfahrens könne dazu führen, »daß die menschlichen und fach-sachlichen Qualitäten zugunsten parteipolitischer Gesichtspunkte in einer Weise vernachlässigt werden, wie es mit einer funktionsadäquaten Auslese nicht mehr zu vereinbaren ist«[41]. Tatsächlich habe die Geheimprozedur »bisher nicht immer Richter in das Bundesverfassungsgericht gebracht, die den an einen Verfassungsrichter gestellten hohen fachlichen Anforderungen von vornehrein gerecht wurden«.
Das Unbehagen in Wissenschaft und Politik veranlaßte 1987 die Fraktion der »Grünen«, eine Novellierung des BVerfGG zu beantragen. Danach sollte jede Fraktion das Recht haben, »dem Ausschuß Wahlvorschläge zu unterbreiten«[42]. Vorgesehen war eine »öffentliche Anhörung« der geeigneten Bewerber. Auch die Antragsteller orientierten sich an der Tatsache, daß »dem Wahlakt naturgemäß Absprachen vorhergehen«. Sie erhofften sich jedoch von einer Anhörung, »daß über die zu berufenden Richter in den Parteien und in der Öffentlichkeit diskutiert wird«. So ein Verfahren könne bewirken, »daß die Kriterien für die Wahlentscheidung transparent gemacht werden«.

3.3.7 *Debatte im Bundestag*

Die Grünen-Initiative verlief zwar im Sande, doch die Standpunkte der Parteien zur Wahlprozedur wurden auf erfreuliche Weise deutlich. Otto Schily rügte: »Die Regierung wählt sich ihre Kontrolleure selber aus«[43]. Und seine Kollegin Nickels hielt fest, »daß derjenige oder diejenige, die für ein solches Amt kandidieren wollen und die Öffentlichkeit scheuen, dafür nicht geeignet wären«[44]. Dem hielt der CDU-Abgeordnete Norbert Geis entgegen, »daß dieses Verfahren zugunsten der Wahlmänner und der Kandidaten in Verschwiegenheit abgewickelt« werde, »damit sich die Kandidaten nicht in aller Öffentlichkeit ausbreiten müssen«[45]. Hans de With von der SPD wollte nicht ausschließen, »daß durch ein Anhörungsverfahren möglicherweise vorangegangene Fehlentscheidungen offenkundig werden und deswegen korrigiert werden können«[46]. Detlef Kleinert vermutete, daß bei einer Wahl im Plenum »ganz erstaunlich ähnliche Ergebnisse wie bisher herauskommen; aber wenn es der Sache dient, wollen wir das mindestens sehr aufgeschlossen diskutieren«[47].
Gefahren für die »Unabhängigkeit und Unparteilichkeit des Bundesverfas-

sungsgerichts« sah der damalige Justizminister Hans Engelhard. Wer die Praxis eines Hearings kenne, wisse auch, daß in vielen Fällen »ganz gezielt gefragt werden wird, dies ist ein Akt der politische Entkleidung, das Herauspressen von Auffassungen«[48]. Auf diese Weise werde ein künftiger Richter »fixiert und abgestempelt«. Die Qualifikation für das höchste Amt dürfe nicht davon abhängig gemacht werden, »wie sich der Kandidat vor den Augen der Öffentlichkeit verkauft«.

Engelhard beschwor, wie viele Skeptiker, die Schattenseiten der Öffentlichkeit. Doch es läge in der Hand der Rechtspolitiker, Anhörungen seriös zu gestalten und – anders als in den USA – jede Schnüffelei im Privatleben der Kandidaten zu unterbinden. Es sind diverse Abläufe denkbar, die verhindern könnten, daß ein Bewerber gezielt ausgefragt und für spätere BVerfG-Prozesse befangen gemacht wird. Ein Ausweg wäre zum Beispiel, daß sich jeder Kandidat in einem Kurzvortrag zu einem selbst gewählten Thema vorstellt – etwa über das Demokratieprinzip, das aus Artikel 20 GG folgt. Die Diskussion könnte sich dann um seinen Stoff drehen; die Parlamentarier und die Öffentlichkeit erführen auf diese Weise, wes Geistes Kind einer ist.

Das Manko des bisherigen Verfahrens ist ja gerade, daß – wenn es sich nicht um Professoren mit einer langen Veröffentlichungsliste handelt – »unbeschriebene Blätter« gewählt werden. Die »Königsmacher« in Bonn können von Glück sagen, daß ihnen das Ungemach der Nürnberger Stadtväter bisher erspart geblieben ist. Die haben als Kulturdezernentin eine hochqualifizierte Dame gewählt, von der sich dann später herausstellte, daß sie mit missionarischem Drang ausgefallene religiöse Ideen propagiert.

3.3.8 *Praktikabler Vorschlag*

Der bisher konstruktivste Vorschlag stammt von Kröger. Er plädiert für die »Wahl aller Richter mit Zweidrittelmehrheit durch den Wahlmännerausschuß und anschließende Bestätigung mit gleicher Mehrheit durch den Bundesrat«[49]. Ihm erscheint es zugleich wünschenswert, die Kriterien der »besonderen Kenntnisse im öffentlichen Recht« und der »Erfahrung im öffentlichen Leben« wieder einzuführen. Kern seiner Idee ist jedoch, »die qualifiziertesten Kandidaten – mindestens dreimal so viele, als Richterposten zu besetzen sind – einer öffentlichen Anhörung zu unterziehen«. Kröger verspricht sich davon: »Mehr Transparenz, eine sachgerechtere Auswahl der Kandidaten nach vorwiegend qualitativen Gesichtspunkten« – und vor allem »mehr Publizität«.

Wenn es dazu käme, würde sich manches ändern – vermutlich aber nichts am Proporz. Parteien räumen ihre Machtpositionen nicht freiwillig, sie würden sich weiter am politischen Standort eines Kandidaten orientieren. Doch die Öffentlichkeit wüßte wenigstens frühzeitig, wer künftig als omnipotenter Robenträger in Karlsruhe amtiert. Wenn die Richterkür in aller Öffentlichkeit stattfände und obendrein mehrere Bewerber zur Auswahl stünden, kämen vielleicht andere Juristen ins höchste Gericht – nicht notwendig besser Qualifizierte, aber immerhin doch besser Legitimierte.

3.4 *Stilprägender Verfall*

3.4.1 *Illegale Bräuche*

Die Widersprüche und Grenzüberschreitungen bei der Wahl zum BVerfG haben fatale Folgen: Sie sind nicht nur stilprägend für die Richterauslese im gesamten Bundesgebiet, sondern verführen die Politiker dazu, das selbstgeschaffene Alphabet durchzubuchstabieren. Sie kommen, ausgehend von ihrer falschen Prämisse, zu abenteuerlichen Schlußfolgerungen – und glauben zum Schluß selbst, daß sich aus ihren illegalen Bräuchen Rechtsansprüche herleiten lassen. Keine Partei ist da besser als die andere. Die Beschreibung der Mechanismen, die beim Kampf um die Nachfolge des BVerfG-Vizepräsidenten Mahrenholz im Jahre 1993 gewirkt haben, betrifft zwar die SPD. Doch das ist eher Zufall; es handelt sich, historisch gesehen, um das jüngste Beispiel.
Die SPD, der nach internen Bonner Absprachen ein Vorschlagsrecht zukam, hatte nach längerem parteiinternen Gerangel ihre rechtspolitische Sprecherin Herta Däubler-Gmelin nominiert – eine kompetente, vor allem im Verfassungsrecht beschlagene Juristin. Ihr politisches Profil konnte, im Vergleich gesehen, kein Hindernis sein, denn die CDU hatte mit dem ehemaligen baden-württembergischen Ministerpräsidenten Gebhardt Müller, dem ehemaligen Bundesinnenminister Ernst Benda und dem ehemaligen Stuttgarter Innenminister Roman Herzog ebenfalls renommierten Spitzenpolitikern zu Sitz und Stimme im Gericht verholfen.
Warum sich die CDU beharrlich weigerte, die SPD-Kandidation zu akzeptieren, wurde nie ganz deutlich. Ein Grund könnte gewesen sein, daß von der SPD die diskrete Vorabsprache mit der Gegenseite versäumt worden war. Andere mutmaßten, Wolfgang Schäuble, der »Königsmacher« der CDU, könne Herta Däubler-Gmelin nicht ausstehen. Wie auch immer: Die Union versagte sich – und bei der SPD versagte jede Realitätsprüfung.
In der irrigen Annahme, sie hätten einen verbürgten Anspruch, den ihr die CDU streitig mache, reagierte die SPD kopflos. Ihre Akteure wollten sich ersichtlich revanchieren, indem sie im Bundesrat die Ernennung des parteilosen Bundesrichters Kay Nehm zum Generalbundesanwalt und von Hedda Meseke (CDU) zur Präsidentin des Bundesrechnungshofes auf die lange

Bank schoben. Die Blockade des einen, der mit einer Bilderbuchkarriere aufwarten konnte, und der anderen, die bereits mit den Stimmen der SPD im Bundestag gewählt worden war, ließ sich ohne Reputationsverlust für die Sozialdemokraten nicht durchhalten.

Der nächste Zug aus der Parteizentrale lief ins Leere. Die SPD forderte von der Union stichhaltige Gründe für de Ablehnung von Herta Däubler-Gmelin – ohne Rechtsgrundlage. Für das Amt in Karlsruhe ist laut Gesetz eine Zweidrittelmehrheit erforderlich. Bei Wahlen, das ist ihr Sinn, dürfen auch Sympathien und Antipathien einfließen. Zudem lehrt die Erfahrung, daß sich eine Mehrheit genausowenig herbeizwingen läßt wie die Zuneigung einer Frau. Der verschmähte Liebhaber macht zunächst eine traurige, dann sehr schnell eine lächerliche Figur.

Spätestens zu diesem Zweitpunkt wurden die schiefen Prämissen deutlich, mit denen beide Seiten operierten. Angesichts der Omnipotenz des BVerfG läßt sich noch nachvollziehen, daß die Politiker ihren Einfluß auf die Verfassungsrichterwahlen extensiv wahrnehmen. Das kann jedoch kein Freibrief sein, auf Dauer und gezielt die Artikel 3 und 33 des Grundgesetzes zu ignorieren. Dieser Verfassungsverstoß ist indes zur Regel geworden. Nach anfänglichem Streit über die Sitzverteilung in Karlsruhe haben sich die beiden großen Parteien bequem arrangiert.

»Rigoros bis zur Komik« sei das »Erfordernis des Parteibuches, wenn es um die Besetzung des BVerfG« gehe, klagen Werner Schmidt-Hieber und Ekkehard Kiesewetter. »Die großen Parteien haben sich wegen der erforderlichen Zwei-Drittel-Mehrheit auf einen harmonischen Modus geeignet, allerdings auf Kosten der Parteilosen, die bekanntlich 97 Prozent der Bevölkerung ausmachen«[50].

Genau besehen garantierten sich die beiden Parteien damit wechselseitig den Zugriff auf jeweils die Hälfte der Richterposten. Jede akzeptierte den Kandidaten der Gegenseite, nicht unbesehen, aber entgegenkommend.

3.4.2 *Sittenwidriger Vertrag*

Solange das Arrangement im Verborgenen blühte, fiel der obszöne Umgang mit der Verfassung kaum noch auf. Alle hatten sich daran gewöhnt. Doch bei der Nachwahl für Mahrenholz hatte die CDU den sittenwidrigen Vertrag gekündigt – nicht wegen ethischer Bedenken, sondern weil ihr die Kandidatin der Gegenseite nicht paßte. Die SPD wiederum glaubte allen Ernstes, daß ihr mit den überlieferten Bräuchen gleichsam ein Rechtsanspruch zugewachsen sei – nämlich einen bestimmten Posten mit einer bestimmten Person besetzen zu dürfen.

Nach Lage der Dinge hatte sie allenfalls ein Vorschlagsrecht. Da jeder Kandidat einer Zwei-Drittel-Mehrheit bedarf, mußte auch die SPD wohl oder übel akzeptieren, daß bei Wahlen stets rationale und irrationale Motive eine Rolle spielen – und spielen dürfen. In einer Demokratie muß keiner begründen, warum er wem seine Stimme gibt oder versagt. So gesehen, hatte der Streit – wenn auch unbeabsichtigt – seine gute Seite: Er führte die Parteien auf den Boden der verfassungskonformen Normalität zurück.

Die Sozialdemokraten brauchten Monate für die Einsicht, daß sie am kürzeren Hebelarm sitzen. Dann nominierten sie die Berliner Rechtsprofessorin und Justizsenatorin Jutta Limbach. Sie wurde Vizepräsidentin des BVerfG – und ist inzwischen, als Nachfolgerin von Roman Herzog, zur Präsidentin der höchsten Instanz aufgestiegen. Nicht vergessen werden sollte die Tatsache, daß Jutta Limbach mit einer Verspätung von acht Monaten gewählt wurde. Die Amtszeit von Mahrenholz endete am 30.Juni 1993, Jutta Limbach wurde im März 1994 gewählt.

Die unwürdige Prozedur in Bonn traf ein Staatsorgan, das neben dem des Bundespräsidenten zu den letzten Bastionen der Glaubwürdigkeit gehört. Vor diesem Hintergrund drängt sich eine Frage geradezu auf: Ob das Gericht, wie im konkreten Fall, alle Rufschädigungen aus Bonn wirklich stillschweigend hinnehmen mußte? Wohl nein! Aus Karlsruhe hätte ein Signal kommen müssen, das bis zu den Politikern durchdringt. Und dieses Kunststück gelingt nur mit höchstrichterlicher Autorität. Eine Entscheidung des Gerichts in eigener Sache hätte Wunder wirken können.

3.4.3 *Grobfahrlässige Verzögerungen*

In seinem Zeidler-Beschluß hat der zweite Senat festgehalten, daß jeder Spruchkörper »von Amts wegen die ordnungsgemäße Besetzung seiner Richterbank zu prüfen«[51] habe. Klärungsbedarf dieser Art war 1993 zur Genüge gegeben. Der Nachfolger für den dann erst im März 1994 ausgeschiedenen Vizepräsidenten hätte im April 1993 gewählt werden können und spätestens im Juli 1993 gewählt werden müssen. Die Rechtspolitiker in Bonn sahen keinen Grund zur Eile. Sie hielten ihre Saumseligkeit durch Paragraph 4, Absatz 4 des BVerfGG für gedeckt. Dort heißt es bekanntlich: »Nach Ablauf der Amtszeit führen die Richter ihre Amtsgeschäfte bis zur Ernennung des Nachfolgers fort.«

Bei vernünftiger Betrachtung kann kaum ein Zweifel darüber bestehen, daß diese Vorschrift in erster Linie die Arbeitsfähigkeit des Gerichts erhalten und eine Manipulation der Mehrheiten verhindern wollte. Daß beabsichtigt gewesen sein könnte, auf diese Weise mangelnde Entscheidungsfähigkeit oder Bequemlichkeit von Politikern zu kompensieren und zu legitimieren, wird im Ernst keiner behaupten.

Zumindest ist der Schluß erlaubt, daß sich keiner auf diese Vorschrift berufen kann, wenn er eine Nachwahl grob fahrlässig verzögert hat. Die Gesetze der einfachen Logik besagen auch, daß die Regelung nicht bis zum St.Nimmerleinstag gelten kann. Um das an einem Beispiel zu erläutern: Es könnte durchaus mal passieren, daß sich eine vorschlagsberechtigte Partei, die für ihren Erstnominierten keine Zustimmmung bei der Gegenseite findet, gemächlich zurücklehnt und sagt: Wenn ihr unseren Wunschkandidaten nicht wollt, bleibt eben der alte im Amt – notfalls für weitere zwölf Jahre.

Es liegt auf der Hand, daß das nicht der Sinn der Vorschrift sein kann. Aus dieser Erkenntnis wiederum läßt sich folgern: Für die Fortführung der Amtsgeschäfte mangels Wahl eines Nachfolgers gibt es eine absolute und eine relative zeitliche Obergrenze. Ob sie überstrapaziert wird, hängt von den Gründen für die Verzögerung ab. Die mögen mitunter plausibel sein. Als die Mitgliederzahl des Gerichts in den Anfangsjahren erst von 24 auf 20 und dann von 20 auf 16 Richter reduziert wurde, konnte es durchaus langwierigen Streit geben, welche Partei wieviele Posten in Karlsruhe besetzen darf. Doch diese Problematik gehört längst der Vergangenheit an. Die beiden großen Parteien haben sich bekanntlich auf ihr Personaltableau geeinigt.

Das Arrangement unter der Hand hat allerdings einen schmalen, sehr wesentlichen rechtlichen Rest nicht beseitigen können: Für die Wahl jedes Richters bedarf es einer Zweidrittel-Mehrheit; die Partei mit dem Vorschlagsrecht ist darauf angewiesen, daß sich die Gegenseite bereit zeigt, den nominierten Kandidaten mitzutragen. Das heißt aber auch: Sie muß sich mit der Ablehnung eines Personalwunsches abfinden. Es gibt überdies keinen rechtlich vertretbaren Grund, eine Nachwahl durch Verweigerung personeller Alternativen ad infinitum zu blockieren.

3.4.4 *Gesetzlicher Richter*

Diese und andere Orientierungsdaten lassen erkennen, wann die Verzögerung einer Nachwahl mißbräuchlich wird. Und damit stellt sich auch fast zwangsläufig die Frage nach dem gesetzlichen Richter. Der Gesetzgeber selbst hat sich sehr wohl Gedanken darüber gemacht, in welchem zeitlichen Ablauf eine korrekte Nachwahl stattfinden sollte. Paragraph 7a des BVerfGG räumt dem Plenum des Gerichts ein Vorschlagsrecht ein, wenn »innerhalb von zwei Monaten nach dem Ablauf der Amtszeit« kein Nachfolger gewählt ist. Leider fehlt der Vorschrift die letzte Konsequenz. Die könnte darin bestehen, daß die Wahlgremien, die bei eigener Untätigkeit ihr Vorschlagsrecht an das Gericht abtreten, von dessen Dreier-Liste nicht mehr abweichen dürfen. Eine solche Lösung hätte mit Sicherheit erzieherischen Wert. Es würde wohl keine Verzögerungen mehr geben, die länger als zwei Monate dauern.

Weitere Rahmenvorstellungen des Gesetzes bieten hinreichend Anhaltspunkte für eine Grenzziehung zwischen sinnvollen und mißbräuchlichen Fristen. Paragraph 5 besagt daß der Nachfolger drei Monate vor Ablauf der Amtszeit des ausscheidenden Richters gewählt werden kann. Ein vernünftiger Umgang mit diesem Passus setzt voraus, daß sich die Wahlgremien schon vorher Gedanken über einen geeigneten Kandidaten gemacht und die Bereitschaft der Gegenseite erkundet haben. Wann sie damit anfangen, ist nicht vorgeschrieben. Aber drei Monate Vorlauf wären sicher zweckmäßig.

Überschlägig gerechnet: Beginn der Sondierungen sechs Monate vor Ablauf der Amtszeit, Ende spätestens drei Monate danach. Neun Monate sollten wirklich ausreichen, um sich auf einen Nachfolger zu einigen. Wer diese Zeit ohne Not und ohne Grund überschreitet, gibt zu verstehen, daß er das höchste Gericht der Republik für eine Quantite negligeable hält. Auf die Fristen bezogen, ist es der Mißbrauch einer Rechtsposition.

Dieser Geringschätzung hätte das Gericht begegnen können und begegnen müssen. Ein Mitglied des zweiten Senats hätte nur zu Beginn irgendeiner Beratung nach dem Oktober 1993 die Frage nach dem gesetzlichen Richter aufwerfen müssen. Alle Äußerungsberechtigten in Bonn wären durch den Zwang zur Stellungnahme aufgescheucht worden. Der zweite Senat wäre nicht mal gezwungen gewesen, schweres Geschütz aufzufahren. Er hätte sich mit einer seiner berühmten »Gerade noch«-Entscheidungen begnügen, trotzdem Wesentliches für alle Zukunft sagen und schließlich sogar ein Ultimatum setzen können.

3.4.5 *Wahl der Bundesrichter*

Die Hemdsärmeligkeit, die Politiker an den Tag legen, wenn es um die Besetzung von Posten in der Dritten Gewalt geht, setzt sich im Bonner Richterwahlausschuß fort. Sendler beklagte im Frühjahr 1995 die Säumigkeit (neun Monate Nichtstun), mit der die Wahlorgane ihrer Pflicht nachkommen: »Beim Bundessozialgericht etwa fehlten sieben von 46 Richtern, also rund 15 Prozent«[52]. An der Zusammensetzung des Gremiums, meinte der frühere Präsident des BVerwG, »sollte im Prinzip nichts geändert werden« (derzeit: 16 Landesminister, 16 vom Bundestag gewählte Persönlichkeiten, zumeist Abgeordnete, und dem zuständigen Bundesminister als nicht stimmberechtigtem Vorsitzenden). Es ließe sich aber daran denken, Anwälte und Richter, wie in den Ländern, zu beteiligen. »Aber solche Wünsche werden auf Bundesebene ungehört verhallen.«

Doch einen Umstand empfindet Sendler (stellvertretend für viele) als unerträglich: »Ändern sollten und müssen aber die Politiker ihre allzu nachlässige Praxis«. Er meinte die Wahlblockaden und noch nicht einmal »die Ergebnisse ihrer Wahl, deren Weisheit und Sachlichkeit man gelegentlich al-

lerdings ebenfalls bezweifeln kann«. Nicht selten schienen sie »von parteipolitischen Überlegungen und Proporzdenken beeinflußt zu sein«. Er wäre schon froh, »wenn wenigstens die Qualitäten der auf die angedeutete Weise Bevorzugten nichts zu wünschen ließe.«
Sendlers Kritik zielte auf die »nonchalante Saumseligkeit, mit der der Richterwahlausschuß seine Pflichten zuweilen erfüllt oder dies nicht, jedenfalls nicht rechtzeitig tut«. Es grenze »an einen Skandal«, wenn »dringend besetzungsbedürftige Richterstellen über Monate hinweg unbesetzt« blieben – und zwar allein deshalb, »weil die Politiker sich von bevorstehenden Bundes- oder Landtagswahlen eine Änderung der Zusammensetzung des Ausschusses zu ihren Gunsten erhoffen«. Sie rechneten sich Chancen aus, ihren eigenen politischen Einfluß zu vergrößern und »politisch zugehörige oder nahestehende Kandidaten durchzusetzen«. Sendler sieht in dieser Taktik (Sitzungstermine platzen zu lassen) einen »Mangel an Verantwortungsbewußtsein«.
Je weniger die Politiker ihrer Aufgabe gerecht werden, desto größer ist die Gefahr, daß sich die Unzufriedenen mehren und nach Alternativen Ausschau halten. Es gibt keine. Doch dieses Pendel schlägt immer mal nach der einen oder der anderen Seite aus. »Unabhängigkeit der Justiz als Staatsgewalt« hieße, warnte Mahrenholz, »daß Richterwahlausschüsse nur oder überwiegend aus Richtern bestehen, die die endgültige Entscheidung darüber fällen, wer eingestellt und wer befördert wird«[53]. Das würde, meint er, »Kooptation« bedeuten – »und diese Art von Kooptation endet regelmäßig in Klüngelwirtschaft«. Die Schwächen des Systems leugnet auch Mahrenholz nicht. Und Sendler nennt den wunden Punkt: Die »Qualitäten« mancher Kandidaten, über die sich »wacker streiten« lasse. Doch auch er wollte, der Diskretion des Standes folgend, »aus verständlichen Gründen Roß und Reiter nicht gern nennen«[54].

3.4.6 *Unsichere Prognose*

Das muß vielleicht auch nicht sein. Es genügt, wenn ein Jurist, der mehr als ein Jahrzehnt an der Spitze eines obersten Gerichtshofes stand, diese Wahrheit ausspricht. Und wenn Bundesrichter über ihre Arbeit stöhnen, lassen sie gern durchblicken, daß alles viel leichter wäre, wenn der Spruchkörper nicht auch noch einen »schwachen« Kollegen durchschleppen müßte. Die Überbesetzung der Senate (beim BGH mit sieben Mitgliedern) mag organisatorische Gründe haben, doch sie ist auch ein Indiz dafür, daß unterschiedliche Leistungsfähigkeit kompensiert werden muß. Wer das leugnet, will nicht wahrhaben, daß sich in der Richterschaft alle Gefälle der Gesellschaft wiederfinden. Voraussagen, wie sich die intellektuelle Potenz sowie die physische und psychische Kondition eines Kandidaten im Verlauf vieler

Jahre entwickeln werden, sind in der Jurisprudenz so wenig möglich wie in anderen geistigen Berufen.
Schon die Definition der Eingangsvoraussetzungen, vor allem aber die verläßliche Feststellung, ob sie vorhanden sind, bereiten unüberwindliche Schwierigkeiten. Jeder, der einen Kandidaten nominiert, und alle, die ihn dann wählen, stochern mehr oder weniger mit der Stange im Nebel. Bisher ist es noch keinem gelungen, das Spannungsverhältnis zwischen Legitimation und Qualifikation aufzulösen. Dies bedeutet allerdings nicht, daß es keine Möglichkeit gäbe, sich beiden Zielen mehr anzunähern als bisher. Wolfgang Kinold etwa unterbreitete in der »Deutschen Richterzeitung« einen Vorschlag, wie sich die Zusammenarbeit zwischen dem Präsidialrat, der über die Qualifikation eines Kandidaten Aussagen machen kann, und dem Richterwahlausschuß, der ihn demokratisch legitimieren soll, optimieren ließe.
Kinold verweist auf die »schriftlich begründete Stellungnahme über die persönliche und fachliche Eignung des Richters«, die der Präsidialrat gemäß Paragraph 55 DRiG abgibt. Doch von einer »Mitbestimmung« durch dieses Votum könne keine Rede sein, denn die »maßgeblichen« Instanzen (Ministerium oder Richterwahlausschuß) könnten »ohne jeglichen Konsequenzen für das weitere Verfahren über eine sachlich begründete Ablehnung des vorgeschlagenen Kandidaten hinwegsehen«[55]. Kinolds Lösungsvorschlag ist ebenso einleuchtend wie praktikabel. Er geht davon aus, daß in der Regel die Justizverwaltung einen Bewerber nominiert und regt für solche Fälle, in denen »zwischen der Exekutive und dem Präsidialrat kein Einvernehmen erzielt« werden kann, eine Erhöhung des Quorums an; dann sollte der jeweils zuständige »Richterwahlausschuß mit einer Zweidrittelmehrheit entscheiden«.

3.4.7 *Richterwahlausschuß bei Dissens*

Tatsächlich hätte das Wahlgremium dann »lediglich die Funktion eines Konfliktausschusses«. Kinolds Schlußfolgerungen dürften mehr als realitätsnah sein. »Es würde vermieden«, meint er, daß der Richterwahlausschuß »sich mit großem bürokratischen Aufwand und entsprechenden Zeitverlusten mit Personalentscheidungen auch dann befassen« müßte, wenn zwischen Behörde und Präsidialrat »Einigkeit über personelle Maßnahmen erzielt« worden sei. Vieles spricht dafür, daß die Hürde des Quorums heilsame Wirkungen erzielen könnte. Kinold prophezeit, daß jede Justizverwaltung dann bestrebt wäre, »durch sachgerecht begründete Personalvorschläge die Zustimmung des Präsidialrats zu erlangen, um nicht unter entsprechendem Rechtfertigungsdruck« im Richterwahlausschuß um »eine qualifizierte Mehrheit« kämpfen zu müssen.

Auch die Zusammensetzung der Richterwahlausschüsse, zumindest in den Ländern, ließe sich ausgewogener gestalten. Walter Priepke fordert – unter Berufung auf ein Rechtsgutachten Böckenfördes –, daß ihnen »neben Volksvertretern von der Richterschaft gewählte Richter angehören« sollten. »Diese Richter sind Balancierungselement und neutralisierende Gegenkraft in bezug auf eine mögliche Parteipolitisierung der Richterpersonalpolitik im Ausschuß«[56].
Kontraproduktiv wäre es, so meint Priepke, die richterlichen Ausschußmitglieder vom Parlament wählen zu lassen. Die Gefahr, daß die Politiker dabei ihre »eigene Bank« verlängern, liege auf der Hand. Dies entspreche »allen Regeln parlamentarisch-politischer Logik und Erfahrung«. Jede politische Fixierung bei Richterwahlen ist nach Ansicht Priepkes geeignet, »die Funktion der rechtsprechenden Gewalt als ›pouvoir neutre‹ in Frage zu stellen und damit eine erhebliche Destabilisierung unseres rechtsstaatlichen Gefüges zu bewirken«.

3.5 Ämterpatronage

3.5.1 Verlust an Vertrauen

Manches spricht dafür, daß diese Destabilisierung längst im Gange ist – und bereits Konsequenzen zeigt. Wenn 68 Prozent aller Deutschen (im Osten sogar 73 Prozent) der Überzeugung sind, daß der Gerechtigkeits-Gedanke des Grundgesetzes (»Alle Menschen sind vor dem Gesetz gleich«) in der Bundesrepublik nicht verwirklicht wird[57], muß der Glaubwürdigkeitsverlust schon weit fortgeschritten sein.
Vertrauen in der Rechtsprechung kann auf zweifache Weise verlorengehen: durch folgenschwere Urteile, denen die Plausibilität fehlt, und durch den Eindruck, daß die Schlüsselpositionen der Justiz parteipolitisch besetzt werden. Das allgemeine Mißbehagen an der Parteibuchwirtschaft schlägt so auf die Dritte Gewalt durch. Ämterpatronage ist kein Phänomen unserer Tage, aber ihre infektiöse Verbreitung war noch nie so groß wie heute, vor allem nicht im Bereich der Rechtsprechung.
Winfried Funk skizzierte die schleichende Entwicklung auf dem Deutschen Richtertag 1991. »Erstmals zu Beginn der achtziger Jahre« seien – »zunächst eher zaghaft und gewissermaßen in Frageform – ›Anzeichen parteipolitischer Penetrierung‹ in der Justiz und eine zunehmende Dynamik der beginnenden parteipolitischen Infiltrierung der Judikative ausgemacht worden«[58]. Inzwischen werde bereits allerorten registriert, daß »aus der Bevorzugung von Parteimitgliedern, die vor wenigen Jahren noch möglichst heimlich geschehen sei, heute kein Hehl mehr gemacht werde«.

Werner Schmidt-Hieber und Ekkehard Kiesewetter gehen in ihrer Kritik noch ein Stück weiter. Für sie ist Parteibuchwirtschaft »der ausdrückliche oder stillschweigende Zusammenschluß der Parteien zum Zwecke der Selbstbereicherung, der Aneignung fremden, zumeist öffentlichen Vermögens«[59]. »Treffender wäre es«, so meinen sie, »von strafbarer Kumpanei zu reden oder von Komplicenschaft«. Es handele sich um »strafbare Korruption«. Sie zitieren das Diskriminierungsverbot in Artikel 3 III GG und die Bestenauslese in Artikel 33 II GG – mit dem Ergebnis: »Es gibt keine anderen Verfassungsgrundsätze, gegen die so häufig und ungeniert verstoßen wird. Kein Bereich der öffentlichen Verwaltung, der nicht vom Krebsgeschwür der Ämterpatronage zersetzt wäre.« Parteizugehörigkeit verschaffe hierzulande »größere Privilegien, als sie früher der Adel hatte«. Ihr Beleg: »Nach der Reichskammergerichtsordnung aus dem Jahre 1555 mußten lediglich 4 der 24 Richter dem Adel entstammen, und der Klerus gab sich mit einem katholisch-evangelischen Proporz beim Vorsitz der beiden Senate zufrieden.«

3.5.2 *Effizienz der Auslese*

Funk untersuchte die Frage, ob sich die Erosion ganz oder teilweise verhindern läßt, unter verschiedenen Gesichtspunkten. Er verwarf die Idee, Richtern jedwede Parteimitgliedschaft zu verbieten. Diese Lösung unterliege »in verfassungsrechtlicher Hinsicht schweren Bedenken und Zweifeln«[60]. Denkbar sei nur ein freiwilliger Verzicht des Richters auf politische Bindung.
Eine andere Möglichkeit, die den Vorschlägen Kinolds nahekommt, wäre eine Gesetzesnovellierung zum »Verfahren der Berufung und Beförderung von Richtern«. Funk erwähnt »die Einführung einer Ausschreibungspflicht nicht nur für Eingangsstellen, sondern auch für Beförderungsstellen«. Auch eine »objektivere Ausgestaltung des Ausleseverfahrens« sei denkbar, etwa eine »Eignungsprüfung als Wettbewerb vor einer pluralistisch zusammengesetzten Kommission«.
Funk zitiert in diesem Zusammenhang auch Schmidt-Hieber, der Ämterpatronage wegen des Bruchs verfassungsrechtlicher Grundsätze unter Mißbrauch der Amtsgewalt bestraft sehen möchte. »Unter der Voraussetzung eines nachweisbaren Verstoßes gegen den Leistungsgrundsatz und der Bestenauslese« (Artikel 33 II GG) sei dies schon de lege lata möglich. Doch gerade dieser Nachweis dürfte in der Regel kaum gelingen. Wenn es um Spitzenämter geht, machen die Politiker aus ihren Personabsprachen noch nicht mal einen Hehl. Doch da sind in der Regel – als letzte formale Instanz – Wahlgremien zuständig, die geheim abstimmen. Das Grundgesetz regelt in Artikel 94 I die Wahl der Bundesverfassungsrichter und in Artikel 95 II

die Wahl der Bundesrichter. Beide Verfassungsvorschriften dürften Artikel 33 II GG überlagern.

Als weitere Möglichkeit, der Ämterpatronage entgegenzusteuern, nennt Funk die Konkurrentenklage. Sie stelle allerdings, so schränkt er ein, »lediglich eine sehr schwache Waffe dar«[61]. Es fehle regelmäßig »auch an der Beweisbarkeit der politischen Motivation von Personalentscheidungen«. Die Konkurrentenklage bringe »allenfalls Linderung«, belaste »dafür aber die Streitparteien und das Arbeitsklima im Umfeld der Auseinandersetzungen«.

Die ultima ratio ist für Funk, der sich insoweit auf diverse Quellen beruft, der »Versuch einer verstärkten Sensibilisierung der Bevölkerung gegen diesen Mißbrauch von Parteimacht«.

Eine Hauptkontrolle müsse von der öffentlichen Meinung ausgehen. Ihr komme »eine zentrale, in viele Bereiche ausstrahlende Steuerungsfunktion zu«. Funk appelliert an die Medien: Sie sollten »stärker als bisher ihre Kontrollfunktion wahrnehmen und sich dem Thema der Parteibuchwirtschaft widmen«.

Der Aufruf verhallt nicht ungehört. Doch die öffentliche Erörterung von Ämterpatronage erweist sich zumeist als mühsames Geschäft. Sie verhindert im konkreten Fall nichts, dient aber womöglich für gewisse Zeit als Warnung. Allzu selbstherrliche Dienstherrn werden vielleicht vorsichtiger - oder abgefeimter.

3.5.3 Ein symptomatischer Fall

Ein Musterbeispiel ist der Fall, den Hans Holzhaider in der »Süddeutschen Zeitung« (SZ) Ende 1994 mit drei Beiträgen dokumentierte. In Nürnberg war der Präsidentenposten beim Landesarbeitsgericht (LAG) vakant. Es gab früh Hinweise dafür, daß Arbeitsminister Gebhard Glück (CSU) und seine Staatssekretärin Barbara Stamm (CSU) »persönlich massiven Einfluß auf eine dienstliche Beurteilung des Arbeitsrichters Engelbert Heider« genommen hatten[62]. Heider, dienstjüngster Richter am LAG, war seit zehn Jahren Vorsitzender des CSU-Kreisverbandes Nürnberg-West.

Die dienstliche Beurteilung spielte erkennbar deshalb eine Rolle, weil Ämterpatronage immer dann nicht nachzuweisen ist, wenn der Beförderte, wie Glück im Fall Heider betonte, »das bestmögliche Prädikat« erhalten hat. Bei so einer glücklichen Fügung steht der Minister noch nicht einmal unter Rechtfertigungszwang.

Die Versuchung, da etwas nachzuhelfen, ist groß. Vor allem liegt es nahe, die Weichen früher zu stellen. So geschah es im fraglichen Fall. Als 1991 der Posten des Vizepräsidenten beim LAG zu besetzen war, stand auch der Direktor des Arbeitsgerichts, Heider, zu Debatte. Der für die Beurteilung

zuständige LAG-Präsident Friedrich Wenderlein hatte die Absicht, den Kandidaten als »sehr tüchtig« zu bewerten. Das ist das zweitbeste Prädikat. Wenderlein wurde ins Ministerium »bestellt« und aufgefordert, sein Urteil in »hervorragend« abzuändern, andernfalls werde das von höchster Stelle aus geschehen.
Der LAG-Präsident beugte sich. Ende 1994 stand seine Pensionierung an. Nun ging es um seinen Nachfolger. Heider sollte es - gegen den Widerstand Wenderleins - werden. Die SZ berief sich für ihre Schilderung auf einen Brief des scheidenden Präsidenten an Glück, in dem er betont, er habe die Beurteilung für den Günstling der CSU nicht »aus eigenem Antrieb« abgeändert. Ohne Resonanz blieb auch der Hinweis des Noch-Amtsinhabers, daß zwei weitere Richter für das Präsidentenamt in Frage kämen, die »leistungsstärker« seien als der Favorit der bayerischen Regierungspartei. Auch der Präsidialrat, der - so schreibt es das Gesetz vor - eine Stellungnahme abgeben muß, versagte Heider seine Unterstützung; er sprach sich dezidiert gegen seine Ernennung aus.

3.5.4 *Der liebe Gott und die CSU*

Langjährige Regierungsparteien - das ist nicht nur in Bayern so - betrachten Spitzenämter im Staat als Manövriermasse, über die sie beliebig verfügen können. Die SZ zitierte den früheren LAG-Vizepräsidenten Walter Knoblach, der 1987 bei seiner Verabschiedungsfeier das Thema offen angesprochen hatte. »Ich wäre natürlich auch gern Präsident geworden«, sagte der Richter vor den Honoratioren, »aber der liebe Gott und die CSU haben's nicht gewollt«[63]. Dasselbe könnte, so SZ-Autor Holzhaider, der gegenwärtige Vizepräsident Jürgen Pompe sagen.
Das Ministerium hatte dafür vorgesorgt, daß die Außenfassade stimmt. Es berief sich, auf die - durch Druck zustande gekommene - Beurteilung Heiders aus dem Jahre 1991. »Jetzt wird dieses Prädikat«, so die SZ, »als Beleg für die besondere Eignung Heiders für das Präsidentenamt ins Feld geführt«. Auch das vom Ministerium vorgegebene Prädikat »herausragend« für die juristischen Examina der Favoriten sei »eher relativ zu verstehen«. Heider »schloß die zweite juristische Staatsprüfung mit der Note 3,6 (auf einer Skala von eins bis sieben) ab«.
Der personelle Gewaltakt in München rief die Berufsverbände auf den Plan. Proteste kamen vom »Bayerischen Richterverein«, der dem Deutschen Richterbund (DRB) angehört, und von der »Neuen Richtervereinigung« (NRV). Sie forderten eine Änderung des bayerischen Richtergesetzes. Das Ziel: eine Stärkung des Präsidialrats. Letztlich lief die Demarche auf die Idee Kinolds hinaus: Bildung eines »Einigungsausschusses«, der dann tätig

wird, wenn Präsidialrat und Minister sich nicht auf einen Kandidaten einigen können.
Dieses Konzept würde, wie bereits dargelegt, die Waage anders austarieren. Der Minister könnte sich den Wünschen seiner Partei verweigern; mancher wäre vielleicht gar nicht böse darüber. Stattdessen müßte er, wenn er nicht sein Gesicht verlieren will, einen Kompromiß mit dem Präsidialrat anstreben. »Wir wollen verhindern, daß ein Minister sich einfach über den Präsidialrat hinweggesehen kann«, sagte der Vorsitzende des Bayerischen Richtervereins, Manfred Kleinknecht, zur SZ[64].
Was bei der Ernennung Heiders passiert sei, müsse »einen unbefangenen Beobachter mißtrauisch werden lassen«. Das klare Votum des Präsidialrats gegen den neuen Amtsinhaber sei »sicher nicht aus der Luft gegriffen, wenn man sich die Merkwürdigkeiten in diesem Fall anschaut«.
Das Lösungskonzept Kinolds und des DRB, den Richterwahlausschuß bei einem Dissens zwischen Präsidialrat und Ministerium zu bemühen, genügt der berufsständischen Konkurrenz nicht. Hartmut Dihm von der NRV möchte den Richterwahlausschuß, dem nach seiner Vorstellung nicht nur Politiker, sondern auch Richter angehören sollten, stets in Aktion sehen. Er sagte zu Holzhaider: »Ein Richterwahlausschuß würde auf jeden Fall mehr Transparenz und mehr Unabhängigkeit von einseitiger parteipolitischer Beeinflussung gewährleisten«[65].

3.5.5 *Undurchschaubare Gemengelage*

Doch auch das ist ein frommer Wunsch. Die Vertraulichkeit, zu der sich Richterwahlausschüsse verpflichten, wenn sie qua Gesetz oder Verfassungsgebot vorhanden sind, erlaubt allenfalls Indiskretionen. Dabei entsteht dann ein höchst gefährliches Gemisch von scheinbarer Transparenz und gezielter Stimmungsmache, wie bei der Bundesrichterwahl Ende März 1995. Der Obmann der CDU, Reinhard Göhner, warf der SPD einen Akt »einmaliger Selbstbedienung« vor[66]. Neun der 15 gewählten Richter seien Sozialdemokraten. Die Obfrau der SPD, Herta Däubler-Gmelin, konterte: Es gebe im Ausschuß keine parteipolitisch einheitliche Bank. Die 16 Justizminister der Länder kämen aus Mehrheits- und Koalitionskabinetten unterschiedlicher Farbe, einer sei zum Beispiel Liberaler, ein anderer parteilos, ein dritter gehöre der Stattpartei an.
Für die Auswahl habe es klare Kriterien gegeben: Qualifikation, Geschlecht, Osterfahrung, regionale Ausgewogenheit. Mindestens fünf der gewählten Richter verfügten über intensive Erfahrungen in den neuen Ländern. Mit den drei neuen Richterinnen stünden nunmehr beim BGH 12 Frauen 111 Männern gegenüber. Sie halte, sagte Frau Däubler-Gmelin,

»das Gerede von ›CDU-Richtern‹ und ›SPD-Richtern‹ für denunziatorisch«[67]. In dem Interview bekannte die Justitiarin der SPD-Fraktion, daß sie - im Gegensatz zu den Rechtspolitikern der Union - eine »Anhörung« der Kandidaten für sinnvoll halten würde. Vieles spricht dafür, daß diese Öffnung der Richterwahl nach außen überhaupt erst die erwünschte Transparenz schaffen würde.

Damit könnte vor allem der ungeheuerliche Verdacht entkräftet werden, den Schmidt-Hieber und Kiesewetter hegen. Sie spielen, quasi als Fallkonstellation, einen Wahlgang durch, wie den gerade geschilderten. »Die jeweilige Mehrheit im Richterwahlausschuß wählt Kandidaten ihrer Couleur, und die Minderheit fühlt sich übergangen: So geht dies in stetem Wandel seit gut zwei Jahrzehnten«[68]. Wenn sich der Vorlauf der Wahlen so abspielte, wie die beiden Autoren vermuten, wäre das in der Tat ein Niedergang jeder demokratischen Kultur. »Die Parteispitze beschafft sich«, argwöhnen Schmidt-Hieber und Kiesewetter, »eine Liste der Richter eines Oberlandesgerichts mit der passenden Parteizugehörigkeit«.

Lang könne sie nicht sein, denn Richter seien ziemlich unpolitisch. »Von den drei bis vier Parteigängern auf der Liste - das Gericht, das wir im Auge haben, hat etwa 100 Planstellen - wird der Verdienstvollste (für die Partei verdienstvollste, wohlgemerkt!) dem Richterwahlausschuß vorgeschlagen und dort natürlich von der Mehrheit gewählt.« Fazit: »So etwa wird man Bundesrichter«.

3.5.6 *Nachhol-Bedarf*

Beide Autoren apostrophieren die »Rechtsfertigungsgründe« der Politiker; die sprächen »vom Erfordernis der Ausgewogenheit«, »vom Nachholbedarf wegen eigener Benachteiligungen durch den politischen Gegner in früheren Zeiten«. Einwand der Kritiker: »Ämterpatronage mit Nachholbedarf zu rechtfertigen, das bedeutet, einem bereits geschehen Unrecht zu Lasten der Parteilosen ein weiteres hinzuzufügen«. Wenn ein »Nachholbedarf« bestehe, dann nach Wahrung der verfassungsmäßigen Grundsätze des Leistungsprinzips (Art. 33 II GG) und des Diskriminierungsverbots (Art. 3 III GG).

Solchen Angriffen könnten die Parteien letztlich nur wirksam begegnen, wenn sie sich zu mehr Transparenz bei der Richterwahl durchringen könnten - etwa durch öffentliche »Anhörung« der Kandidaten, womöglich auch (dem Vorschlag Krögers folgend) durch Aufstellung einer Dreier-Liste für jede zu besetzende Planstelle. Gegen solche Lösungen wiederum wehren sich viele, wenn nicht die meisten Richter. Sie halten es für unter ihrer Würde, öffentlich Rede und Antwort zu stehen. Der viel beschworenen Gefahr, daß dann amerikanische Verhältnisse (Eindringen in die Privat- oder gar Intimsphäre) um sich greifen könnten, ließe sich, wie bereits dargelegt, durch eine entsprechende Fassung des Gesetzes leicht entgegenwirken. Es dürfte genügen, wenn man den Gegenstand der öffentlichen Befragung sauber definieren würde - etwa auf das Amts- und Rechtsverständnis im allgemeinen. Wer das nicht will, schließt sich selbst aus - und kann sich nicht beklagen.

Bei größerer Transparenz der Richterwahl würde sich womöglich schon herausstellen, daß das Raster bei der Auslese feinmaschiger ist, als Schmidt-Hieber und Kiesewetter insinuieren. Gegen die Wahl von drei Richterinnen zum BGH ist, selbst wenn sie der SPD angehören sollten, nicht viel einzuwenden. Beim obersten Gerichtshof für Straf- und Zivilsachen haben die Frauen nunmehr ganze zehn Prozent der 125 Planstellen besetzt. Ihre Wahl dient mithin der Verwirklichung von Art. 3 III GG - also einem Ziel, das die beiden Kritiker gerade anmahnen. Das Zusammenführen der beiden Teile Deutschlands ist - darüber besteht Konsens zwischen allen Parteien und gesellschaftlichen Gruppen - eine vorrangige Staatsaufgabe. Fünf neue Bundesrichter, die über intensive Osterfahrung verfügen und sich entsprechend engagiert haben, sind wahrlich keine furchterregende Invasion.

Im übrigen: Wer, wie Schmidt-Hieber und Kiesewetter, die Artikel 3 III und 33 II GG beschwört, vergißt die Artikel 20 II, 94 I und 95 II GG. Artikel 20 II GG stellt unmißverständlich klar, daß Richter als Teil der Dritten Gewalt - außer der Qualifikation - auch noch der Legitimation bedürfen. Da eine Urwahl schlechterdings nicht möglich und auch nicht praktikabel wäre, hat sich der Verfassungsgeber zu einer Wahl durch die Repräsentanten des Volkes entschlossen. Die zur Wahl befugten müssen über ihre Motive keine Rechenschaft ablegen. Darüber lassen sich allenfalls Vermutungen anstellen. Letzte Gewißheit läßt sich mit rechtlichen Mitteln nicht gewinnen. Die Einsicht aus dieser schlichten Wahrheit mag Richtern schwer fallen - auch über ihr berufliches Schicksal entscheiden Mehrheiten, wie überall in der Demokratie.

3.5.7 *Zeitverschobene Ausgewogenheit*

Mehrheiten aber kommen, wie jeder weiß, auf vielfältige Weise zustande. Wenn Artikel 20 II GG, der zu den unabänderlichen (Artikel 79 III GG) Strukturprinzipien der Demokratie zählt, bestimmt, daß alle Staatsgewalt vom Volke auszugehen hat, ist selbstverständlich auch die Dritte Gewalt damit gemeint. Da Richter auf Lebenszeit bestellt werden, vollzieht sich der personelle Austausch zwangsläufig in anderen Zeitabschnitten als etwa bei Abgeordneten, deren Amtszeit auf eine Legislaturperiode begrenzt ist. Der Wille des Volkes für die Legitimation der Richter kann sich mithin nur in

fließenden zeitlichen Übergängen artikulieren, nicht aber auf einen bestimmten Wahltag bezogen.
Die Balance hängt deshalb sogar ganz konkret von den wechselnden politischen Mehrheiten ab. In den Jahrzehnten, auf die Schmidt-Hieber und Kiesewetter abstellen, gab es zwischen Konservativen und Linksliberalen jeweils ein Kopf-an-Kopf-Rennen. Mal dominierte der eine Trend, mal der andere. Ein Ausgleich läßt sich daher überhaupt nur bewerkstelligen, wenn »Nachholbedarf« befriedigt wird. Er ist, so gesehen, durchaus legitim. Das »Erfordernis der Ausgewogenheit«, das die beiden Kritiker gering achten, ist nichts weiter als pflichtschuldiger Gehorsam gegenüber dem Befehl des Artikel 20 II GG. Ausgewogenheit läßt sich aber zwangsläufig nur zeitverschoben mit wechselnden politischen Mehrheiten herstellen.

3.5.8   *Wortlaut und Geist*

Doch die Tatsache, daß sich die Parteipolitiker in ihrer Eigenschaft als Parlamentarier und Repräsentanten des Volkes bei den Richterwahlen an die Rahmenbedingungen des Grundgesetzes halten, ist noch kein Freibrief für ungenierte Ämterpatronage.Sie haben nicht nur den Wortlaut, sondern auch den Geist der Verfassung zu respektieren. Und der fordert ein Höchstmaß an Gleichbehandlung, Uneigennützigkeit und Berücksichtigung des Gemeinwohls.
Richter haben zunehmend den Eindruck, das genau das Gegenteil geschieht. Kinold etwa sieht ein »Spektrum«, das von »ausgeklügelter Stellenbesetzungs-Proporz-Mathematik« über »grobe Mißachtung von Präsidialräten« bis zum Versuch reicht, »eine mißliebige Rechtsprechung personalpolitisch zu liquidieren«[69]. »angereichert und verfeinert« werde dieses Verfahren durch Nord/Süd-, Geschlechter- und Konfessionsproporz« – »auch Richter-Abzählreim genannt«.
Der Abgeordnete, der sich bei seiner Abstimmung von diesen oder anderen Motiven leiten läßt, die sich allesamt ohnehin nicht nachweisen lassen, mag zwar formal unangreifbar sein, doch wenn er dabei gegen ungeschriebene Gesetze der politischen Kultur verstößt, muß dieses Fehlverhalten angeprangert werden. Schmidt-Hieber, der immer wieder versucht, Ämterpatronage unter den Tatbestand der Untreue zu subsumieren[70], mag damit zwar Aufsehen erregen, doch er verfällt auch dem urdeutschen Hang, jeden Mangel an Sitte und Anstand im Lichte des Strafrechts zu sehen. Die Einsicht, daß es Infamien gibt, die nicht justitiabel sind, fällt keinem leicht. Das Ehe- und Familienrecht liefert für diesen unauflösbaren Widerspruch Beispiele am laufenden Band.
Je eher sich die Einsicht durchsetzt, daß Ämterpatronage kaum im Gerichtssaal, dafür aber um so wirksamer durch Öffentlichkeits-Kontrolle zu

bekämpfen ist, desto besser für die Dritte Gewalt. Diese Gegenstrategie erfordert, daß in jedem konkreten Fall Roß und Reiter genannt werden. Die Medien können freilich nur tätig werden, wenn die Richterschaft ihnen Informationen liefert und sich nicht aus falsch verstandener Loyalität mit dem pflichtvergessenen Dienstherrn in Schweigen hüllt. Wer sich in der Rolle des stummen und duldenden Opfers gefällt, hat keine Hilfe verdient.

Funks Idee, die Schützenhilfe der Medien anzumahnen, hat indessen noch eine andere Dimension. Da Gesetze nicht durch Selbstzeugung entstehen, müssen die Berufsverbände der Richter mit publizistischer Unterstützung unermüdlich für die erforderliche Novellierung der Gesetze werben. Denn ein Kompromiß zwischen den scheinbar widerstreitenden Wünschen der Politiker und der Richter ist durchaus denkbar.

Realistisch gesehen, wird sich der Einflußwille der Politiker nicht gänzlich zurückdrängen lassen. Sie haben bei der Richterwahl institutionell eine Schlüsselstellung inne, die ihnen nur durch Verfassungsänderung genommen werden könnte. Jede der staatlichen Gewalten, meint Ernst Karl Pakuscher, stehe »dem Parteieneinfluß offen«; er fügt dann allerdings hinzu: »Es kommt daher allein darauf an, diesen Einfluß auf das notwenige Mindestmaß zu beschränken«[71]. Tatsächlich ließe sich der Versuchung, beim Legitimationsakt ständig zu mogeln und den ohnehin nur fiktiven Willen des Volkes ständig mit den Interessen der eigenen Partei zu verwechseln, durch gesetzestechnische Vorbeugemaßnahmen begegnen. Der gängigen Proporz-Praxis, wechselseitig die Kandidaten der Gegenseite zu akzeptieren, könnte auf verhältnismäßig einfache Weise ein Riegel vorgeschoben werden.

3.5.9 Dreierliste als Ausweg

Die Partei, der nach internen Absprachen, die sich nie verhindern lassen, ein Vorschlagrecht zusteht, muß - ähnlich wie bei der Berufung von Professoren - eine Dreierliste vorlegen. Damit endet ihr Einfluß. Diese Lösung hätte zwei unübersehbare Vorteile. Erstens: Die Parteien müssen sich bei der Kandidatensuche mehr anstrengen als bisher. Wer immer als Talentsucher oder »Königsmacher« agiert, ist genötigt, sein Blickfeld zu erweitern und eine ausreichende Zahl von Kandidaten ins Auge zu fassen. Er wird dabei Richter kennenlernen, die er sonst übersehen hätte.

Zweitens: Den Parteien - und zwar allen - würden bei der Durchsetzung ihrer personellen Wünsche Grenzen gesetzt. Sie könnten ihre rechtspolitischen Vorstellungen zwar immer noch über Kandidaten ihrer Wahl definieren, aber nicht mehr einen bestimmten ins Amt hieven. Die »Anhörung« wäre in diesem Fall fast eine conditio sine qua non. Denn die Mitglieder der Wahlausschüsse für Bundesrichter und für Verfassungsrichter (Entsprechendes gilt für die Länder) müßten sich die Bewerber ansehen, um zu erfahren, wes Geistes Kind der einzelne ist. Die Ausgangssituation wäre jedoch anders als bisher. Die beiden großen Kräfteblöcke würden zwar den Vorschlag der jeweiligen Gegenseite mitverantworten, könnten aber zwischen drei Kandidaten wählen, also durchaus sagen: Wir geben der Nummer zwei auf Eurer Liste den Vorzug.

Diese Methode würde der ständigen Rechtsprechung des BVerfG Rechnung tragen, das immer wieder betont, Exekutive und Legislative sollten sich jeweils um Lösungen bemühen, die dem Grundgesetz so nahe wie möglich kommen. Richterwahlausschüsse würden, etwa wenn sie über Beförderungen stets mitentscheiden dürften, bei Dreier-Vorschlägen, den Geboten der Legitimation und der Qualifikation gleichermaßen nähern.

Quellen: Kapitel 3

1   Horst Sendler, NJW 1983, 1449 (1453).
2   Thomas Dieterich, RdA 1986, 2 ff.
3   Rolf Lamprecht, DRiZ 1992, 237.
4   BVerfGE 77, 1 (40).
5   Wolfgang Zeidler, DRiZ 1984, 252.
6   Geck, Wahl und Amtsrecht der Bundesverfassungsrichter, 1. Aufl., 1986, 9.
7   BMI: Präsentation der IPOS-Umfrage am 10.Oktober 1989; SZ am 11.Oktober 1989.
8   BGH-Urteil vom 14.Dezember 1988 2 StR 275/88, NStZ 1989, 238.
9   BGH-Urteil vom 1.Juli 1981 3 StR 151/81, NJW 1981, 2204.
10 Thoma, Rechtsgutachten betreffend die Stellung des Bundesverfassungsgerichts, in: Verfassungsgerichtsbarkeit, 1976, 263.
11 Klein, in: Bundesverfassungsgerichtsgesetz, Herausgeber   Maunz/Schmidt-Bleibtreu/ Klein/Ulsamer, Rn.3 zu Par.6.
12 Thoma, aaO.
13 Laufer, Verfassungsgerichtsbarkeit und politischer Prozeß, 1968, 210.
14 Klein, aaO, Rn.3 zu Par.5.
15 FN 12.
16 Kröger, Richterwahl, in: Bundesverfassungsgericht und Grundgesetz, 1976, 76 (92).
17 Geck, aaO, 24.
18 Geck, aaO, 33.
19 Geck, aaO, 33.
20 Billing, Das Problem der Richterwahl zum Bundesverfassungsgericht, 1969, 229.
21 Geck, aaO, 34/35.
22 Geck, aaO, 35.
23 Kröger, aaO, 93.
24 Kröger, aaO, 93.
25 Geiger, EuGRZ 1983, 399.
26 Maunz, Schmidt-Bleibtreu usw. Rn.5 zu Par.2.
27 Geiger, aaO, 398.
28 FN 27.
29 Geck, aaO, 38.
30 Klein, aaO, Rn.4 zu Par.5.
31 Geiger, aaO, 397.
32 Geck, aaO, 38.

33 Geck, aaO, 39.
34 Geck, aaO, 40.
35 Hirsch, DRiZ 1977, 225.
36 Hirsch, FN 28.
37 Geck, aaO, 37.
38 Geck, aaO, 36.
39 Böckenförde (s.Einleitung, Fn.1), S.113.
40 Geiger, aaO, 397.
41 Billing, aaO, 292, 293.
42 Drucksache 11/73, 11.Wahlperiode, Antrag vom 30.März 1987.
43 Deutscher Bundestag - 11.Wahlperiode - 34.Sitzung am 16.Oktober 1987, 2313.
44 Ebenda 2313.
45 Ebenda 2315.
46 Ebenda 2318.
47 Ebenda 2320.
48 Ebenda 2321.
49 Kröger, aaO, 99.
50 Schmidt-Hieber, Kiesewetter NJW 1992,1790 f.
51 BVerfGE 40, 356.
52 Sendler, Neue Justiz 1995, 113, 114.
53 Mahrenholz, DRiZ 1991, 433.
54 Sendler, aaO.
55 Kinold, DRiZ 1992, 55 ff.
56 Priepke, DRiZ 1989,229.
57 FAZ, 8.3.1995.
58 Funk, DRiZ 1992, 59 ff.
59 Schmidt-Hieber, Kiesewetter NJW 1992, 1790.
60 FN 58.
61 FN 58.
62 Süddeutsche Zeitung 24./25.9.1994.
63 SZ 22.11.1994.
64 SZ 25.11.1994.
65 FN 62.
66 FAZ, 1.4.95.
67 SPIEGEL 15/1995, S.89.
68 Schmidt-Hieber, Kiesewetter NJW 1992, 1790.
69 Kinold, DRiZ 1992, 55 ff.
70 Schmidt-Hieber, NJW 1989, 558 f.
71 Pakuscher, DRiZ 1993, 74 f.

4. Fremdbestimmung der Justiz

4.1 *Sachzwänge des Apparats*

4.1.1 *Am Fließband*

Es gibt Aussagen, deren innere Wahrheit ins Auge springt. Sie sind evident, weil sie sich jederzeit durch eigene Wahrnehmungen verifizieren lassen. Der bekannte Satz von Karl Marx - »das Sein bestimmt das Bewußtsein« - gehört zu diesen allgemein gültigen Regeln. Wer das erbärmliche Sein der deutschen Richter beobachtet, wundert sich, daß ihr Bewußtsein überhaupt noch halbwegs intakt ist. Sie arbeiten in ihrer Mehrzahl unter Bedingungen, die kein klassenbewußter Proletarier hinnehmen würde.

Die Arbeitslast steigt unentwegt. Die sächliche Ausstattung läßt den Verdacht aufkommen, daß Deutschlands Finanzminister den allmählichen Verfall der Justiz billigend in Kauf nehmen. Das Ambiente ist demotivierend und destruktiv: Gerichtsgebäude mit abblätternden Fassaden, miefige Flure, schäbige Amtszimmer. Richter müssen, wenn sie in einem würdigen Umfeld arbeiten wollen, ihre Büros am Feierabend selber streichen. Parteien und Anwälte auf der einen Seite, Richter auf der anderen stehen sich wie Boxer ungleicher Gewichtsklassen gegenüber: Schwergewicht gegen Leichtgewicht. PC gegen Federkiel. An vielen Gerichten ist die Revolution im Büro vorübergegangen. Wenn es Personalcomputer gibt, sind sie oft genug auch noch inkompatibel.

4.1.2 *Das Ärmlichkeitsprinzip*

Die Akzeptanz der Justiz werde, so der Frankfurter OLG-Präsident Horst Henrichs, »auch von den äußeren Rahmenbedingungen mitbestimmt, unter denen Rechtspflege sich vollzieht«[1]. Er denke »an die äußeren Arbeitsbedingungen, die Gerichtsgebäude, die Sitzungssäle, die Dienstzimmer, die Ausstattung der Gerichte mit sächlichen Hilfsmitteln, mit Literatur und Elementen der modernen Telekommunikation«. Der Präsident nannte in diesem Zusammenhang »das Ärmlichkeitsprinzip, das über lange Zeit die Justiz beherrschte und teilweise noch heute erkennbar ist«. Nicht nur ihm sei das Erstaunen Außenstehender geläufig, »wie kärglich, gelegentlich sogar schmuddlig und unwürdig Justiz sich darstellt«.

Alles in allem: Der »Laden« ist wenig vertrauenserweckend. Jeder Bürger würde um ein Geschäft, das so schmuddlig und abstoßend wirkt wie manches deutsche Gericht, einen riesigen Bogen machen - und, wenn er könnte, bei der Konkurrenz kaufen. Der Spitze dieser »Ladenkette«, die in den Justizministerien der Länder sitzt, dürfte das Negativ-Image, das die eigenen »Lokale« ausstrahlen, kaum entgangen sein. Doch sie tut nichts dagegen, sondern läßt den Apparat weiter verkommen. Die Motive für diese Unfähigkeit sind schwer zu eruieren. Gedankenlosigkeit mag eine Rolle spielen. Sicher ist auch Mangel an Zuneigung dabei. Justitia ist eine ungeliebte, ja unheimliche Dame. Entscheidend dürfte aber sein, daß die Justizminister (und mit ihnen die fürs Geld zuständigen Kabinettskollegen) keinen nennenswerten Widerstand zu spüren bekommen.

4.1.3 *Mangel an Solidarität*

So undurchschaubar wie die Vernachlässigung von »oben nach unten« ist die Reaktion - sind die Signale, die aus der umgekehrten Richtung kommen oder ausbleiben, also die Rückkoppelung von »unten nach oben«. Ob die Richter alles Ungemach aus Bescheidenheit und preußischer Pflichterfüllung dulden oder nur deshalb, weil sie zu jeglicher Solidarität unfähig sind: Sie halten - aus welchen Gründen auch immer - still und bereiten den Politikern keinen Ärger. Der Teil der richterlichen Unabhängigkeit, der den rechtsunterworfenen Bürger interessieren muß, bleibt dabei auf der Strecke. Überlastete Richter, die unter unwürdigen Umständen arbeiten müssen, können ihrer Aufgabe kaum gerecht werden.
Die zunehmende Verrechtlichung der Gesellschaft hat den Richter zum Fließbandarbeiter gemacht, der bei seiner Arbeit nicht mehr nach rechts und links schauen kann. Sein Akkord hat nur einen anderen Namen: Er heißt Pensenschlüssel. Die Überlastung führt zwangsläufig entweder zu unvertretbaren Wartezeiten oder aber zu zweifelhaften, wenn nicht rechtswidrigen Rationalisierungsmaßnahmen. Ein Indiz dafür ist die zunehmend dürftige Sachaufklärung im kleinen Zivilprozeß, ein anderes die bedenkliche Verkürzung großer Kriminalverfahren durch den »deal im Strafprozeß«.
Was der »Pensenschlüssel« für die Alltagspraxis der Justiz bedeutet, muß ein Außenstehender Richtern nicht erzählen. Doch er darf sich Gedanken darüber machen, welche Auswirkungen das Akkord-System auf den Rechtsadressaten hat. Argwohn scheint da angebracht. Es bedarf keiner Detailkenntnis und noch nicht mal allzu großer Phantasie, um sich vorzustellen, daß die Justizbürokratie auf diese Weise einen sachfremden und folgenschweren Einfluß auf die Rechtsprechung nimmt - nach der Devise: Quantität geht vor Qualität. »Chronische Überlastung und daraus folgender Erledigungsdruck« könnten, so Henrichs, »zu einer Verzerrung des Rich-

terbildes und im schlimmsten Fall zu einer Gefährdung der Unabhängigkeit werden«[2]. Aufgabe der Richter sei, »jedem sein Recht in angemessener Zeit und der gebotenen Gründlichkeit zuzumessen«.

Bekanntgewordene Urteile der Dienst- und Verwaltungsgerichte machen zumindest eines deutlich: Richter, die nicht im Eiltempo arbeiten, bekommen dafür die Quittung in ihrer Personalakte. Wer schlechte Noten hat, wird bekanntlich auch nicht befördert: Dieser Mechanismus hat eine edukative Wirkung – und die ist wohl auch beabsichtigt.

4.1.4 *Trüber Gerichtsalltag*

Der kleine Mann, der normalerweise beim Amtsgericht sein Recht sucht, bekommt die allgemeine Hektik zu spüren – in Ehe- oder Mietsachen, als geschädigter Kraftfahrer oder als geprellter Kunde. Die Terminzettel am schwarzen Brett sind so lang wie die Börsenkurse im Fenster einer Bank. Verhandlungen dauern oft nur wenige Minuten. Bevor Kläger oder Beklagte überhaupt den Mund aufmachen konnten, sind sie schon wieder draußen.

Auf diese Weise wird die mündliche Verhandlung zur Farce. Auch das Öffentlichkeitsprinzip, das aus guten Gründen zur deutschen Rechtsordnung gehört, wird bis zur Unkenntlichkeit verstümmelt. Kein Verfahrensfremder kann heutzutage einen im Zeitraffertempo abgewickelten Zivilprozeß folgen. Und der Verfahrensbeteiligte versteht zumeist auch kein Wort – und am Schluß muß er seinen Anwalt fragen, ob er nun gewonnen oder verloren hat.

Dieses trübe Bild des Gerichtsalltags kennt jeder, der mal auf der Wartebank vor einem Verhandlungssaal gesessen hat. Was der Geschäftsanfall und der Arbeitsdruck hinter den Kulissen bewirken, bleibt nicht nur dem Außenstehenden verborgen: Es wird auch weitgehend von den Richtern selbst verdrängt. Ein Beispiel dafür ist die Frage nach der Rolle des sogenannten Beischläfers, des dritten Richters einer Kammer.

Da hat vor vielen Jahren eine Diskussion in der Fachpresse stattgefunden. Sie blieb in der Richterschaft ohne Echo – ein Ergebnis, das auch Rückschlüsse zuläßt. Zu vermuten ist, daß die vorgetragenen Argumente nicht als rechtsirrig angesehen wurden, sondern schlicht als realitätsfremd.

An sich war der Vorwurf, der da in mehreren Aufsätzen erhoben wurde, nicht mit leichter Hand abzutun. Er lautete: Bei den Kollegialgerichten der Ziviljustiz werde der Anspruch auf »rechtliches Gehör« ständig verletzt – sozusagen Verfassungsbruch am laufenden Band begangen. Die Bedenken galten einem weitverbreiteten Gerichtsbrauch, daß nämlich aus Gründen der Zeitersparnis jeweils ein Kammermitglied auf das Studium der Prozeßakten verzichtet und sich den Sachverhalt von den anderen beiden erzählen läßt.

Wenn aber der dritte Richter, so rügten die Kritiker, von seinen beiden Kollegen im Telegrammstil informiert werde, so könne er nur über Bruchstücke des Akteninhalts Bescheid wissen. Er sei bloß ein halber Richter, ein manipulierter Zuhörer. Mithin werde die rechtsprechende Kammer, willkürlich und gesetzwidrig, verkleinert.

Auf den dritten Mann hatten es gleich drei, nicht gerade unbekannte Juristen abgesehen: der konservative Heidelberger Rechtsprofessor Karl Doehring[3], sein linker Bremer Kollege Wolfgang Däubler[4] und der Ex-Präsident der Rechtsanwaltskammer beim Bundesgerichtshof (BGH), Curt Freiherr von Stackelberg[5].

Die Brisanz des Themas wurde selbst von Juristen, die das Verfahren für unbedenklich hielten, nicht unterschätzt. Robert Herr, Vorsitzender Richter am OLG Karlsruhe, vertrat die Meinung: Die Professorenkritik sei »letztlich revolutionärer als alle Angriffe, denen sich die Justiz seit 1968 ausgesetzt sah«[6].

Doehring beschrieb die fragwürdige Prozedur im Beratungszimmer eher zaghaft. »Es wird berichtet«, formulierte er, »daß eine verbreitete Übung bestehe...« Doch das baden-württembergische Justizministerium zum Beispiel bestätigte und rechtfertigte die Übung: Wenn zwei Richter »die Akten durchgearbeitet« hätten und dem dritten »der Sach- und Streitstand eingehend mündlich vorgetragen werde, sei dies rechtmäßig«[7].

4.1.5 *Der Beischläfer*

Herr bekannte offen: Ihm sei »kein Landgericht bekannt, das – abgesehen von Ausnahmefällen – anders verfährt«. In dieser »einhelligen Praxis« sahen die Justizkritiker den Grundrechtsverstoß: Wer von der verkürzten Urteilsvorbereitung nichts wisse, gehe irrtümlicherweise davon aus, daß alle drei Richter sämtliche vorgetragenen Tatsachen und Argumente zur Kenntnis genommen hätten.

Wer eingeweiht sei, werde doppelt verunsichert, weil er nur noch raten könne, welche seiner Schriftsätze und Begründungen die zwei aktenkundigen Richter nun für mitteilenswert gehalten und ihrem Kollegen weitererzählt hätten – das schiere Gegenteil des »rechtlichen Gehörs«, das alle Kommentare als »Eckpfeiler des gesamten Zivilprozeßrechts und jedes geordneten Verfahrens« einordnen.

Die Kritiker wiesen darauf hin, daß die Informationsdefizite des »aktenunkundigen« Richters gravierende Folgen für die Urteilsfindung haben können. Wenn der dritte Mann überhaupt Fragen zur weiteren Aufklärung stelle, dann nur solche, »die sich aus dem ihm in der Vorbesprechung mündlich vermittelten Akteninhalt ergeben«, so Doehring.

Das baden-württembergische Justizministerium mochte der These vom dritten Mann nicht folgen. »Kunst und Können eines Richters«, so argumentierte das Ressort, bestünde darin, »Wesentliches vom Unwesentlichen zu trennen, das Wesentliche vollständig, knapp und nachvollziehbar wiederzugeben und dabei die entscheidenden Weichenstellungen des Rechtsfindungsprozesses deutlich zu machen«. Herr gab zu bedenken, »daß der Justizgewährungspflicht des Staates ein mindestens ebenso hoher verfassungsrechtlicher Rang« zukomme wie dem Anspruch auf den »gesetzlichen Richter«. Justizgewährungspflicht aber bedeute »Rechtsschutz in angemessener Zeit«. Dem läßt sich kaum widersprechen. Doch die Antwort hat mehr pragmatische als rechtliche Substanz. Sie wirkt wie ein Stück Resignation – als Bereitschaft, sich in das Unvermeidliche zu fügen.

4.1.6 *Dienst nach Vorschrift?*

Alle offenkundigen, aber auch alle versteckten Rationalisierungsmaßnahmen sind im wesentlichen eine Folge der Sachzwänge, unter denen Richter stehen. Das Sein ihrer Arbeitswelt bestimmt ihr Bewußtsein bei der Rechtsfindung. Nicht beantwortet ist damit freilich die Frage, ob sich die Angehörigen der dritten Gewalt alle Geringschätzungen ihres Amtes auf Dauer gefallen lassen müssen.
Auf Anhieb drängen sich Vergleiche zu erfolgreichen Protestaktionen in anderen Bereichen des öffentlichen Dienstes auf. So haben Fluglotsen bekanntlich mit subtilen Mitteln auf unzumutbare Arbeitsbedingungen aufmerksam gemacht – durch den sogenannten Dienst nach Vorschrift.
Arbeitskampf in jeder Form mag mit dem Selbstverständnis von Richtern nicht vereinbar sein. Doch in der Justiz wäre nicht die Methode des »slow go« angezeigt, sondern bloß eine Rückbesinnung auf seriöse Arbeitsmethoden, wie sie der Jurist in seiner Ausbildung gelernt hat. Es kann schlechterdings nicht richtig sein, daß er als Richter Entscheidungen fällt, mit denen er als Prüfling glatt durchs Examen gefallen wäre.
Nahezu unerklärlich ist, warum Richter – und sei es nur aus Gründen der Selbstachtung oder von der Unabhängigkeit willen – nicht irgendwann Mal aus aktuellem Anlaß ein deutliches Stop-Signal gesetzt haben. Genau besehen, kann es nicht so schwer sein, nach den Regeln der Kunst zu arbeiten und dennoch den Verdacht zu vermeiden, hier werde womöglich gestreikt. Voraussetzung dafür wäre allerdings ein Gefühl der Solidarität, das Richtern weitgehend fremd ist, weil sie sich mehr als Individuum denn als Teil eines Kollektivs begreifen.
Zu einer konzertierten Aktion nach dem Motto »Qualität geht vor Quantität« würde gehören, daß sich Richter eines überschaubaren und vergleichbaren Arbeitsbereichs auf eine Marschroute einigen. Das gemeinsame Ziel könnte sein, künftig einen noch zu definierenden Mindeststandard nicht

mehr zu unterschreiten – weder bei der gründlichen Aufbereitung des Sachverhalts noch bei der Auseinandersetzung mit Präjudizien oder mit Innovationen der neueren Literatur.
Wer die Sozialisation der Richter kennt, weiß, daß eine solche Reaktion schlechterdings undenkbar ist. Zu ihrem Psychogramm gehört, daß sie den Ehrgeiz, Klassenprimus zu sein, im Berufsleben nicht abgelegt haben. Jeder, der unbedingt Karriere machen will und beste Personalbeurteilungen anstrebt, wird sich lieber physisch und psychisch verschleißen, als mit seinen Kollegen an einem Strang zu ziehen. Der bereits apostrophierte Hang zu einer – offenkundig: falsch verstandenen – preußischen Pflichterfüllung mag hinzukommen. Doch auch hier gilt der Satz: Weniger wäre mehr.
Eine alte Gewerkschaftsregel ist, daß kollektive Maßnahmen den richtigen Gegner zum richtigen Zeitpunkt treffen müssen. So eine günstige Ausgangslage für richterliche Solidarität wäre zum Beispiel der Tag, an dem Rechtspolitiker wieder einmal eine ihrer sattsam bekannten Rationalisierungs-Novellen in Kraft setzen: die Heraufsetzung von Streitwertgrenzen.

4.1.7 *Der Pensenschlüssel*

Die Augenwischerei ist leicht durchschaubar und funktioniert dennoch immer wieder aufs neue. Das kleine Einmaleins genügt, um das Spiel zu durchschauen. Sobald der Gesetzgeber die Streitwertgrenzen heraufsetzt, werden die Amtsrichter automatisch für mehr Fälle zuständig als zuvor. Wenn die Zahl ihrer Planstellen nicht vermehrt wird, müssen sie folglich ihre Akkordleistung erhöhen. Das geht nur zu Lasten der Qualität oder auf Kosten ihrer Gesundheit. Vermutlich gerät beides in Mitleidenschaft.
Die »Deutsche Richterzeitung« veranschlagte 1993 das »Pensum für Zivilsachen beim Amtsgericht auf 600«, Tendenz steigend. Schon Jahre zuvor hatte der Würzburger Landgerichtspräsident Egon Schottdorf eine eindrucksvolle Rechnung aufgemacht[8]. Er legte bereits damals die besagten 600 Fälle zugrunde, die theoretisch an 210 Arbeitstagen erledigt werden müssen. Dann zog er 80 Tage für Verhandlungen ab, so daß nur noch 130 für die Arbeit am Schreibtisch übrigblieben. Fazit: Der Amtsrichter muß 4,6 Sachen pro Tag schaffen. Strapazierte Amtsrichter weisen darauf hin, daß diese Zahlen nur einen statistischen Durchschnittswert wiedergeben, für die Praxis nicht zutreffen und obendrein längst überholt sind.

4.1.8 *Verletzung der Fürsorgepflicht*

Wenn Richter nicht selbst betroffen wären, sondern von Amts wegen solche Überforderung zu beurteilen hätten, kämen sie mühelos zu dem Schluß, daß hier eine eklatante Verletzung der Fürsorgepflicht vorliegt. Verantwortlich für diese Prozedur, bei der stets den Letzten die Hunde beißen, sind vor allem die Justizminister. Das hat erkennbar zwei Ursachen. Zum einen sind sie bei Etatberatungen für gewöhnlich die schwächsten Glieder des jeweiligen Kabinetts. Zum anderen haben auch sie den Ehrgeiz, in einem besonders günstigen Licht zu erscheinen.

Das heißt konkret: Justizminister gefallen sich in der Rolle des Ressortverwalters, der sparsamer wirtschaftet als die anderen Kollegen der Regierungsmannschaft. Die Finanzminister sind dankbar für diese Bescheidenheit, ebenso die Parlamentarier, die von niemandem unter Druck gesetzt werden. Solange die Richter nicht aufbegehren, wird sich daran nichts ändern.

Im Gegenteil: Es kann noch schlimmer kommen. An manchen Orten geht die Unterausstattung der Justiz mittlerweile an die Substanz. Der DRB nannte im März 1995 vor der »Justizpressekonferenz Karlsruhe« (JPK) Beispiele. In den unteren Instanzen herrsche vielfach »finsteres Mittelalter«: »Unzureichende Mittel für die Bibliotheken«, »veraltete Kommentare«, »NJW noch nicht mal im Umlauf«. Fazit: »Schlanker Staat« bedeute »abgemagerte Justiz«, »wenn der Rechtsstaat etwas kosten soll, zuckt jeder zurück«[9].

Dabei ist der Anteil der Justizausgaben am Gesamtetat ohnehin beschämend niedrig. Der DRB hat die Relationen für sechs Bundesländer exakt durchgerechnet. Nur ein Beispiel: Das Land Baden-Württemberg gibt 60 Milliarden Mark aus, für die Justiz, einschließlich des Vollzugs, 1,7 Milliarden. Das wären 2,8 Prozent am Gesamthaushalt. Doch die Justiz hat ihrerseits eigene Einnahmen, nämlich 1,2 Milliarden Mark. Die »Nettoausgaben« reduzieren sich mithin auf 0,5 Milliarden Mark, das sind 0,8 Prozent vom Etat des Landes[10].

Zugegeben: Die Dritte Gewalt ist im Schwabenland am billigsten. Doch die prozentualen Anteile in den anderen Ländern sind durchaus vergleichbar: Bayerns Justiz ist mit 1,1 Prozent an den Nettoausgaben des Landes beteiligt, Berlin mit 1,6 Prozent, Hessen mit 2 Prozent, Niedersachsen mit 2,2 Prozent und das bevölkerungsreiche Nordrhein-Westfalen mit 2,4 Prozent.

4.1.9 *Rechtsstaat zum Nulltarif*

In diesen Zahlen drückt sich aus, was den Spitzenpolitikern der Rechtsstaat wert ist: so gut wie nichts. Sie haben bislang offenbar nicht begriffen, daß auch der Friede im Inneren seinen Preis kostet, daß der Rechtsstaat nicht zum Nulltarif zu haben ist. Zumindest wollen sie so wenig wie möglich zahlen. Die Bedrohungen von außen, denen der Verteidigungshaushalt begegnet, haben sich weitgehend verflüchtigt, die sozialen Spannungen im Innern nehmen dafür unaufhaltsam zu. Im selben Maße sinkt die Akzeptanz des

Rechts, ebenso die Tabuschwelle für Gesetzesübertretungen, für Gewalt, für rassistische und fremdenfeindliche Delikte. Wer an der Justiz spart, häuft - in übertragenem Sinne - zugleich Schulden an, die sich womöglich nie mehr tilgen lassen.

Vor Jahr und Tag hatte Manfred Peters vom DRB in Hessen gewarnt: Weitere Belastungen hätten zur Folge, »daß die Richter zu bloßen Rechtstechnikern und entpersönlichten Dienstmaschinen des Apparats werden«[11]. Die Zumutungen sind gestiegen. Und das Bild provoziert Widerspruch: Denn Techniker würden sich so etwas nicht gefallen lassen. Und Maschinen versagen ihren Dienst, wenn sie nicht liebevoll gewartet werden.

Die Liste der Nichtachtungen, mit der Richter demotiviert werden, ließe sich beliebig verlängern. Jeder Oberinspektor in Bonn ist komfortabler ausgestattet als ein Bundesrichter in Karlsruhe, und mancher Amtsrichter wäre froh, wenn ihm so viel Kubikmeter Raum zur Verfügung stünden, wie für Haftzellen zwingend vorgeschrieben sind.

Um Mißverständnissen vorzubeugen: Die Liste der Versäumnisse soll keineswegs Mitleid für die deutschen Richter erwecken. Eine offene Gesellschaft wie die unsere bietet genug Möglichkeiten, sich gegen gravierende Mißstände zu wehren. Wer sie nicht ausschöpft, hat kein Mitleid verdient. Richter haben keine Lobby, aber sie könnten, wenn sie nicht zu stolz wären, eine haben. Eine solche Lobby müßte sich auch als Sprachrohr jener Gruppe begreifen, die sich nicht organisieren und deshalb auch nicht protestieren kann. Das sind die Opfer des Fließbandverfahrens, die Prozeßparteien.

Soviel steht jedenfalls fest: Arbeitsüberlastung und Zeitdruck haben notwendigerweise Oberflächlichkeit im Gefolge. Wie viele Urteile allein an Aufklärungsmängeln leiden, läßt sich kaum übersehen, geschweige denn quantifizieren. Die Spitze des Eisberges wird beim Bundesverfassungsgericht sichtbar, das reihenweise Urteile wegen Verletzung des rechtlichen Gehörs aufheben muß.

4.2 *Der kleinste gemeinsame Nenner*

4.2.1 *Problematische Auswege*

Die höchsten Richter, die unter dieser überflüssigen Belastung leiden, haben einen problematischen Ausweg gefunden. Sie sind irgendwann dazu übergegangen, auch begründete Verfassungsbeschwerden gar nicht erst zur Entscheidung anzunehmen. Sie speisen den Bürger mit dem Hinweis ab: »Von einer Entscheidung zur Sache ist die Klärung verfassungsrechtlicher Fragen nicht mehr zu erwarten«[12].

In der einschlägigen Begründung zitierte das BVerfG eine Fülle eigener Urteile, die von der Gerichtspraxis nicht zur Kenntnis genommen worden sind. Schon in diesen Entscheidungen steht freilich nur Selbstverständliches - etwa, »daß ein rechtzeitig innerhalb einer gesetzlichen oder richerlichen Frist bei Gericht eingegangener Schriftsatz zu berücksichtigen ist«.
Wer von Sachzwängen getrieben und gehetzt wird, muß nach dem Prinzip arbeiten: Augen zu und durch. Kein Wunder, daß jeder Gerichtszweig seine eigenen Schlupflöcher sucht und findet. So geht es in den heiligen Hallen der Strafjustiz mitunter zu wie in einem orientalischen Basar. Auf den Gerichtsfluren blüht der Tauschhandel. Geschäfte mit dem Recht werden Zug um Zug abgewickelt - nach der Devise: Geständnis gegen milde Strafe. Über den »Deal« im Strafprozeß - der Begriff tauchte erstmals in einem Fachartikel auf[13] - wurde anfangs nur hinter der hohlen Hand geflüstert. Später avancierten die »informellen Verständigungen«, wie es vornehmer heißt, zum Gegenstand seriöser wissenschaftlicher Forschung.
So ein Deal hat, kurz rekapituliert, sein immer wiederkehrendes Muster. Der Delinquent erbringt eine Vorleistung, er sorgt, mit Hilfe seines Verteidigers, für eine Verkürzung, zumindest für eine Erleichterung des Verfahrens. Zum Dank dafür zeigt sich das Gericht gnädig. Ein wechselseitiger Verzicht auf Rechtsmittel verhindert, daß höhere Instanzen die Sache doch noch anstößig finden könnten.
1982 schrieb das Fachblatt »Strafverteidiger« über das »agreement«, das Richter und Staatsanwälte mit den Verteidigern und Angeklagten abschließen: »Fast jeder kennt es, fast jeder praktiziert es, nur keiner spricht darüber.« Seit Ende des Jahres 1987 darf darüber geredet werden. Rechtswissenschaftler der Universität Mannheim legten eine repräsentative Untersuchung vor und brachten Licht in das Dunkel der juristischen Schwarzmarktgeschäfte. 1219 befragte Experten - Richter, Staatsanwälte, Strafverteidiger - plauderten aus der Schule[14].

4.2.2 *Stadium der Illegalität*

Professor Bernd Schünemann und vier weitere Wissenschaftler hatten Ende 1986, also vor fast zehn Jahren, bundesweit 1530 Fragebögen verschickt, 1219 kamen zurück. Die »extrem« hohe Beteiligung (77 Prozent) kam vor allem deshalb zustande, weil den Befragten »eine vollständige Anonymität zugesichert« worden war. Mehr als die Hälfte bekundeten: »Informelle Verständigungen im Strafverfahren« seien »an der Tagesordnung« oder kämen »häufig« vor. Zumindest über »gelegentliche« Erfahrungen verfügen weitere 41,7 Prozent. Nur 1,3 Prozent hatten von dem Phänomen noch nichts bemerkt.
Schünemann glaubt, daß viele Absprachen »mit der geltenden Rechtslage

nicht zu vereinbaren sind«. Doch er hält es für »illusorisch«, das neue Problemlösungsverhalten »wieder zum Verschwinden bringen zu wollen«. Es müsse, »wie jedes Gewohnheitsrecht in seiner Entstehungsphase zunächst notwendig, das Stadium der Illegalität durchlaufen«[15]. Das Stadium der Illegalität, von dem Schünemann so freimütig spricht, ist indessen kein menschenleerer Zeitabschnitt. Diese Phase hat ihre Protagonisten – und die tragen Robe.

Die Wechselbeziehung zwischen den bewußtseinsprägenden Faktoren des Umfeldes und der inneren Unabhängigkeit von Richtern ist unverkennbar. Zu dieser Erkenntnis, die – genau besehen – nicht viel mehr als eine Binsenweisheit darstellt, paßt der Hilferuf eines Amtsrichters: »Was der Rechtspflege und ihren Dienern: den Richtern aller Grade nottut, ist eine Reform von innen heraus«[16].

Es müsse, so der Autor, »mit einem System gebrochen werden, das jeden geistigen Aufschwung verhindere, mit einem System, in dem nur der Pensenerfüller gut abschneide. Wieder wörtlich: »Er erntet Lob, Anerkennung und Beförderung, und so kommt es, daß die Wertschätzung je nach dem Urteil des Vorgesetzten und des Publikums so gewaltig schwanken kann.« So stand es in der DRiZ. Danach ist eine kleine Kunstpause angebracht. Denn das Datum spricht Bände. Das Bekenntnis stand in der Ausgabe vom 1.Mai 1918: das war vor mehr als 75 Jahren. So alt – und so ungelöst – ist das Problem, von dem die Rede ist.

Das Prinzip der Unabhängigkeit stößt immer wieder an natürliche Grenzen. Es wird bereits relativiert durch die Existenz von Zwangsläufigkeiten, die den Richter abhängig machen. Wenn er in eine solche Lage gerät, ist zu fragen: Hat er sich legitimerweise in Abhängigkeit begeben? Aus einer inneren Notwendigkeit heraus? Weil es die Natur der Sache erfordert? Das mag oft so sein.

Je komplexer und komplizierter die Gesellschaft wird, desto häufiger ist der Richter darauf angewiesen, sich die notwendigen Kenntnisse irgendwo zu beschaffen. Je mehr er weiß, desto leichter fällt ihm sein Urteil. Doch ebenso gilt: Je intensiver er sich bei der Aufklärung der Tatsachen sachverständiger Hilfe bedient, desto größer wird seine Fremdbestimmung. Der Grad zwischen »zuviel« und »zuwenig« ist schmal.

4.2.3 *Das Dilemma*

Harald Franzki, OLG-Präsident in Celle bis 1989, weist auf eben dieses Dilemma hin. Der Sachverständige habe »in einem Maße Einzug in die Gerichtssäle gehalten, wie das noch vor wenigen Jahrzehnten unvorstellbar geworden wäre«[17]. Als Ursache macht Franzki den »Fortschritt von Wissenschaft und Technik« aus. Durch die rasante Entwicklung in allen Bereichen sei »das Bild des Richters, der kraft seiner Allgemeinbildung die meisten Fachfragen selbst entscheiden kann, längst ins Reich der Illusion verwiesen« worden.

Im 19.Jahrhundert sei der Richter formal an das Gutachten »gebunden«, der Sachverständige mithin »der judex facti« gewesen. Von diesem Zustand ist der Richter heute nicht mehr weit entfernt. Er könne, so Franzki, »aus Mangel an eigenem Fachwissen den Prozeß oft nicht ohne Sachverständigenhilfe entscheiden«, bedürfe »im Grunde schon für die Auswahl« und für die »richtige Fragestellung der Fachkunde«.

Sobald das Gutachten vorliege, müsse er nach dem »Postulat der freien Beweiswürdigung« plötzlich jedoch über »genügend Fachkunde« verfügen, um die Ausführungen der Experten »kritisch« zu bewerten. Er solle nun »Fehler aufdecken, die Stichhaltigkeit von Parteieinwendungen beurteilen und sich bei widerstreitenden Gutachten mit überzeugender Begründung eine eigene Meinung bilden«.

4.2.4 Quadratur des Zirkels

Diese Problematik zielt ins Zentrum der Unabhängigkeit. Franzki apostrophiert das »Auseinanderfallen von originärer Sachkompetenz und formaler Entscheidungskompetenz«. Es erscheine vielen Richtern geradezu »als die Quadratur des Zirkels«, sie empfänden »in ihrer Rolle ein Gefühl der Ohnmacht und Abhängigkeit, weil ihnen eine Verantwortung aufgebürdet werde, die sie im Grunde genommen nicht tragen könnten«.

Je höher die Instanz, desto leichter wird die Last. Wer über sich nur noch den blauen Himmel hat, wie das Bundesverfassungsgericht, gerät besonders leicht in Versuchung, sich über die Fakten zu erheben. Zwei Entscheidungen des BVerfG sind phänotypisch für die Geringschätzung der Realitäten.

4.2.5 Fehlende Sachaufklärung

Gemeint ist die ZDF-Entscheidung, mit der die Beschlagnahme von Pressefotos sanktioniert wurde, und der Beschluß, der die Lagerung von amerikanischem Giftgas höchstrichterlich absegnete. In beiden Fällen hatte das Gericht auf eine mündliche Verhandlung und damit auch auf die Anhörung von Experten verzichtet. Vieles spricht dafür, daß die Entscheidungen anders ausgefallen wären – vielleicht nicht im Ergebnis, ganz sicher aber in der Güte und in der Realitätsnähe ihrer Begründungen. Mehr Sachaufklärung hätte in beiden Fällen handfeste Fakten und begründete Sorgen transparent machen und die Ausgangslage auf eine Weise konkretisieren können, die möglicherweise verfassungsrechtliche Relevanz haben.

Die ZDF-Entscheidung[18] zum Beispiel befaßte sich in ihrer Begründung lang und breit mit Artikel 5. Die Frage, ob mit der offenkundigen Arbeitsbehinderung von Kameraleuten und Pressefotografen nicht auch Artikel 12 - womöglich sogar Artikel 2. Absatz 2 - tangiert gewesen sein könnten, wurde nicht untersucht. Unter der Hand hieß es: Dies sei selbst von den Beschwerdeführern nicht geltend gemacht worden. Das heißt im Umkehrschluß: Mitunter agieren die Bundesverfassungsrichter so, als ob für sie die Zivilprozeßordnung Gültigkeit hätte - nach der Devise, was nicht vorgetragen wird, ist auch nicht existent.

Unterstellt, daß Verfassungsrichter den Ablauf von Massendemonstrationen nicht aus eigener Anschauung kennen. Doch sie hätten sich durch eine mündliche Verhandlung sachkundig machen können - etwa durch Befragung von Kameraleuten und Fotografen, die dem Beschluß zufolge für zwei Seiten arbeiten sollen - für die Medien und für die Strafverfolgungsbehörden. Das ZDF hatte für den Themenkomplex Beweis angeboten. Die Richter hätten zum Beispiel erfahren können, daß Pressefotografen weitgehend freiberuflich tätig sind: auf eigene Kosten und auf eigenes Risiko, von Fall zu Fall im Auftrag.

Der Senat hätte zum Beispiel auch erfragen können, ob und in welchem Umfang diese Journalisten seit dem Zugriff der Strafverfolgungsbehörden Bedrohungen ausgesetzt sind. Von welchem Zeitpunkt an? Mit welchem Verbalinjurien? Ob es Körperverletzungen gegeben hat und wie oft? Ob teure Ausrüstungen beschädigt worden sind? Ob Fotografen - aus Angst um Leib und Leben - diese Sparte ihrer Tätigkeit bereits aufgegeben haben oder sich ernstlich mit dem Gedanken tragen? Wie hoch die finanziellen Verluste sind oder wären, wenn einer auf die Arbeit bei Großveranstaltungen verzichtet? Ob sich die Wettbewerbschancen von Kameraleuten und Fotografen verringern, wenn bei Zeitungen und Fernsehstationen bekannt wird, daß sie für weite Bereiche der Arbeit nicht mehr verfügbar sind?

Eine Beweisaufnahme hätte auch Erkenntnisse erbringen können über den Umfang des Imageverlustes, der entstanden ist durch den jederzeit möglichen Zugriff auf Pressematerial - eine Tatsache, die inzwischen jedem Demonstranten bekannt ist. Es hätte dann nahegelegen, darüber nachzudenken, ob einer, der bislang beim Publikum als neutraler Journalist galt und der nun ohne sein Zutun in dem Ruf steht, Polizeispitzel zu sein - ob der eigentlich noch denselben Beruf wie früher ausübt? Oder ob hier von Amts wegen eine Änderung des Berufsbildes in Gang gesetzt worden ist?

4.2.6 *Übersehenes Rechtsproblem*

Diese Fragen, die offengeblieben sind, zeigen zumindest, daß eine Aufklärung von Amts wegen, die sich allein auf den Austausch von Schriftsätzen beschränkt, viele verfassungsrechtlich relevante Aspekte aussparen kann.

Anzunehmen ist, daß dem erkennenden Senat in einer mündlichen Verhandlung vielleicht doch noch aufgefallen wäre, daß nicht nur Artikel 5, sondern auch Artikel 12 erörterungsbedürftig gewesen sein könnten. Oder zumindest, daß hier womöglich eine Verletzung von Artikel 12 auf Artikel 5 ausstrahlt.
Auch das Wissen um die Intensität der Eingriffe in die Pressefreiheit hätte sich vertiefen lassen. Von Intendanten und Chefredakteuren wäre zu erfahren gewesen, ob sie erwägen, ihre Mitarbeiter aus Gründen der Fürsorgepflicht von Demonstrationen fernzuhalten, um sie konkreten Gefahren gar nicht erst auszusetzen? In diesem Zusammenhang hätte dann mit Medien-Experten auch eine weitere Frage erörtert werden können: Ob und inwieweit durch die Zwangsverpflichtung von Journalisten zu Staatszeugen auf Abruf der Informationsfluß und die Informationspflicht eingeschränkt werden – beides hatte bislang in der Rechtsprechung des Gerichts einen hohen Stellenwert. Sachverständige aus Parteien, Verbänden und wissenschaftlichen Instituten hätten schließlich Auskunft geben können über Berührungsmomente zum Grundrecht auf Versammlungsfreiheit. Antwort auf die Frage etwa, ob vielleicht auch friedliche Bürger künftig auf ihr Grundrecht verzichten, weil sie ihre Ablichtung und, damit verbunden, Schwierigkeiten am Arbeitsplatz – etwa im öffentlichen Dienst – befürchten?

4.2.7 Gefahr für Leib und Leben

Ähnliches galt für die Giftgas-Entscheidung[19]. In diesem Fall waren tausende von Menschen unmittelbar betroffen. Sie waren tief enttäuscht, daß niemand aus ihrem Kreis zu Wort gekommen ist. Die Vertreter der Bundesregierung hätten in einer mündlichen Verhandlung die Sorgen und Ängste der Bürger, die jahrzehntelang in der Nachbarschaft von Giftgaslagern leben mußten, leicht zerstreuen können – vorausgesetzt, sie hätten die Sicherheitsgarantien, die sich auf dem Papier so schön lesen, auch in Rede und Antwort glaubwürdig vertreten können.
Chemie-Experten hätten Auskunft darüber geben können, welche Gefahren unter welchen Umständen – im Frieden und im Krieg – von den Giftgasbomben und Giftgasfässern ausgehen. Von Munitionsexperten wäre zu erfahren gewesen, welchem Verschleißprozeß das brisante Material nach achtzehnjähriger Lagerung unterworfen war. Oder: Warum die C-Waffen, bei denen nach dem Eingeständnis des Pentagon Korrosion des Metalls und Zersetzung des Kampfstoffs festgestellt wurde, hierzulande dem Rost besser widerstanden haben sollten?
Der Unterschied zwischen dem schriftlichen Vortrag und dem Ergebnis einer Beweisaufnahme ist jedem Instanzenrichter geläufig. Zumindest der fehlende Katastrophenschutz, auf den die Dissenting Opinion abstellte[20],

wäre in einer mündlichen Verhandlung sichtbar und möglicherweise doch entscheidungserheblich geworden. Daß weder Ärzte noch Polizei für den Katastrophenfall gerüstet waren, daß Medikamente und Evakuierungspläne fehlten, konnte offenbar nicht bestritten werden. Doch in einem Rede-Antwort-Spiel vor Gericht hätte die Bundesregierung präzisieren müssen, worauf sie ihre Überzeugung stützte, daß die Amerikaner auf den Katastrophenfall angemessen reagieren würden.

Als sich eine Pershing-Rakete bei Heilbronn selbst entzündete, wurde offenbar: Das amerikanische Raketenbataillon verfügte noch nicht mal über die Mittel, um einen Raketenbrand zu bekämpfen. Vielleicht war es beim Giftgas ähnlich? Zu vermuten ist, daß die Vertreter der Bundesregierung, wie schon öfter im BVerfG, ganz schön ins Schwitzen geraten wären, wenn sie über die Vorsorge-Strategie der Amerikaner für den Fall einer Giftgas-Katastrophe hätten präzise Auskünfte geben sollen. Fazit: Das Gericht, dessen Erdennähe früher stärker war als bei manchem Instanzgericht, verliert, wenn es mündliche Verhandlungen scheut, mehr und mehr den Bezug zur Realität. Die Entscheidungen haben dogmatischen und akademischen Glanz. Sie sind, vielleicht mehr als früher, ein Leckerbissen für die Vereinigung der Staatsrechtslehrer. Doch beim rechtsunterworfenen Bürger hinterlassen Entscheidungen wie der Giftgas-Beschluß den Eindruck, daß existentielle Lebensfragen vom grünen Tisch und nur administrativ beantwortet werden.

4.2.8 *Wissenschaftlicher Dienst*

Die Hamburger Politologie-Professorin Christine Landfried plädierte für einen Ausweg: »beim Bundesverfassungsgericht einen wissenschaftlichen Dienst einzurichten, wie ihn auch der Bundestag besitzt«[21]. Man könnte sich, so die Autorin, »ein Gremium von Natur- und Sozialwissenschaftlern vorstellen, das ähnlich dem Luhmannschen ›Amt für Gesetzgebung‹ die Aufgabe hätte, die für die Entscheidungen relevanten Daten aufzuarbeiten und Wirkungsforschung zu betreiben«.

Es wäre aber auch denkbar, meint die Autorin, »daß jeder Verfassungsrichter neben seinen beiden juristischen Mitarbeitern noch einen dritten Mitarbeiter hätte, der für technische, natur- oder sozialwissenschaftliche Fragen zuständig wäre«. Da jeder Verfassungsrichter bestimmte Dezernate verwalte, könne der neue Mitarbeiter für die jeweiligen Sachgebiete spezialisiert sein. Ein Wissenschaftlicher Dienst, der seinen Sitz im BVerfG habe, sei einem Gutachtenverfahren vorzuziehen. »Die Wissenschaftler, die im Gericht arbeiten, würden nicht nur Informationen zusammenstellen, sondern im Gespräch mit den Verfassungsrichtern auch so manchen neuen, ›unjuristischen‹ Gedanken in die Debatte einbringen«.

4.3 *Das Dikatat der Sachverständigen*

4.3.1 *Beurkundung von Fremdurteilen*

Der entgegengesetzten Gefahr, sich zum Sklaven der Experten zu machen, erliegt das BVerfG jedenfalls nicht. Mangelnde Aufklärung ist die eine Seite der Medaille. Die Kehrseite: Der Richter ist in weiten Bereichen nichts weiter als der Erfüllungsgehilfe von Sachverständigen. Im schlimmsten Falle beurkundet er nur noch Fremdurteile, die er nicht selbst gefällt hat. Die Dominanz der Sachverständigen läßt sich, pars pro toto, an zwei Rechtsgebieten besonders gut verdeutlichen: am Sozialrecht sowie an der gerichtlichen Überprüfung von atomaren und technologischen Großprojekten. Vergleichbares gilt etwa für Sorgerechts- und Arzthaftungsprozesse.

Der Einfluß von Personen, die nicht Robe tragen, ist im Sozialrecht evident. In jedem zweiten Verfahren wird ein ärztliches Sachverständigengutachten eingeholt. Der Kölner Sozialgerichtspräsident Klaus Louwen räumte freimütig ein: »Keine andere Gerichtsbarkeit ist so abhängig von Medizinern«[22]. Diese Erkenntnis kommt dem Bild vom »Richter im weißen Kittel« ziemlich nahe.

Die Schwerpunkte sind nach Louwens Darstellung: Die Renten- und Unfallversicherung sowie das Versorgungs- und Schwerbehindertenrecht. Er spricht offen aus, was seinem Gerichtszweig vorgeworfen wird: Hier urteile nicht der Richter, sondern der Arzt. Sein Kommentar dazu: »Das ist formal sicher falsch, der Vorwurf hat aber eine gewisse Berechtigung.«

Louwen beschreibt, was auch schon andere Beobachter der Gerichtsszene registriert haben: »Juristen«, so sagt er, »neigen zu übertriebenem Respekt vor der medizinischen Wissenschaft.« Der Gerichtspräsident argwöhnt, daß »Sachverstand und eigene Urteilskraft immer weniger ausreichen, einen Prozeß zu entscheiden, in dem ein Arzt ein Gutachten erstattet hat«.

4.3.2 *Fall aus dem Sozialrecht*

Als Beleg dafür, daß sich der Arzt nicht nur zu rein medizinischen Sachverhalten äußert, nennt Louwen eine Fallkonstellation aus dem Sozialrecht. Oft werden dem Arzt, so hören wir, im Hinblick auf die Leistungsfähigkeit eines Versicherten in der Rentenversicherung Fragen vorgelegt, die den Diagnoserahmen weit überschreiten.

Zum Beispiel: Welche Arbeiten kann der Kläger noch verrichten? Oder: Ist eine Beschränkung der täglichen Arbeitszeit erforderlich?

In solchen Fällen hängt das Urteil, meint der Kölner Richter, weitgehend von der ganz persönlichen Einstellung des Sachverständigen zur Frage der menschlichen Belastbarkeit ab: Dieses Urteil des Mediziners wiederum sei

oft weder objektivierbar noch meßbar; der Rentenanwärter müsse erkennen, daß es schicksalhaft sein könne, welcher Arzt ihn begutachte.
Louwens Resümee: »Je überlegener die Fachkenntnisse des Sachverständigen sind, um so mehr ist die selbständige Stellung des streitentscheidenden Richters gefährdet, um so größer die Versuchung, das Gutachten einfach kritiklos zu übernehmen.«
Bezogen auf die Eingangsfragen läßt sich einiges folgern. Unbestreitbar scheint zu sein, daß Medizinern im Sozialrecht eine gewichtige Rolle spielen. Da die meisten Fragen ohne Mithilfe von Gutachtern nicht zu beantworten sind, können sich die Sozialrichter diesem außerrechtlichen Einfluß auch kaum entziehen.
Der Aufsatz von Louwen beweist, daß zumindest er und einige andere das Problem der Abhängigkeit von Gerichtsfremden nicht verdrängen, sondern sehr bewußt reflektieren. Der Autor animiert seine Kollegen, ihre Fragen eindeutiger und präziser zu formulieren. Das ist sicher ein mühsamer Lernprozeß. Solange er nicht abgeschlossen ist, wird man eine qualitative Veränderung des Sozialrechts nicht gänzlich ausschließen können.

4.3.3 *Koryphäen im Atomrecht*

Während in diesem Bereich der Sachverständige eine Schlüsselrolle für die Einzelfallgerechtigkeit spielt, nimmt er – etwa im Atomrecht – beherrschenden Einfluß auf Entscheidungen, die im Katastrophenfall Leben und Gesundheit von Tausenden berühren können. Die Auswahl unter den Experten ist gering, es tauchen immer wieder dieselben Namen auf. Zumeist handelt es sich um Koryphäen, die der Energiewirtschaft nahestehen, wenn nicht sogar von ihr abhängen. Atomkritiker sind jedenfalls selten darunter.
Ihr Einfluß beginnt bereits in der Geburtsstunde von Großprojekten. Das läßt sich an einem zurückliegenden, vergleichsweise kleinen Beispiel aus Berlin erläutern. Dort hatte das Hahn-Meitner-Institut für Kernforschung die Erweiterung seines Reaktors beantragt. Die erste Teilgenehmigung war mehrere hundert Seiten stark. Ihr Kern bestand aus Statements der Gutachter, in diesem Fall der Gesellschaft für Reaktorsicherheit.
Die Beamten der Berliner Senatsverwaltung referierten im wesentlichen die apodiktisch klingenden Aussagen der Sachverständigen, und am Ende der wesentlichen Passagen hieß es dann lapidar: »Die Genehmigungsbehörde schließt sich den Ansichten des Gutachters an.«
Der Teufelskreis ist immer dann geschlossen, wenn später die Verwaltungsgerichte aller Instanzen ihre Urteile in Ermangelung eigener Sachkunde mit derselben Ohnmachts-Floskel begründen. Dieser Mechanismus wurde erschreckend deutlich in einer Fernsehsendung über Expertentum in SWF 3.

Dort kam Professor Albrecht Grundei zu Wort, bis 1987 Vorsitzender des zuständigen Senats beim Oberverwaltungsgericht Berlin[23].
Als Richter im Ruhestand – und damit frei von übersteigerter Rücksichtnahme – ergriff Grundei die Gelegenheit, über seine Skrupel zu sprechen. Er apostrophierte den »schillernden« Begriff der Objektivität und erläuterte, gestützt auf eigene Erfahrungen und Beobachtungen, was er damit meinte: Daß nämlich »im Unterbewußtsein eines jeden Sachverständigen natürlich auch seine Grundeinstellungen eine Rolle spielen«. Übersetzt auf die Energiefrage könnte das etwa heißen: Für Atomstrom gibt es keine Alternative. In der Bundesrepublik existierten zu jener Zeit, im Jahre 1988, etwa 30 Kernkraftwerke und Forschungsreaktoren. Sie wurden durch Teilgenehmigungen – oft 15 und mehr – phasenweise errichtet. Von Minimalerfolgen abgesehen, sind per Saldo alle Klagen erfolglos geblieben. Das gilt selbst für die seinerzeit, als sensationell empfundene Mühlheim-Kärlich-Entscheidung des Bundesverwaltungsgerichts.
Die FAZ, der Atomwirtschaft wohlgewogen, registrierte nach Lektüre der Urteilsbegründung mit Genugtuung, das Gericht habe genügend Schlupflöcher offengelassen. Das Verfahren wurde zur endlosen Geschichte. Die Betreiberfirma erhielt 1995 Schadenersatz zugesprochen – die Hälfte ihrer Investitionen. Die unauflösbaren Widersprüche zwischen den Gutachtern bezahlt mithin der Steuerbürger.
Grundei fand das alles unbefriedigend, weil sich in solchen Streitverfahren stets einer auf den anderen beruft. Das heißt strenggenommen: Die Rechtsprechung bewegt sich in den gefährlichen Zonen der Tautologie. Grundeis Fazit: »Insofern mein bitteres Wort von dem Diktat der Sachverständigen, dem wir ausgesetzt sind und zwar hilflos ausgesetzt sind.«

4.3.4 *Frommer Selbstbetrug*

Ähnlich argumentierte der Präsident des Bundesverwaltungsgerichts, Professor Horst Sendler. Wenn Richter sich selbst und anderen gegenüber »ehrlich« seien, müßten sie einräumen, daß sie »gelegentlich nicht bis ins letzte verstehen und auch nicht verstehen können«, auf welchem Hintergrund ihre Entscheidungen beruhen. Zwar sei der Richter Herr des Verfahrens, doch trage die Vorstellung von einer Arbeitsteilung zwischen Herrn und Helfer »Züge eines frommen Selbstbetruges auf seiten der Richter«[24].
Der formale Vorrang des Richters gegenüber dem Sachverständigen, so Sendler, habe sich in der Praxis als höchst fragwürdig herausgestellt und nicht selten geradezu umgekehrt. Manchem erscheine die Priorität des Richters nur noch als »reine Fiktion«, vor allem in neuralgischen Bereichen wie der Großtechnik und der Medizin.

Sendler kam zu einem wenig schmeichelhaften Schluß: Mit der selbständigen Stellung des Richters und seiner »freien« Beweiswürdigung sei angesichts der überlegenen Spezialkenntnisse des Sachverständigen häufig nicht viel Staat zu machen. Deshalb werde dem Richter nachgesagt, »er müsse sich nicht selten zum Vollzugsgehilfen des Sachverständigen erniedrigen lassen«. Der Ex-Präsident meint dazu kritisch: »In vielen Bereichen läßt sich jedenfalls kaum bestreiten, daß zumindest viele Richter die Gutachten der Sachverständigen weder fachlich überprüfen noch gedanklich nachvollziehen können.«

4.3.5 *Kartell der Gutachter*

Die Macht des Sachverständigen birgt eine weitere Gefahr in sich - die Bildung marktbeherrschender Kartelle, etwa durch bestimmte wissenschaftliche Schulen. Im Atomrecht ist die Dominanz weniger Großgutachter, die der Energiewirtschaft nahestehen, besonders evident. Doch auch in anderen Bereichen ergeben sich mitunter gefährliche Konzentrationen, wie zum Beispiel Ende der achtziger Jahre beim Sorgerecht. Durch die Initiative eines aufgeschreckten Psychologie-Professors wurde erst publik, wie sehr ein privates Bochumer Institut die Szene beherrscht[25].
Dort, im Ruhrgebiet, unterhielt der Psychologe Friedrich Arntzen einen Gewerbebetrieb, dem er den anspruchsvollen Namen »Institut für Gerichtspsychologie« gegeben hatte. Im Briefkopf des Unternehmens bezeichnete er sich als »Vorstand« und als »Dr.Phil. (Psychol.)« - einen Titel mit solchem Zusatz kennt keine deutsche Universität.Den Familiengerichten, die Gutachten zu strittigen Sorgerechtsfällen vergeben, war der Name des Instituts geläufig. Arntzen selber rühmte sich, seine Firma habe bislang etwa 8000 familienpsychologische Expertisen abgegeben, 11 von 19 Oberlandesgerichten ließen sich von ihm beraten. Er beschäftigte 41 freiberufliche Psychologinnen, seine »selbständige Einrichtung« lieferte ein Drittel aller Sorgerechtsgutachten - eine Rarität in der deutschen Rechtspflege.
Nach Ansicht von Arntzens Gegnern ging es dabei nicht immer mit rechten Dingen zu. So stieß der Bielefelder Psychologie-Professor Uwe-Jörg Jopt, bei einer Untersuchung über »Scheidung und Sorgerecht«, die vom Land Nordrhein-Westfalen gefördert wurde, auf Ungereimtheiten. Sein Fazit: Es seien Zweifel an Arntzens Arbeit erlaubt: Er dokumentiere, so Jopt, »den fachlichen Sachverstand der Psychologie in Beispielen, die man schlichtweg nur noch als Unsinn bezeichnen kann«.
Vorwürfe dieser Art erhob Jopt in Beschwerdebriefen an die beiden Fachverbände der deutschen Psychologen, in einer Dokumentation für den nordrhein-westfälischen Datenschutzbeauftragten und gegenüber den Präsiden-

ten aller Oberlandesgerichte. Jopts offene Attacke richtete sich gegen einen vielbeschäftigten Kollegen. Arntzen hatte 1980 nach der Eherechtsreform eine der ersten Untersuchungen über das Sorge- und Umgangsrecht »aus gerichtspsychologischer Sicht« veröffentlicht. Die Familienrichter, die offenbar die Effizienz seiner Zentrale schätzen, überschütteten ihn mit Gutachtenaufträgen. Arntzen konnte für 82 Landgerichtsbezirke Sachverständige vor Ort benennen; die Verträge mit seinen Mitarbeiterinnen garantierten prompte Abwicklung.

4.3.6   *Fehlende Kontrolle*

Jopt bezweifelte, daß diese Prozedur bei der Vergabe von Gutachten Eltern und Kindern dient. Verstöße gegen die Zivilprozeßordnung seien offenkundig – etwa gegen Paragraph 404, der bestimmt, daß »die Auswahl der zuzuziehenden Sachverständigen« durch »das Prozeßgericht« erfolgt. Daraus leitete Jopt ab, daß die Benennung »einer konkreten Einzelperson« vorgeschrieben sei und der Gutachter als Verfahrensbeteiligter aus guten Gründen »sowohl der Kontrolle seitens der Parteien als auch der Aufsicht durch das Gericht« unterliege.
Keine dieser Garantien, behauptete Jopt, sei bei der Vergabe von Expertisen an Arntzen gewährleistet. Der Gutachtenauftrag werde gesetzeswidrig nicht einer Person erteilt, sondern einem Gewerbebetrieb. Die letzte Auswahl treffe nicht der Richter, sondern ein unzuständiger Privatmann. Eine Erörterung über die Person des Sachverständigen finde gar nicht erst statt, weil sich alle Beteiligten – Richter, Anwälte und Eltern – von dem hochtrabenden Namen des Instituts blenden ließen. Zudem fehle die vom Gesetzgeber erwünschte gegenseitige Kontrolle aller Verfahrensbeteiligter.
Hans-Christian Prestien, als Anwalt spezialisiert auf Sorgerecht, ehemaliger Bielefelder Familienrichter und Begründer des Verbandes »Anwalt des Kindes«, bekräftigte Jopts Vorwürfe: »Ich würde als Anwalt niemals zustimmen, wenn der Gutachtenauftrag an einen Anonymus geht.« Das Bochumer Unternehmen entspreche »rechtlich weitestgehend der Figur einer Maklerfirma«, hinter der »sich nichts anderes als knallharte wirtschaftliche Interessen verbergen«. So suche Arntzen seine Mitarbeiterinnen per Kleinanzeige, zum Beispiel eine »Diplompsychologin, die an kinderpsychologischer Tätigkeit (auch teilzeitlich) im Raum Hannover langfristig interessiert ist«.
Für welche Bewerberin sich Arntzen auch immer entschied: Sie wurde jeweils für eine ganze Justizregion als Sachverständige eingesetzt – jedenfalls bei allen Familienrichtern, die sich die Suche bequem machten. Der Richter, der über Arntzen an die Expertin geriet, traf keine »Auswahl« im Sinne

der Zivilprozeßordnung, und er wußte auch nicht, nach welchen Kriterien Arntzen seine freien Mitarbeiterinnen unter der Vielzahl arbeitsloser Psychologinnen ausgesucht hatte.
Die Sachverständigen, beklagte Jopt, seien finanziell und sachlich vom Institut abhängig. Arntzen wickle »selbst die Honorarabrechnungen mit der Gerichtskasse« ab. Dazu der Institutsleiter: Er kassiere »weniger als 20 Prozent«. Arntzens Mitarbeiterinnen, ökonomisch von dem Gutachtenmakler abhängig, mußten allerdings, damit das Geschäft läuft, »gewisse Spielregeln« (Arntzen) einhalten. Sie selber durften keine Gerichtstermine annehmen und »keine Begutachtungstermine« (Vertragstext) zusagen.
Sämtliche Kontakte des Gutachters zum Gericht, so verlangte es Arntzen, müßten über sein Institut abgewickelt werden. In den Verträgen hieß es dazu: Damit die »organisatorischen Dienstleistungen des Instituts« erleichtert und die »Einhaltung verfahrensrechtlich zulässiger Formulierungen« gesichert würden, sei es »unerläßlich, Korrespondenz mit Justizstellen, Aktenrücksendungen und gelegentliche direkte Gutachtenaufträge von Justizstellen stets über das Institut laufen zu lassen«.
Arntzen verschaffte sich damit ständigen Einblick in alle Verfahren und konnte auch Gutachten aus seiner eigenen Firma, wenn sie ihm nicht paßten, korrigieren. Zwar bestimmen die Verträge, Hinweise der Institutszentrale zu den Gutachten hätten »nur beratenden Charakter«. Doch Arntzens Sachverständige mußten sich immer wieder mit Einwänden von »Gegenleserinnen« auseinandersetzen. Jopt zu dieser undurchschaubaren Prozedur: »Eine von vornherein unbestimmte und nicht eingrenzbare Vielzahl von Personen« könne Kenntnis von allen Sozialdaten der Begutachteten erhalten, »die diese dem Gericht offenbart haben«.

4.3.7 *Etwas außerhalb der Legalität?*

Zumindest ein Fall, den Jopt nachwies, zeigte anschaulich, daß »rechtswidrige Verstöße« gegen den Datenschutz »nicht nur grundsätzlich« möglich waren, sondern »konkret stattgefunden« hatten. Tatsächlich verlief das Verfahren, auf das sich der beschwerdeführende Professor bezog, etwas außerhalb der Legalität.
Eine Arntzen-Sachverständige hatte bei einer Mutter, die um das Sorgerecht für ihr Kind stritt, »eine mögliche zukünftige psychische Instabilität« aufgrund erblicher Belastungen festgestellt und dem zuständigen Amtsgericht empfohlen, das Sorgerecht auf den Vater zu übertragen. Arntzen indessen teilte dem Familienrichter in einem Begleitbrief mit, zwei seiner diplomierten Mitarbeiterinnen hätten das Gutachten gegengelesen und seien zu einer anderen »Gewichtung« gekommen: »Die von der Sachverständigen

aufgezeigten Einschränkungen« bei der Kindesmutter erschienen ihnen »nicht zwangsläufig so gravierend, um einen Wechsel des Kindes zu befürworten«.
Die Absicht, die hinter solcher Taktik stecke, sei eindeutig, meinte Jopt: Der »Chef« sei mit dem Ergebnis nicht einverstanden und versuche deshalb, das Gericht zu bewegen, »genau entgegengesetzt«, nämlich in seinem Sinne, zu entscheiden.

4.3.8 Zynischer Zirkel

Wie oft sich Sachverständige den Einwänden des Instituts unterworfen und ihr Gutachten freiwillig abgeändert hatten, ließ sich schwer nachprüfen. In der Zivilprozeßordnung jedenfalls, die den direkten Kontakt zwischen Richter und Gutachter voraussetzt, sind Gegenleser oder andere unzuständige Dritte nicht vorgesehen. Arntzen selber war offenbar nicht ganz wohl bei dieser Praxis. Er habe »bisher angenommen«, verteidigte er sich, daß die »sehr seltenen abweichenden Meinungen der Gegenleser zum Ausdruck gebracht werden müßten«. Ob dies auch »weiterhin« geschehe, bedürfe »noch der juristischen Klärung«.
Professor Jopt, Vorstandsmitglied der Stiftung »Gemeinsame Elternschaft und Kindeswohl« und damit Interessenvertreter von Vätern und Müttern, entdeckte einen »zynischen Zirkel«. In Sorgerechtsprozessen hätten Elternteile, die sich in Arntzen-Gutachten ungerecht behandelt fühlten, öfter mal »vehement aufgeschrien«. Den Richtern diene solches Verhalten dann als Beleg dafür, daß die Gutachten richtig und die Eltern uneinsichtig seien.
Jopts Beschwerden bewirkten vorerst nicht viel. Die Oberlandesgerichte (OLG) in Celle und Karlsruhe verwiesen - formal korrekt - darauf, daß richterliche Maßnahmen, wozu auch die Bestellung von Sachverständigen gehört, nicht der Dienstaufsicht unterliegen. Der Präsident des OLG Celle war noch nicht einmal bereit, die Familienrichter seines Bezirks über Jopts Vorwürfe zu informieren: Dies könne als Versuch einer unzulässigen »Einflußnahme auf die Auswahl von Sachverständigen gesehen werden«.
Derlei Bedenken hatten die Präsidenten der Oberlandesgerichte in Hamburg, Bremen und Braunschweig nicht. Sie sahen zwar auch von »Maßnahmen der Dienstaufsicht« ab, brachten jedoch allen Familienrichtern ihrer Gerichtsbezirke die Beschwerden gegen Arntzen »zur Kenntnis« - mit Hinweis auf die »angesprochene Problematik bei der Beauftragung von Sachverständigen« (Bremen).
Der damalige Braunschweiger OLG-Präsident Rudolf Wassermann erklärte, die Richter sollten zumindest Bescheid wissen und dann »selbst ihre Schlüsse ziehen«. Wassermann vermutete, daß die Hintergründe vielen Kol-

legen nicht bewußt seien. Das Institut Arntzen habe »ein großes Prestige«, der Inhaber sei durch Referate bei Fortbildungskursen bundesweit bekannt.

Auch Wassermann hatte – nicht als Dienstvorgesetzter, wohl aber als Rechtskommentator – seine Vorbehalte: Gutachter könne nur »eine bestimmte natürliche Einzelperson sein«. Die »Blankovollmacht an einen Makler« sei ebenso unstatthaft wie »ein Auftrag ins Blaue hinein«. Seit 1990 bestimmt der neu eingefügte 407a der ZPO, daß der Sachverständige »nicht befugt« ist, »den Auftrag auf einen anderen zu übertragen«. Soweit er sich »der Mitarbeit einer anderen Person bedient, hat er diese namhaft zu machen und den Umfang ihrer Tätigkeit anzugeben«. Wer heute ein Gutachter-Monopol schaffen wollte, müßte sich wohl etwas anderes einfallen lassen.

4.4 *Einflüsse auf das Bewußtsein*

4.4.1 *Parteispenden-Affäre*

Der Fall aus den achtziger Jahren zeigt, daß Gefahren auch dort lauern können, wo sie keiner vermutet. Letztlich aber war der beherrschende Einfluß des Bochumer Privatinstituts auf die Bequemlichkeit vieler Familienrichter zurückzuführen. Bis ins Bewußtsein war nur das von Wassermann apostrophierte »große Prestige« Arntzens vorgedrungen. Und eben dieses Bewußtsein ist die Einbruchstelle für rechtsfremde Einflüsse subjektiver wie objektiver Natur. Sie können die Urteilsfindung in die richtige, aber auch in die falsche Richtung lenken. Mal ist ein Gutachten der Auslöser, mal ein gesellschaftlicher Konflikt. Vor allem dann, wenn sich Politik und Recht unentwirrbar vermengen, kann sich auch der Richter den Suggestionen nur schwer entziehen. Ein typisches Beispiel dafür war die Parteispenden-Affäre. Vor allem die betroffenen Politiker wurden nicht müde, angebliche Vorverurteilungen zu beklagen.
Hier war eine Verkennung von Ursache und Wirkung offenbar. Über lange Strecken ging es in der Presse nicht um strafrechtliche Schuld, sondern um den politischen Skandal. Da gilt die Devise: Wenn die Verrottung politischer Sitten evident ist, wird sich eine Verquickung beider Bereiche nie ganz vermeiden lassen. Doch soviel ist sicher: Für die politische Auseinandersetzung gilt die Unschuldsvermutung nicht.
Ausgangspunkt der Affäre war der Versuch, strafrechtliche Ermittlungen im Keim zu ersticken: durch Einschüchterung der Staatsanwälte, durch das Vorhaben einer beispiellosen Selbstamnestie, durch aberwitzige Vor-Freisprüche. Wenn schon von Einflüssen die Rede ist, dann waren es in diesem

Fall von seiten der Medien positive: Sie haben mit dazu beigetragen, daß die Strafrechtspflege ihren geordneten Gang nehmen konnte.

4.4.2 Umschlag mit 50 Riesen

Ein Informationsbedürfnis dürfte unbestreitbar vorhanden gewesen sein. Das läßt sich an einem Punkt anschaulich machen. Nicht nur viele Bürger, auch Richter, hatten sich neugierig gefragt, wie so ein Briefumschlag mit 50 000 Mark Inhalt den Besitzer wechselt. Schiebt der Spender das Kuvert beim Apéritif rüber oder beim Dessert, oder steckt er sein Präsent dem hohen Politiker beim Abschied in die Westentasche, wie seinem Friseur das Trinkgeld?
Bei solchen zwielichtigen Aktivitäten ist die Frage der strafrechtlichen Schuld von untergeordneter Bedeutung. Die Tatsache allein ist schlimm genug. Sie kann in den Augen der Öffentlichkeit zu einer moralischen Verurteilung führen. Der Suggestion solcher Fakten werden sich auch Richter nicht gänzlich entziehen können. Dagegen freilich ist kein Politiker gefeit. Sein Handeln, auch sein Fehlverhalten, sind Gegenstand der öffentlichen Kontrolle – eine Aufgabe, die das BVerfG den Medien ausdrücklich zugewiesen hat.
Mit der Bewältigung der Parteispenden-Affäre kann die Justiz zufrieden sein: Die Gerichte haben sich von niemandem beirren oder verwirren lassen – weder durch die politischen Kampagnen der einen Seite noch durch eine Lawine von Gefälligkeitsgutachten der anderen.
So immun Richter sein mögen gegen vordergründige Versuche der Beeinflussung, so offen ist ihre Flanke dort, wo sie allgemeinen Zeitströmungen ausgesetzt sind. Das läßt sich leicht an einer hypothetischen Frage verdeutlichen: Was passiert mit dem Bewußtsein, wenn sich schlagartig Rahmenbedingungen verändern? So eine Zäsur war zum Beispiel, wie bereits dargelegt, die Katastrophe von Ramstein mit 69 Toten und Hunderten von Schwerverletzten.
Die Metamorphosen nach Ramstein, vor allem aber nach Tschernobyl, legen die Frage nahe, ob Richter nicht bereit sein müssen, auch andere scheinbar evidente Wahrheiten, auf denen Rechtsprechung fußt, in Frage zu stellen. Ein eindrucksvolles Beispiel für den schmalen Grad zwischen Abhängigkeit (vom Zeitgeist) und Unabhängigkeit ist nach wie vor die Atomenergie.
Die Einstellung zu diesem Bereich der Großtechnologie ist geprägt von Schlagworten, die seit 30 Jahren in Wort und Schrift fallen. Richter sind, wie die meisten Bürger, einer Faszination erlegen. Nach den Atombomben von Hiroshima und Nagasaki besetzte ein humanitär erscheinender Begriff

das Denken: friedliche Nutzung der Atomenergie. Das Tor zu einem neuen technologischen Zeitalter schien aufgestoßen. Milliarden und Abermilliarden wurden für die Erforschung ausgegeben. Irgendwann ragten dann die Atommeiler in den Himmel.

Frühzeitige Warner wurden als Maschinenstürmer, als unverbesserliche Feinde des Fortschritts verketzert. Konzerne, die sich um ihren Profit, und Gewerkschaftler, die sich um die Arbeitsplätze sorgten, gingen eine Allianz ein. Die Wissenschaft erklärte apodiktisch, es gäbe zur Atomenergie keine Alternative – eine Hypothese, die aus Mangel an Mitteln auch nicht falsifiziert werden konnte.

Der Einfluß all dieser bewußtseinsbildenden Komponenten auf die Rechtsprechung hatte durchschlagenden Erfolg: Richter betrachteten die tatsächlichen oder vermeintlichen Erkenntnisse als evidente, nicht mehr beweisbedürftige Wahrheit. Es ging nie um das »ob«, sondern immer nur um das »wie«[26].

4.4.3 *Die Menetekel*

Und das »wie« war weitgehend vom Urteil Sachverständiger abhängig. Dabei hätte die Richter zumindest stutzig machen müssen, daß alle Menetekel unserer Zeit schon Namen tragen: Seveso, Harrisburg, Bhopal, Tschernobyl, Basel. Es bedarf keiner üppigen Vorstellungskraft, um sich auszumalen, wie Expertenanhörungen vor der jeweiligen Katastrophe abgelaufen wären: Renommierte Professoren hätten als Gutachter beschworen, daß spektakuläre Störfälle dieser Art »mit an Sicherheit grenzender Wahrscheinlichkeit« auszuschließen seien.

Doch gerade das Undenkbare geschieht immer wieder. Und damit wiederum schrumpft der Wert aller Prognosen auf die simple Methode von »trial and error« zusammen. Dieser ansonsten natürliche Erkenntnisprozeß, aus Fehlern zu lernen, erhält einen zynischen, vielleicht sogar kriminellen Beigeschmack, wenn Tausende von Menschen an Leib und Leben bedroht sind.

Aus Schaden wird nicht jeder klug. Auch nach dem Menetekel von Tschernobyl strebten alle, Behörden wie Gerichte, die alten Ziele an: Perfektion um jeden Preis. Keiner wollte wahrhaben, daß die Ursachen auch woanders liegen könnten. Dabei waren die Indizien erdrückend. Bei allen Katastrophen gab es einen kleinsten gemeinsamen Nenner: Nicht die Technik hat versagt, sondern der Mensch.

4.4.4 Risikofaktor Mensch

Nach dem Super-GAU in der Sowjetunion untersuchte der Bremer Physikprofessor Dieter von Ehrenstein alle Reaktorstörfälle der letzten Jahre[27]. Er wies nach, daß in erster Linie überall menschliches Versagen im Spiel war. Deshalb warnte der Wissenschaftler auch vor der selbstgerechten Aussage, Vergleichbares wie in der Ukraine könne hierzulande nicht passieren. Bei dem Unglück in Tschernobyl seien den Atomtechnikern »Bedienungsfehler und Irrtümer« unterlaufen; dagegen gebe es kein Allheilmittel.

Ähnliche Ursachen hatten die Unfälle im deutschen Kernkraftwerk Brunsbüttel und im amerikanischen Harrisburg. An menschlichem Unvermögen scheiterte auch das Prestigeobjekt Nummer eins der Weltmacht USA, die Challenger-Rakete. Selbst kleinere Desaster, etwa der Airbus-Absturz in Mühlhausen, scheinen sich in die logische Reihe zu fügen. Durch einen primitiven Gedankenfehler des Piloten beim Umschalten von Automatik auf Handbetrieb wurde das perfekteste Navigationssystem der Welt lahmgelegt.

Alle diese Ereignisse bestätigen eine banale wissenschaftliche Erkenntnis: Ein Computer ist nur so gut wie der Mensch, der ihn bedient. So gesehen, können psychische Defekte beim Personal zu einer Gefahrenquelle von astronomischer Größenordnung werden. Meldungen aus den Vereinigten Staaten lassen schlimmste Befürchtungen wahrwerden. Offensichtlich sind die irrationalen Ängste von Atomtechnikern größer als ihre rationale Zuversicht. Anders jedenfalls läßt sich kaum erklären, daß sie überproportional zum Alkohol- und Drogenkonsum neigen.

Zwischen 1980 und 1985 hat sich nach Presseberichten die Zahl der Trinker und Rauschgiftabhängigen in amerikanischen Atomkraftwerken versechsfacht. Der für Sicherheitsfragen zuständigen Nuklearen Kontrollkommission (NRC) gingen 120 Anzeigen zu – gegen 400 auffälige Personen. Die Dunkelziffer ist weitaus höher.

Angesichts solcher medizinischer Befunde sind der Phantasie keine Grenzen gesetzt: Wenn es passieren kann, daß ein Luftwaffenhauptmann, trotz strengster Sicherheitsvorschriften, mit einem Alkoholpegel von 2,5 Promille in die Kanzel eines Hubschraubers steigt, dann liegt es auch im Bereich des Möglichen, daß Ingenieure betrunken an den Schalthebel eines Atomreaktors sitzen.

Schlimme Katastrophen sind passiert, noch schlimmere denkbar. Doch die Methoden der Gefahrenabschätzung halten mit den neugewonnenen Erkenntnissen nicht Schritt. Die Gerichte, die Genehmigungen von Risiko-Projekten zu kontrollieren haben, stellen nach wie vor die falschen Fragen – und können deshalb auch keine richtigen Antworten erwarten.

Welchen Aussagewert haben naturwissenschaftliche Gutachten über die Güte von Atomkraftwerken? Sie können bestenfalls bekunden, daß eine Anlage nach dem jeweiligen Stand der Technik sicher ist – wenn sie sachgerecht bedient wird. Diese Einschränkung, auf die kein vernünftiger Gutachter verzichten wird, versteckt oder enthüllt das Kernproblem.

Das nicht hinnehmbare und womöglich hinzunehmende Restrisiko ist der Homo sapiens. Doch unter welchen Umständen gleitet ein Mensch in die Zonen des Unkalkulierbaren ab? Welchen Stellenwert haben seine begrenzte Programmierbarkeit oder auch seine verzeihlichen Schwächen? Diese Fragen können nicht Physiker beantworten, allenfalls Psychologen. Bislang allerdings wurde keiner als Sachverständiger bestellt. Doch schon im vorhinein scheint sicher: Kein Psychologieprofessor, egal aus welcher Schule, würde als Gutachter je behaupten, daß menschliches Versagen generell zu verhindern sei.

Zugegeben: Bislang ist in der Bundesrepublik noch kein Reaktor außer Kontrolle geraten. Doch Denkspiele müssen erlaubt sein. Unterstellen wir, der Super-GAU wäre nicht in Tschernobyl, sondern in Neckarwestheim und die Massentötung unschuldiger Menschen nicht in Ramstein, sondern in Mutlangen passiert. Dem allgemeinen Entsetzen würden sich Richter nicht entziehen können. Sie könnten gegen den allgemeinen Trend, gegen die Furcht vor todbringenden Atomexperimenten kaum noch ein Urteil fällen. Die Versatzstücke der juristischen Argumentation würden sich über Nacht verändern.

4.4.5 *Bedeutung der Lebensgarantie*

Spätestens nach einem Katastrophenfall könnte kein Richter mehr der Frage ausweichen, welche Bedeutung die Lebensgarantie der Verfassung eigentlich hat. Artikel 2 des Grundgesetzes verbürgt bekanntlich ein »Recht auf Leben und körperliche Unversehrtheit«, das wiederum nach Artikel 19 »in seinem Wesensgehalt« nicht angetastet werden darf – »in keinem Falle«. Wenn ein, durch Schaden klug gewordenes Gericht schriebe, daß die Grundrechte nicht nur deklamatorische Bedeutung haben, sondern verbindliche Handlungsanweisungen darstellen, würde keiner zu widersprechen wagen.

Genug der Beispiele: Sie belegen samt und sonders, daß der Richter, wenn es um komplizierte Sachfragen geht, auf fremde Hilfe angewiesen ist. Falls er sich nicht auf seine eigenen, mitunter höchst fragwürdigen Eindrücke verlassen will, muß er Experten befragen – und gerät wieder in eine Zwickmühle. Sendler beschreibt das Dilemma des erstinstanzlichen Richters: Folgt er dem Sachverständigen allzu bereitwillig, droht ihm die Aufhebung seines Urteils wegen kritikloser Übernahme des Gutachtens; folgt er ihm nicht, muß er sich womöglich eine angemaßte Überschätzung seiner eigenen Sachkunde vorhalten lassen. Es sei allemal einfacher, sich mit vertretbarer Begründung einem Gutachten anzuschließen, als den Versuch zu machen, es überzeugend zu widerlegen.

4.4.6 *Unangebrachte Resignation*

Hinweise aus drei Richtungen – der des Anwalts, der des Sachverständigen und der des souveränen Richters – legen allerdings den Gedanken nahe, daß die Ohnmachtsgefühle der Richter auch auf mangelndes Selbstbewußtsein und Gedankenfaulheit beruhen könnten. Bei genügender Anspannung läßt sich die Fremdbestimmung durchaus in Grenzen halten.
Thomas Schnorr, Rechtsanwalt in Bremen, sieht einen »goldenen Mittelweg« zwischen der »Täuschung, als Laie ein Gutachten bis in alle Einzelheiten voll nachprüfen und nachvollziehen zu können« und der »ebenso unangebrachten Resignation, dem Sachverständigen hilflos ausgeliefert zu sein«[28]. Er empfiehlt ein ganzes Raster von Fragen, mit deren Hilfe sich der Richter in die Lage versetze, ein Gutachten aufzufächern und transparent zu machen.
Wie steht es mit der »Widerspruchsfreiheit«? Liegt eine »präzise Beantwortung der Beweisfragen« vor? Hat sich der Sachverständige durch »offene Benennung von abweichenden« Meinungen und »kritische Auseinandersetzung mit diesen Auffassungen« als souveräner Wissenschaftler ausgewiesen? Ist er durch »Überzogenheit in der Formulierung« (etwa »ohne jeden Zweifel«) aufgefallen?
Elisabeth Müller-Luchmann, Psychologie-Professorin aus Braunschweig, rückte in ihrem Referat auf dem Deutschen Richtertag 1991 die Relationen zurecht. Sie sagte den Richtern: »Allein diese Tatsache, daß Ihr Gehilfe sich auf Sie einstellen muß und nicht umgekehrt Sie auf ihn, sollte eigentlich Besorgnisse, wir könnten die Übermacht gewinnen, wohltuend reduzieren«[29]. Die Richter hätten die Sachverständigen »durch die Befragung voll im Griff«. Und diese sei, sie sage das »in bewußter Übertreibung«, mitunter »gnadenlos«. Hier hätten die Richter ihr »eigentliches Mittel zur Machtreduktion des Sachverständigen absolut in der Hand«.
Auch Franzki sieht Licht am Ende des Tunnels. Sein Rat reicht von der sorgfältigen Prüfung der Frage, ob und inwieweit der Sachverständige womöglich befangen ist, bis zu der Forderung, »Lücken, Fehler und logische Brüche« aufzudecken. Zur Transparenz des Gutachtens sei es oft erforderlich, daß der Sachverständige erst den »Obersatz«, also den Stand seiner Wissenschaft erläutere, bevor er im »Untersatz« zur Anwendung dieser Erfahrungssätze seines Fachgebiets auf den konkreten Fall komme.
Für Franzki steht fest, daß »die rechtliche Würdigung dieser tatsächlichen

Erkenntnisse zum ausschließlichen Reservat des Richters« gehört. »Er darf diese Aufgabe nicht auf den Sachverständigen abwälzen, der Sachverständige darf sie nicht für sich usurpieren«. Gerade »hiergegen« werde »oft verstoßen«.

4.4.7 Säkularisierter Gottesbeweis

Tatsache ist, daß Richter zu 95 Prozent Gutachten der Sachverständigen ziemlich unbesehen übernehmen. Sendler fühlt sich an einen »säkularisierten Gottesbeweis« erinnert. Normale Sterbliche, darunter auch die Richter, seien genötigt, ein Ergebnis, das sie nicht nachvollziehen können, staunendgläubig oder ungläubig hinzunehmen – eben wie beim Gottesbeweis.

Die 70 Fußnoten jener erwähnten Abhandlung Sendlers deuten darauf hin, daß über die Problematik nachgedacht und gesprochen wird. Ob solche Gedanken auf fruchtbaren Boden fallen, läßt sich schwer nachprüfen. Es könnte sein, daß überlastete Richter keine Zeit finden, entsprechende Aufsätze zu lesen und umzusetzen. Es könnte auch sein, daß sie sich keine Zeit dafür nehmen, weil keiner gern Argumente hört, die den Wert der eigenen Arbeit schmälern. Die Frage, ob objektive Fremdeinflüsse erkannt oder verdrängt werden, muß jeder Richter für sich allein beanworten.

Wenn Richter in 95 Prozent aller Fälle die Ansicht der Sachverständigen übernehmen, verändert sich allerdings auch, fast zwangsläufig, die Qualität de Rechts. Alte, erfahrene Juristen verkünden gelegentlich als Binsenweisheit: Wer den Sachverhalt so gründlich aufbereite, daß er sich bequem unter den Tatbestand subsumieren lasse, sei dem Urteil schon sehr nahe. Gemeint ist da freilich die eigenständige Aufbereitung durch den Richter und nicht die sklavische Übernahme eines Fremdprodukts.

QUELLEN: Kapitel 4

1 Horst Henrichs, DRiZ 1990, 41 ff (43).
2 Horst Henrichs, DRiZ 1990, 43.
3 Karl Doehring, NJW 1983, 851 f.
4 Wolfgang Däubler, JZ 1984, 355 f.
5 Curt Freiherr von Stackelberg, MDR 1983, 364 f.
6 Robert Herr, MDR 1983, 634 f (zu Sackelberg), NJW 1983, 2133 f (zu Doehring).
7 Schriftsatz vom 18.6.1982 (Dienstgerichtshof beim OLG Stuttgart).
8 Schweinfurter Zeitung, 26.3.1987.
9 Pressekonferenz des DRB-Präsidiums in Karlsruhe, am 7.3.1995.
10 Presseverlautbarungen vom selben Tag.
11 Frankfurter Rundschau, 15.10.1988.
12 BVerfGE 72, 119 (121).

13 Strafverteidiger 1982, 545 f.
14 »Informelle Verständigungen im Strafverfahren«, Bernd Schünemann u.a. Mannheim, November 1987, Manuskript.
15 Bernd Schünemann, »Absprachen im Strafprozeß - ein Handel mit der Gerechtigkeit«, Vortrag beim Symposium in Triberg, 20.u.21.11.1986, gedrucktes Manuskript.
16 DRiZ 1992, 203 (mit Hinweis auf DRiZ v.1.5.1918).
17 Harald Franzki, DRiZ 1991, 314 ff.
18 BVerfGE 77, 65 ff.
19 BVerfGE 77, 170 ff.
20 BVerfGE 77, 234 ff.
21 Christine Landfried, »Bundesverfassungsgericht und Gesetzgeber«, Baden-Baden 1984, S.167, 168.
22 Klaus Louwen, DRiZ 1988, 241 f., Rolf Lamprecht, »Außerrechtliche Einflüsse auf die richterliche Entscheidungsfindung«, DRiZ 1989, 4 ff.
23 Albrecht Grundei, in: »Die Wissenschaft hat festgestellt... Gutachten begutachtet von Tilmann Brucker, SWF 3, 21.7.1988, 20.15 Uhr.
24 Horst Sendler, NJW 1986, 2907 ff.
25 DER SPIEGEL 42/1988, S.74 ff.
26 Rolf Lamprecht, »Die Lebensgarantie im Zeitalter der Atomenergie«, in »Ein Richter, ein Bürger, ein Christ« (Festschrift für Helmut Simon), Baden-Baden 1987, S.505 ff.
27 Dieter von Ehrenstein, SPIEGEL 37/1986, S.31 f.
28 Thomas Schnorr, DRiZ 1995, 54 ff (57).
29 Elisabeth Müller-Luchmann, DRiZ 1993, 71 ff (72).

5. Autonome Selbststeuerungen

5.1 Konflikte am Arbeitsplatz

5.1.1 Mobbing

Seit 1990 verwenden Soziologen und Sozialarbeiter einen neuen Begriff, den der nach Schweden ausgewanderte deutsche Psychologe Heinz Leymann in die Wissenschaft eingeführt hat: »Mobbing«. Das Wort leitet sich ab vom englischen »to mob« und meint anpöbeln, angreifen, attackieren. Kurzum: Es beschreibt aggressive Umgangsformen am Arbeitsplatz. Anfang 1995 berichteten deutsche Medien über eine empirische Untersuchung, die unter der Federführung von Dieter Zapf, Professor für Arbeits- und Organisationspsychologie an der Universität Konstanz, entstanden ist[1].
Mobbing äußert sich laut Zapf, so Brigitte Hannemann in der »Welt«, »im Wesentlichen durch verbale Aggressionen und soziale Isolierung: Man wird nicht mehr gegrüßt, durch die Zuteilung von zuwenig oder zuviel Arbeit schikaniert oder durch Angriffe auf weltanschauliche Positionen attackiert«. Jeder könne leicht in diese Lage geraten: »Das Opfer muß nur etwas haben, das sich irgendwann zur Stigmatierung eignet.« Sozialstudien hätten ergeben, so wird berichtet, daß in Schweden »3,5 Prozent der Beschäftigten unter derartigem Psychoterror am Arbeitsplatz« leiden. Zapf schätzt: »In Deutschland dürften es noch mehr sein.«

5.1.2 Fünf Prozent Alkoholiker

Etwa zur nämlichen Zeit referierte »Die Woche« über eine vergleichbare Arbeit des Kölner Professors für Betriebswirtschaft Winfried Panse. »Mangel an Anerkennung, gezielte Demontage und permanente Überforderung« erzeugen nach seinen Forschungen irrationale Ängste. »Im Jahr 1993 wurden 1,431 Milliarden Tages-Dosen Psychopharmaka und Schlafmittel verschrieben. Mehr als zwei Drittel davon werden vor allem zur Angstreduktion am Arbeitsplatz eingesetzt«[2]. Und weiter: Nach Erhebungen des ehemaligen Bundesgesundheitsamtes (BGA) von 1994 seien »fünf Prozent der 28,64 Millionen westdeutscher berufstätigen Alkoholiker«, zehn Prozent »suchtgefährdet«.
Fazit: Mobbing, Überforderung, Ängste beherrschen das Berufsleben. Der Verdacht, daß auch der Großbetrieb »Justiz« mit rund 20 000 Richtern von

derlei Phänomen nicht verschont bleibt, drängt sich geradezu auf. Jedenfalls ist kein vernünftiger Grund erkennbar, warum die Justiz eine einsame Insel im Meer der beruflichen Stürme sein sollte. Richter haben zumindest eine windstille Ecke: Sie müssen im Gegensatz zu allen anderen nicht um ihren Arbeitsplatz fürchten. Dieser eine mögliche Grund für Streß entfällt. Doch ansonsten dürften sich die Robenträger vom repräsentativen Querschnitt nicht sehr weit entfernen. Fünf Prozent Alkoholiker im rechtsprechenden Teil der Justiz würde bedeuten: 1 000 Richter - zehn Prozent Suchtgefährdete hieße: 2 000 Richter. Auch die anderen Daten legen Projizierungen nahe. 94,2 Prozent aller Berufstätigen »ärgern« sich laut »Woche«, »wenn ihre Leistung nicht ausreichend anerkannt wird«, 63,7 Prozent »fühlen sich überfordert« und 31,1 Prozent »fürchten, sich vor Mitarbeitern oder Vorgesetzten zu blamieren«.

5.1.3 *Deformation professionelle*

Das bedrückende Resultat der Kölner Studie - »die Angst, über Ängste zu sprechen« - dürfte für einen Berufsstand, der dazu verurteilt ist, sich und anderen permanent eine heile Welt vorzuspiegeln, in besonderem Maße gelten. Die Präventions-Strategien moderner Konzerne, etwa »Kurse zur Streßbewältigung und Entspannung« oder Rehabilitationsprogramme für Suchtkranke, sind in der Justiz für absehbare Zeit undenkbar. Zu dem damit verbundenen Eingeständnis, daß es zum Beispiel auch in den eigenen Reihen Alkoholiker geben könnte, ist ein auf sein Image bedachter Berufsstand außerstande.
Gleiches gilt selbstverständlich für die rüde Umgangsart des »Mobbing«. Die Etikette befiehlt: So etwas tut man nicht. Robenträger würden immer dementieren, daß es in den heiligen Hallen des Rechts so etwas wie unterschwellige Aggressionen geben könnte, geschweige denn solche, die sich sichtbar artikulieren. Denkbar, daß Familienrichter, die von Amts wegen interdisziplinären Umgang pflegen, etwa mit Psychologen und Sozialarbeitern, ihren Blick für die Selbstverstümmelungen des Berufs besser schärfen konnten als ihre Kollegen aus den anderen Gerichtszweigen.
Mitglieder der »Neuen Richtervereinigung«, die sich um die Zeitschrift »Betrifft: Justiz« scharen, haben mittlerweile sogar ihre Berührungsängste abgelegt und reden offen über die Deformation professionelle (siehe Kapitel 6). Doch ansonsten wird der Beobachter auf eine nüchterne Analyse, die aufdecken könnte, daß sich psychische Catcherturniere in der Justiz nicht anders abspielen als etwa in den oberen Etagen der Industrie, noch lange warten können.
Wer Näheres wissen will über die Interdependenzen zwischen Hierarchie

und Abhängigkeit, bleibt angewiesen auf unfreiwillige Belege, etwa für subtiles Mobbing, das auch unter den roten Roben gepflegt wird. Was Professor Zapf als Prozeß der »Stigmatisierung« beschrieb, erlebte der Richter am Bundesgerichtshof (BGH), Markus Wiebel, nachdem er in einer wissenschaftlichen Abhandlung die Besetzung der Richterbank im eigenen Hause kritisiert hatte. Er wurde ausgegrenzt, seine Vorgesetzten und die Mehrzahl seiner Kollegen verweigerten ihm den Diskurs.

In der Residenz des Rechts »tobt ein Orkan«. Mit dieser Metapher beschrieb Helmut Kerscher in der »Süddeutschen Zeitung« einen Konflikt, der im Bundesgerichtshof ausgebrochen war[3]. Tatsächlich war in jener Phase die Harmonie zwischen BGH-Richtern und BGH-Richtern einerseits sowie zwischen BGH-Richtern und Justiz-Journalisten andererseits ziemlich gestört. Es gab diffuse Frontenbildungen, die sich nicht quantifizieren und nur schwer qualifizieren ließen.

Die Kontrahenten stritten um die neuralgische Frage, ob Artikel 101 GG am BGH gewahrt blieb. Tatsächlich sind die Senate mit sieben Richtern überbesetzt, was eine Kombination von fünfzehn verschiedenen Sitzgruppen (1:4) mit wechselnden Mehrheiten erlaubt. Angesichts dieser mathematischen Möglichkeiten erschien das Ermessen des Vorsitzenden bei der Bestimmung des Berichterstatters nicht mehr unproblematisch. Eine Voraussehbarkeit des gesetzlichen Richters für den konkreten Einzelfall schied jedenfalls aus.

Das Rechtsproblem hatte Verfassungsrang, die Gegner waren in der obersten Etage der Justiz angesiedelt. Beide Parameter schlossen zumindest eine Reaktion aus - den Konflikt zu bagatellisieren oder gar zu ignorieren. Im Gegenteil: Die Pflicht zum Diskurs schien in diesem Fall unausweichlich, Aufklärung geboten. Wer dazu beitragen wollte, mußte zwei gegensätzliche Perspektiven auseinanderhalten. Über die eine Ebene - den BGH und seine Motive, den Streit herunterzuspielen - ließ sich nur spekulieren. Über die andere - den Eindruck, den das hohe Gericht in den kritischen Tagen bei professionellen Beobachtern hinterlassen hatte - waren dagegen präzise Auskünfte möglich.

5.1.4 *Pflicht zum Diskurs*

Am Anfang stand die Frage: Sind die Aktionen und Reaktionen in der Residenz des Rechts eine hausinterne Angelegenheit oder sind sie von öffentlichem Interesse? Vor einer Antwort mußten auch Journalisten ihre Güterabwägung treffen - und selbstkritisch prüfen, woher sie die Legitimation für ihr jeweiliges Engagement beziehen. Diese Positionsbestimmung umfaßte eine Definition des Begriffs öffentliche Kontrolle und eine Beschreibung der Aufgabe, die dem Berichterstatter dabei zufiel.

Zu der Frage nach der Legitimation in einem solchen Fall gibt es drei gewichtige Kronzeugen: die beiden Ex-Verfassungsrichter und Rechtsprofessoren Konrad Zweigert und Ernst Friesenhahn sowie den einstigen Nestor unter den BGH-Anwälten, Philipp Möhring. Als der 47.DJT im Jahr 1968 über das Beratungsgeheimnis und die Einführung der Dissenting opinion debattierte, schrieb Zweigert als Gutachter: »Publizität und Geheimhaltung verhalten sich in der Demokratie wie Regel und Ausnahme.«

5.1.5 *Größtmögliche Transparenz*

Zweigert leitete seine Forderung nach größtmöglicher Transparenz aus Artikel 20 GG her: Amts- und Mandatsträger hätten sich der »Kontrolle durch das Volk« zu stellen. Kontrolle werde »am besten ermöglicht durch Publizität, durch Offenlegung der zu verantwortenden Vorgänge«. Dieses Prinzip gelte für alle Gewalten, »mithin« - so Zweigert - »auch für die Justiz«[4].
Friesenhahn assistierte: »Dieses Argument aus dem demokratischen Prinzip wird unterstützt durch die rechtsstaatliche Forderung nach Kontrollierbarkeit aller staatlichen Vorgänge. Kontrollierbarkeit erfordert primär Offenheit«[5]. Möhring drückte denselben Gedanken noch pointierter aus: Jeder Richter, sagte er, habe sich mit seinem Urteil dort zu verantworten, »von woher er letztlich die Legitimation für seine Tätigkeit bezieht«[6].
Wer so ein Phänomen untersucht, hat mithin darauf zu achten, daß Möhrings Appell nicht in Vergessenheit gerät und dafür zu sorgen, daß die Transparenzpflichten nicht von Amts wegen durch passiven Widerstand paralysiert werden. Für diese Antinomie zwischen Auskunftsbedürfnis und Geheimhaltungsinteresse war der Karlsruher Streit um den gesetzlichen Richter ein Lehrstück, an dem sich die Außenansichten - und zwar jede einzelne Wahrnehmungsphase und jeder daraus resultierende Denkschritt - exakt nachzeichnen ließen.
Der Streit um Artikel 101 GG, in dem sich Puristen und Pragmatiker gegenüberstehen, ist ungewöhnlich spannend. Doch so brisant das Thema immer sein mag - elektrisiert hatte viele Beobachter etwas anderes: die Art und Weise, in der hohe Richter auf tatsächliche oder vermeintliche Provokationen reagierten. Überraschend war keineswegs die Tatsache, daß wegen einer bedeutsamen Verfassungsfrage Meinungskrämpfe entstanden waren, sondern daß sie nicht nach den Regeln der Kunst ausgefochten wurden.
Wirkungen, die hervorgerufen werden, haben zumeist etwas mit dem Erwartungshorizont zu tun - mit der psychischen und intellektuellen Ausgangsposition der Betrachter. Bei den meisten sprang ein erster Funke über, als Ende 1991 Konflikte beim BFH publik wurden. Eine Schlußfolgerung lag nahe: Wenn es, wie in München, bei einer Überbesetzung mit sechs Rich-

tern Probleme gab, mußten sie nach den Regeln der Wahrscheinlichkeitsrechnung bei sieben, wie in Karlsruhe, weitaus größer sein.
Der Spruch, mit dem sich der BFH selber freisprach, löste neue Fragen aus. Durch die Begründung zog sich der Leitgedanke, daß der Bürger Vertrauen »in die Integrität der Rechtsprechung« aufbringen müsse[7]. Ein Ansinnen dieser Art setzt zwangsläufig Assoziationsketten in Gang. Was bedeutet Vertrauen? Setzt es nicht höchstpersönliche Gefühle voraus? Wer kann es wann von wem erwarten? Ist es außerhalb der Beziehung von Individuum zu Individuum überhaupt denkbar?
Und weiter: Stellt einer, der Vertrauen in Institutionen, also anonyme Personenmehrheiten, verlangt, nicht womöglich einen unerfüllbaren Anspruch – einen, der in den Bereichen der Ideologie zu Hause ist? Es spricht alles dafür, daß in einer Demokratie Staatsorgane kein Recht haben, wohlwollende Emotionen einzufordern, sondern nur die Pflicht, sich jederzeit einer nüchternen Kontrolle zu stellen – dabei kann im Idealfall der Eindruck von Verläßlichkeit entstehen.
Ein fataler Nebeneffekt dieser Erkenntnis war, daß die Karlsruher Journalisten just dieses Vertrauen, das in München so vehement angemahnt wurde, dem BGH ohne jede Einschränkung entgegengebracht hatten. Bis zum Frühjahr 1992 hätte jeder einen Eid darauf geleistet, daß der BGH das sensible Schutzgut des gesetzlichen Richters, über das er obendrein zu wachen hat, im eigenen Haus puristisch und mit äußerster Formenstrenge handhabt. Und ganz selbstverständlich gingen die meisten davon aus, daß der BGH, wenn erforderlich, eine fällige Auslegung des Grundgesetzes selbst vornehmen und nicht auf ein Machtwort des großen Bruders, des Bundesverfassungsgerichts, warten würde – noch dazu in einer fremden Sache.

5.1.6 *Provokante Wortmeldungen*

In dieser Stimmungslage platzten die Aufsätze von zwei BGH-Richtern im Betriebs-Berater – erst der nachdenkliche, aber doch deutliche Appell von Professor Quack[8] und dann die ungeschminkte und ungeschützte Offenlegung des Problems durch Dr. Wiebel[9]. Festzustellen ist: Hier hatte ein Mitglied des Hauses, ein Gleicher unter Gleichen, kein dubioser Revoluzzer, gravierende Bedenken geäußert: »Zweifellos lohnt die Überlegung, ob es noch zur verfassungsmäßigen Ordnung gehört, daß ein Obergericht eine nach Wortlaut und Sinn klare Prozeßrechtsnorm dauerhaft ignoriert.« Das war, wohlverstanden, eine Wortmeldung im Zweigert'schen Sinn: »Offenlegung der zu verantwortenden Vorgänge«. Und es wäre verwunderlich gewesen, wenn das Monitum nicht die Öffentlichkeit alarmiert hätte.
Der Text weckte übrigens nicht nur Interesse bei den Medien, sondern auch

bei den Richtern der unteren Instanzen und der anderen Obergerichte, die das Karlsruher Debakel mit gespannter Neugier und beifälligem Vergnügen verfolgt hatten[10]. Bei den juristischen Fakultäten war es ähnlich. Diese Wirkungen außerhalb der Karlsruher Bannmeile unterschätzt zu haben, war eine gefährliche Selbsttäuschung.

5.1.7 »Kleiderordnung« verletzt

Ein Dissens wie dieser ist geeignet, intellektuelle Spannung zu erzeugen: Für jeden, der Spaß an geistigen Duellen hat, der die einzelne Kontroverse als dialektischen Dreisprung begreift, der neugierig auf die Antithese zur These wartet und das Entstehen einer Synthese lernbegierig verfolgt – für diese Spezies, egal ob Jurist oder Laie, konnte der Wiebel-Aufsatz zunächst mal nur erfrischend wirken.

Alle Kenner der Zunft ahnten natürlich, daß der Autor auf wütenden Protest stoßen würde. Er hatte, was immer der einzelne darunter verstehen mag, »die Kleiderordnung« verletzt. Er hatte, wie viele beklagten, Interna an die Öffentlichkeit gezerrt – ein Schlagwort, das die Öffentlichkeit stets als Feindbild begreift. Und die schlimmste Rüge: Er habe sich im Ton vergriffen, was im wahrsten Sinne des Wortes eine Stilfrage ist. Und über die kann man bekanntlich immer streiten. Jeder, der schreibt, weiß aus eigener, keineswegs vergnüglicher Erfahrung: Wer etwas bewirken will, muß eine deutliche Sprache führen.

Angesichts dieser Ausgangslage konzentrierte sich die Neugier der Außenwelt auf die Frage nach der Antithese: Wie würde der BGH reagieren? Wer den Disput bis dahin verfolgt hatte, erwartete zweifelsohne, daß sich die zu erwartende Kontroverse auf dem intellektuellen Parkett abspielen würde. Der erste Einwand, der aus dem BGH zu hören war, lautete: Alles oder das meiste, was Wiebel behaupte, sei schlichtweg falsch. Dieser Mechanismus ist keineswegs ungewöhnlich. Betroffene versuchen immer wieder, eine unbequeme Meinung zu neutralisieren, indem sie die Richtigkeit der Tatsachen in Frage stellen. Bedauerlicherweise erweist sich dieser Vorwurf nicht selten als berechtigt.

Zu beklagen ist immer, wenn dabei Personen beschädigt werden, die sich nicht zu wehren wissen. Im konkreten Fall jedoch war solches Mitgefühl entbehrlich. Zu den Opfern der angeblich unrichtigen Fakten gehörten ausschließlich hohe Richter, von denen jeder wußte, daß ihnen das ganze Arsenal bekannter Präjudizien aus intimer Sachkenntnis zur Verfügung steht. Auf die Gegendarstellung aus dem BGH durfte die Umwelt deshalb gespannt sein. Doch sie blieb aus.

Diese Abstinenz steigerte die Verwirrung. Schließlich betraf der Konflikt eine höchst empfindsame Schutzvorschrift – noch dazu eine, die als Reflex auf die Rechtswillkür der NS-Justiz ihren Weg ins Grundgesetz gefunden hatte: Schauplatz war obendrein der oberste Gerichtshof für Zivil- und Strafsachen. Erwuchs aus dieser Konstellation nicht sogar die Pflicht zur Richtigstellung falscher Tatsachenbehauptungen? Und wenn sie, wie geschehen, unterblieb – kehrte sich dann nicht womöglich die Beweislast um?

5.1.8 Beredtes Schweigen

Der Außenstehende mußte jedenfalls folgern, daß Fakten, deren Veröffentlichung Empörung hervorgerufen hatten, die aber gleichwohl nicht im rechtsförmigen Verfahren korrigiert worden waren, stimmten. Eine allgemein gehaltene Darstellung der BGH-Praxis (davon später) konnte diesen Zweck nicht erfüllen. Es hätte einer professionellen Widerlegung Wiebels bedurft – Punkt für Punkt. Blieb als Eindruck eines ungesättigten Rests: Sein Aufsatz war nicht gegendarstellungsfähig.

Angenommen, daß der Beitrag tatsächlich nicht von falschen Fakten, wohl aber, wie zugleich behauptet wurde, von einer schiefen Perspektive ausging. Forensisch gesehen, hätte er damit keineswegs aus der Schußlinie sein müssen. Auf dem Tisch lag ein Aufsatz, von dem bekannt war, daß er Mißfallen hervorgerufen hatte – wegen seiner Prämissen und Behauptungen, wegen seiner Beweisführung und Zielsetzung, wegen seiner Diktion und Wortwahl. Unstreitig handelte es sich aber um ein erörterungsfähiges und, wie der Fortgang der Dinge bewies, um ein erörterungsbedürftiges Thema – noch dazu eins, das höchste öffentliche Aufmerksamkeit verdiente.

Für einen Meinungsstreit dieses Zuschnitts gibt es in der Wissenschaft ungeschriebene, aber gleichwohl allseits akzeptierte Rituale. Wer sich herausgefordert fühlt, schreibt eine Replik – einen Gegenaufsatz. Er darf sich dabei der Waffen bedienen, die der Angreifer gewählt hat. Wiebel habe, behaupteten seine Kontrahenten, zum schweren Säbel gegriffe. Jedem stand es frei, ihm auf adäquate Weise zu erwidern. Doppelt amüsant hätte es werden können, wenn der Gegenschlag mit dem Florett geführt worden wäre. Weder das eine noch das andere geschah.

Für diese Zurückhaltung wurden zwei Erklärungen angeboten. Die eine: Es seien wegen der strittigen Rechtsfrage Verfahren anhängig; jeder Richter, der sich schriftlich festlege, müsse deshalb mit einem Ablehnungsantrag rechnen. Der Gedanke konnte nicht überzeugen. Zum einen ist die Befangenheits-Rechtsprechung besonders großzügig, wenn es um wissenschaftliche Arbeiten geht. Zum anderen ist nicht ersichtlich, welcher Schaden entstanden wäre, wenn für einen von über hundert Richtern, so er wirklich involviert wäre, hätte Ersatz gesucht werden müssen.

Der zweite Einwand kam einer Selbstbeschädigung des BGH-Richterkorps gleich. Man habe es, wurde vielfach gesagt, nicht nötig, sich auf das Niveau von »Herrn« Wiebel zu begeben. Diese Floskel enthielt einen tückisch Bumerang-Effekt. Schließlich sind alle Bundesrichter samt und sonders auf dieselbe Weise in ihr Amt gekommen - honorig oder in der Grauzone von politischer Ämterpatronage, ganz nach Geschmack.

Gleichwohl darf jeder, der rote Robe trägt, die Idealvorstellung, er gehöre zur Qualitätselite, für sich in Anspruch nehmen. Er muß sich allerdings zugleich damit abfinden, daß diese Hypothese ausnahmslos für alle gilt. Solche stillschweigende Akzeptanz liegt im Wesen normativer Fiktionen. Die Rechtsordnung geht von der unwiderleglichen Vermutung aus, daß die Befähigung von Bundesrichtern oberhalb einer gedachten Niveaulinie liegt. Wenn einer den anderen - nach außen vernehmbar - für nicht satisfaktionsfähig erklärt, bricht das ganze Theorie-Gebäude zusammen.

5.1.9 *Bundesrichter de luxe*

Jeder Außenstehende kann dann behaupten: Es gäbe Bundesrichter erster und zweiter Güte, de luxe und normal. Das mag so sein. Doch wenn das Gefälle auch im BGH als Problem angesehen wurde, durfte es nicht länger als Geheimnis gehütet werden, das Insider von Zeit zu Zeit gezielt lüften. In einem solchen Fall wird es - nolens volens - zum Politikum. Dann muß der Notenspiegel auf den Tisch, sei es auch nur, um den Richterwahlausschuß ad absurdum zu führen. Ohne Offenlegung der Prüfvermerke wirkte das Ganze so, als ob eine durch und durch liquide Firma Konkurs anmelden wollte, nur weil ein paar Prokuristen miteinander streiten.

In Ermangelung einer Gegendarstellung oder Replik blieb die Öffentlichkeit bei einer existentiellen Frage des Rechts ohne befriedigende Antwort. Es gab nur Zwischenrufe. Einige waren zu hören auf einer Diskussionsveranstaltung zum Thema, die allerdings - und das ist in diesem Zusammenhang bedeutsam - auf Initiative der »Justiz Pressekonferenz Karlsruhe« (JPK) zustande kam[11]. Die Debatte dort machte zwar auf erfrischende Weise das Zerwürfnis deutlich, konnte jedoch naturgemäß nicht in die Tiefe gehen. Wiebel wurde angegriffen, aber nicht entkräftet. Er erhielt sogar coram publico Beistand aus seinem, dem 7. Zivilsenat.

5.2 *Die Zwänge der Hierarchie*

5.2.1 *Internes aus dem BGH*

Ein 23-seitiges Papier zur BGH-Praxis[12], das der BGH-Präsident dankenswerterweise den JPK-Mitgliedern zugänglich gemacht hatte, war keine Auseinandersetzung mit den Angriffen des kritischen Richters. Die Übersicht stellte die Sach- und Rechtslage aus der Sicht des BGH dar und beseitigte eine Reihe von Unklarheiten. Auf Wiebel ging der Text in zwei Zeilen ein: Er habe »auf ausdrückliches Befragen erklärt, er könne keinen konkreten Mißbrauchsfall nennen«. Das hatte Wiebel noch nicht einmal insinuiert, er wollte vor »Zwielicht«, vor einem bösen Schein warnen. Fazit: Bei der Übersicht handelte es sich um eine nützliche Quelle – aus der allerdings Kritiker wie Verteidiger der Geschäftsverteilungs-Bräuche gleichermaßen schöpfen konnten.

Aus der Gesprächsrunde, zu der Professor Oderski Richter und Journalisten eingeladen hatte, ging zweierlei hervor. Erstens: Die Vorsitzenden hatten zu jener Zeit bei der Handhabung der internen Geschäftsverteilung ein weites Ermessen. Zweitens: Es bestand Einigkeit darüber, daß dieses Ermessen willkürfrei ausgeübt werden muß.

Dieser Konsens ermutigte den JPK-Vorstand, ein offizielles Petitum an den BGH-Präsidenten zu richten und um Einsicht in die internen Geschäftsverteilungspläne zu bitten[13]. Dem Antrag lag folgender Gedankengang zugrunde: Unterstellt, daß der – keineswegs unstrittige[14] – Paragraph 21 g GVG verfassungskonform ist, unterstellt, daß diese Vermutung auch für seine Interpretation durch den BGH gilt und unterstellt, daß Einigkeit über die fehlerfreie Ausübung des Ermessens besteht – dann muß zumindest eine Willkürkontrolle möglich sein. Sie wäre – auch nur in bescheidenem Umfang – bei Kenntnis der Pläne zumindest denkbar.

Der Anspruch auf Offenlegung stützte sich auf zwei Grundlagen: Zum einen auf die Annahme, daß ein Schutzgut von so hohem Verfassungsrang ganz selbstverständlich und unbestreitbar in den Aufgabenbereich der öffentlichen Kontrolle gehört, zum anderen auf die breitgefächerte Rechtsprechung des BVerfG. Die Judikatur zu Artikel 5 GG steckt einen weiten Rahmen für das Wächteramt der Presse. Urteile zu Artikel 20 GG verpflichten alle drei Gewalten zur Beachtung des Demokratieprinzips.

Der JPK-Antrag wurde abschlägig beschieden. Da es sich hier um einen Justizverwaltungsakt handelt, dürften keine Bedenken entgegenstehen, die Gründe der Öffentlichkeit zugänglich zu machen. Der BGH-Präsident wies in seinem offiziellen Schreiben darauf hin, daß ein »Einsichtsrecht« aufgrund der Gesetzeslage »nur bei Vorliegen eines berechtigten Interesses im konkreten Fall« gewährt werden könne; die »Mitwirkungsgrundsätze« seien allein für den internen Gebrauch »und nicht für eine allgemeine Offenlegung konzipiert worden«. Tatsächlich würden die schriftlichen Pläne »in manchen Senaten durch mündliche Regelungen ergänzt«. Diese Kombination könnte »ohne nähere Erläuterungen« im Einzelfall leicht »zu vermeidbaren Fehlbeurteilungen und Mißverständnissen führen«[15].

5.2.2 Rollenverteilung im Spruchkörper

Wiebels Aufsatz hatte nicht nur die Frage nach dem gesetzlichen Richter aufgeworfen, sondern auch die Rollenverteilung im Spruchkörper thematisiert. Das war sein zweiter Kerngedanke. Zwangsläufig stieß im BGH ein Satz auf besonderen Protest: »Ohne verbindlichen internen Geschäftsverteilungsplan hält der Vorsitzende Fäden in der Hand, die nicht dorthin gehören.« Für jeden Außenstehenden schien die apostrophierte Rangordnung - angesichts der Anonymität von richterlichen Gremien - nicht leicht durchschaubar. Vorsitzende pflegen euphemistisch zu sagen, sie hätten auch nur eine Stimme.

Wer mehr über ihre tatsächliche Stellung erfahren will, ist auf Selbstzeugnisse der Justiz angewiesen. Deshalb gehört es zu der seltenen Duplizität von Ereignissen, daß ausgerechnet in jener Phase, in der die Frage nach der Hierarchie bei Gericht auftauchte, die entsprechende Philosophie frei Haus geliefert wurde - noch dazu in einem Urteil des BGH[16]. Ist es unverständlich, wenn dieser Spruch für manchen Beobachter paradigmatische Züge annahm?

Die Vorinstanz habe auch »beachtet«, heißt es dort wörtlich, »daß dem Senatsvorsitzenden nach dem Gerichtsverfassungsgesetz die Aufgabe zugewiesen ist, einen richtunggebenden Einfluß auf die Rechtsprechung seines Senats auszuüben«. Wer im GVG nach der Zuweisungs-Quelle suchte, wurde enttäuscht. Das Urteil hatte auf eine exakte Angabe des einschlägigen Paragraphen verzichtet - wie sich zeigte, aus gutem Grund: Es gibt nämlich keinen.

Jedem, der gelegentlich mit Gegendarstellungen zu tun hat, fällt ad hoc der Korrekturtext ein, den er im Vergleichsfall formulieren müßte: »Unwahr ist, daß im GVG eine solche Dominanz des Vorsitzenden normiert wird. - Wahr ist vielmehr, daß sich im ganzen Gesetz nirgendwo auch nur eine Passage findet, aus der sich ein Subordinationsverhältnis in Bezug auf die Rechtsprechung herleiten ließe.«

Das Beispiel war in doppelter Weise idealtypisch. Es bewies, daß die Gegendarstellung zwar Fakten richtigstellen, zugleich aber die Aussage um einen wesentlichen Teil verkürzen kann. Denn ganz sicher waren der Berichterstatter und seine Kollegen, die das Urteil mitunterzeichnet haben, der festen Überzeugung, daß sie den Sinn des GVG kongenial auslegen.

Für besondere Sorgfalt sprechen die angegebenen Quellen aus der Rechtsprechung. Sie führen zum 49.Band der Entscheidungssammlung für Zivilsachen aus dem Jahr 1968[17] und zum 37. aus dem Jahr 1962[18]. Die nächste Fundstelle findet sich im 2.Band für Strafsachen[19]; dort ist das erste Nachkriegsurteil aus dem Jahre 1951 abgedruckt. Wer gründliche Ahnenforschung treibt, landet schließlich beim 56.Band der Reichsgerichtsentschei-

dungen aus dem Jahre 1922[20]. Mit anderen Worten: Die Schöpfung ist 70 Jahre alt – und wird seitdem von Fall zu Fall wiederbeatmet.
In jenen Tagen, als die Altvorderen den Einfluß-Begriff erstmals zu Papier brachten, war an das Grundgesetz noch nicht zu denken. Was den Geist des GVG anbelangt, sei nur einer von vielen Aspekten erwähnt. 1877, bei Verabschiedung des GVG, bestimmte Paragraph 1: »Die richterliche Gewalt wird durch unabhängige, nur dem Gesetz unterworfene Gerichte ausgeübt.« So steht es heute noch im GVG.
Doch zugleich weist Artikel 92 GG der Justiz eine neue Rolle zu: »Die rechtsprechende Gewalt ist den Richtern anvertraut.« Philipp Möhring empfahl schon 1968 dem 47.Deutschen Juristentag die Erörterung der Frage, »ob mit einer solchen terminologischen Differenzierung« nicht zugleich »ein inhaltlicher Wandel und eine Neuorientierung der Justiz eingetreten sei[21].

5.2.3 *Der Einfluß des Vorsitzenden*

Möhring blieb ungehört. Die verpflichtende Passage vom richtunggebenden Einfluß des Vorsitzenden steht in einem BGH-Urteil von 1991. Der Außenstehende fragt sich, was den Senat bewogen hat, sich auf eine nicht vorhandene Norm zu berufen; eine Regel-Vermutung hätte auch genügt. Denn es kann ja kein Zweifel daran bestehen, daß ein überragender Vorsitzender Einfluß ausübt. Nur tut er das nicht dank einer unauffindbaren Quelle im GVG, sondern kraft seiner intellektuellen Autorität und Kompetenz – ein Gedanke, den auch die BGH-Begründung nicht völlig ausspart.
Sensible Bundesrichter, die den »richtunggebenden Einfluß« auch für einen falschen Zungenschlag hielten, versuchten, den Lapsus als »mitgeschleppte Gedankenlosigkeit« zu entschuldigen. Doch war das eine hinreichende Erklärung? Immerhin bewegte sich das Urteil nicht im Werkbereich fremder Berufe. Wenn die Bundesrichter hierarchische Beziehungen in einem Krankenhaus oder in einer Bank falsch gesehen und beschrieben hätten, wäre das womöglich ein Aufklärungsmangel gewesen – und deshalb gerade noch entschuldbar.
Doch das Urteil beschrieb das Beziehungsgeflecht des eigenen Berufsstandes – also ein Rollenverhalten, das jeder aus eigener Anschauung und bis in die letzte Nuance kennt. Wenn man das behauptete Versehen unterstellt, hätten alle fünf beteiligten Richter eine Aussage formuliert und unterschrieben, die der Realität des eigenen Arbeitsalltages und vor allem dem fest verwurzelten Selbstverständnis jedes einzelnen diametral entgegengesetzt ist. Läßt sich das als »mitgeschleppte Gedankenlosigkeit« erklären? Oder widerspiegelt es ein Bewußtsein, das die Subordination im Spruchkörper zumindest für denkbar hält, jedenfalls nicht als anstößig empfindet?

5.2.4 *Verdrängte Machtstrukturen*

Von welchem intellektuellen Niveau muß der Beobachter ausgehen, wenn er hört, daß die höchsten Robenträger der Republik einen zentralen Bereich ihres Amtes falsch beschreiben und dies noch nicht einmal merken. Es mag ja sein, daß die meisten Menschen, schon um ihrer inneren Harmonie willen, die Machtstrukturen des eigenen Berufs nicht permanent reflektieren. Doch jeder, der es schwarz auf weiß zu lesen bekommt, stellt spätestens dann die Frage nach dem Wahrheitsgehalt der Beschreibung: Wenn sie stimmt, zuckt er resignierend mit den Schultern oder sondert zynische Kommentare ab. Wenn sie nicht stimmt, schreit er seinen Protest in die Welt.

Warum funktioniert dieser normale Mechanismus bei Richtern nicht – oder nicht mehr? Da formuliert ein Berichterstatter Nonsens (oder vielleicht auch nicht), vier andere setzen ihren Namen daneben, mehr als hundert lesen es in der NJW und sehen, selbst wenn sie öffentlich darauf hingewiesen werden, keinen Anlaß zu reagieren. Sie nehmen das Problem immer noch nicht wahr oder es läßt sie gleichgültig – obwohl die strikte Einhaltung des Kollegialprinzips, nach allgemeiner Überzeugung, keine Privatsache, sondern eine öffentliche Angelegenheit ist. Solche Apathie muß jedenfalls Außenstehende irritieren.

Der Umkehrschluß, daß der Urteilsverfasser eine Wahrheit preisgegeben hat, über die keiner gerne spricht, hat vieles für sich. Bei der erwähnten öffentlichen Diskussion zum Thema erklärten zwei Vorsitzende im Brustton der Überzeugung und unter dem Beifall der anwesenden Bundesrichter: Ein weiter Ermessensspielraum bei der Benennung des Berichterstatters sei schon allein deshalb unabdingbar, weil sie einem Neuling keinen schwierigen Fall übertragen könnten.

Ohne die Arbeit des BGH zu verkleinern: Es ist gut vorstellbar, daß sich ein frisch Gewählter ganz schön anstrengen muß, um das Glasperlenspiel des Revisionsrechts zu erlernen. Doch ähnlichen Herausforderungen steht jeder gegenüber, der frisch in den Vorstand eines mittleren oder größeren Unternehmens einzieht; dieser Neuling muß allerdings sofort schwimmen – und oft bekommt er nicht einmal die berühmten hundert Tage Schonfrist. Die Königsmacher in der freien Wirtschaft hoffen, daß sich die Vor- und Nachteile dieser Prozedur ausgleichen.

Der Novize ist in der Regel weniger routiniert als seine Kollegen, aber auch weniger betriebsblind. Indem er festgefügte und tradierte Strukturen naiv und neugierig in Frage stellt, fördert er auch manche »mitgeschleppte Gedankenlosigkeit« ans Tageslicht. Das ist die Innovation der Neulinge, von der andere Branchen zehren (aber auch zum Beispiel das BVerwG).

Fest steht jedenfalls: Die frisch gebackenen Bundesrichter, die nach Karlsruhe kommen, sind samt und sonders zwischen 45 und 55. Sie bringen zwei bis drei Jahrzehnte Berufserfahrung mit. Ihre Protektoren haben sie für besonders qualifiziert gehalten. Doch die Vorsitzenden meinen, sie müßten die Ankömmlinge bei der Hand nehmen und ihnen zeigen, wie man ungefährdet die Straße überquert.

Solche Fürsorge ist zumindest gegenüber demjenigen, der sie als überflüssig und aufdringlich empfindet, anmaßend und beleidigend. Schlimmer noch: Sie geht von einem Gefälle aus, für das der Vorsitzende eine Definitionsallmacht reklamiert. Sie birgt den Anspruch in sich, daß er allein entscheidet, ob und wann der »Neue« das Klassenziel erreicht hat – wann er mit der Zuteilung eines schwierigen Falles belohnt werden kann (vielleicht aber auch nie).

5.2.5 Bild von »oben« und »unten«

Auf diese Weise wächst dem Vorsitzenden eine Dominanz zu, die sich nicht auf seine geistige Autorität, sondern auf seine formale Position stützt. Es liegt in der Natur des Menschen, daß er diesen Platz an der Sonne nicht freiwillig räumen wird. Wer sich vergegenwärtigt, daß der Vorsitzende mit dieser Direktionsbefugnis jeden zugewählten Bundesrichter mit der sprichwörtlichen Daumenbewegung dirigieren kann (und sich womöglich alle daran gewöhnen), hat das Bild von »oben« und »unten« vor Augen.

Dieser Eindruck dürfte auch ziemlich genau der Realität entsprechen – freilich einer, die alle Beteiligten ungern eingestehen (vielleicht deshalb, weil sie die Lücke zwischen dem verfassungsrechtlichen Anspruch und der antiquierten Rangfolge spüren). Rüdiger Lautmann vermutete schon 1972, daß »die Hypothese vom Machtgefälle dem Selbstverständnis vieler Richter zuwider« laufe[22].

5.2.6 Steuermann und Leichtmatrosen

Für Lautmanns Annahme spricht, daß jeder Chronist empörten Protest hervorruft, wenn er dieses fragwürdige Beziehungsgeflecht offen beim Namen nennt oder gar in ein plastisches Bild umsetzt – wie der Autor, als er nach dem BGH-Spruch die Assoziation von einer »Kommandobrücke« hatte, auf die der Vorsitzende als »Steuermann« beordert wird, »der den Kurs angibt«; »die Frage, welchen Rang dann seine Beisitzer einnehmen, beantwortet sich fast von selbst, den von Leicht- oder Vollmatrosen«[23]. Die Reaktion in der Karlsruher Residenz des Rechts auf diesen Gastkommentar in der DRiZ war unverhältnismäßig: bitterböse, verletzt und verletzend.

Offenbar ist die Hierarchie im Spruchkörper, die es eigentlich gar nicht geben sollte und dürfte, ein wunder Punkt. Wer darüber spricht, berührt offene Nervenenden. Der Widerspruch zwischen der erlernten Theorie, die eine Gleichheit aller suggeriert, und der Praxis, die täglich eine Abwehr gegen Dominanz und Subalternität verlangt, ruft mit gutem Grund Schmerz hervor. Die Antinomie ist im System verankert. Reformen würden die Einsicht voraussetzen, daß Rangunterschiede der Position einander ausschließen.

So gesehen, war die Abschaffung der mehr als 30 verschiedenen Richtertitel Ende 1971 nichts weiter als eine kosmetische Operation, die noch nicht einmal sonderlich gut gelungen ist. Präzise Amtsbezeichnungen wurden durch Wortungetüme ersetzt – der Senatspräsident durch den »Vorsitzenden Richter am Oberlandesgericht« (VRiOLG). Ansonsten blieb alles beim alten – also bei den »Machtmitteln« des Vorsitzenden, »die seinem Willen«, wie Lautmann meint, »eine größere Durchsetzungschance verleihen, als sie Beisitzer haben«[24]. Der Rechtssoziologe beschreibt, was kaum zu leugnen ist: »Der Vorsitzende hat den Anschein höherer Qualifikation und ein entschieden höheres Prestige.«

Die Dominanz artikuliert sich, wie nicht nur Lautmann weiß, auf verschiedene Weise: »Bei der Arbeitsverteilung« habe er besondere Rechte (Geschäftsverteilung, Verhandlungsleitung), »starken Einfluß übt er dadurch, daß er dienstliche Beurteilungen über die beisitzenden Richter abgibt«. Der Wissenschaftler, der vor Beginn seiner Universitätslaufbahn als Assessor tätig war und an zwei Landgerichten bei insgesamt dreizehn Kammern hinter die Kulissen schauen konnte, hat mit den »symbolischen und normativen Machtmitteln« von Vorsitzenden seine eigenen Erfahrungen gesammelt: »Das Gewicht des Vorsitzenden bestimmt nicht nur die Länge der Beratung; er steuert sie auch in ihren inhaltlichen Wendungen.«

Lautmann skizziert im Wesentlichen drei Varianten des Rollenspiels zwischen dem Vorsitzenden und den Beisitzern: bei der allgemeinen Kommunikation (I), im direkten Dialog (II), bei der Endfertigung des Urteils (III).

Zu I: Mit einem »Vorgesetzten«, wenn er denn als solcher auftritt, spreche man in der Regel seltener als mit einem Kollegen. Zum Chef gehe man nur mit Fragen von einigem Gewicht – schon, »um ihn nicht zu belästigen«. Man bereite sich auch gründlicher vor, »um sich bei ihm nicht zu diskreditieren«.

Zu II: »Das Machtgefälle läßt sich sogar im Sprechverhalten aufspüren, etwa im sofortigen Abbrechen der eigenen Rede, sobald der Direktor etwas zu sagen anfängt«. Diese Feststellungen träfen »in ihrer Pointierung« selbstverständlich nur dort zu, »wo ein autoritärer Vorsitzender und wenig ichstarke Beisitzer in einer Gruppe aufeinander treffen«. Indes dürften, so Lautmann, »beide Persönlichkeitstypen in der Justiz nicht eben selten sein«. Derlei Beobachtungen lassen sich bedauerlicherweise nicht messen.

Der Protest, der bei der Beschreibung solcher Symptome in privaten Gesprächen und öffentlichen Diskussionen immer häufiger laut wird, zumal von jüngeren Richtern, legt die Vermutung nahe, daß zumindest die strenge Hierarchie allmählich schwindet.

5.2.7 Schwäche der Beisitzer

Zu III: Lautmann weist mit Recht darauf hin, daß zur Akzeptanz von normativ nicht begründeten Rangunterschieden immer zwei gehören. Die Ursachen für das Gruppenverhalten, meint er, könnten »auch in einer Schwäche der Beisitzer« liegen, »die ihre formal gegebenen Handlungsmöglichkeiten nicht ausnutzen«. Doch unübersehbar bleibe, daß »dem Machtpotential des Vorsitzenden« schon begrifflich »eine Subordination der beisitzenden Richter« entspreche. Für »mangelndes Selbstbewußtsein« nannte der Rechtssoziologe ein Indiz: »So nimmt ein Beisitzer Kritik oft hin – etwa die Änderung sprachlicher Formulierungen in seinem Urteilsentwurf –, auch wenn man es auf beiderlei Weise machen kann, also die von ihm gewählte Variante ebenso innerhalb des Ermessensbereichs liegt wie die vom Vorsitzenden oktroyierte«. Eingriff oder Übergriff? Die Affäre am Freiburger Verwaltungsgericht zeigt die fließenden Grenzen.

Was da tatsächlich passiert, brachte Lautmann auf den Punkt: das Spannungsverhältnis zwischen Argument und Position, zwischen natürlicher und verliehener Autorität. »Beisitzer und Vorsitzender gehören derselben Profession an und unterscheiden sich durch keinerlei formelle Qualifikation«. Vorsitzender werde einer »durch die Auswahl hierarchisch übergeordneter Stellen« – und »diese Auswahl stützt sich weitgehend auf Personalbeurteilungen hierarchisch übergeordneter Vorgesetzter«. Die Laufbahn des Vorsitzenden werde »also wesentlich durch die Justizbürokratie gesteuert«.

5.2.8 Macht und Sachverstand

Genau hier springt das Dilemma der Justiz ins Auge. »Auf diese Weise«, so der Wissenschaftler, »kaschiert sich der Widerspruch zwischen Macht und Sachverstand, oder zwischen Amtsautorität und Fachautorität, wie er in Gestalt der Vorsitzenden in die Richterkollegien eingebaut ist«. Folglich liefen »Entscheidungskonflikte zwischen Vorsitzenden und Beisitzern oft so ab, als ob höheres und minderes Fachwissen zusammenstießen – weswegen die Vorsitzenden überwiegend die Oberhand behalten«.

Weil Vorsitzende über ihre Machtposition nicht gern reden, und weil Beisitzer wissen oder ahnen, daß sie in diesem Spiel keine rühmliche Rolle spielen, wird das Abhängigkeitsverhältnis zumeist energisch bestritten. Jeder beschwört den sachlichen autonomen Umgang, jeder erinnert sich an einen

Fall, in dem Beisitzer dem Vorsitzenden Zunder gegeben haben – und Vorsitzende gestehen verschämt ein, daß sie auch schon mal überstimmt werden. Das Muster des Abstreitens mag zwei Ursachen haben – auf der emotionalen Ebene dürft es sich um eine ganz natürliche Verdrängung handeln, auf der rationalen Ebene um einen Nebeneffekt der Jurisprudenz, die stets Sollens-Kategorien den Seins-Kategorien vorzieht.

Denn eines ist gewiss: Eine Hierarchie im Kollegium sehen Recht und Gesetz ebenso wenig vor wie das Grundgesetz. Wenn sich der BGH nicht an vorkonstitutionellem Recht, sondern an den Wegweisungen des BVerfG orientiert hätte, wäre ihm die entlarvende Dominanz-Floskel nicht unterlaufen. Immerhin hatte die oberste Instanz in Karlsruhe schon 1969 unmißverständlich klargestellt: Es sei zwar »eine gängige Formulierung, daß die Senatspräsidenten eine besondere Verantwortung für die Kontinuität und Einheitlichkeit der Rechtsprechung« ihres Kollegiums hätten. Doch »in Wahrheit« trügen »dafür auch die übrigen Mitglieder dieses Senats die Verantwortung[25].

Die höchstrichterliche Absage an jede hierarchische Fiktion läßt an Deutlichkeit nichts zu wünschen übrig: »Bei der Rechtsfindung im konkreten Fall ist die Aufgabe, Leistung und Verantwortung aller Mitglieder des erkennenden Gerichts völlig gleich.«

Vor diesem Hintergrund wird die BGH-These vom »richtunggebenden Einfluß« des Vorsitzenden vollends unverständlich. Genau besehen, gibt es für den fraglichen Urteils-Satz in seiner ebenso apodiktischen wie ungenauen Form nur eine Erklärung: Er muß einem tief verwurzelten Bewußtsein entspringen – und dieses wiederum reflektiert eine Hierarchie, die sich expressis verbis sogar auf die Rechtsprechung erstreckt.

5.3 *Psychologischer Hintergrund*

5.3.1 *Emotionales und Rationales*

Da der fragliche Satz kaum als lapsus linguae zu erklären ist, dürfte Wiebel mit seinem Hinweis auf die Rangordnung im BGH nicht gänzlich schief gelegen haben. Seine weitergehende Frage nach der verfassungskonformen Anwendung von Paragraph 21 g GVG stand weiterhin im Raum. Mit seiner Anregung – »Korrektur beim BGH aus eigener Kraft« – hatte er intern sogar einen gewissen Erfolg; doch der drang nicht nach außen.

Offiziell präsentierte die BGH-Spitze, ohne auf die Vorwürfe im einzelnen einzugehen, nur die erwähnte Stellungnahme; das Gericht hatte sich erkennbar darauf eingestellt, die Entscheidung des BVerfG (in der BFH-Sache) in Ruhe abzuwarten. Die Öffentlichkeit mußte zunächst noch eine

Weile rätseln: Ist da ein Bundesrichter übers Ziel hinausgeschossen, oder hat er in der Sache recht?
Er hatte. Anderthalb Jahre nach dem Eklat entschieden »die Vereinigten Großen Senate des Bundesgerichtshofes« (insgesamt: 23 Mitglieder) in dieser Sache: Die »Mitwirkungsgrundsätze«, die der Vorsitzende eines überbesetzten Zivilsenats aufstelle, müßten »mit abstrakten Merkmalen regeln, welche Richter an der Entscheidung mitzuwirken haben«[26]. Und weiter: Sie müßten »schriftlich abgefaßt« sein und »ein System in der Weise ergeben, daß die Besetzung des Spruchkörpers bei der einzelnen Entscheidung im Regelfall aus ihnen ableitbar ist«. Nichts anderes hatte Wiebel gefordert.
Der Grundsatzbeschluß war – erkennbar zur Vermeidung von Nichtigkeitsklagen – in die Zukunft gerichtet. »Nach bisheriger Auffassung«, so der Spruch, seien »an die Mitwirkungsgrundsätze geringere Anforderungen« gestellt worden. »Das ist für die Vergangenheit nicht zu beanstanden.« Für den Gedanken, daß eine »Selbstbindung des Vorsitzenden« nicht erforderlich sei, »sprachen zwar keine rechtlich zwingenden, aber doch gewichtige, wenn auch aus heutiger Sicht nicht mehr ausreichende Argumente«. Inzwischen habe sich »die Rechtsordnung fortentwickelt«, der »Gesichtspunkt, daß die Zusammensetzung der Richterbank hinreichend vorhersehbar sein müsse, hat an Gewicht gewonnen«.
Geradezu ein Sprung nach vorn ist das höchstrichterliche JA zu der Forderung, daß »auch nur entfernte Möglichkeiten einer manipulierten Auswahl der mitwirkenden Richter für eine bestimmte Sache ausgeschlossen werden sollten«. Die über viele Jahre praktizierte Annahme, daß »bei den Prozeßparteien ein Mindestmaß an Vertrauen in die Integrität der Rechtsprechung« vorausgesetzt werden dürfe, reiche heute nicht mehr aus.
Abschließend notiert der BGH: »Den veränderten Gewichtungen der verschiedenen Gesichtspunkte entspricht es, den Inhalt der Anforderungen an die Mitwirkungsgrundsätze neu zu bestimmen. Das bedeutet aber nicht, daß die hier behandelte Praxis im Nachhinein als rechtswidrig beanstandet werden muß.«

5.3.2 Der Berichterstatter

Wiebel gab sich mit diesem Erfolg nicht zufrieden. Im Juni 1995 nahm er – wieder in einer wissenschaftlichen Abhandlung – die Methode aufs Korn, mit der die Alleinherrscher beim BGH den sogenannten Berichterstatter bestimmen. Dieser Anonymus, den Eingeweihte als Schlüsselfigur der Rechtsfindung ansehen, ist für die meisten Bürger ein weithin unbekanntes Wesen. Er verschwindet in der Schar der fünf Richter, die jeweils einen Senat des BGH bilden. Wenn sie würde- und weihevoll hinter der Barriere

Aufstellung nehmen und der Vorsitzende das Urteil verkündet, halten Kläger und Beklagte den Atem an. Die Zeremonie ist beeindruckend.
Alle Fünf haben, so glauben Betroffene wie Zuhörer, mit der gleichen intellektuellen Anstrengung nach der Wahrheit gesucht. Tatsächlich kommt die höchstrichterliche Entscheidung anders zustande. Nur einer, nämlich der Berichterstatter, bearbeitet den Fall. Er präsentiert zum Schluß seinen vier Kollegen einen Urteilsentwurf (das »Votum«). Wenn er sein Handwerk versteht, wird sein Vorschlag auch akzeptiert.
Der Berichterstatter steuert mithin in der Regel die Rechtsfindung im Einzelfall. Wer ihn auswählt, stellt die Weichen. Das ist beim BGH, anders als bei den übrigen Obersten Gerichtshöfen, der Vorsitzende - eine Vormachtstellung, mit der sich Wiebel kritisch auseinandersetzt[27]. Der Bundesrichter ist ein gebranntes Kind. Seine Anregungen von 1992, die schließlich sogar gebilligt wurden, hatten ihm, wie bereits angemerkt, nur Ungemach eingebracht. Deshalb ging er bei seiner zweiten Attacke besonders vorsichtig zu Werk. Er nannte, um sich nicht den Vorwurf einzuhandeln, er habe Dienstgeheimnisse verraten, keine Namen und Ereignisse, sondern schilderte mit kühler Distanz die Abläufe in der obersten Instanz - dies aber präzise und unmißverständlich.
Die Vorsitzenden in Karlsruhe, konstatierte er, »beanspruchen für sich die Befugnis, ohne vorgegebenen Geschäftsverteilungsplan in jedem Einzelfall den Berichterstatter nach eigener Vorstellung zu bestimmen«. Das Herrschaftsgebaren, das sich mit dem Demokratieprinzip des Grundgesetzes und der garantierten richterlichen Unabhängigkeit nur schwer in Einklang bringen läßt, dürfte darauf zurückzuführen sein, daß sich der BGH als Traditionsnachfolger des Reichsgerichts begreift; die Oberinstanz des Kaiserreichs achtete auf Hierarchie. Wiebel lüftete den Schleier, der über den hausinternen Bräuchen liegt. In Karlsruhe werde »überraschend offen« eingeräumt, daß die »weitreichende Einflußnahme gewollt ist und ausgiebig praktiziert wird«. Als »eindrucksvolles Ziel« sei vorgegeben: »Der jeweils geeignetste Richter« solle den Urteilsentwurf fertigen.
Wer das ist, bestimmt nach BGH-Logik der Vorsitzende: Er »entscheidet, ob jemand Spezialist ist oder nicht«. Er stellt fest, »ob jemand als leistungsfähig anzusehen ist und in welchem Maße«. Er »verfügt, ob jemand unabkömmlich, überlastet, gebrechlich oder sonst mehr oder weniger einsetzbar erscheint«. Eine so weitreichende Direktionsbefugnis dürfte einmalig sein in der deutschen Justiz. »Auf diese Weise«, mokiert sich Wiebel, steuert der Vorsitzende nicht nur die Zuteilung der Akten, sondern prägt zugleich die richterliche Arbeit der Senatsmitglieder vor allem auch inhaltlich nach seiner Vorstellung«.
Drei andere Oberinstanzen - Bundesarbeitsgericht, Bundessozialgericht und Bundesverwaltungsgericht - beweisen, daß es auch anders, nämlich

korrekt, zugehen kann. Dort wird der Berichterstatter, wie Wiebel hervorhebt, »abschließend«, nach »festen Kriterien« oder »kollegial und einvernehmlich« bestimmt. Beim Bundesverwaltungsgericht in Berlin liegt der Berichterstatter, schon im voraus, für jeden Fall fest; in den meisten Senaten richtet sich seine Zuständigkeit nach der Endziffer des Aktenzeichens. Abstrakt bestimmt wird er auch beim Bundessozialgericht. Die Senate des Bundesarbeitsgerichts »terminieren gemeinsam«, so Präsident Thomas Dieterich, »und bestimmen gemeinsam den Berichterstatter«.
Offen bleibt für den Kritiker aus dem BGH, »woher gerade der Vorsitzende im Vergleich zu anderen Richtern die zuverlässig richtigen Vorstellungen von Effizienz haben sollte«. Solange »fünf von Verfassungs wegen unabhängige und gleichberechtigte Richter bestellt sind«, folgert Wiebel, »hat jeder Verfahrensbeteiligte einen Anspruch auf deren grundsätzlich gleichgewichtete Beteiligung ohne Vorrang der Ansichten eines von ihnen.« Fazit: Der Karlsruher »Zuteilungsmodus« erscheine »nach alledem als verfassungsrechtlich nicht vertretbar«.

5.3.3 In absentia abqualifiziert

Zurück zu Wiebels erster Kritik: Sie war nicht nur begründet – sie hat letzlich sogar die Fortentwicklung des Rechts bewirkt. In der Industrie hätte er eine Prämie für den Verbesserungsvorschlag erhalten. Doch beim BGH war es eher umgekehrt. Der Prophet gilt im eigenen Lager nichts. Statt rationaler gab es eine Fülle emotionaler Reaktionen – genauer gesagt: mobbing.
Prekäre Frage: Gehört das zum Thema? Alles spricht dafür: Denn wie eine Mehrheit mit der Minderheit umgeht, kann in einer Demokratie niemals allein Sache der Beteiligten sein, schon gar nicht, wenn sich die Fehde in der Beletage der Dritten Gewalt abspielt. Auch das ist ein Vorgang von öffentlicher Bedeutung. Details fallen in die Intimsphäre. Doch von einer Aufgabe können sich Journalisten nicht selbst dispensieren: Sie haben zu registrieren, wenn einem kritischen Richter der Diskurs im Popper'schen Sinne verwehrt und er stattdessen ausgegrenzt und in absentia abqualifiziert wird.
Solche Psycho-Abwehr bekommt übrigens nicht nur der Fahnenflüchtige zu spüren, sondern selbst der kritische Beobachter, der den Versuch wagt, widersprüchliche Verhaltensweisen zu ergründen. Zu diesem Thema kann der Autor einiges beitragen. Das Echo auf den bereits erwähnten Kommentar »Die autistische Gewalt« war eine erhellende Erfahrung. Das Bemühen, Ungeschicklichkeiten bei der Bewältigung eines Konflikts ganz allgemein als Phänomen eines kommunikationsschwachen Berufsstandes zu deuten, bezog der BGH auf sich. Weder die Verwendung des Oberbegriff Justitia noch der Hinweis, die Reaktionen seien gerade keine Karlsruher Eigentümlichkeit, haben Mißverständnisse verhindern können. Wer genauer hinsieht,

muß befürchten, daß Richter ihre Teilhabe am Gewaltmonopol, Herrschaft über Menschen, auf perfekte Weise verdrängen. Denn idealiter müßte bei einem Berufsstand, der Tag für Tag über fremde Schicksale, über Freiheit oder Existenz, zu Gericht sitzt, die Reizschwelle für Kritik höher liegen als bei jeder anderen Zunft. Das Gegenteil ist der Fall, mimosenhafte Empfindlichkeit die Regel – eine, die vermutlich für jede Elite gilt: Je größer die Macht, desto geringer die Bereitschaft, sich einen Spiegel vorhalten zu lassen.

Wiebels Begriff »Déformation professionelle«, den sich der DRiZ-Gastkommentar zu eigen gemacht hat, wurde vielfach als persönliche Beleidigung aufgefaßt. Auch das ist kaum nachvollziehbar. Denn es gibt schlechterdings keinen Beruf, der von solchen Deformierungen verschont bliebe.

Für Journalisten, die den ironisierenden Begriff von der Presse als der vierten Gewalt zum Nennwert nehmen, gilt das ebenso wie für Amts- und Mandatsträger, die ihr Tun zum Selbstzweck erhoben und vergessen haben, für wen sie eigentlich da sind. Es käme einem Wunder gleich, wenn die Justiz gegen derlei Anfechtungen gefeit wäre. Wer die abstrakte Gültigkeit des Begriffs für den eigenen Stand leugnet, reklamiert eine Ausnahme von der Regel, die sich auf herkömmliche Weise nicht mehr begründen läßt.

5.3.4 *Der Januskopf*

Alles in allem kommt eine Bestandsaufnahme nicht um die Erkenntnis herum, daß sich in Karlsruhe in dieser Sache Sender und Empfänger auf verschiedenen Frequenzen bewegten. Zu viele Revisionsjuristen empfanden die öffentliche Auseinandersetzung als lästig. Ihnen fiel ganz offenbar die Einsicht schwer, daß sich Journalisten die Anlässe für ihre Berichterstattung genausowenig aussuchen können wie Richter ihre Fälle.

Die Justizbeobachter hingegen haben Mühe, den Januskopf, den jedes Gericht zeigt, beidseitig abzubilden. Einerseits sehen sie einem monolithischen Spruchkörper gegenüber, der durch ein Bündel von Schweigepflichten anonymisiert wird. Andererseits wissen sie, daß sich hinter der abweichenden Fassade höchst eigenwillige Individuen verbergen, beim BGH mehr als hundert. Mal läßt sich ein Bariton oder ein Baß heraushören, doch zumeist übertönt der Chor die Solisten. Weil sich die einzelnen Stimmen nur schwer identifizieren lassen, bleibt dem Zuhörer nichts weiter übrig, als sich an den ganzen Klangkörper zu halten.

Es war mithin kein Zufall, daß irritierte Beobachter auf die Idee kamen, Erklärungen für Unerklärliches nicht mehr in der Jurisprudenz, sondern bei anderen Disziplinen zu suchen. Eine Kernfrage ergab sich dabei fast von selbst: Warum sollen eigentlich Richter, nur weil sie eine rote Robe tragen, anders reagieren als andere x-beliebige Gruppen? Deren Verhalten gegen-

über Außenseitern wird in jedem Lehrbuch der Psychologie exakt beschrieben.
Wer unter diesem Gesichtswinkel suchte, wurde schnell fündig. Peter R.Hofstätter, einer der Pioniere des Fachs, definiert in seiner mittlerweile legendären Arbeit über »Gruppendynamik« Gesetzmäßigkeiten, die zum Verständnis der Karlsruher Ereignisse beitragen könnten. »Die Ächtung des Außenseiters«, notierte der Professor, könne am ehesten in solchen Gruppen erwartet werden, die erstens »von der unverrückbaren Selbstverständlichkeit der von ihnen vorgenommenen Bestimmungen am festesten überzeugt sind« oder die zweitens »eine solche Überzeugung am lautesten proklamieren müssen, um ihren inneren Halt nicht zu verlieren«[28]. Hofstätter diagnostizierte als Folge im ersten Fall »eine Intoleranz aus Überzeugung«, im zweiten »eine überkompensierende Intoleranz«.
Nach Ansicht des Psychologen sind derlei Reaktionen als typischer gesellschaftlicher Ablauf hinzunehmen. Er meint: So sehr man dies »auch aus Gründen der Menschlichkeit und im Hinblick auf die jeweils betroffenen Individuen« bedauern müsse, sei doch wiederum festzuhalten, daß »ein gewisses Maß an Intoleranz« zu den »normalen« und zu den »notwendigen« Erscheinungen des Gruppenlebens gehöre.
Hofstätters Forschungsergebnisse könnten manchen Nebel auflösen. Sie laufen allerdings auf die - keineswegs unsympathische - Wahrheit hinaus, daß Angehörige der dritten Gewalt auch bloß Menschen sind. Doch diese Erkenntnis kann nur unter Vorbehalt gelten: Richter, die gelernt haben, nach Möglichkeit und Vermögen widerspruchsfrei zu denken, dürfen sich nicht einerseits wie gewöhnliche Sterbliche benehmen - und andererseits empört sein, wenn sie als solche wahrgenommen werden.

QUELLEN: Kapitel 5

1   Brigitte Hannemann, »Die Welt«, 14.2.1995.
2   »Die Woche«, 7.April 1995.
3   Helmut Kerscher, SZ 8.4.1992.
4   Zweigert, Empfiehlt es sich, die Bekanntgabe der abweichenden Meinungen des überstimmten Richters (dissenting opinion) in den Deutschen Verfahrensordnungen zuzulassen, Gutachten D zum 47.Deutschen Juristentag, Band I, Teil D,1968,S.D 15, D 16.
5   Friesenhahn, Referat auf dem 47.DJT., Sitzungsbericht R. Band II, Teil R, 1968, S.R 53.
6   Möhring, Die Anonymität des Richters, in Ehrengabe für Bruno Heusinger,1968, S.66; Lamprecht, Richter contra Richter - abweichende Meinungen und ihre Bedeutung für die Rechtskultur, 1992, S.91 ff m.zahlr.Nachw.
7   BFH-Beschluß, 29.1.1992 - VIII K 4/91, BB 1992 S.342.
8   Quack,, Geschäftsverteilungspläne und gesetzlicher Richer - Roma Locuta, causa non finita, BB 1992 S.1.
9   Wiebel, Die senatsinterne Geschäftsverteilung beim Bundesgerichtshof (Zivil-Senate), BB 1992 S.573.

10 Vertrauen ist besser, DER SPIEGEL 15/1992, S.57; Kerscher, Gesucht: Der gesetzliche Richter am BGH, SZ 8.4.1992; Wassermann, Die obersten Gerichte und die Einteilung ihrer Richter, Die Welt 22.4.1992; Düser, Richter sollten keine Politik machen dürfen, Impulse 5/1992, S.34; Rolf Lamprecht, »Ein unbewältigter Konflikt«, BB 1992, 2153 ff (mit weiteren Nachweisen).
11 Kerscher, BGH-Richter in Verteidigung, SZ 2.5.1992; Knapp, Eine Palastrevolution am Karlsruher Bundesgerichtshof, Frankfurter Rundschau 6.5.1992; Bommarius, Ein Wechselspiel weckt Verdacht, Deutsches Allgemeines Sonntagsblatt 29.5.1992.
12 Übersicht über die Mitwirkungspraxis in den überbesetzten Zivil- und Strafsenaten des Bundesgerichtshofs, Zusammenstellung des BGH-Präsidenten, verteilt am 14.5.1992.
13 Antrag der JPK vom 15.5.1992.
14 Felix hat entdeckt, daß die Fassung des Paragraphen 21 g (vormals 69 II GVG) keineswegs unumstritten war; sie ist erst auf Protest der fünf Präsidenten im Vermittlungsausschuß gefunden worden. Felix zitiert dazu in seinem Beitrag für die »Festschrift Dieter Gaul«, »Ziemer-Birkholz FGO Paragraph 8, Rn 1f«.
15 Abschlägiger Bescheid des BGH-Präsidenten vom 5.6.1992.
16 NJW 1992, S.46 ff.
17 BGHZ 49 S.64 f.
18 BGHZ 37 S.210 f.
19 BGHSt 2 S.71 f.
20 RGSt 56, S.157,158.
21 Möhring, aaO (Fn 6) S.64.
22 Rüdiger Lautmann, »Hierarchie im Richterkollegium«, ZRP 1972, 129 ff.
23 Rolf Lamprecht, »Die autistische Gewalt«, DRiZ 1992, 237.
24 Rüdiger Lautmann, aaO,S.130.
25 BVerfGE 26, 76.
26 BGH, Beschluß vom 8.5.1994, AZ: VGS 1-4/93.
27 Wiebel, BB 1995, 1197 f.
28 Hofstätter, Gruppendynamik – Kritik der Massenpsychologie, 1957, S.71.

6. Innere Unabhängigkeit

6.1 Strukturelle Zwänge

6.1.1 Selbsterfahrungen

Attacken gegen die Unabhängigkeit kommen aus unterschiedlichen Richtungen - und sie haben unterschiedliche Erfolgsaussichten. Die Versuche, mit denen die etablierten Mächte Einfluß nehmen wollen, sind vergleichsweise harmlos. Bei der Abwehr gehen die Richter dank ihrer Rundum-Absicherung nur geringe Risiken ein.
Die wirklichen Gefahren lauern woanders. Sie verbergen sich hinter den subtilen Mechanismen der Hierarchie. »Wie in jedem sozialen Körper«, notiert Horst Sendler, »bildet sich auch in einem Richerkollegium das heraus, was man in anderen Bereichen eine ›Hackordnung‹ nennt«[1]. Tatsächlich sind strukturelle Zwänge nicht immer auf Anhieb sichtbar. Sie müssen erst erkannt, thematisiert und ausgesprochen sein, bevor sie abgewehrt werden können. Das ist leichter gesagt, als getan.
Ärgernisse und Zumutungen, denen der Einzelne ausgesetzt ist, schlummern zunächst einmal in seinem Unter- und Halbbewußtsein. Da jede Überanpassung zugleich die eigene Unzulänglichkeit widerspiegelt, wehrt sich das Ego gegen derlei Selbsterkenntnisse. Sie müssen mühsam hervorgeholt und sichtbar gemacht werden. Innere Widerstände müssen überwunden werden. Denn jeder Mensch möchte mit sich selber in Harmonie leben und Respekt vor dem eigenen Spiegelbild haben. Deshalb sträubt er sich gegen das Eingeständnis, daß auch er durch Unterwerfungshandlungen deformiert worden sein könnte.
Die psychische Leistung, die notwendig ist, um sich der offenen Wunden und der Narben bewußt zu werden, ist vermutlich gar nicht allein, sondern nur in der Gruppe zu erbringen. Insoweit sind die Zusammenschlüsse engagierter Richter, die weniger über Berufsständisches und mehr über das Innenleben der Zunft nachdenken wollen (wie etwa die »Neue Richtervereinigung«), nicht nur von politischer Bedeutung: Sie haben zugleich die heilende Funktion von Selbsterfahrung- und Selbsthilfegruppen.
Ohne den Münchner Rechtsphilosophen Arthur Kaufmann ausdrücklich zu zitieren, wandeln solche Gruppen auf seinen Spuren - und reflektieren den Grundgedanken, der diesem Buch als Motto voransteht: Durch Kenntnis der eigenen Abhängigkeiten zur wirklichen Unabhängigkeit heranzuwachsen - eine jener seltenen Ideen, deren Evidenz sich auf Anhieb erschließt.

Doch wieviel Resonanz hat diese Wahrheit bisher gefunden? Ist sie ins Bewußtsein vieler Richter gerückt? Oder hat sie nur wenige Anhänger? Wenn ja: Wo stammen sie her? Wie sind sie strukturiert? Bemühen sich die Etablierten an der Spitze der Justiz, den Prozeß der Bewußtwerdung zu fördern? Oder haben sie etwa ein vordergründiges Interesse daran, daß die Wechselbeziehungen zwischen richterlicher Unabhängigkeit und der Vielzahl bekannter und unbekannter Einflüsse so wenig wie möglich publik werden? Denn der Widerstand, der aufbrechen könnte, würde und müßte sich gegen die hierarchischen Strukturen wenden.

Vorläufig allerdings dominiert noch die überlieferte Losung: Ruhe ist die erste Richterpflicht! Ein Blick in die Literatur der letzten Jahrzehnte legt den Schluß nahe, daß der Erkenntnisfortschritt bislang noch nicht sonderlich weit gediehen ist – weder »oben« noch »unten«. Ausnahmen bestätigen die Regel. Die Tatsache, daß die »Deutsche Richterzeitung« (DRiZ) als Organ des Deutschen Richterbundes (DRB) Rücksicht auf das breite Spektrum des gesamten Berufsstandes nehmen muß, bewog eine Gruppe engagierter Richter, ein eigenes Blatt herauszugeben – »Betrifft: Justiz« (BJ).

6.1.2 *Betrifft: Justiz*

Die Zeitschrift führt unter den juristischen Periodika ein singuläres Dasein. Nirgendwo sonst werden die Gefühle und Wünsche, die Ängste und Bedrängnisse von Richtern so gewissenhaft und schonungslos dokumentiert wie dort. Insofern haben die selbstkritischen Bekenntnisse in »Betrifft: Justiz« einen einmaligen Wert.

Vergleichbares gab es bisher nur in der Form anonymer Äußerungen, die vom Establishment in das Reich der Fabel verwiesen oder als Verwirrungen einzelner abgetan werden konnten. Nun liegen entsprechende Meditationen gedruckt vor und lassen sich nachlesen. Dialektisch gesehen, ist das ein qualitativer Sprung. Wer, wie die BJ-Autoren, auf den üblichen Schutz des Kollektivs verzichtet, hat sich befreit. Alle zeichnen mit vollem Namen, ihre Existenz läßt sich im »Handbuch der Justiz« nachprüfen.

Das Credo skizzierte Klaus Beer, inzwischen pensionierter Vorsitzender Richter am Landgericht Stuttgart: »Wir faßten die Zumutungen und Anfechtungen ins Auge, denen uns autoritärer werdende Gesetzgeber und Regierungen aussetzen«[2]. Die Kollegen, die sich da zusammenfanden, hätten sich bemüht, »in allen Problemen kompetenter« zu werden, »als es der einzelne hätte sein können«. Die neue Erkenntnis: »In einer Zeit ohne die notwendige Reformpolitik suchten und entdeckten wir die Freiheiten und Möglichkeiten, welche die Unabhängigkeit unseres Berufs uns eröffnet.«

Zu diesem Entwicklungsprozeß gehörte ganz selbstverständlich, daß diejenigen, um die es in der Rechtsprechung eigentlich geht, erstmals vom Rand ins Zentrum gerückt wurden: »Wir beschrieben die Erwartungen«, so Beer, »mit denen in einem freiheitlich-demokratischen Rechts- und Sozialstaat die Bürger sich der Justiz nähern dürfen«.

6.1.3 *Betrafungen und Belohnungen*

Die Bedingungen für solche Souveränität sind ideal – immer vorausgesetzt, daß Richter damit umgehen können. Je mehr der einzelne verinnerlicht, daß die Gefahren nicht mehr von außen, sondern allenfalls von innen kommen, desto deutlicher wird, wie unangreifbar der Status eigentlich ist. Christoph Strecker, aufsichtsführender Richter am Amtsgericht in Stuttgart, fand dafür eine wirklichkeitsnahe Definition: »Im demokratischen Rechtsstaat haben Richter keine korrupten Vorteile zu erhoffen und auch keine ernsthaften Bedrohungen zu befürchten«[3].

Strecker sieht aber auch das aus der Verhaltenspsychologie bekannte Geflecht von Belohnungen und Bestrafungen, dem Richter wie alle anderen Menschen ständig ausgesetzt sind. Er notiert: »Die einzige faktisch wirksame Verlockung ist die mit Sozialprestige und ökonomischem Vorteil verbundene Belohnung durch Ernennung und Beförderung, die einzige Bedrohung besteht in deren Versagung«. Hieraus resultiere ein Antrieb, »sich so zu verhalten«, daß die Karrierechancen »erhöht und nicht gefährdet« würden.

Die Erkenntnis, selbst eine Figur in diesem Spiel zu sein, ist nicht gerade angenehm. Keiner ist gern Opfer von Manipulation. Das macht verständlich, warum die meisten Richter die wenig schmeichelhafte Realität nicht wahrhaben wollen. »Die Verleugnung des Anpassungsdrucks« bedinge, notierte Ingo Hurlin, Vorsitzender Richter in Lübeck, »ein stilles, vorauseilendes Wohlverhalten, um die Geneigtheit derer zu erringen, die über berufliches Fortkommen zu entscheiden haben«[4].

Hurlin beschreibt zugleich die Mechanismen der Verdrängung, die nötig sind, damit der einzelne nicht an sich selbst verzweifelt. »Dieses subalterne Verhalten« werde zwangsläufig »nicht als persönlicher Makel empfunden«, sondern ins Positive gewendet: »Anpassung wird zur staatstragenden Gesinnung und gewissenhafte Pflichterfüllung zur wertvollen Charaktereigenschaft.«

Es bedarf keiner großen Phantasie, um sich vorzustellen, daß Selbsterkenntnisse dieser Art nicht über Nacht gewonnen werden. Der Vorgang hatte eine selbstquälerische Dimension. Alle neuen Einsichten setzten die Aufgabe überlieferter und lieb gewonnener Strukturen voraus. Beer, inzwischen pensioniert und einer der älteren unter den engagierten Richtern, nahm die Stellung eines geistigen Wegbereiters ein. Er erinnert an die ersten Schritte: »Unsere Kritik war zunächst beschreibend, formulierend, verlautbarend: Kritik an der hierarchischen Struktur der Justiz, die immer noch besteht; Kritik an Rechtsprechung; Kritik an Disziplinarmaßnahmen gegen Richter und Staatsanwälte.« Weiter: »Wir rückten die Begrenzungen unserer Meinungsfreiheit weit hinaus, indem wir sie mißachteten«[5].

Bis zu diesem Befreiungsschlag war ein weiter Weg. Denn das Kriegsende bedeutete für die dritte Gewalt, anders als in den übrigen Bereichen der Gesellschaft, keine Zaesur. Beer beschreibt diese Entwicklung: In die Nachkriegsjustiz »strömten« als Berufsanfänger die »Batteriechefs, Flugzeugführer und Schnellbootkommandanten des zweiten Weltkrieges«. Zu den Richtern, die in der NS-Zeit weitgehend ihr Rückrat verloren hatten, gesellte sich diese neue Generation.

Beide Gruppen bildeten, so Beer, »keine Justiz, in der Selbstkritik einen Gedanken wert war«[6]. Filbingers Grundsatz »Was gestern Recht war, kann heute nicht Unrecht sein« setzte sich nach Beers Beobachtungen »in vielerlei Variationen und als ungeschriebene Begründung so manchen Urteils gegen die Täter der Verbrechen des ›Dritten Reiches‹ durch«.

Auch die »Gnade der späten Geburt« nützte den weißen Jahrgängen nicht viel. Sie traten in ein System ein, das nach wie vor die überlieferten Tradionen pflegte – eine Justiz, für die »Selbstkritik ein Fremdwort« war und die auch Fremdkritik nur gelten ließ, wenn sie »sachlich und förderlich«[7] daherkam. Diesem Geist entsprach ein Entwurf der Bundesregierung von 1962 für ein neues Strafgesetzbuch, das im Paragraphen 452 allen Ernstes vorsah, die Störung von Strafverfahren vor dem Urteil des Richters zu kriminalisieren.

6.1.4 Aufbruch zu neuen Ufern

Vor diesem Hintergrund wird verständlich, warum der Aufbruch zu neuen Ufern mit Mühsal verbunden war. Es begann praktisch erst zu Zeiten der APO, im Jahr 1968 mit dem »Königsteiner Manifest«. Engagierte Richter hatten ein »Aktionskomitee Justizreform« gegründet und überlegt, wie sich die Justiz »zu einer echten dritten Gewalt im Staate« entwickeln könne.

»Dies war zum ersten Mal in der Nachkriegszeit ein gemeinschaftliches Nachdenken«, so Beer, »über eine vernünftige Rolle der Justiz in der Gesellschaft«[8]. Das Manifest war der Startschuß für die weitere Entwicklung. Richter, denen der DRB des damaligen Zuschnitts zu konservativ war, schlossen sich der Gewerkschaft ÖTV an. Andere trafen sich erst zu Wanderungen über die Schwäbische Alb und später zu Tagungen in dem Odenwälder Dorf Heiligkreuzsteinach, wo die »Richterratschläge« entstanden[9]. Beer erinnert an die Fragestellungen jener Tage: »Wie machen wir uns gemeinsam stark? Wie reagieren wir auf Disziplinierungen der Justizverwaltung? Welche Antworten gibt die Rechtsprechung auf die ökonomische Krise? Wie beteiligen wir uns an der Friedensbewegung?«[10]. Die Teilnehmer dieser Treffen setzten Maßstäbe - »für die Selbstkritik, die Kritik an der eigenen Justiz und natürlich auch aneinander«.

6.1.5 Stille Revolution

Der Fortschritt ist bekanntlich eine Schnecke. Deshalb nimmt es kaum Wunder, daß sich - trotz BJ - der Anblick, den die Justiz dem Bürger bietet, bislang nicht wesentlich verändert hat. Doch der unansehnliche graue Betonblock wird durch die neuen Farbtupfer wenigstens ein bißchen aufgelokkert. In der Masse der Robenträger sind ein paar Menschen aus Fleisch und Blut erkennbar. Sie bewirkten diesen Wandel für sich selbst, in dem sie einfach aus der Marschkolonne heraustraten. »Wir entzogen uns«, notiert Beer, »der Lebensform und Sozialisation, welche die überlieferte Justizstruktur den in ihr arbeitenden Menschen traditionell zumutet«[11].
Was da im einzelnen geplant war und allmählich auch umgesetzt wurde, klingt wie eine stille Revolution - und war, genau besehen, nur Zivilcourage, die in der schwerfälligen dritten Gewalt mit ihrem enormen Beharrungsvermögen allerdings nicht zu den Selbstverständlichkeiten gehört.
Die engagierten Richter »übten miteinander eine distanzierte Haltung zum Beförderungssystem ein«, sie lösten sich vom »Karrieredenken«, entwickelten »Kritik am hierarchischem System«, »lasen und entschlüsselten Richterbeurteilungen« und erörterten »öffentlich die Personalpolitik« ihres jeweiligen »Dienstherrn«. Beer: »Wir schufen uns also neben der Justizsozialisation eine alternative Lebensform, in der wir wurzeln können.«
Strecker lieferte seinen Kollegen theoretische und praktische Wegweisungen. Er berief sich nicht auf die vielbeschworene »Unabhängigkeit«, sondern beschäftigte sich mit den Facetten der »Abhängigkeit«. Sie sei »die - bewußte oder unbewußte - Bereitschaft, das eigene Verhalten einem fremden Willen unterzuordnen«[12]. Dieser Typ des passiven Kollegen ist nach Streckers Definition der »Willensnehmer«, der Aktive, also einer der oberen, sein »Willensgeber«. Bereits dessen Existenz genüge. Wer Bedürfnisse habe, die dieser befriedigen oder versagen könne, verhalte sich oft von selbst »wohlgefällig«.
Das Phänomen, das Strecker beschreibt, ist keineswegs neu. Die Neigung, den Erwartungshorizont von Vorgesetzten zu bedienen, findet sich überall im Berufsleben. Doch es gibt - außer in der Justiz - keinen Arbeitnehmer, der sich auf eine gesetzliche und verfassungsrechtliche Garantie der Unabhängigkeit berufen könnte. Daraus folgt: Richter, die sich subaltern verhalten, sind so überangepaßt, daß sie von ihren Schutzrechten keinen Ge-

brauch machen. Strecker meint denn auch, der Begriff der »Unabhängigkeit« sei »nicht die Beschreibung einer beobachtbaren Realität, sondern ein Postulat«[13].

Dieses Ziel zu erreichen, ist nach Ansicht des Autors noch nicht mal sehr schwer: »Jegliche Abhängigkeit endet dort, wo der potentielle Willensnehmer seine Bedürfnisse so weit reduziert, daß ein Liebensentzug des Willensgebers für ihn keine Bedrohung darstellt«[14]. Strecker findet obendrein, daß sich das Problem von selbst erledigt, wenn »der Willensnehmer mutig genug ist, Konflikten mit dem Willensgeber nicht aus dem Weg zu gehen, denn dieser ist seinerseits an das Recht gebunden und dadurch gehindert, seine Macht ungebremst auszuspielen«.

6.1.6 *Lehrstück aus Mecklenburg*

In der Praxis freilich ist es mit dem Rollenverständnis, das Strecker empfiehlt, noch nicht weit her. Die »Deutsche Richterzeitung« (DRiZ) dokumentierte dazu im August 1994 ein Lehrstück aus den neuen Ländern. An der Bilderbuch-Affäre, die sich in Mecklenburg-Vorpommern abspielte, läßt sich ablesen, wie unbeholfen Richter mit einem Begriff umgehen, den sie nur geerbt, aber nicht verinnerlicht haben. Alle Reaktionen waren paradigmatisch – das Verhalten der beteiligten Richter ebenso wie der Kommentar der Verbandszeitung.

Es ging um die Terminierung eines Prozesses gegen jugendliche Gewalttäter. Dem Ministerium für Justiz war mit Rücksicht auf die nationale und internationale Öffentlichkeit erkennbar an einer zügigen Erledigung gelegen. Der Staatssekretär aus Schwerin telefonierte mit dem Amtsgerichtsdirektor in Ludwigslust, der zeigte sich eilfertig und verhandelte höchstpersönlich am Pfingstsonntag – die DRiZ insinuierte einen Eingriff in die richterliche Unabhängigkeit.

Der Fall: Sechs Jugendliche zwischen 14 und 19 hatten am Mittwoch vor Pfingsten einen Jungen aus ihrer Clique brutal mißhandelt. Die DRiZ berichtet: »Sie traten und schlugen ihn, versengten seine Haare, malten ihm ein Hakenkreuz auf die Schulter und wollten dieses mit einem stumpfen Messer nachritzen. Dann versuchten sie, ihm Stromschläge zu versetzen. Nach zwei Stunden entkam der Gequälte seinen Peinigern und verständigte die Polizei. Die Täter wurden gefaßt und waren geständig«[15].

6.1.7 *Ein »anstößiges« Telefonat*

Kurzum: Es war einer jener Fälle, die nach den Ausschreitungen von Rostock, Mölln und Solingen eine schnelle Reaktion verlangten, wenn die

Bundesrepublik ihren Ruf in der Welt nicht weiter ruinieren wollte. Der Justizminister mußte damit rechnen, daß der Landtag von ihm Auskunft und Rechenschaft verlangen würde.

Deshalb reagierte der Generalstaatsanwalt, der offenbar den (nach Rostock) lädierten Ruf seines Landes aufpolieren wollte, in Windeseile. Er setzte seine Staatsanwälte in Trab, und die wiederum nahmen Verbindung zur zuständigen Richterin auf. Vorschlag der Ankläger: Verhandlung am Freitag. Die Richterin lehnte ab, sie habe erst am Mittwoch nach Pfingsten einen Termin frei. Das wäre, immer noch sehr zügig, eine Woche nach der Tat gewesen.

Parallel zu diesen Aktivitäten trat Staatssekretär Dr.Letzgus auf den Plan. Er erkundigte sich beim Direktor des Amtsgerichts nach der Terminierung – ob neugierig oder drängend, läßt sich nicht mehr klären. Der Direktor, der am Feiertagswochenende selbst Eildienst hatte, setzte die Verhandlung jedenfalls für Pfingstsonntag an, verhandelte bis in den Abend hinein und verurteilte die Täter wegen gefährlicher Körperverletzung und Freiheitsberaubung – die jüngeren zu vier Wochen Jugendarrest, den ältesten zu sieben Monaten Haft ohne Bewährung.

Prüfenswert in diesem Fall ist sicher, wer sich hier warum falsch verhalten hat. DRiZ-Kommentator Dierk Mattick stellte die rhetorische Frage, ob der Anruf des Staatssekretärs vielleicht ein »probates Mittel« gewesen sei, »der sich ausbreitenden Gewaltkriminalität gerade auch jugendlicher Täter zu begegnen«. Seine kategorische Antwort: Nein. Das Vorgehen sei vielmehr zu kritisieren – »und zwar mit allem Nachdruck«. Ein solches Telefonat sei »ein Versuch, in richterliche Kompetenzen und Entscheidungen einzugreifen«[16]. Der »hemdsärmelige Umgang« mit dem Gericht werde selbst »durch das als richtig erkannte Ziel« nicht gerechtfertigt.

Mattick sparte auch seine Kollegen nicht aus. Wenn sich alle »der Verpflichtung, ihre Unabhängigkeit zu wahren, bewußt« wären und sich jeder »denkbaren Einflußnahme eindeutig widersetzten«, »wäre ein Anruf der geschilderten Art eigentlich kein ernst zu nehmendes Problem«. Denn der Ministeriale »würde je nach Temperament des Richters höflich oder direkt, jedenfalls deutlich dahin beschieden, daß es allein Sache des Richters ist, wann er eine Sache terminiert«.

Allein dieser zweite Aspekt behandelt den Fall adäquat. Titelinhaber des Rechtsinstituts »Unabhängigkeit« sind die Richter. Den Titel kann ihnen keiner nehmen. Er ist so sicher wie die Rechte eines Grundstückseigentümers, der im Grundbuch eingetragen ist. Er kann jederzeit von seinem Hausrecht Gebrauch machen. Die Möglichkeit, daß sich Politiker oder Beamte ungeschickt verhalten oder die Rechtslage verkennen, besteht immer. Doch das ist noch kein Angriff auf die richterliche Unabhängigkeit. Es ge-

nügt in der Regel, den Tolpatsch auf seinen Irrtum oder Taktfehler aufmerksam zu machen. Wenn wirklich mal eine Nötigung in der Luft liegt – die Presse steht Gewehr bei Fuß.
Der Staatssekretär hatte hier erkennbar das öffentliche Wohl im Auge. Wenn der Direktor des Amtsgerichts auf den Anruf von Letzgus so reagiert hätte wie die Richterin auf das Ansinnen des Staatsanwalts, wäre das korrekt und angemessen gewesen. Die einzige, die sich hier untadelig benommen hat, war die junge Frau in Robe.

6.1.8 *Der eigentliche Skandal*

Die Protestanten müssen sich dagegen fragen lassen, was für ein mimosenhaftes Verständnis von Unabhängigkeit dahintersteckt, wenn bereits der Anruf eines Staatssekretärs als Angriff angesehen wird? Der Richter genießt ja gerade Unabhängigkeit, damit er souverän mit den Vertretern etwa der anderen beiden Gewalten umgehen kann. Er braucht noch nicht einmal Mannesmut vor Königsthronen zu beweisen. Denn er muß nicht mehr für seine Unabhängigkeit kämpfen, sie ist ihm von Verfassungs und Gesetzes wegen unverbrüchlich garantiert. Er sollte sie allerdings auch wahrnehmen.
Der eigentliche Skandal dieses Falles liegt darin, daß der Chef des Gerichts, ein Amtsgerichtsdirektor, dann in vorauseilendem Gehorsam Termin für den Pfingstsonntag angesetzt hat. Mit Sicherheit war unter diesen Umständen die Verteidigung behindert. Der Amtsgerichtsdirektor war kein Ossi, dem das SED-Regime das Rückrat gebrochen hat, sondern ein Wessi, der – seinem Alter nach zu urteilen – etwa 1970 in die Justiz eingetreten sein dürfte, also ein Eigengewächs der vielgepriesenen freiheitlich demokratischen Grundordnung. Wenn ein Richter, der mit der Garantie der Unabhängigkeit groß geworden ist, bereits bei einem Anruf von oben zusammenknickt, dann sollte man sich seine Reaktion bei wirklichen Anfechtungen lieber gar nicht erst vorstellen.
Der Vorgang ist merkwürdig genug: Ein Staatssekretär schnipst und der Richter springt. Wie kommt es zu so einer Zirkusnummer? Die Antwort, die auf Anhieb einfällt, ist wenig schmeichelhaft. Sie hängt – mehr oder weniger – mit den Dressurakten der Hierarchie zusammen. Die Sottise des preußischen Justizministers Leonhard, die Richter könnten ruhig ihre Unabhängigkeit behalten, solange er über ihre Beförderung entscheiden dürfe, gewinnt angesichts solcher Fälle die Bedeutung eines soziologischen Obersatzes.

6.1.9 Adickes als Kronzeuge

Auch Adickes hat diese Wechselbeziehung angesprochen, allerdings wesentlich differenzierter – immerhin so eindrucksvoll, daß ihn das BVerfG 1961 als Kronzeugen für ein Grundsatzurteil bemühte[17]: »Mit Recht hat Adickes 1907 ausgeführt: Solange ›ein in der richterlichen Karriere aufwärts Strebender so viele Hoffnungen und Wünsche hat, deren Erfüllung von seinen Vorgesetzten abhängt, solange er also ein persönliches Interesse an der guten Meinung dieser Vorgesetzten hat, die auch ihrerseits manchmal Wünsche haben, sind offenbar Konflikte und Reibungen amtlicher und persönlicher Natur keineswegs ausgeschlossen‹«.

Die neunzig Jahre zurückliegende Sentenz könnte erklären, wie der kurze Draht zwischen Schwerin und Ludwigslust funktioniert hat. Adickes meinte schließlich auch, er könne »nicht behaupten und jedenfalls nicht beweisen, daß in unserem Richterstande die schwachen Naturen«, welche »von vorneherein zu Strebern im schlimmen Sinne werden, einen irgendwie erheblichen Prozentsatz ausmachen«. Auf die Zahl komme es indessen nicht an, »sondern nur auf die Möglichkeit unberechtigter Einflüsse und den bösen Schein irgendwelcher Abhängigkeit«[18].

Das Problem der Abhängigkeit ist, wie man sieht, nicht neu. Auch Adickes hat es nicht entdeckt, aber immerhin doch vor knapp hundert Jahren sehr zutreffend beschrieben. Dennoch wird es mit einer Hartnäckigkeit, die sich nur tiefenpsychologisch erklären läßt, von den meisten Richtern immer wieder geleugnet.

Eine Ursache mag sein, daß die »Willensnehmer«, um mit Strecker zu sprechen, das Phänomen der Unterwürfigkeit verdrängen, weil sie sich bei dem Gedanken unwohl fühlen. Es spricht manches dafür, daß die Fälle des vorauseilenden Gehorsams die Zahl der tatsächlich Zumutungen »von oben« bei weitem übertreffen. So gesehen, müssen sich womöglich nicht die »Dienstherrn«, sondern zuerst die Richter ändern, denn denen steht immerhin das Recht zur Seite.

6.2 Anspruch und Wirklichkeit

6.2.1 Selbstkritische Thesen

»Betrifft JUSTIZ« ging daher mit der Publikation von »sieben selbstkritischen Thesen« einen Schritt in die richtige Richtung. Horst Häuser, Verwaltungsrichter in Wiesbaden, und Udo Hochschild, nach Leipzig abgewanderter Sozialgerichtsdirektor, haben sich selbst und ihren Kollegen den Spiegel vorgehalten. Ihre Luther-Imitation setzte eine Diskussion in Gange

und erzeugte eine nachhaltige Sensibilität zumindest unter den linksliberalen Richtern. Ihr Denkansatz war: Wie lassen sich der Anspruch, mit dem wir auftreten, und die Wirklichkeit, in der wir uns häuslich niedergelassen haben, miteinander zur Deckung bringen?
Deutlich wurde zumindest, daß keiner irgendwo Teilnehmer sein kann, ohne sich auf das Ganze einzulassen. Häuser und Hochschild beklagten: »Auch wir bedienen uns im Beförderungswesen in systemimmanenter Weise solcher Mechanismen, die wir immer abgelehnt haben«[19]. Das »wir« der beiden reflektierte erkennbar auf das Zusammengehörigkeitsgefühl der Gleichgesonnenen.
Sie alle »reproduzieren und perpetuieren« allein durch ihr Dabeisein die »hierarchischen Strukturen«, die sie eigentlich durch »demokratische« ersetzen wollen. Dadurch erweckten sie, so Häuser und Hochschild, »nach außen den Eindruck«, daß sie »trotz anders lautender verbaler Erklärungen letztlich das gleiche tun wie die anderen« – unter Verlust von »Glaubwürdigkeit«.
Fast sensationell wirkt, daß sich die beiden Autoren – im Gegensatz zur Mehrheit ihrer Kollegen – der Selbstgefährdung nicht nur bewußt sind, sondern sie auch beim Namen nennen: die »eigene Korrumpierbarkeit« und die Tatsache, daß auch sie sich »durch den mit Beförderungen verbundenen Machtzuwachs verändern« könnten. Sie sind sich klar darüber, daß auch von ihnen selbst, wenn sie Vorgesetzte sind, »Anpassungsdruck« ausgeht und daß sie durch das »Streben nach« und das »Vergeben von« Beförderungsämtern ein System stützen, »das auf Konkurrenz und auf Entsolidarisierung der Richterinnen und Richter angelegt ist«.
Der Dialog, den die beiden Autoren begonnen hatten, entwickelte sich zum dialektischen Prozeß. Auf ihre Thesen folgten Antithesen aus den eigenen Reihen. Die BJ-Redakteure waren sich dessen schon im vorhinein bewußt. Sie hätten über die »sieben Thesen« lange »kontrovers diskutiert« und hofften, daß es den Lesern »ähnlich geht«. Tatsächlich kommt um eine Zwangsläufigkeit keiner herum: Je öfter engagierte Richter, die zum Teil hochqualifiziert sind, befördert werden, desto größer wird die Zahl derjenigen, die sich mit einer ungeliebten Rolle zurechtfinden müssen.
Volker Lindemann, inzwischen selbst Vizepräsident (beim OLG Schleswig), fragt denn auch, ob die conclusio der Beförderungsverweigerung nach dem Motto »Hauptsache sauber bleiben« sehr sinnvoll wäre. Lindemann spielt die (auch von ihm selbst favorisierte) Alternative – Abschaffung aller Beförderungsämter und damit des Beurteilungswesens – konsequent durch und kommt zu dem Schluß: Auch dann müßten »wir für die unverzichtbaren Leitungsfunktionen geeignete Kolleginnen und Kollegen auswählen und das heißt auch beurteilen«[20].

6.2.2 Darstellung des Meßvorgangs

Der arrivierte Linke sieht nur die Möglichkeit, sich dem gemeinsamen Ziel schrittweise zu nähern. Auch bei Auflösung der Hierarchie müßte »nach Geeigneten gesucht werden«. Gerade dann sei unverzichtbar, »das sich auf diese Weise natürlich ergebende Beurteilungswesen durchschaubar und kontrollierbar« zu machen. Aber wie? Es gebe »nichts Besseres als die Formulierung von Kriterien und die schriftliche Darstellung des Meßvorganges«.

Lindemann ist ein strikter Gegner der »mündlichen Personalakte«. Der Verzicht auf schriftliche Fixierung bringe nichts – dann »wird trotzdem beurteilt, das heißt verglichen, nur bleibt der Vorgang in den Köpfen der Beteiligten, und bestenfalls in der mündlichen Überlieferung«.

Insgesamt macht sich Lindemann keine großen Hoffnungen: »ohne daß die autoritätsfixierten Menschen sich ändern, funktioniert Mitbestimmung, also diese Form der innerbetrieblichen Demokratie nicht«[21]. Im Detail weiß der Vizepräsident von Erfahrungen zu berichten, die zuversichtlich stimmen können – er nennt »die manchmal geradezu atemberaubende Befreiung einer Mitarbeiterin oder eines Mitarbeiters aus gehorsamer Erstarrung«. Es handele sich da um »die ganz langsame Öffnung eines Gerichts, seiner Führungsetage und und seiner informellen Strukturen zugunsten von mehr Mitsprache, auch mehr Mut zum Nein-sagen«.

Das sind freilich nach wie vor Ausnahmen. Ingo Hurlin sieht das Spektrum eher nüchtern: »Der Teil der Richterschaft, der die Realität des Karrierestrebens und der Ämterpatronage durchschaut, verhält sich unterschiedlich«[22]. Nach dieser Einteilung »agieren« manche »bewußt auf den Stufen der Karriereleiter und nutzen die Möglichkeiten der Ämterpatronage«, andere wiederum »verweigern sich und beschließen das vorzeitige Ende ihrer Karriere«. Die Angepaßten »verdrängen« oder »verharmlosen« – »mit dem Hinweis auf die Unvollkommenheit des Menschen und die lange Tradition der Ämterpatronage«.

Analysen wie diese sind deshalb von unschätzbarem Wert, weil sie den Elfenbeinturm sprengen – zum Nutzen der Richter, die sich dort selbst eingesperrt haben. Sie bestätigen eine Hypothese, die sich nie beweisen ließ; sie wird nun durch schriftliche Bekenntnisse dokumentiert, jeder kann sie schwarz auf weiß nachlesen. Damit dienen sie zugleich der Aufklärung – etwa des Souveräns.

Der Bürger weiß nichts über das Innenleben der Staatsgewalt, die er legitimiert, aber auch fürchtet. Bislang war er auf Vermutungen angewiesen. Nun erfährt er, daß es in der Justiz ebenso zugeht wie an jedem anderen Arbeitsplatz. Die Wahrheit wird ihm in dem Maße, in dem sie sich verbreitet, viele

Illusionen rauben, vielleicht aber auch die vielfach utopischen Erwartungen auf ein vernünftiges Normalmaß zurechtstutzen.

Was Hurlin - wo wohl? - in der Beratung, in der Kantine oder im Zwiegespräch beobachtet hat, wird den Bürger an seinen Büronachbarn erinnern. Die Angepaßten, so der BJ-Autor, richten sich »systemkonform« ein und lebten »in dem guten Gefühl zur herrschenden Elite zu gehören«. Sie hofften, »eines Tages durch ein Beförderungsamt belohnt zu werden«. Das klingt profan, aber ehrlich. Hurlin: »Nicht wenige Richter und Richterinnen begreifen sich mehr und mehr als Teil eines übergeordneten Ganzen und Vollender eines übergeordneten Willens«.

6.2.3 *Beförderungsverzicht?*

Kein Wunder, daß kritische Richter anfangen, darüber nachzudenken, ob es vernünftig ist, den anderen, den Konservativen, das Feld zu überlassen. »Angesichts dieser Realität«, meint Hurlins Kollege Bernd Graefe, wäre »ein kategorischer Beförderungsverzicht weder sinnvoll noch wünschenswert«[23]. Sicher seien »nicht alle, die sich dem fortschrittlichen Richterlager zugehörig fühlen, die besseren Menschen«. Auch sie unterlägen der Anpassungsgefahr. Doch er traue ihnen »einen behutsameren, offeneren und kontrollierteren Umgang mit dem Machtzuwachs zu«. Auch Graefe will freilich nicht ausschließen, daß dies »in einigen - vielleicht auch zu vielen - Fällen ein Trugschluß« sein und »zu enttäuschten Erwartungen führen« könne.

Eine Frau, die den Weg nach oben gewagt hat - Konstanze Görres-Ohde, Landgerichtspräsidentin in Itzehoe - setzte sich mit den »sieben Thesen« auseinander, genau besehen aber mit der Antinomie, Chefin zu sein und zugleich möglichst viele Ideale in die neue Funktion hinüber zu retten. »Ist es denn gleich Verrat, Machtbesessenheit und Korrumpierbarkeit«, fragte sie, »wenn ich es genieße, daß eine Kollegin oder ein Kollege Extraarbeiten für mich macht?«[24].

Sie versuchte, die Motive abzuschätzen und entdeckte eine »Mischung aus wahrem Interesse (60 %), Hoffnung auf Beförderung (20 %) und Vergnügen, mit mir zusammenzuarbeiten (20 %)«. Man finde »übrigens erstaunlich schnell heraus, wer einem um den nicht vorhandenen Bart geht, allein um der vermeintlich besseren Beförderungschancen willen«. Vor der Beurteilung suchten sie »ständig meinen Kontakt«, hinterher höre man »nichts mehr« von ihnen.

6.2.4 *Sprung aus dem System?*

Die Präsidentin macht keinen Hehl daraus, daß sie nicht jedes Angepaßtsein als störend empfindet - etwa wenn einer »besonders nett zu den

Rechtsuchenden« ist, weil, so sein offenherziges Geständnis, »Sie ja soviel Wert auf so was legen«. Doch die Spitzenjuristin warnt wie OLG-Vize Lindemann vor zu hochgespannten Erwartungen: »Wie wollen wir mit einem eleganten Sprung aus einem System hüpfen, mit dem wir seit Kindesbeinen vertraut sind?«

Sie erinnert an »das Mütterlein«, das ihre Kinder vorantreibt. »Es kritisiert Mittelmaß, es entzieht Liebe oder es spornt uns durch besonderes Lob zu Höchstleistungen an«. Fazit der Richterin: »Wir können also dieses ›Beförderungssystem‹, mit dem wir groß geworden sind, nicht einfach abstreifen, weder die Beförderten, noch diejenigen, die meinen, Beförderung korrumpiere«.

Die BJ-Autoren reanimieren, ohne es zu sagen, die alte sozialistische Parole »Freiheit, Gleichheit, Brüderlichkeit« und reproduzieren damit zugleich den unauflösbaren Widerspruch. Sie können sich, wie sie das auch tun, für größtmögliche Freiheit des Richters einsetzen, sie können Brüderlichkeit üben, aber sie müssen erkennen, daß in einem intellektuellen Beruf allein der unterschiedliche Intelligenzquotient Gleichheit verhindert.

Doch gleichwohl lassen sich individuelle Grenzen beliebig ausdehnen. Wer strebend sich bemüht, kann noch erlöst werden. Physiologen und Psychologen legen die Vermutung nahe, daß weite Teile der Intelligenz nicht genetisch vorbestimmt sind, sondern durch Verhaltenstraining geschult und verbessert werden können. Auch derjenige, dem vom Intellekt her Höhenflüge in die oberen Regionen der Jurisprudenz verwehrt sind, kann sich um »eine maximale Offenheit des Geistes« bemühen, die Konrad Zweigert als »wesentliche Bedingung für eine innerlich freie und unabhängige Richterpersönlichkeit« ansieht. Dazu gehöre, meint er, »ein ständiges Training in vorurteilsfreiem Denken«[25].

Vonnöten ist nicht viel mehr als Selbstbeobachtung. Keiner, »der auf methodischem Weg Recht zu finden trachtet«, gehe, meint Arthur Kaufmann, »sozusagen jungfräulich an die Entscheidung eines Rechtsfalles heran«[26]. Ausschlaggebend sei dabei weniger der konkrete Fall, sondern die Tatsache, »daß er gleichartige Fälle kennt und dazu auch schon ein Urteil, ein Vor-Urteil hat«[27]. Hier zeige sich »die von der Hermeneutik aufgedeckte scheinbar paradoxe Wahrheit (›hermeneutischer Zirkel‹), daß nur verstanden werden kann, was bereits (vor-)verstanden ist, wenn auch auf einer anderen – vielleicht noch weitgehend unreflektierten – Stufe (›Gedanke der spiralförmigen Bewegung des Verstehens‹)«.

In diesem Bereich kann der Richter manches für sich und seine Entwicklung tun. Es wäre bereits viel gewonnen, wenn sich der einzelne die Phasen seiner Entscheidungsfindung klar macht, daß die Interpretation des Gesetzes »ohne die schöpferische Zutat des Richters« kaum möglich ist. Die Verkennung dieser Tatsache werde »nicht von ungefähr«, spottete Kaufmann,

»Subalternjustiz« genannt; sie sei »am reinsten (und auch am gefährlichsten)«, wenn sie »von sich selbst nichts weiß«[28].
Gezielt, quasi als Strategie eingesetzt, wird der Vorgang vielleicht noch gefährlicher – dann nämlich, wenn der Urteilsverfasser das Gesetz manipuliert, »indem er sich ihm zu beugen vorgibt«. Kaufmann beschreibt die Prozedur: »Er zitiert es, um über es hinauszugehen«. Dies alles tue er »umso unangefochtener«, je vollkommener er den Eindruck zu erwecken versteht, nicht aus eigener subjektiver Vernunft, sondern aus fremder, »objektiver Autorität zu schöpfen«[29].

6.2.5 Trug- und Fehlschlüsse

Die Täuschung gelingt nicht selten deshalb, weil immer noch der Irrglaube vorherrscht, »daß es ein geschlossenes System positiv-rechtlicher Normen gebe und daß die Anwendung dieser Normen auf den konkreten Fall nur bestimmter logischer Operationen und vielleicht auch der Beachtung einiger erlernbarer Kunstregeln bedürfe«. Thomas Dieterich korrigiert diese Vorstellung: »Es gibt weder ein geschlossenes Normensystem noch einen ›Justizsyllogismus‹, der sichern könnte, daß in jedem Einzelfall nur eine Entscheidung objektiv richtig sein kann«[30].
In ihrer Mehrzahl sind die Rechtsadressaten kaum in der Lage, den Widerspruch zwischen Anspruch und Wirklichkeit zu begreifen, noch viel weniger ist ihnen gegeben, das Geflecht von Trug- und Fehlschlüssen zu durchschauen. Wann ist ein Richter Opfer seiner Selbsttäuschung? Wann führt er sich und andere in die Irre? Wann setzt er die Herrschaftsinstrumente seiner Elite-Disziplin gezielt und strategisch ein?
Die Empfänger der Botschaft werden, so Dieterich, auf unbefriedigende Weise abgespeist – entweder mit »routinierten Kurzbegründungen in nichtssagenden Floskeln, die Sorgen und Nöte der Rechtsuchenden einfach abfertigen« oder mit »ausufernden Bekenntnisschriften, bei denen der entschiedene Fall nur noch die Stichworte liefert«[31].

6.2.6 Verräterische Defizite

Dem »mißtrauischen Beobachter der Justiz«, fürchtet der BAG-Präsident, müsse sich »der Verdacht aufdrängen«, »daß die vielen widersprüchlichen Begründungen, die überraschenden und angreifbaren Ergebnisse, die die Rechtsprechung hervorbringt, nur auf mangelnder gedanklicher Disziplin beruhen«[32]. Mit diesem Verdikt kommen die Kritiker der Wahrheit womöglich sogar sehr nahe.
Wenn es Richtern nicht gelingt, ihre Entscheidungen plausibel und stimmig zu begründen, liegt das entweder am Wollen oder am Können. Beides verrät

Defizite: den einen mag es wirklich an der Disziplin fehlen, den anderen an der Qualifikation. Womöglich gibt es ein Drittes – das Unvermögen, die eigenen Motive zu reflektieren, namentlich dann, wenn ein Urteil über Kollegen in Rede steht.

Ein illustratives Beispiel für diese Antinomie lieferte der BGH in dem Fall jenes früheren Leutnants, dem das Massaker im italienischen Caiazzo 1943 zur Last gelegt wurde: 15-facher Mord an Frauen und Kindern. Der BGH hatte zu prüfen, wann die Verjährungsfrist in Gang gesetzt worden war – am 13. Oktober 1943, dem Tag der Tat, oder am 1. Januar 1950, dem fiktiven Stichtag für NS-Verbrechen?

Für ein Votum zugunsten des späteren Datums, das eine Strafverfolgung des Blutbades ermöglicht hätte, wäre ein Urteil über die Funktionstüchtigkeit der deutschen Militärgerichtsbarkeit notwendig gewesen. Im Gegensatz zu dem Sachverständigen des militärhistorischen Instituts Potsdam (ehemals Freiburg) gingen die Bundesrichter jedoch davon, daß die Kollegen in Uniform den schießwütigen Offizier ordnungsgemäß abgeurteilt hätten. Damit war das Massacker verjährt.[33]

Der BGH entschied sich »in dubio pro reo« für das frühest mögliche Datum und damit für die Verjährung. Wer nicht vergessen hat, daß die Nachkriegsjustiz keinen der Kollegen, die nach einer gebräuchlichen Methapher »den Dolch unter der Robe trugen«, zur Rechtenschaft gezogen hat, wird den Verdacht nicht los, daß die Bundesrichter auch im konkreten Fall »im Zweifel für den Angeklagten« gesagt und »im Zweifel für die Militärjustiz« gemeint haben könnten. Das Bundessozialgericht jedenfalls hat den Wehrmachtskollegen attestiert, sie seien ein verlängerter Arm des faschisten Terrorsystems gewesen.

Und zur bleibenden Erinnerungs gehört auch, daß der BGH schon einmal einem vergleichbar grandiosen Irrtum erlegen ist. 1968 hatte der 5.Strafsenat in seinem berüchtigten Rhese-Urteil Freisler und seinen Kollegen bescheinigt, der Volksgerichtshof sei ein normaler Spruchkörper der Justiz gewesen[34].

Die – womöglich unbewußten – Motive kennt keiner. Sie riechen nach Selbstbegünstigung der Zunft. Naheliegend ist jedenfalls die Vermutung, daß für deutsche Richter nicht sein kann, was nicht sein darf, nämlich das Totalversagen von Kollegen.

Solchen Rätseln versucht (in anderem Kontext) Jörg Berkemann auf die Spur zu kommen. Er bemüht dazu die »soziologisch verstehbare Kritik«: Sie suche »den sozialen Hintergrund zu erforschen, vor dem bestimmte Aussagen produziert und verstanden werden«. Wer sucht, stößt womöglich auf den »Zusammenhang richterlicher Argumentation mit vorzufindenden Alltagstheorien, Plausibilitätsstrukturen, Evidenzannahmen und generalisierenden Wertorientierungen«[35]. Der obsessive Wunsch, jeden Flecken, der sich auf dem Spiegelbild des Richters zeigt, eilfertig wegzupolieren, gehört sicher in eine dieser Kategorien.

6.2.7 Verstöße gegen die Erkenntnistheorie

Berkemann hält es für geboten, daß »deren ideologischer Gehalt und verschleierte Moralphilosophie offenkundig« gemacht werden. Er weiß auch wie: »Ideologisches Denken« werde dadurch charakterisiert, »daß es sich typischer, wiederkehrender Verstöße gegen die Prinzipien der Erkenntnistheorie und der Logik schuldig macht«.
Die auf fragwürdigen Fristen beruhende Gnade, die dem mutmaßlich vielfachen Frauen- und Kindermörder in Karlsruhe zuteil wurde[33], wird jedenfalls den Postulaten Arthur Kaufmanns nicht gerecht. Der Rechtsphilosoph legte die moralische Meßlatte sehr hoch und forderte: Der Richter bedürfe, wenn er »nicht ein bloßer Subsumtionsapparat, sondern verantwortlicher Mit-Gestalter des Rechts« sein wolle, »der Richtschnur seines Gewissens, in erster Linie nicht zur Korrektur als vielmehr zur Erfüllung des Gesetzes«[36]. Der tragende und auch unmißverständliche Wille des Gesetzes war nun aber gerade, durch die Aufhebung der Verjährung für Mord sicher zu stellen, daß NS-Verbrechen nicht ungesühnt bleiben. »Denkenden Gehorsam«, den Kaufmann unter Berufung auf Philipp Heck anmahnt, ließ das BGH-Urteil zumindest vermissen.

6.2.8 Innere Sperren

Ein nahezu unüberwindliches Handicap könnte sein, daß sich viele Richter gegen derlei Einsichten durch eine innere Sperre schützen. Der Mechanismus funktioniert, wie Philipp Heinisch erkennt, zumeist perfekt: »Carl Schmitt bringt es auf den Punkt, indem er über sich selbst sagt: ›Ein Jurist, der sich selbst und viele andere zur Objektivität erzogen hat, geht psychologischen Selbstbespiegelungen aus dem Weg‹«[37]. Das ist die Methode der gekonnten Verdrängung – nach dem Motto: Was ich nicht weiß, macht mich auch nicht heiß.
Sie widerspricht auch diametral den Empfehlungen, die etwa Konrad Zweigert seinen Kollegen gibt. »Ansehen«, meint er, könne man auf Dauer »durch die Aufrechterhaltung von Illusionen nicht erwerben oder bewahren«; es lasse sich im Endeffekt nur fördern, »wenn diejenigen menschlichen Abhängigkeiten, denen der Richter bei seinem Streben nach Objektivität unterworfen ist, besser bekannt werden«[38].
Und weil »Wissen«, wie er notiert, »auch hier der erste Schritt zur Überwindung« ist, sollten Richter etwa, wenn sie über die Funktionstüchtigkeit der Militärjustiz urteilen, sehr sorgfältig ihre subkutanen Beweggründe erfor-

schen. Sie stehen, wenn es um Kollegen geht, immer unter Anfangsverdacht der Krähen-Mentalität.
Zweigert »scheint gewiß«, daß »ohne eine gründliche Erforschung und die damit verbundene Anerkennung« der Zusammenhänge »die Wege zu einer Emanzipation des Richters vor unerwünschten Abhängigkeiten nicht gefunden werden können«[39]. Wer - und das ist die Regel - »anderen und vor allem sich selbst vormacht, bei der Entscheidungstätigkeit von seinem Mensch-sein befreit zu sein«, werde »am wenigsten eine Kontrolle über die unvermeidliche Abhängigkeit seines Richtens von seiner Persönlichkeit haben«.
So gesehen, läßt sich vermuten, daß die Bundesrichter im Fall des Massakers von Caiazzo überzeugt waren, daß sie nichts weiter getan haben, als sich (schweren Herzens) an das Prinzip »in dubio pro reo« zu halten. Der ehemalige Präsident des BGH, Gerd Pfeiffer, fand heraus, daß »richterlicher Subjektivismus« eher von seiten derer drohe, »die sich vorgeblich nur an objektiv Gegebenes halten und sich die subjektiven Momente der Urteilsfindung nicht bewußt machen - als von solchen Richtern, die diese Momente kennen und bewußt in den methodischen Begründungszusammenhang einordnen«[40]. Wie mühsam es ist, dem »Idealbild« nahezukommen, weiß auch Pfeiffer. Auch er hat kein Patentrezept, sondern empfiehlt, wie die meisten Ratgeber, ständige »Selbstkontrolle«. Sie setze stets voraus, »daß der Richter sich die Faktoren, die seine innere Unabhängigkeit beeinträchtigen können, bewußt macht«[41]. Philipp Heinisch fand beängstigend, daß diejenigen, die sich »am meisten erhaben dünken« über die Gefahr der Subjektivismen, »am tiefsten in ihnen stecken und von ihnen manipuliert werden«[42].
Warum der BGH nach dem faktischen Freispruch für das Massaker von Caiazzo ins Kreuzfeuer der Kritik geriet, macht eine Erkenntnis begreiflich, die der renommierte StGB-Kommentator Herbert Tröndle in seinem langen Richterleben gewonnen hat. »Jeder von uns«, notierte er, »läuft mit seinem Päckchen menschlicher Schwächen, Fehler und Unsitten herum«[43]. Wer über andere richte, dürfe allerdings nicht erwarten, »daß die, die sich dem Richterspruch beugen müssen, auch noch die Kraft aufbieten, dem Richtenden die menschlichen Schwächen nachzusehen«.
Dem Urteil von Karlsruhe »beugen« mußten sich alle Opfer von NS-Verbrechen und ihre Hinterbliebenen. Die »menschliche Schwäche«, die sie wahrzunehmen glaubten, war die immer wieder zu beobachtende Solidarität, die sich offenbar auch auf unwürdige »Kollegen« (hier: die deutschen Militärrichter des zweiten Weltkrieges) erstreckt.

6.3 *Voluntative Aspekte*

6.3.1 *Die Justiz kann, wenn sie will*

Eine Woche nach dem Quasi-Freispruch für den Täter von Caiazzo bestätigte der BGH die Verurteilung Erich Mielkes wegen Doppelmords, begangen im Jahr 1931. »Die beiden Verbrechen« hätten nichts miteinander zu tun, schrieb Heribert Prantl in der »Süddeutschen Zeitung«, »nur das Rechtsproblem der Verjährung verbindet sie«[44]. Den Bundesrichtern seien »gute Gründe« dafür eingefallen, »warum der Doppelmord aus dem Jahre 1931 noch nicht verjährt ist«, und »schlanke Gründe«, warum »die Morde aus dem Jahre 1943 verjährt sein sollen«. Prantl über den blamablen Widerspruch: »Es zeigt sich: Die Justiz kann verurteilen – wenn sie nur will.«
Über diesen voluntativen Aspekt der Entscheidungsfindung sollten sich Richter in jedem einzelnen Fall Rechenschaft ablegen. Die sensiblen und reflektierten unter ihren Präzeptoren, denen das Wechselspiel zwischen Rationalität und Emotionalität beim Richten bewußt ist, haben, wie vielfach dokumentiert, nur einen Ausweg aus dem Dilemma gesehen: Sie empfehlen allen Richtern, sich permanent über die Schulter zu sehen und die eigenen, rechtsfremden Motive immer wieder von neuem zu ergründen. Diese Beobachtung des eigenen Ich setzt einen nie enden wollenden Lernprozeß voraus, der – das ist das Fatale daran – in der Ausbildung nicht gelehrt wird. Jeder muß sich da selber schulen.

6.3.2 *Gründe und Abgründe*

Die Bildungs- und Erfahrungslücke in diesem Bereich der richterlichen Selbsterforschung ist evident und ausfüllungsbedürftig. Es dürfte kein Zufall sein, daß sich »Betrifft Justiz«, das Blatt, das sich am weitesten vorwagt, gerade dieses Themas angenommen hat. Eine Zeitschrift, die erkennbar zum Ziel hat, Gründe und Abgründe des Berufs auszuloten, besitzt auch genügend Anziehungskraft für die richtigen Autoren. Sie wird zu deren Plattform und Kristallisationspunkt.
Selbst für »Betrifft: Justiz« dürfte es allerdings ein glückliche Zufall gewesen sein, daß sich dort ein Kollege zu Wort meldete, der nicht nur Rechtswissenschaft, sondern auch Psychologie studiert und sich obendrein mit den besonderen seelischen Strukturen von Juristen beschäftigt hat: Hartwig Rogge, Arbeitsrichter in Hamburg. Unter der Überschrift »Juristen werden nicht geboren« unterbreitete er seinen Richterkollegen in einer zweiteiligen Serie die wesentlichen Erkenntnisse seiner psychologischen Diplomarbeit mit dem Titel: »Eine berufspsychologische Untersuchung zur Genese, Struktur und Dynamik affektiv-kognitiver Bezugssysteme von Juristen«[45].

Wer neugierig auf sich selbst ist und Überraschungen nicht fürchtet, muß die Lektüre dieser Abhandlungen als intellektuelles Abenteuer empfinden. Rogge geht von dem Obersatz aus, daß zum einen »Affekte einen bestimmten Einfluß auf juristische Entscheidungen haben« und daß zum anderen »wenig von ihnen geredet wird«. Zugegeben werde, daß das »Rechtsgefühl« bei der Entscheidungsfindung eine Rolle spiele, doch bei der Begründung werde es »meist unterdrückt«.Rogge vermutet: »Auch dieser Umgang mit den eigenen Emotionen könnte für Juristen bezeichnend sein«[45].

Der Autor führt Standards der Psychologie ein, um deutlich zu machen, auf welchen Grundüberlegungen seine Untersuchung fußt. Er beruft sich auf Piaget, der zwischen »theoretischen und wirklichem oder konkretem moralischen Denken« unterscheidet – und das letztere »moralische Erfahrung« nennt. Diese bilde sich allmählich beim Handeln heraus und ermögliche dem Einzelnen, »sich in jedem besonderen Fall zurechtzufinden und die Handlungen anderer zu beurteilen«.

Zu wissen, wie das persönliche Urteilsvermögen entsteht, ist für den Richter ebenso wichtig wie die Herkunft der eigenen Wahrheiten. »Wenn Erkennen subjektgebunden« sei, meint Rogge, gebe es »keine objektive oder absolute Wahrheit«. Fazit: »Meine Aussagen sind Beschreibungen meiner Erfahrungen«[46]. Die wichtigste Schlußfolgerung lautet, daß diese Aussagen für andere nur gelten können, wenn die Erfahrungen »in übereinstimmenden Handlungsräumen gewonnen« worden sind.

Den wesentlichen Begriff der Diplomarbeit hat Rogge aus einer weiteren psychologischen Erkenntnis gewonnen: »Vom Denken ist das Fühlen nicht zu trennen«[47]. Die Wissenschaft habe, um das »dynamische Zusammenwirken« beider Elemente »bei der Erzeugung intelligenten Verhaltens« besser zu verstehen, den Begriff der »affektiv-kognitiven Bezugssysteme« geprägt. Die Frucht dieses Lernprozesses sei zum Beispiel die »intuitive Einsicht ›das stimmt‹«.

Wer diese drei Ursprünge seines Ichs kennt – die »moralische Erfahrung«, die Subjektbindung der Wahrheit und die wechselseitige Bedingtheit von Denken und Fühlen – , weiß etwas besser, aus welchen Tiefen er seinen Richterspruch bezieht. Er ist überdies in der Lage, die spannenden berufsspezifischen Beobachtungen Rogges nachzuvollziehen.

6.3.3 *Motive für den Berufswunsch*

Der Richter und Psychologe beginnt seine Untersuchung mit einer Frage, die jeden aus der Zunft irgendwann beschäftigt hat: »Wieso wird jemand Jurist, obwohl sie oder er dem Berufsstand gegenüber Vorbehalte hat?«[48]. Er erinnert in diesem Zusammenhang an zahllose Studien, die alle zu dem Schluß kommen, daß »die Entscheidung für das Jurastudium von den Beteiligten selten schlüssig abgeleitet und begründet werden« kann und deshalb zumeist »als beliebig und zufällig« erscheint.

Rogge unterscheidet zwischen zwei Ausgangsfiguren. Der eine Typ (A) nähert sich mit seiner Berufswahl der Vorstellung vom »guten Richter« an: »gut und geduldig, ausgeglichen und charakterfest«. Der andere Typ (B) lehne seinen »inneren« Richter ab. »Er will nicht so lieblos, unlebendig und negativ sein wie jener«[49]. Seine Losung könne lauten: »Das ist nicht meine Welt; ich schaffe eine bessere Ordnung«. Rogge: Auch dieser Typ »investiert in sein Ich-Ideal und vermeidet, sich selbst ganz kennenzulernen«. Diese beiden Visionen, die Muster des »guten« oder des »anderen« Richters, sind laut Rogge abhängige Reaktionen, »unmittelbar abhängig oder gegenabhängig von einer inneren Richtergestalt«. Sie seien »von Kind auf und meistens im Umgang mit den Eltern erworben«. Ganz konkret: »In der Richtergestalt spiegelt sich die Ordnungs- und Schutzmacht der Familie – des Vaters oder der Mutter – wider«[50].

»Nach ihren Selbstbeschreibungen« sind die Kollegen, die Rogge befragt hat, »nicht nur geliebt, geachtet und selbstlos unterstützt worden«[51]. Negative Erinnerungen tauchen ebenso auf. »Ihnen sind auch Überforderung und Gewalt widerfahren. Sie sind bevormundet und zur Befriedigung eigener Bedürfnisse eines Elternteils benutzt worden, ohne daß der andere Teil dem entgegengetreten wäre und ihnen beigestanden hätte.«

6.3.4 *Negative Erinnerungen*

Um sich dieser Schnittstellen aus der Kindheit bewußt zu werden, ist ein zwiefacher Widerstand zu überwinden. Erstens: Der einzelne muß die Momente einer möglichen Deformierung an sich heranlassen. Zweitens: Einsichten aus diesen frühen Prägungen kann er nur gewinnen, wenn er versucht, die Linien von dieser Phase aus bis zu seinen Reflexen beim Richten zu verfolgen. Rogge zog aus Gesprächen mit Befragten den Schluß: »Die Eltern zeigten den Kindern in unterschiedlicher Ausprägung, mit verteilten Rollen und in manchmal zwiespältiger Weise beide Gesichter, das des ›guten‹ und das des ›schlechten‹ Richters«[52].

In vielen Familien würden Konflikte nicht »offen ausgetragen«, »aversive Gefühle der Kinder nicht beachtet«, es herrsche »Sprachlosigkeit«. Dabei entstehe »Konfliktunfähigkeit«, die wiederum die Kinder daran hindere, »gegen unangemessenes Verhalten der Eltern selbstbewußt zu protestieren, Widersprüche aufzudecken und sich in konstruktiver und schöpferischer Auseinandersetzung von den Eltern vollständig abzulösen«.

Bestimmte Orientierungen, die sich im Erwachsenenleben niederschlügen, gingen zurück »auf die emotional äußerst intensive Phase des Erwerbs früher Wahrnehmungs- und Verhaltensmuster«[53]. In ihnen hätten sich »wider-

sprüchliche familiäre Beziehungen und negative Botschaften der Eltern auch für die Kinder lebenswichtigen Gebieten niedergeschlagen«.
Symptomatisch für Juristen erscheint, daß sich »das affektiv-kognitive Gleichgewicht« oft »zu Lasten der Affekte« verschiebt. Damit meint Rogge »eine überwiegend kognitive Verarbeitung innerer und äußerer Erfahrungen bei gleichzeitiger Abwehr von Gefühlsbewegungen«. Wer »einseitig-kognitiv orientiert ist, sucht inneren Rückhalt und emotionale Sicherheit, indem er Abstand, Übersicht und Ordnung herstellt, der er sich und andere unterwirft«. Die gemeinsame und zusammenfassende Betrachtung der Gespräche, die der Richter und Psychologe geführt hat, führte zu einem Ergebnis, das zum Weiterdenken anregt: Alle hatten »mit dem Jurastudium und dem Juristenberuf ein soziales Feld gewählt, auf dem sich ihre lebensgeschichtlich erworbenen Fühl-, Denk- und Verhaltensmuster« bewähren.
Nicht nur zu Nutz und Frommen des Rechts. Kontrolle richtet sich auch gegen andere, »deren Verhalten an eigene Gefühle der Ausweg- und Hilflosigkeit rührt oder ein Tabu verletzt«[54]. Juristen könnten sich aufgrund ihres Ordnungswissens »prima abgrenzen«, wie ihre Eltern auch. Sie reklamierten für sich »überlegenes Wissen« – nach dem Motto: »Ich habe recht mit dem, was ich sage«. Auf dieselbe Weise wurden zweifelnde und unsichere Kinder zum Schweigen gebracht: »Das gehört hier nicht her«.
Dieses »am weitesten verbreitete Machtspiel« werde in der Wissenschaft so beschrieben: »Das ist die Wahrheit«. Rogge: Es begegnet uns in der juristischen Praxis wieder, wenn bei der Darstellung der Gründe einer einmal getroffenen Entscheidung Nachdenklichkeit und Zweifel nicht zu erkennen gegeben werden.
Der Suggestion, daß der Wunsch nach dem »guten« oder dem »anderen« Richter im Elternhaus entstanden ist, kann man sich nur schwer entziehen. Die familiären Prägungen, die den Einzelnen dann später auf dezidierte Weise agieren und reagieren lassen, teilt der Richter mit allen anderen Sterblichen. Freilich könnte ihm diese Einsicht Selbstbeobachtung und Selbstkontrolle erleichtern. Wer die Ursprünge kennt, kommt auch seiner eigenen Ideologieanfälligkeit besser auf die Spur.

6.3.5 *Ideologische Abweichungen*

Was unter Ideologie zu verstehen ist, definiert Bernd Rüthers: »Alle auf Vertrauen und Glauben anstatt auf beweisbares Wissen gestützten Aussagen«[55]. Solche Irrationalismen (und natürlich auch die entsprechenden Gegensteuerungen) dürften ebenfalls im Elternhaus entstanden sein. Sie sind jedenfalls eine Ursache für inhomogenes Argumentieren. Jörg Berkemann nennt sie »ideologische Abweichungen«. Sie kommen zustande, »wenn eine Aussage sich nicht auf die Erkenntniswirklichkeit bezieht oder beschränkt, sondern wirklichkeitsfremde Elemente enthält«[56]. Der Realitätsverlust hat nicht nur einen bestimmten Ursprung, sondern auch ein bestimmtes Ziel. Berkemann apostrophiert »die wissenschaftliche Ideologienlehre«, die davon ausgeht, »daß diese ideologische Verzerrung - bei angemessener subjektiver Redlichkeit - regelmäßig zur Wahrung gegebener oder zur Rechtfertigung zukünftiger Macht - und Herrschaftsstrukturen dient«. Ideologie stützt mithin gesellschaftliche Interessenlagen. Die Frage, wer sich wann und warum, womöglich unbewußt, für solche rechtsfremden Zwecke einspannen läßt, muß nicht nur jeden einzelnen Richter selbst, sondern alle Zeitgenossen interessieren.

Berkemann empfiehlt für die Spurensuche eine »wissenschaftslogische Testfrage«, die der Rechtssoziologe Theodor Geiger formuliert hat: »Wie kommt es, daß gerade die Personen der Kategorie N in besonderer Zahl dem Irrtum X zustimmen und ihn sich zu eigen machen?«[57]

6.3.6 »Unterschwellige« Voreingenommenheit

Jeder, der sich die Mühe macht, die Antwort auf diese Frage für sich selber zu ergründen, gerät in abgrundtiefe Schwierigkeiten - psychologische und intellektuelle. Arthur Kaufmann merkt an, daß es in den seltensten Fällen für einen Richter einfach ist, »sich selbst zu verstehen und zu beurteilen: seine Urteilsfähigkeit, seine Erfahrung, sein Können, seine Einstellung zum Mitmenschen, seine Empfindlichkeit, seinen Ehrgeiz, seine Erlebnisse . . .«[58]. Der Münchner Rechtsphilosoph hält es für »naiv«, wenn man deshalb von Richtern fordern wollte, schleunigst einen Psychologen oder Psychotherapeuten aufzusuchen. Doch die Beschäftigung mit solchen Phänomenen hat ihren eigenen Reiz: Sie verhilft dem einzelnen Stück für Stück zu mehr Souveränität.

Den »unterschwelligen« Voreingenommenheiten zu begegnen, hält auch Karl Larenz für eine schwigige Aufgabe. Er stellt »ganz nüchtern« fest, »daß kein Mensch, daher auch kein Richter, gleich, woher er kommt und welchen Bildungs- oder Ausbildungsgang er durchlaufen hat, ganz frei von solchen Vorurteilen (im Sinne von Voreingenommenheit) ist«[59]. Jeder sei geprägt durch »Herkunft, Umwelt, aufgenommenes Bildungsgut, eigene Lebens- und Berufserfahrungen und vieles andere mehr«.

Larenz gibt den Zunftgenossen einen letztlich frustrierenden Rat mit auf den Weg - sich an eine Sisyphusaufgabe zu machen. Denn »Unabhängigkeit des Denkens«, meint er, sei »niemandem angeboren und auch nicht allein durch Ausbildung zu erreichen, sondern erfordert die lebenslange Arbeit des Menschen an sich selbst«.

Kaufmanns Ansatzpunkt ist deshalb hilfreich, weil er zu einer differenzierten Betrachtung der eigenen Vorurteile führt. Sie sind zunächst einmal, wie er unter Berufung auf Gadamer meint, nichts Schlimmes, zu jeder Zeit und bei jeder Gelegenheit existent und virulent – genau genommen »Bedingungen des Verstehens«[60]. Der »hermeneutische Zirkel« besage, »daß nur verstanden werden kann, was bereits (vor-)verstanden ist«. Das Verstehen eines Textes oder eines Sachverhalts sei »also nie ein Betreten von völligem Neuland, sondern stets ein Wiedererkennen von irgendwie schon Bekanntem«.

Aus dieser objektiven Sicht fehlt dem Vorurteil zunächst einmal der negative Beigeschmack von »Voreingenommenheit, Unsachlichkeit, Ungerechtigkeit«. Im wertneutralen Kontext meint Vor-Urteil nichts weiter als Vorverständnis. »Freilich kann das Vor-Urteil«, notiert Kaufmann, den zumeist unterstellten Unwert »sehr wohl haben, und leider hat es ihn allzuoft auch tatsächlich – vor allem dann, wenn der Urteilende sich seines Vor-Urteils nicht bewußt ist«[61]. Wer meine, sein Urteil ausschließlich auf das zu gründen, »was dasteht« (»nur dem Gesetz unterworfen«) sei »in Wahrheit der abhängigste Richter, weil er außerstande ist, sich von seiner unreflektierten Vormeinung zu distanzieren«.

Diese gedankliche Plattform wirkt fast wie eine Leseanleitung für die beiden genannten BGH-Urteile – den Quasi-Freispruch für den Todesleutnant von Caiazzo und die Verurteilung von Erich Mielke. Beides traf da, so scheint es, unheilvoll zusammen: objektives Vorverständnis und unreflektierte Vormeinung.

In beiden Entscheidungen wurde hochgestochene Jurisprudenz reproduziert, gründliches und differenziertes Wissen zum Begriff der Verjährung, zur Gnade zeitlicher Abläufe, zur Selbstbeschränkung des Richtens, zu den Konsequenzen formal korrekter Unterbrechung von Fristen – Vorverständnis in bestem Sinne, wobei allerdings die guten Gründe des Gesetzgebers, NS-Verbrechen nicht automatisch verjähren zu lassen, vernachlässigt wurden.

6.3.7 Furcht vor Vatermord

Beide Urteile, die mit dem, von Kaufmann apostrophierten Topos »nur dem Gesetz unterworfen« operierten, hätten allerdings auch anders ausfallen können, wenn nur die halbbewußten und die unterbewußten Motive thematisiert worden wären. Hinderlich für solche Aufdeckung, so scheint es, ist immer, daß die tieferen Gründe, einmal zu Papier gebracht, ziemlich profan, mitunter sogar zynisch klingen. Die Massentötung von Caiazzo wäre nicht verjährt gewesen, wenn der BGH die Wehrmachtsjustiz (wie das BSG) als verlängerten, rechtsstaatswidrigen Arm des NS-Regimes angesehen hätten. Doch vor dem Vatermord, der Zerstörung des Bildes vom eigentlich untadeligen deutschen Richter, scheute der BGH offensichtlich zurück.

Bei Mielke fällt die Analyse wesentlich einfacher. Das Bedürfnis zu strafen, gleichsam um jeden Preis, ist unverkennbar. Nicht nur für Richter ist der Gedanke, daß der berüchtigte Stasi-Chef, also die Verkörperung des schlechthin Bösen, womöglich ungeschoren davon kommt, geradezu unerträglich. Ob für die Aburteilung der politischen Straftaten aus der SED-Ära die Zeit und die Beweise ausreichen, war höchst ungewiß. Da dienten die sechzig Jahre zurückliegenden Morde, die ihm zur Last gelegt werden, als willkommenes Ventil, um das tief verwurzelte Strafbedürfnis zu befriedigen.

6.3.8 *Reservatio mentalis*

Letztlich mag sogar die beruhigende reservatio mentalis stimmen: Es trifft diesmal wirklich keinen Falschen. Aber trifft es ihn mit der richtigen Tat und auf strafprozessual einwandfreie Weise? Hätte das Rechtsstaatsprinzip »in dubio pro reo«, das dem mutmaßlichen Frauen- und Kindermörder von Caiazzo zugute kam, bei Mielke nicht viel näher gelegen? Bleibt die Hoffnung, daß sich die beteiligten Richter aller Instanzen trotzdem die Frage stellen, wer im einzelnen warum über die unzähligen juristischen Hürden gesprungen ist?
Das Urteil ist ein Lehrstück – und eine eindrucksvolle Bestätigung für die These von Bernd Rüther: »Recht ist immer (auch) ideologisch geprägt, ja eine zutiefst ideologische Kategorie. Ideologiefreies Recht kann es nicht geben«[62]. Die Vermutung gilt selbstverständlich nicht nur für die Rechtsanwender, sondern auch für ihre Kritiker. Viele ihrer Einwände sind offenkundig ergebnisorientiert (und keineswegs ideologiefrei). Sie leben, wie Richter auch, munter mit ihren Widersprüchen.
Die gleichen Personen, die sich in den siebziger Jahren, über die »Berufsverbote-Praxis« aufgeregt haben, fordern heute die Entfernung der Republikaner aus dem öffentlichen Dienst. Viele, die das Urteil des BVerfG, das den GRÜNEN die Teilnahme an Fernsehdiskussionen vor einer Landtagswahl ermöglicht hat, als recht und billig begrüßten, sind empört, wenn (wie in Hamburg) der NPD das Gleiche zugestanden wird. Wer einst den Verfassungsschutz am liebsten abgeschafft hätte, rügt heute dessen mangelnde Präsenz und Effizienz bei der Überwachung von Rechtsradikalen – und Sitzblockaden in Gorleben oder vor einer Abtreibungsklinik würde er selbstverständlich niemals auf eine Stufe stellen.
Freilich kann die Einsicht, daß auch die Kritiker bei ihrer Urteilsschelte massiven ideologischen Einflüssen erliegen, nicht darüber hinwegtäuschen, daß Ideologie-Anfälligkeit bei denjenigen, die das staatliche Gewaltmonopol repräsentieren, ungleich gefährlicher ist. Kaufmann zitiert Karl Peters, der gesagt hat: »Das Urteil ist nicht nur Ausfluß des Gesetzes, der Richter ist nicht nur der ›Mund des Gesetzes‹. Er trägt vielmehr seine Persönlich-

keit in das Urteil hinein. Deswegen kommt es darauf an, daß er als Persönlichkeit das Urteil trägt«[63].

Dem kritischen Beobachter der Rechtsprechung bleibt daher nur eine Möglichkeit: den »subjektiven Prädispositionen« der Richter auf die Spur zu kommen. Sie äußern sich, wie Zweigert erkannt hat, »oft gar nicht in den Urteilsgründen«[64]. Sie könnten sich »schon bei der Sichtung und Bewertung der Fakten eines Rechtsstreites auswirken oder im Strafprozeß bei der Bemessung der Strafe«. Dem entgegensteuern ließe sich nur »quasi durch weltanschauliche Selbstanalyse« – oder durch »Fremdkontrolle«.

Kritiker, die dabei den Hinweisen von Bernd Rüthers folgen, werden schneller fündig. Der Konstanzer Gelehrte richtet zunächst den Blick auf die Quellen, auf die »weltanschaulichen« Elemente, aus denen Richter schöpfen. Rechtsnormen seien immer »ein Stück normativ verfestigter Ideologie«[65]. »Sie sind der Spiegel der jeweiligen leitenden Interessen, Gerechtigkeitsvorstellungen und Herrschaftsideologien der Normsetzer.« Deren »ideologischen Maßstäbe« enthalten in der verbindlichen Verknüpfung von Tatbeständen mit sanktionierten Rechtsfolgen Werturteile darüber, wie Bürger handeln sollen.

Nach dieser Logik hat »die praktische Jurisprudenz« in allen Staatsformen »eine affirmative, systemkonservierende Funktion«[66]. Laut Rüthers »bestätigt und verfestigt sie die etablierte ... Werteordnung und Machtverteilung des jeweiligen Systems«. Gefährlich daran ist in erster Linie, daß Staatsideologien »ihre erste und mächtigste Anziehungskraft auf Intellektuelle« ausüben.

6.3.9 Heimliche Sehnsucht

Rüthers vermutet: »Vielleicht entsprechen solche Ideologien einer nicht nur menschlichen, sondern vor allem intellektuellen heimlichen Sehnsucht: der Sehnsucht nach einer Ordnung, die aus wenigen Grundprinzipien konstituiert und legitimiert wird«[67]. Das ist allerdings mehr als dünn. Berkemann zeichnet (unter Berufung auf R.König und W.Kaupen) die Komplementärfarben. Ideologisches Denken beginne »spätestens in dem Augenblick, wo die genaue Kenntnis der Strukturen und Prozesse der Gesellschaft fehlt«[68].

Ursache vieler Widersprüche und Inkonsistenzen dürfte sein, so Berkemann, daß mancher Richter, um »durchentscheiden« zu können, »auf eigene Kenntnisse sozialer und wirtschaftlicher Verhältnisse« zurückgreift. »Da diese Kenntnisse – gemessen am wissenschaftlichen Standard – theoretisch höchst unvollkommen sind, vermag sich der Richter nur ein vorwissenschaftliches Verständnis zu verschaffen«[69].

Und das wiederum reicht mitunter über Stammtisch-Parolen nicht hinaus.

Berkemann: »Die vorfindbare Komplexität soziologischer, ökonomischer und psychologischer Fakten und Theorien reduziert sich so auf das eigene Vorwissen des Richters«[70]. Aufgrund seiner Berufssozialisation sei er sich dessen noch nicht mal bewußt. Er merke kaum, »daß er die von ihm geforderten Selektionsleistungen regelmäßig nur im Rahmen seiner schichtspezifisch vermittelten Alltagserfahrung erbringen kann«. Die durch »Zeit- und Arbeitsdruck« zusätzlich entstehende »Unlust am Zweifel« schlage dann womöglich auf seine Rechtsprechung durch.

Alltagserfahrungen: Der Begriff meint alles – Elternhaus, Schule, Universität, eigene Familie, Kleinstadt oder Großstadt, religiöse oder politische Bindungen, Nachbarschaft. »Jene Einflüsse, welche die Persönlichkeit eines Richters geformt haben oder formen«, meint Zweigert, seien »hochwirksam für die Urteilsfindung und zugleich am wenigsten nachprüfbar«[71]. Sie prägen bei jedem einzelnen »bestimmte Anschauungen von Recht, Staat und Gesellschaft und vom Leben überhaupt«. Genau dies sei »ein Humanum, dem auch der Richter nicht entweichen kann«.

Richterbundsvorsitzender Rainer Voss appelliert an seine Kollegen, sich diese Impulse aus dem Halb- und Unterbewußtsein »ständig bewußt« zu machen. »Denn erst die Erkenntnis solcher Zusammenhänge befähigt den Richter zur kritischen Distanz gegenüber seiner eigenen Anschauung und zur Offenheit für andere Meinungen und Wertvorstellungen«[72].

Alle diese Reflexionen aus der Feder sensibler Richter und Wissenschaftler lassen freilich auch den unauflösbaren Widerspruch deutlich werden, mit dem die Justiz leben muß. Gegen die vergleichsweise harmlosen äußeren Angriffe auf die richterliche Unabhängigkeit steht ein ganzes Arsenal juristischer Verteidigungsmöglichkeiten zur Verfügung. Gegen die Fährnisse, denen die innere Unabhängigkeit ausgesetzt ist, gibt es kein Allheilmittel.

Es handele sich, um »ein Feld«, meint Mahrenholz, »das selbst dann nicht justiabel wäre, wenn man die innere Unabhängigkeit der Richter zu einem Verfassungsgrundsatz erhöbe«[73]. »Denn regeln kann auch die Verfassung nur, was regelbar ist.« Wo eine Gefährdung der inneren Unabhängigkeit anfange, sei eine Persönlichkeitsfrage. »Eine Verfassungsgarantie dieser inneren Unabhängigkeit bliebe Plakatsatz schillernden Charakters; er könnte sich nicht einmal auf einen leidlich faßbaren psychologischen Tatbestand beziehen«.

QUELLEN: Kapitel 6

1 Horst Sendler, NJW 1983, 1451.
2 Klaus Beer, »Betrifft: Justiz«, BJ 1991, 108.
3 Christoph Strecker, BJ 1991, 142.

4 Ingo Hurlin, BJ 1990, 236.
5 Klaus Beer, BJ 1991, 108.
6 Klaus Beer, BJ 1991, 105.
7 Klaus Beer, BJ 1991, 106.
8 Klaus Beer, wie zuvor.
9 Klaus Beer, BJ 1991, 107.
10 Klaus Beer, BJ 1991, 107,108.
11 Klaus Beer, BJ 1991, 108.
12 Christoph Strecker, BJ 1991, 141.
13 Christoph Strecker, wie zuvor.
14 Christoph Strecker, BJ 1991, 142.
15 »Strafverhandlung am Pfingstsonntag«, DRiZ 1994, 351.
16 Dierk Mattick, »Ein Staatssekretär ruft an«, DRiZ 1994, 350.
17 BVerfGE 12, 97.
18 Wie zuvor.
19 Horst Häuser, Udo Hochschild, »Sieben selbstkritische Thesen«, BJ 1993, 160.
20 Volker Lindemann, BJ 1993, 160.
21 Volker Lindemann, BJ 1993, 161.
22 Ingo Hurlin, BJ 1990, 236.
23 Bernd Graefe, BJ 1994, 232.
24 Konstanze Görres-Ohde, BJ 1994, 232.
25 Konrad Zweigert, »Zur inneren Unabhängigkeit des Richters«, in: »Festschrift für Fritz von Hippel«, Tübingen 1967, S.721.
26 Arthur Kaufmann, »Über Gerechtigkeit«, Köln-Berlin-Bonn-München 1993, 146.
27 Arthur Kaufmann, wie zuvor, S.147.
28 Arthur Kaufmann, wie zuvor, S.150 (m.m.Nachweisen).
29 Arthur Kaufmann, wie zuvor, S.150.
30 Thomas Dieterich, »Freiheit und Bindung des Richters«, RdA 1986, 3.
31 Thomas Dieterich, wie zuvor, S.4.
32 Thomas Dieterich, wie zuvor, S.3.
33 NJW 1995, 1297.
34 NJW 1968, 1339.
35 Jörg Berkemann, »Gesetzesbindung und Fragen einer ideologiekritischen Urteilskritik«, in »Menschenwürde und freiheitliche Rechtsordnung« (Festschrift für Willi Geiger), Tübingen 1974, S.315.
36 Arthur Kaufmann, (Fn 26), S.152.
37 Philipp Heinisch, BJ 1993, S.177.
38 Konrad Zweigert, (Fn 25), S.719.
39 Konrad Zweigert, (Fn 25), S.718,719.
40 Gerd Pfeiffer, »Die innere Unabhängigkeit des Richters«, in: »Festschrift für Wolfgang Zeidler«, Berlin-New York 1987, S.73,74.
41 Gerd Pfeiffer, wie zuvor, S.73.
42 Philipp Heinisch, BJ 1993, 176.
43 Herbert Tröndle, DRiZ 1970, 213 f (214).
44 Heribert Prantl, SZ 11/12.3.1995.
45 Hartwig Rogge, BJ 1993, 69.
46 Hartwig Rogge, wie zuvor, S.69,70.
47 Hartwig Rogge, wie zuvor, S.70.
48 Hartwig Rogge, wie zuvor, S.72,73.
49 Hartwig Rogge, wie zuvor, S.72,73.
50 Hartwig Rogge, wie zuvor, S.73.
51 Hartwig Rogge, wie zuvor, S.76.
52 Hartwig Rogge, BJ 1993, 111,112.
53 Hartwig Rogge, wie zuvor, S.118.
54 Hartwig Rogge, wie zuvor, S.113.
55 Bernd Rüthers, »Ideologie und Recht im Systemwechsel«, München 1992, S.34.
56 Jörg Berkemann, (Fn 35), S.321.

57 Jörg Berkemann, wie zuvor, S.321.
58 Arthur Kaufmann, (Fn 26), S.151.
59 Karl Larenz, »Richtiges Recht – Grundzüge einer Rechtsethik«, München 1979, S.167.
60 Arthur Kaufmann, (Fn 26), S.147.
61 Arthur Kaufmann, (Fn 26), S.148.
62 Bernd Rüthers, (Fn 55), S.97.
63 Arthur Kaufmann, (Fn 26), S.149.
64 Konrad Zweigert, (Fn 25), S.718.
65 Bernd Rüthers, (Fn 55), S.97.
66 Bernd Rüthers, (Fn 55), S.101.
67 Bernd Rüthers, (Fn 55), S.79.
68 Jörg Berkemann, (Fn 35), S.318,319.
69 Jörg Berkemann, (Fn 35), S.319.
70 Jörg Berkemann, (Fn 35), S.320.
71 Konrad Zweigert, (Fn 25), S.715.
72 Rainer Voss, DRiZ 1994, 445 ff.
73 Ernst Gottfried Mahrenholz, DRiZ 1991, 433.

7. Befangenheit und Rechtsbeugung

7.1 *Gefährliche Fixierungen*

7.1.1 *Sicht des Bürgers*

Der 38-jährige, der als Angeklagter vor einem Frankfurter Schöffengericht stand, mußte sich gegen den Vorwurf des Telefonterrors verteidigen. Er soll in 40 Fällen Frauen durch nächtliche Anrufe belästigt haben. Vorsitzende in seinem Prozeß war ausgerechnet eine Frau. Der Verteidiger lehnte die Richterin als befangen ab: Es sei zu befürchten, daß sie als Frau diesen speziellen Fall nicht objektiv beurteilen könne. Die zuständigen Kollegen wiesen den Antrag zurück: Ihm fehle die vom Gesetz geforderte Begründung, die angebliche Befangenheit werde pauschal unterstellt, ohne daß es dafür Anhaltspunkte gebe[1].
Jeder weiß: Das Ergebnis konnte nicht anders ausfallen. Und dennoch animiert der Fall zum Nachdenken. Er sagt eine Menge aus über die Empfindungen desjenigen, der vor den Schranken eines Gerichts steht. Wenn sich, wie hier, Unbehagen dem rechtlichen Zugriff entzieht, muß das noch nicht bedeuten, daß es gänzlich unbegründet wäre. Die Befürchtung des Angeklagten, daß sich die Richterin mit den Opfern seines Telefonterrors identifizieren könnte, war jedenfalls nicht völlig aus der Luft gegriffen.

7.1.2 *Der Bürger als Schlüsselfigur*

Zum mindesten wird selbst an diesem, eher absurden Beispiel deutlich, daß der Bürger nicht nur objektiv die Schlüsselfigur des Befangenheitsrechts ist, sondern sich auch subjektiv so fühlt. Tatsächlich ist er Subjekt und Objekt in einer Person. Das Gesetz sieht ihn als Hauptdarsteller. Bedauerlicherweise akzeptiert ihn die Justiz zumeist noch nicht mal als Statisten.
Ohne Grund: Denn formal gesehen, sind seine Rechte unbestreitbar. Die einschlägigen Prozeß-Vorschriften erlauben ihm, einen Ablehnungsantrag zu stellen. Voraussetzung ist nach herrschender Meinung, daß er als Angeklagter, Kläger oder Beklagter »Grund zu der Annahme hat, der abgelehnte Richter nehme ihm gegenüber eine innere Haltung ein«, die an seiner »Unparteilichkeit und Unvoreingenommenheit« zweifeln lasse[2].
Wie immer die Gerichte das Problem im Einzelfall lösen - sie dürfen die Perspektive des Rechtsunterworfenen nicht gänzlich ignorieren. Das ist

leichter gesagt als getan. Denn jeder Ablehnungsantrag versetzt Richter in einen ungewohnten Zustand; sie werden als Teil einer Solidargemeinschaft unversehens zu Betroffenen. In dieser Spezialsituation sind sie - ob sie das zugeben oder nicht - zugleich Richter und Partei.

Die Rechtsprechung ist sich - zumindest subkutan - dieser Zwitterrolle durchaus bewußt. Sonst hätte sie nicht die Kunstfigur des »unparteiischen Dritten« erfunden, dem sie die Funktion eines objektivierten Über-Ich zuweist. Aus dieser fingierten neutralen Sicht sollen - so Baumbach/Lauterbach - die »persönlichen Befürchtungen« des Antragstellers »auf ihre Stichhaltigkeit« überprüft werden[3]. Richtig verstanden, darf dieser Homunculus nicht schielen. Er hat die Pflicht, beide Kontrahenten des Verfahrens - den Ablehnenden wie den Abgelehnten - aus der gleichen kritischen Distanz zu betrachten. Das gelingt selten. Deshalb widerspiegelt die Rechtsprechung fast zwangsläufig auch Symptome einer deformation professionelle.

7.1.3 Intellektuelle Zweifel

Wenn Richter über die Befangenheit von Richtern zu befinden haben, gehen sie ebenso behutsam zu Werke wie Sprengexperten bei der Entschärfung von Blindgängern. Ohne Zweifel hantieren auch sie mit einem explosiven Gemisch. Sie müssen den intellektuellen Zweifel, der fragt, ob es überhaupt möglich ist, unbefangen über die Befangenheit von Kollegen zu urteilen, jedes Mal von Neuem ausräumen. Tatsächlich richten hier Richter stets auch über ihre eigene Befindlichkeit. Vor diesem Hintergrund wird verständlich, warum die Rechtsprechung das Thema eher beiläufig behandelt - quasi als Beitrag zur Funktionstüchtigkeit des Apparats. Innere Abwehr, so scheint es, verhindert eine intensive Erörterung der Frage, ob und wann in Sachen Befangenheit zentrale Gebote der Verfassung berührt sein könnten.

Genau besehen, verbirgt sich hinter dem Institut der Richterablehnung ein prozessuales Grundrecht - das einzige, das dem rechtsunterworfenen Bürger im Verkehr mit der übermächtigen dritten Gewalt zur Verfügung steht. Ein Richter, der sich von dem Odium, parteilich oder voreingenommen zu sein, nicht befreien kann, amtiert unter Verletzung von Artikel 101 GG. Der Befangene kann unmöglich »gesetzlicher Richter« sein. Jedes Urteil, an dem er mitwirkt, ist mit dem Makel der Verfassungswidrigkeit behaftet.

Zugleich wird auch Artikel 103 GG tangiert. Der befangene Richter bietet keine Gewähr für das grundgesetzkonforme »rechtliches Gehör«. Er steht unter dem Verdacht, daß er nicht mehr zuhören kann oder will. Das Recht zur Richterablehnung bietet Angeklagten und Prozeßparteien bescheidene, aber adäquate Abwehrmöglichkeiten - doch nur dann, wenn das einfache Recht und seine Interpreten den Richterschutz nicht über Gebühr strapa-

zieren. Leider ist dies die Regel. Die Mängel lassen sich in zwei Thesen zusammenfassen:
Zum einen arbeiten die Gerichte, wenn es um Befangenheit in der Sache geht, weitgehend mit Zirkelschlüssen. Sie legen das Denken und Fühlen von richterlichen Idealfiguren zugrunde, sie behandeln Fiktionen als Realität und setzen mithin das zu Beweisende schon in den Prämissen voraus.
Zum anderen gehört das Bundesverfassungsgericht, das direkt oder indirekt immer auch in eigener Sache entscheidet, zum Kreis der Betroffenen. Es fällt daher als oberster Schiedsrichter aus. Bislang jedenfalls war es nicht in der Lage, Maßstäbe zu setzen oder Abhilfe zu schaffen.
In Rede steht ein Teilausschnitt des Problems: die Frage, ob und wann manifeste Vorurteile, die den Streitstoff betreffen, einen Richter befangen machen? Angesichts des zunehmenden Engagements von Richtern in der Öffentlichkeit dürfte dieser Aspekt mehr und mehr an Bedeutung gewinnen. An der grundsätzlichen Geltung von Art. 101 GG gibt es keinen vernünftigen Zweifel. Das BVerfG hat immer wieder festgehalten, daß »ein Richter, der nicht die Gewähr der Unparteilichkeit bietet, von der Ausübung seines Amtes ausgeschlossen ist oder abgelehnt werden kann«[4].
Auch der Tenor, an dem sich jede Einzelprüfung orientieren soll, legt einen kritischen Maßstab nahe: Es komme nicht darauf an, ob der Richter tatsächlich »parteilich« oder »befangen« sei oder ob er sich selbst für befangen halte. Entschieden werden müsse ausschließlich, »ob ein am Verfahren Beteiligter bei vernünftiger Würdigung aller Umstände Anlaß hat, an der Unvoreingenommenheit des Richters zu zweifeln«[5].
Doch von diesem Obersatz, der eine selbstkritische Distanz der Justiz insinuiert, bleibt im Einzelfall wenig übrig. Eine wesentliche Ursache dafür dürfte sein, daß den betroffenen wie den erkennenden Richtern ausnahmsweise nicht nur eine intellektuelle, sondern auch eine psychologische Anstrengung abverlangt wird. An den Gedanken etwa, daß Befangenheit die natürlichste Sache von der Welt ist, können sich Juristen nur schwer gewöhnen.

7.1.4 *Objektivität als Wert an sich*

Während ihrer gesamten Sozialisation – vom ersten Semester bis zum »dritten« Staatsexamen – haben sie gelernt, daß Objektivität ein Wert an sich, der Maßstab aller Dinge, ja das höchste Berufsziel sei: Kein Wunder, daß bei manchem aus dem Ideal eine fixe Idee geworden ist. Objektivität gilt als Tugend, Subjektivität als Makel. Solche Verdrängungen führen zu inneren Blockaden. Befangenheit ist nur eine Variante der Subjektivität. Das erklärt, warum Richter eine erfolgreiche Ablehnung als ehrenrührig empfinden –

quasi als Malus im ungeschriebenen Teil der Personalakte. Verständlich ist auch, warum sich alle - Richter wie Anwälte - scheuen, einem anderen solches Ungemach zu bereiten. Aus dieser Konstellation erwachsen Begründungen, die wie Textblöcke aus dem Computer aussehen. Einer zitiert den anderen, der konkrete Fall wird mit einem Halbsatz gestreift, dann folgen zumeist nur Versatzstücke. Der Befangenheitsantrag und seine Ablehnung gehören verschiedenen Welten an.

7.1.5 *Ein exemplarischer Fall*

Lehrbuchcharakter hatte die Beantwortung der Befangenheitsfrage im Paragraph-218-Verfahren vor dem BVerfG. Im Vorfeld des Prozesses war der Vorwurf laut geworden, der Richter Ernst-Wolfgang Böckenförde könne wegen seiner früheren Mitgliedschaft in der einseitig festgelegten »Juristen-Vereinigung Lebensrecht« womöglich nicht mehr unvoreingenommen urteilen. Böckenförde hatte daraufhin eine Enscheidung des zuständigen zweiten Senats »gemäß Paragraph 19 Absatz 3 BVerfGG beantragt«. Die Vorschrift besagt: »Erklärt sich ein Richter, der nicht abgelehnt wird, selbst für befangen, so gilt Absatz 1 entsprechend.«
Zu den Besonderheiten des Falles gehört, daß Böckenförde es gerade vermieden hat, sich »selbst für befangen« zu erklären. Er erläuterte dem Senat lediglich die Gründe für seine Mitgliedschaft in der Vereinigung und fügte seine Erklärung über den Austritt bei. Obwohl weder ein Befangenheitsantrag nach Paragraph 19, Absatz 1 BVerfGG noch eine ausdrückliche Selbstablehnung nach Absatz 3 vorlag, sondern nur eine verschämte Bezugnahme, traf der Senat eine Sachentscheidung[6] - ganz erkennbar, um die Irritationen in der Öffentlichkeit auszuräumen.
Die Person, um die es ging, und der Beschluß sind gesondert zu betrachten. Der Fall Böckenförde war deshalb idealtypisch, weil sich der Streit um Voreingenommenheit in der Sache oft an ausgeprägten Richterpersönlichkeiten entzündet. An der Honorigkeit Böckenfördes gab es keinerlei Zweifel. Seine Doppelrolle als eingeschriebener Sozialdemokrat und praktizierender Katholik hatte ihn stets davor bewahrt, von Außenstehenden für kalkulierbar gehalten zu werden.
Zu diesem Flair persönlicher Unabhängigkeit kam seine unbestrittene Reputation als Staatsrechtslehrer. Die natürliche Scheu, eine solche Aura zu durchstoßen, dürfte der Beratung eines Befangenheitsantrages nicht gerade förderlich sein. Fest steht jedenfalls: Für die wertneutrale Aussage - wir halten den Kollegen zwar nicht für befangen, aber wir können verstehen, daß Außenstehende an seiner Unvoreingenommenheit zweifeln - fehlte den Verfassungsrichtern offenbar die notwendige Souveränität.
Stattdessen stützten sie sich in ihrem Böckenförde-Beschluß ausdrücklich

auf den Kerngedanken in Paragraph 18 II BVerfGG über die »Ausschließung eines Richters«. Folgewirksam »an der Sache beteiligt« ist danach nicht, wer aufgrund »seiner Zugehörigkeit zu einer politischen Partei oder aus einem ähnlich allgemeinen Gesichtspunkt am Ausgang des Verfahrens interessiert ist.«

Dieser Gesetzesbefehl erscheint in einer Parteiendemokratie zwar legitim, doch muß die Frage erlaubt sein, ob der Appell die unterste oder die oberste Grenze der Toleranzbereitschaft im Volk beansprucht. Für Prozeßbeteiligte dürfte das, den Streitstoff betreffende Engagement eines Richters in einer Partei – oder wie im konkreten Fall: in einer Kirche – keineswegs selbstverständlich, sondern allenfalls hinnehmbar sein. Der Gedanke des BVerfG, daß eine Befangenheit vorliegen könne, wenn »etwas Zusätzliches« hinzukomme, macht demnach Sinn.

Umso unbegreiflicher wirkte dann, daß Böckenfördes Kollegen ihre eigene Erkenntnis ein paar Zeilen später schon wieder vergessen hatten. Sie eliminierten das »zusätzliche« Faktum, indem sie es kurzerhand zu etwas Gleichwertigem erklärten – eine Logik eigener Art. Unbeachtlich sei, so der verblüffende Salto, »die Zugehörigkeit zu einem Verein, der – wie dies in vergleichbarer Weise auch politische Parteien tun – nach seinem Zweck bestimmte rechtspolitische Ziele verfolgt«[7].

Wenn die Methode, Indizien einfach nebeneinander zu reihen statt sie zu addieren, richtig ist, stellt sich die Frage, ob und wann »Zusätzliches« überhaupt noch relevant werden kann. Abgesehen davon, war auch die Sachaussage falsch. Die Vereinigung der Lebensschützer verfolgt (nicht genauso, sondern anders als die Parteien) nur ein einziges rechtspolitisches Ziel – und dies ebenso agitatorisch wie zielorientiert.

7.1.6 *Der Standpunkt des irritierten Dritten*

Die »Besorgnis«-Frage, welchen Eindruck die Mitgliedschaft Böckenfördes in der »Juristenvereinigung« und sein späterer Austritt bei Außenstehenden hervorgerufen haben könnten, wurde vom Senat nicht näher erörtert. Die »Juristenvereinigung« war im Laufe der Jahre immer offensiver geworden (etwa in Zeitungsinseraten); sie ging zuletzt, wie auch Böckenförde registrierte, in ihrer Argumentation weiter als etwa die bayerische Staatsregierung, deren Normenkontrolle gegen die Praxis der Indikationsregelung bereits beim 2.Senat anhängig war.

In seiner Austritterklärung bezog er sich auf die Bayernklage sowie den publizistischen Begleitschutz des Vereins und schrieb: »Es geht nicht darum, ob ich diese Forderungen und deren Begründung für richtig halte oder nicht«. Vom Standpunkt des irritierten Dritten war gerade das Offenlassen der Antwort vielleicht sogar das entscheidende Kriterium. Insoweit mußte Böckenförde als beweispflichtig gelten. Wenn er den einseitigen Standpunkt der Lebensschützer nach wie vor für richtig gehalten hätte, wäre sein Austritt kaum mehr als eine formale Geste (zur Vermeidung des »bösen Scheins«), die Besorgnis der Befangenheit aber umso mehr begründet gewesen.

Als weitere »zusätzliche« Belastung hatten Beteiligte die Tatsache empfunden, daß der Richter seinem Senat einen »Lebensschützer« als Gutachter empfohlen hatte - Professor Stürner. Der Wissenschaftler, dem Böckenförde »ein abgewogenes, stets argumentativ abgestütztes Urteilsvermögen« attestiert, hatte vorher zum Streitstoff einen Aufsatz veröffentlicht[8], den die Betroffenen als parteiisch empfanden. In Böckenfördes Empfehlung und in der Tatsache, daß beide - der Richter wie der Gutachter - »vorübergehend der gleichen Vereinigung angehört« hätten - war nach Ansicht des 2.Senats »kein Grund zu sehen, der geeignet wäre, an der Unvoreingenommenheit des Richters Zweifel aufkommen zu lassen«.

7.1.7 *Transparenz des Verfahrens*

Ganz so leicht wäre dem 2.Senat die Entscheidung nicht gefallen, wenn der Beschluß des 1.Senats schon vorgelegen hätte, der Monate später (am 8.6.1993) erging[9]. Danach darf die Selbstanzeige »nicht als innerdienstlicher Vorgang behandelt werden«. Die Verfahrensbeteiligten müßten in Kenntnis gesetzt werden und »Gelegenheit zur Stellungnahme erhalten«. Im Fall Böckenförde hätte sich das Gericht mit einer Fülle differenzierter Argumente seitens der professoralen Prozeßvertreter auseinandersetzen müssen.

Womöglich wären dabei auch sensible Zonen berührt worden. So hatte der BGH davor gewarnt, daß persönliche Interessen des Richters bedroht sein könnten, wenn es um »heftige Auseinandersetzungen« oder »unerquickliche Fragen« gehe. Doch der 1.Senat des BVerfG hielt dagegen: »Solche Ausnahmefälle könnten in der Tat Formulierungsgeschick und Taktgefühl erfodern.« Sie rechtfertigten jedoch nicht, »daß die prozessuale Rechtsstellung der Verfahrensbeteiligten geschmälert wird«.

Ohne diesen Sachzwang blieb der Beschluß, der Böckenförde seinen Platz im Senat sicherte, paradigmatisch für die bisherige Rechtsprechung. Nur selten lassen Richter erkennen, daß sie willens und imstande sind, sich in die Lage der Rechtsunterworfenen zu versetzen. Als gelungen dürfte die Ablehnung eines Befangenheitsantrages gelten, wenn die Ängste der Beteiligten wirklich zerstreut werden. Stattdessen werden sie zumeist, wie auch nun wieder vom BVerfG, mit Zitaten aus der umfangreichen früheren Spruchpraxis[10] zugedeckt.

Eben diese Schematik bietet Anlaß zur Kritik. Nach bewährter Art verfuhr etwa zur gleich Zeit auch das BSG, das sich (zu Recht) auf das BVerfG stützte[11]. Im Streitfall ging es darum, ob ein Doktorand noch den Versicherungsschutz des Studenten genießt. Das LSG verneinte die Frage und berief sich dazu auf den »Kasseler Kommentar zum Sozialversicherungsrecht«, der - so die Instanz-Begründung - besonderes »Gewicht habe, weil der Kommentator Richter am Bundessozialgericht ist«[12]. Als der Fall zum BSG kam, wollte der Kläger diesen Kommentator, von dem er annahm, daß er als Verkörperung der hM ohnehin die Beratung dominiere, nicht auch noch als mitentscheidenden Richter akzeptieren.

Bei der Ablehnung des Befangenheitsantrages konnte das BSG wiederum das BVerfG zitieren: »Von jeher wird von einem Richter erwartet, daß er auch dann unvoreingenommen an die Beurteilung einer Sache herantritt, wenn er sich schon früher über eine entscheidungserhebliche Rechtsfrage ein Urteil gebildet hat«[13]. Feiber sagt es im »Münchner Kommentar« noch pointierter: Kläger und Beklagte müßten sich »damit abfinden«, daß gerade »ihr« gesetzlicher Richter bereits eine bestimmte Rechtsauffassung geäußert habe, »die unter Anwendung auf den zu entscheidenden Fall für die eine Partei günstig, für die andere ungünstig ist«. Das sei hinzunehmen, denn vom Richter werde erwartet, »daß er sich in jeder neu an ihn herangetragenen Sache für neue Erwägungen öffenhält, auch wenn er bereits öffentlich ‹festgelegt› scheint«[14].

7.1.8 Keine abstrakte Lichtfigur

Genau besehen, stützt sich die Rechtsprechung in dieser Frage auf Sollenskategorien. Seinskategorien spielen nirgendwo eine Rolle. Das BVerfG geht in seinen Pilot-Entscheidungen von einem Idealtyp des Richters aus, dem souveränen und stets offenen Juristen. Doch der rechtsunterworfene Bürger lehnt keine abstrakte Lichtfigur ab, sondern einen konkreten Richter. Wie weit es mit der höchstrichterlichen Fiktion her ist, ließe sich im übrigen leicht empirisch feststellen. Um bei den Kommentatoren zu bleiben: Wann hat jemals einer die vom BVerfG behauptete Wandlungsfähigkeit unter Beweis gestellt - indem er von seiner eigenen Rechtsansicht öffentlich abgerückt ist? Für die Antwort reichen vermutlich die Finger einer Hand.

Bezugspunkt für die Schematisierung der allgemeinen Spruchpraxis ist Paragraph 18 III BVerfGG, der freilich nicht für die Justiz ingesamt geschaffen wurde, sondern einen Sonderstatus für die Verfassungsrichter normieren sollte. Auf diese Vorschrift bezieht sich das BVerfG, wenn es über die Befangenheit von Mitgliedern des eigenen Hauses urteilt. Gegen eine analoge Anwendung auf die übrige Justiz, wie im Fall des BSG-Entscheidung, spricht schon die Entstehungsgeschichte dieser Vorschrift.

Sie heißt »Lex Leibholz« und kam zustande, weil der gleichnamige Richter

in einem Parteienfinanzierungsprozeß mit Erfolg abgelehnt worden war, nachdem er zuvor (1965) auf einer Staatsrechtslehrertagung in Würzburg zu dem Thema Stellung bezogen hatte[15]. Um zu verhindern, daß noch einmal durch gezielte Ablehnungen die Richterbank verkleinert und die Mehrheiten verändert werden, verabschiedete der Bundestag eine Ergänzung des BVerfGG. Als Ausschließungsgrund kann seither nicht mehr geltend gemacht werden: »Erstens: die Mitwirkung im Gesetzgebungsverfahren« und »zweitens: die Äußerung einer wissenschaftlichen Meinung zu einer Rechtsfrage, die für das Verfahren bedeutsam sein kann.«
Zwar ist die Gefahr, daß Prozeßparteien die Richterbank durch gezielte Ablehnungsanträge manipulieren, längst gebannt; seit Dezember 1985 wird der abgelehnte Richter per Losverfahren durch ein Mitglied des anderen Senats ersetzt. Doch die pauschale Absolution ist nicht abgeschafft worden. Im Verfahren zu Paragraph-218 hätte zum Beispiel sogar ein Richter mitwirken dürfen, der den Fernsehzuschauern als Verfechter oder Gegner des Gesetzes aus dem Bundestag bekannt war.
Die Prämisse für diesen Politiker-Bonus ist wenig schmeichelhaft. Denn die intellektuelle Immunität für Abgeordnete macht nur Sinn, wenn unterstellt wird, daß die parlamentarische Arbeit in der Regel durch besondere Oberflächlichkeit gekennzeichnet ist. Wer die Festlegung von Abgeordneten leugnet, müßte behaupten, daß sie ihre Stimmen abgeben, ohne sich vorher ein fundiertes Urteil zur Gesetzesmaterie gebildet zu haben.
Ernst Benda sprach, als er 1972 an der Schnittstelle zwischen politischer Arbeit in Bonn und richterlicher Tätigkeit in Karlsruhe stand, diese Schizophrenie offen an. Er wollte auf die Mehrheit der Abgeordneten nichts kommen lassen: Dem juristisch gebildeten Parlamentarier könne »nicht unterstellt werden, daß er sich über die Verfassungsmäßigkeit der von ihm gewünschten Regelungen keine Gedanken gemacht hat«. Weil »niemand bewußt und vorsätzlich ein verfassungswidriges Gesetz wollen« könne, sei davon auszugehen, daß auch der Abgeordnete eine »sorgfältige Prüfung der Rechtsfragen« angestellt und sich erst dann eine »Überzeugung« gebildet habe[16].

7.1.9 *Heiligsprechung für Autoren*

Bendas Beschreibung läßt nur einen Schluß zu: Der seriöse Parlamentarier hat sich, bevor er abstimmt, sein Urteil gebildet. Wenn er aus dem Bundestag heraus zum Verfassungsrichter gewählt wird und dann in seinem neuen Amt mit derselben Materie zu tun hat, bekommt sein Urteil aus Politikertagen unweigerlich eine neue Qualität: Es wird nolens volens zum Sinnbild eines Vor-Urteils. Doch der Gesetzgeber traut dem Träger einer Roten Robe

Übermenschliches zu; alle Gerichtszweige nehmen ungeniert an dieser Heiligsprechung für Politiker und Publizisten teil.

Um Mißverständnissen vorzubeugen: Ärgerlich ist nicht, daß sich Juristen – sei es als Abgeordnete, sei es als wissenschaftliche Autoren – in der Öffentlichkeit engagieren. Die Rückehr zum schweigsamen Richter des vorigen Jahrhunderts ist vermutlich eine Therapie, die nicht mehr verfängt. Doch sie wird immer noch empfohlen[17]. Feiber etwa erinnert nachdrücklich an das »Mäßigungsgebot« und er beklagt, daß »die allgemeine Politisierung und Polarisierung, ja auch Verwilderung unseres öffentlichen Lebens« zugenommen habe. Manche Richter meinten, »sie müßten sich parteipolitisch oder gewerkschaftlich oder in ähnlicher Weise auffallend betätigen oder mit politischen Meinungsäußerungen, ja sogar Demonstratioen, an die Öffentlichkeit treten«.

Feibers Schlußfolgerung: »Anders als bei wissenschaftlichen Meinungsäußerungen« werde »hier bei naher Beziehung zum Streitstoff« häufig eine Ablehnung begründet sein[18]. Eben diese Unterscheidung ist nicht einsichtig. Wenn wirklich die apostrophierte nahe Beziehung zum Streitstoff vorliegt, ist die Besorgnis beim Politiker wie beim Publizisten begründet.

Alle Empfehlungen, die von Feiber und anderen ausgesprochen oder insinuiert werden, erscheinen unverhältnismäßig. Es steht einer Demokratie schlecht an, ihren Richtern die Grundrechte aus Artikel 5 zu beschneiden. Auch der Gedanke, daß irgendjemand die Politiker daran hindern könnte, immer wieder mal einen der ihren ins fünfte Verfassungsorgan zu wählen, ist unrealistisch.

Eine ebenso schlichte wie wirksame Lösung bietet sich geradezu an: Auch die Justiz muß lernen, daß alles seinen Preis hat. Wer sich als Politiker oder Publizist engagiert, was jedem unbenommen bleiben sollte, nimmt billigend in Kauf, daß ihm der Wechsel irgendwann einmal präsentiert wird – in Form eines Befangenheitsantrages. Davon geht die Welt nicht unter – und auch nicht die dritte Gewalt.

7.2 Der Rubikon: Rechtsbeugung

7.2.1 Böcke und Gärtner

Die Glaubwürdigkeit des Rechts speist sich aus zwei Quellen: Zum einen sollte der Bürger das Gefühl haben, daß sich seine Abgeordneten zumindest darum bemühen, gerechte Gesetze zu verabschieden. Zum anderen muß er sicher sein, daß seine Richter, die Straftaten ahnden und Streit schlichten sollen, nicht selber dem Recht Gewalt antun. Paragraph 336 StGB, der

»Rechtsbeugung« mit Freiheitsentzug bis zu fünf Jahren bedroht, dient gewissermaßen dem Flankenschutz. Sein Ziel ist, das Grundvertrauen in die Justiz zu pflegen und abzusichern. Oder anders: Die Strafnorm stellt einfach klar, daß auf dem gepflegten Rasen des Rechts Böcke als Gärtner nicht geduldet werden.

Es liegt in der Natur der Sache, daß wegen der Selbstbetroffenheit des Berufsstandes Rechtsbeugungs-Verfahren, mehr noch als die Behandlung von Befangenheitsanträgen, auf skeptische Neugier beim Publikum stoßen. Wenn es um Paragraph 336 StGB geht, urteilen Richter, anders als sonst, nicht über Fremde, sondern über Kollegen, nicht über gewöhnliche Kriminalität, sondern über Verbrechen im Amt. Was immer sie tun oder nicht tun, verrät Wesentliches über ihr berufliches Selbstverständnis und über ihre Beziehung zur Öffentlichkeit. Sei es, daß sie irren, sei es, daß sie sich korrigieren (oder auch nicht) – alle Resultate ihrer Wahrheitsfindung müssen, wohl oder übel, der Frage standhalten, ob sie willens und imstande sind, an sich (und ihresgleichen) die gleichen Maßstäbe anzulegen wie an andere.

Zugespitzt heißt das: Gilt das Urprinzip des Rechts, der Gleichheitssatz, auch für Richter, die sich strafbar gemacht haben – und zwar in dem Amt, das ihnen anvertraut ist? Oder anders: Werden Kriminelle, die unter dem Schutz der Robe gefehlt haben, unterschiedslos verfolgt, zu jeder Zeit und für jede Variante richterlicher Perversion?

Alle bisherigen Antworten auf diese Frage sind irritierend. Die Rechtsprechung belegt nur eines: wie perfekt Richter, hohe und höchste zumal, die Tatsache verdrängt haben, daß die Bonität der Justiz am Umgang mit dem Delikt Rechtsbeugung gemessen wird. Wenn diese banale Wahrheit erkannt worden wäre, hätte sich der BGH vielleicht seine eklatanten Widersprüche in den letzten vier Jahrzehnten erspart.

Mit seinem ersten Grundsatzurteil zum Unrecht in der DDR vom 13.12.1993[19] hat der 5.Strafsenat des BGH versucht, die Scharte auszuwetzen – spät und leider nicht erschöpfend. Auf jeden Fall läßt die Entscheidung an Klarheit nichts zu wünschen übrig. Die beiden angeklagten Arbeitsrichter wurden freigesprochen, der BGH hielt ihnen die Zwänge der SED-Diktatur zugute. Ihr Tatbeitrag war, gemessen an den Todesurteilen der NS-Richter, auch vergleichsweise harmlos. Sie hatten die rechtswidrige Kündigung eines Arbeitsvertrages durch Urteil sanktioniert.

Bedeutsam an dem höchstrichterlichen Spruch ist denn auch nicht das Ergebnis im Einzelfall, sondern die zukunftsweisende Begründung. Die Maßstäbe, die der BGH setzt, wirken überzeugend. Sie sind nicht nur angemessen und plausibel, sondern auch geeignet, den unteren Instanzen einen gangbaren Weg zu weisen und zugleich die Erwartungen aller billig und gerecht Denkenden zu befriedigen.

Neuester Stand: Der BGH hält eine Bestrafung wegen Rechtsbeugung dann für geboten, wenn »Menschenrechte derart schwerwiegend verletzt worden sind, daß sich die Entscheidung als Willkürakt darstellt«. Diese Voraussetzung sei bei Fällen erfüllt, »in denen Straftatbestände unter Überschreitung des Gesetzeswortlauts oder unter Ausnutzung ihrer Unbestimmtheit bei der Anwendung derart überdehnt worden sind, daß eine Bestrafung, zumal mit Freiheitsstrafe, als offensichtliches Unrecht anzusehen ist«.
Ein »schwerer Verstoß gegen die Menschenrechte« ist nach Ansicht des BGH insbesondere dann gegeben, wenn die verhängte Strafe »in einem unerträglichen Mißverhältnis« zur vorgeworfenen Tat gestanden oder wenn sie »überhaupt nicht der Verwirklichung von Gerechtigkeit, sondern der Ausschaltung des politischen Gegners oder einer bestimmten sozialen Gruppe gedient« habe.

7.2.2 *Die fehlende Komponente*

Für die notwendige Akzeptanz und Resonanz fehlt dem Urteil indessen ein wesentliche Komponente: die Auseinandersetzung mit der bisherigen Rechtsprechung des eigenen Hauses. Wer, wie der 5.Strafsenat, so tut, als ob in Sachen Rechtsbeugung die Stunde Null angebrochen wäre, provoziert geradezu den Vorwurf mangelnder Souveränität und Sensiblität. Jedenfalls erweist sich ein Urteil, das die unrühmliche Vergangenheit der eigenen Zunft (vor und nach 1945) ausblendet, als Dokument unverständlicher Geschichtslosigkeit.
Der naheliegende Einwand, Gerichte seien nicht dazu da, Geschichte aufzuarbeiten, läuft hier ins Leere. Es geht nicht um die Geschichte der Politik, sondern um die Geschichte der Rechtsprechung, namentlich um die des BGH. Die obersten Gerichtshöfe des Bundes sind der Rechtseinheit und Rechtsklarheit verpflichtet. Sie können sich von der Aufgabe, über die Kontinuität oder Diskontinuität ihrer Spruchpraxis Rechenschaft abzulegen, nicht nach Belieben selber dispensieren.
Was dem Urteil fehlt, ist offenkundig: die Stellungnahme zu der verwirrenden Kette höchstrichterlicher Ungereimtheiten. Eine klare Aussage zu den Präjudizien (Was gilt noch, was wird verworfen?) hätte ein Akt der Befreiung, hätte ein Schritt zur Rückgewinnung der verlorenen Unschuld sein können.

7.2.3 *Ungesühnte Mordurteile*

Fest steht, daß alle 5 243 Todesurteile, die der Volksgerichtshof gefällt hat, ungesühnt geblieben sind. Fest steht auch, daß keiner der 106 Berufsrichter und 179 Staatsanwälte, die unter Freisler dienten, wegen Rechtsbeugung

verurteilt worden ist, ebensowenig irgendeiner der abertausend Sonder- oder Kriegsrichter. Und fest steht schließlich, daß die dogmatischen Rezepte zur Verschonung der gestrauchelten Kollegen vom BGH ausgegangen sind.
Kurz nach dem Krieg, im Jahre 1952, vertrat die höchste Instanz in Strafsachen noch einen zögerlichen Standpunkt: einerseits und andererseits. Im Fall eines Kriegsrichters und seiner Beisitzer, die drei Soldaten wegen unerlaubter Entfernung von der Truppe zum Tode verurteilt hatten, verwies der 2.Strafsenat das Verfahren an die Vorinstanz zurück: Diese habe »besonders sorgfältig zu prüfen«, ob die Angeklagten »das Mißverhältnis zwischen der Schuld der Soldaten und der Todesstrafe« erkannt hätten. Wenn ja, habe jeder ein Verbrechen des Totschlages begangen, der Volljurist außerdem Rechtsbeugung[20].
Schon in diesem Fall wurde freilich, nolens volens, das Schlupfloch für das weitere procedere aufgezeigt: Wenn sich herausstellen sollte, daß die Angeklagten nur »fahrlässige« Verletzungen des Rechts begangen hätten, »könnten sie hierwegen nicht zur Verantwortung gezogen werden«. Rechtbeugung setze »bewußte und gewollte Verstöße« gegen das Recht voraus.
Mit diesem frühen Urteil war die Grundlage für die weitere Rechtsprechung gelegt. Bewußt oder gewollt – das hieß zum einen, daß ein Schuldnachweis kaum noch zu führen war, und zum anderen, daß ein NS-Richter, wenn er nur besonders inbrünstig an den obersten Kriegs- und Gerichtsherrn Adolf Hitler geglaubt hatte, allein deshalb außer Verantwortung war. Die innere Tatseite entfiel.
Zwischendurch muß es, unbemerkt, Skrupel gegeben haben. 1956 erwähnt der 1.Strafsenat zwei »unveröffentlichte Entscheidungen« aus den Jahren 1953 und 1954, die offenbar »bedingten Vorsatz« für ausreichend gehalten hatten. Von dieser Interpretation rückt der Senat 1956 ausdrücklich ab. In der fraglichen Entscheidung findet sich – erstmalig und einmalig – in der Urteilschronik zur Rechtsbeugung das klare Bekenntnis: Soweit in den »unveröffentlichten« Urteilen »die Meinung vertreten ist, daß für die durch richterliche Tätigkeit im Rahmen des Paragraphen 336 begangene Tötungshandlung bedingter Vorsatz genüge, wird diese abweichende Rechtsansicht nach nochmaliger Überprüfung aus den dargelegten Gründen aufgegeben«[21]. Am Richterprivileg sollte nicht gerüttelt werden; die Beschränkung der strafrechtlichen Verantwortung bilde, so das Urteil, »ein Teilstück in der Sicherung der Unabhängigkeit des Richters«.
Vier Jahre später, 1960, gab es eine neue Lesart: Der 5.Strafsenat hielt Rechtsbeugung für gegeben, wenn der Richter »bewußt eine Strafe verhängt, die nach Art oder Höhe in einem unerträglichen Mißverhältnis zu der Schwere der Tat und der Schuld des Täters steht«[22]. Von einem Volljuri-

sten könne erwartet werden, »daß er ein Gefühl dafür hat«, ob ein Urteil diese Proportionen verletzt.
Objekt des gehobenen Anspruchs an Recht und Gerechtigkeit war allerdings kein NS-Jurist, sondern ein »Oberrichter« aus der DDR – ein Flüchtling, der Zeugen Jehovas zu Zuchthausstrafen zwischen dreieinhalb und zehn Jahren verurteilt hatte.

7.2.4 Kriminelle Vereinigung

Aufhorchen ließ schließlich auch eine Bewertung der kriminellen Vereinigung, der Freisler vorstand: Der »Mißbrauch« des StGB durch den Volksgerichtshofs habe »mit Rechtsprechung nichts zu tun« gehabt. »Er ist nur eine Ausnutzung gerichtlicher Formen zu widerrechtlicher Tötung«. Folgerichtig weiter gedacht, erfasse eine derartige »Rechtsanwendung« alle Menschen, »die nicht jede Gelegenheit wahrnehmen, das Gewaltregime zu fördern, sondern die es statt dessen beim Namen nennen«. Sie diene »dann nur noch der Vernichtung des politischen Gegners« und verletze »den unantastbaren rechtlichen Kernbereich«. Eine derartige Rechtsprechung enthülle »ihr wahres Wesen als Terrorinstrument«[23].
Angeklagt war freilich in diesem Fall kein Richter, sondern eine Gestapo-Denunziantin, die den katholischen Priester Dr.Metzger an den Galgen gebracht hatte. Ein ausdrücklicher Bezug zur Rechtsbeugung war mithin nicht gegeben. Nur so ist zu erklären, daß der BGH später diese vernichtende Einstufung des Volksgerichtshofes erkennbar als obiter dictum behandelt hat. Andernfalls hätte er 1968 im Fall des Freisler-Beisitzers Hans-Joachim Rehse den Großen Senat des BGH anrufen müssen.

7.2.5 Das Rehse-Urteil

Wie auch immer: Es gab eine neuerliche Kehrtwendung. Danach war Rehse »Mitglied eines Kollegialgerichts« – und insoweit »unabhängig, gleichberechtigt, nur dem Gesetz unterworfen und seinem Gewissen verantwortlich«. Folgerichtig hatte er Anspruch auf das Richterprivileg. Folgerichtig war deshalb auch die Erkenntnis, daß »er nur noch bestraft werden kann, wenn er selbst aus niedrigen Beweggründen für die Todesstrafe stimmte«[24]. Das Urteil gegen Rehse, den die Vorinstanz der Beihilfe zum Mord in sieben Fällen für schuldig befunden hatte, wurde aufgehoben. Der BGH rügte »Unklarheiten und Widersprüche«: Die Ausdrücke »Rechtsblindheit« und »Verblendung« erschienen »im üblichen Sinne verstanden, mit dem Vorsatz der Rechtsbeugung nicht vereinbar«.

Rehse starb, bevor das Verfahren rechtskräftig abgeschlossen werden konnte. Doch das BGH-Urteil war Gegenstand lebhafter Erörterungen. Walter Lewald knüpfte an die Begründung im Urteil gegen den SED-Richter an und kam zu dem Schluß, daß Rehse »in der für die Angeklagten im buchstäblichen Sinn lebenswichtigen Frage der Strafzumessung vorsätzliche Rechtsbeugung verübt hat, in dem er unter eklatantem Mißbrauch des ihm durch die fraglichen Strafvorschriften eingeräumten richterlichen Ermessens wiederholt für die Todesstrafe votierte«. Der Kammergerichtsrat habe »als erfahrener Richter der höheren Gerichtsbarkeit zweifellos über die erforderliche Kenntnis der zureichenden Gründe einer Strafzumessung innerhalb des weiten gesetzlichen Strafrahmens« verfügt[25].

Theo Rasehorn wies auf die abstrusen Folgen des BGH-Urteils hin: Strafbar sei nach dieser Logik ein Richter, »dessen Gewissen noch schlug, der sich aber fürchtete, gegenüber einem fanatischen Nazi als Vorsitzenden, sagen wir:Freisler, seine wahre Meinung kundzutun«, nicht strafbar dagegen sei »dieser Vorsitzende selbst wegen seiner Rechtsblindheit«[26].

Von dieser Springprozession des eigenen Hauses nimmt der 5.Strafsenat in seinem Urteil über die SED-Justiz keine Notiz. Rechtsanwender und Rechtsadressaten erfahren nicht, ob und wo eine etwaige Selbstkorrektur der Rechtsprechung endet und wo die Fortschreibung beginnt. Offen bleibt die Frage: Ist der BGH vom Rehse-Urteil des Jahres 1968 abgerückt? Wenn ja: warum hat er sich nicht offen dazu bekannt?

Wenn der 5.Strafsenat jedoch zum Urteil gegen den DDR-Oberrichter aus dem Jahre 1960 zurückgekehrt sein sollte – und vieles, bis in die Formulierungen, spricht dafür – hätte umsomehr Anlaß bestanden, jeden bösen Schein zu zerstreuen. Solange das nicht geschehen ist, bleibt der Verdacht, daß rote und braune Richter mit verschiedenen Maßstäben gemessen werden. Und dieses Defizit hat auch etwas mit innerer Unabhängigkeit zu tun.

QUELLEN: Kapitel 7

1 FR, 20.9.1994.
2 Gerd Pfeiffer, Karlsruher Kommentar, Rn 3 zu Paragraph 24 StPO Rolf Lamprecht »Befangenheit an sich: Über den Umgang mit einem prozessualen Grundrecht«, NJW 1993, 2222.
3 Baumbach / Lauterbach, Kommentar zur Zivilprozeßordnung, Paragraph 42, Anm.D.aa.
4 BVerfGE 21, 139, 140, NJW 1967,1123.
5 BVerfGE 73, 330 (335); 82, 30 (38); und BSG in NJW 1993, 2262.
6 BVerfG in NJW 1993, 2230.
7 BVerfG in NJW 1993, 2230.
8 Stürner, JZ 1990, 709 ff.
9 BVerfG in NJW 1993, 2229.

10 Übersicht zur BVerfG-Rechtsprechung: BVerfGE 2, 295; 11,1; 20,1; 20,9; 20,27; 21, 139; 23,321; 32,288; 35,171; 35,246; 43,126; 46,14; 46,35; 72,296; 73,330; 82,30; NJW 1987, 429; Wassermann NJW 1987, 418; MDR 1986, 894; Wassermann: »Die Freiheit des anderen«, Festschrift für Martin Hirsch, Baden-Baden 1981, Seite 465 f.
11 BSG in NJW 1993,2262.
12 Handelsblatt, 23.4.1993.
13 BVerfGE 82, 30 (38); 78,331 (337 f); 30,149 (153) mit Hinweis auf Schumann JZ 1973,486 und Knöpfle in Starck (Fn 4), Seite 164.
14 Münchner Kommentar, 1992, Paragraph 42 ZPO, Rn 21.
15 BVerfGE 20, 1 ff; 20,9 ff; 20,26 ff.
16 Ernst Benda: »Der befangene und der unbefangene Richter«, in »Der Rechtsstaat in der Krise«, Hsgb. Manfred Hohnstock, Stuttgart 1972, Seite 301 (304).
17 Sendler: »Was dürfen Richter in der Öffentlichkeit sagen?«, NJW 1984, 689; Rottmann: »Politische Betätigung und Neutralitätspflicht«, DRiZ 1987, 317 f; Rudolph: »Öffentliche Äußerungen von Richtern und Staatsanwälten, DRiZ 1987, 337 f; des weiteren: NJW 1969, 1177; 1984, 142; 1985, 1057; 1985, 1098; 1986, 1126; 1988, 1748; ZRP 1985, 244.
18 Münchner Kommentar, 1992, Paragraph 42 Z.
19 NJW 1994,529, Rolf Lamprecht »Lesarten für Rechtsbeugung«, NJW 1994, 562.
20 MDR 1952, 693 (695).
21 BGHSt 10, 294 (299).
22 NJW 1960, 974, 975.
23 BGHSt 9, 302 (307).
24 NJW 1968, 1339, 1340.
25 NJW 1969, 459.
26 NJW 1969, 457 (458).

8. Äußere und innere Werte

8.1 Dubiose Perfektion

8.1.1 Lösung nach dem Dreisatz

Am 8.Februar 1989 fällte der 2.Strafsenat des BGH eine denkwürdige Entscheidung[1]. Es ging um den letzten anhängigen Euthanasieprozeß. Die beiden Angeklagten, zwei Ärzte, waren vom Frankfurter Landgericht zu ungewöhnlich milden Strafen verurteilt worden, jeweils zu vier Jahren. Der BGH fand heraus, daß den Angeklagten auch Morde für eine Zeit ihrer vorübergehenden Abwesenheit in der Gaskammer angelastet worden waren.
Die höchstrichterliche Erkenntnis liest sich dann so: »Danach sind dem Angeklagten Dr.A. 2 340 statt 4 500 und dem Angeklagten Dr.B. 9 200 statt 11 000 Mordfälle zuzurechnen.« Und weiter: »Die erhebliche Einschränkung der Schuldsprüche läßt es nicht zu, die verhängten Strafen aufrechtzuerhalten.« Die Richter des 2.Strafsenats haben dann das Problem mit dem Dreisatz gelöst: Wenn die Vorinstanz bei 11 000 Morden vier Jahre als angemessen ansah, durften nach Adam Riese für 9 200 Morde nur noch drei Jahre herauskommen.

8.1.2 Drei Stunden oder lebenslänglich

Dr.B. sitzt, wenn er nicht wegen guter Führung oder krankheitshalber vorzeitig entlassen wird, weniger als drei Stunden für jeden Mord. Angesichts dieses Spruchs fällt jedem Betrachter, der nicht an Erinnerungslücken leidet, beiläufig ein, wie die höchstrichterliche Rechtsprechung mit RAF-Tätern verfuhr. Auch solche, denen keine direkte Tatbeteiligung, wohl aber eine Einbindung in das Wollen und Tun der terroristischen Gewaltakte nachgewiesen werden konnte, bekamen die volle Härte des Gesetzes zu spüren. Die Dogmatiker stritten geraume Zeit nur darüber, ob zweimal lebenslänglich angemessen sei oder ob auch einmal lebenslänglich als Sühne ausreiche, wie die Vertreter der milderen Richtung im BGH meinten; sie haben sich dann zum Schluß durchgesetzt.
Angesichts dieses Gefälles verspüren phantasiebegabte Zeitgenossen einen unstillbaren Wunsch: Sie würden gern dabei sein, wenn ein Bundesrichter jungen Bürgern, etwa Abiturienten im Politikunterricht, die tiefgründigen Weisheiten des höchsten deutschen Strafgerichts erklären müßte. Etwa, was es mit dem Paragraphen 211 des StGB auf sich hat, der in seinem Tat-

bestand von einem Ermordeten ausgeht. Und warum sich die Göttin der Gerechtigkeit für den einzelnen Mord mal mit drei Stunden Freiheitsstrafe begnügt und es ein anderes Mal nicht unter lebenslänglich macht. Wer diese extreme Spannbreite, vor allem den Mengenrabatt, nachvollziehbar begründen könnte, wäre wirklich qualifiziert – und sei es nur in der Disziplin der juristischen Rabulistik.

Immerhin: Mit dem schillernden Begriff der sogenannten Qualifikation hat das Ganze schon zu tun. Die fünf Unterzeichner des Euthanasieurteils entstammen alle der Nachkriegsjustiz, sie gehören zu der Juristenelite, die deutsche Bundesländer anzubieten haben. Jeder von ihnen hat nach den herkömmlichen Kriterien die oberste Sprosse der Hierarchie erreicht: glänzende Examina, blütenreine Personalakten, erfolgreiche OLG-Station, hervorragende Benotungen, Protektion durch Präsidenten und Minister.

Damit haben alle fünf den Adelsschlag erhalten, ihnen wurde das höchste Lob zuteil, das Deutschlands Justiz zu vergeben hat – das der »Qualifikation«. Sie verfügen über diese Eignungsmerkmale und sie sind – jedenfalls, was ihr Sensorium für Gerechtigkeit anbelangt – miserable Richter. Anscheinend taugt die Qualifikationsauslese, wenn überhaupt, nur begrenzt. Sie filtert Richter heraus, die das Glasperlenspiel der Jurisprudenz perfekt beherrschen, denen aber womöglich das Gefühl für alles andere fehlt: für das rechte Maß, für Prinzipien des Rechts, die jenseits des Positivismus angesiedelt sind, für richterlichen Begründungszwang, der sich aus den Gedanken der Legitimation ergibt.

Die Kriterien, an denen Qualifikation gemessen wird, stammen samt und sonders aus dem vorigen Jahrhundert. Wer in der Justizhierarchie aufsteigen will, muß nahezu die gleichen Bedingungen erfüllen wie seine Altvorderen 1890, 1920 oder 1935. Der so Qualifizierte hätte unter Hitler Reichsgerichtsrat werden können, doch ebenso würden die Spitzenjuristen jener Tage heute bis zum BGH durchmarschieren. Dazwischen steht nur die historische Tatsache, daß Qualifikation die Pervertierung des Rechts offenbar nicht verhindert, ja vielleicht sogar fördert.

8.1.3 *Eignung 1935 und 1995*

Von der Qualifikation her gesehen, waren die Richter in den dreißiger Jahren nicht schlechter als ihre Kollegen heute, manche sagen: im Durchschnitt sogar besser. Dennoch liefen sie in Scharen zu Hitler über. Das Gebäude der Unabhängigkeit fiel nur wenige Wochen nach der Machtergreifung Hitlers sang- und klanglos in sich zusammen[2]. Ohne jeden Widerstand wurden die jüdischen Kollegen aus den Gerichtsgebäuden gejagt – in Breslau und in Görlitz oder Gleiwitz, in Münster, Köln, Berlin und Königsberg. Über dem OLG Hamm wehte die Hakenkreuzflagge.

Als der jüdische Anwalt Julius Israel S., der sich nur noch »Konsulent« nennen durfte, 1943 nach Theresienstadt transportiert wurde, widerrief das OLG Hamm seine Zulassung: »Der jüdische Konsulent Julius Israel S. aus Hagen ist am 2.März 1943 nach dem Osten zur Abwanderung gelangt. Sein Aufenthalt ist zur Zeit nicht bekannt. S. hat es unterlassen, seinen Beruf durch förmliche Anzeige aufzugeben.« S. wurde in Theresienstadt ermordet.

8.1.4 Die Banalität des Bösen

Oberinstanzliche Formulierungen wie diese sagen über die Sprache der »furchtbaren« Juristen womöglich mehr aus als manches Todesurteil. Unmenschliches durch Abstraktion in einen erträglichen Sachverhalt umzuwandeln, gehört seit jeher zu den Künsten, die einen guten Richter ausmachen. Offenbar liegen Unabhängigkeit und Verführbarkeit, Qualifikation und die Banalität des Bösen näher beieinander als die meisten Zunftgenossen wahrhaben wollen – ein bedrohliches Phänomen.
Denn die Wiederholungsgefahr wird nicht erörtert und reflektiert, sondern verdrängt. Dabei würden viele Texte eine berufsspezifische Diskussion der Frage nahelegen, zu welchen Irrwegen die vielgerühmte Qualifikation führen kann – und warum der Begriff mehr als ergänzungsbedürftig ist. Urteile, die den Anblick von Behinderten als Reiseschaden einstufen, sind zumeist nicht unschlüssig, sondern inhuman.
Vielleicht ist diese technokratische Abwicklung des Rechts nicht mal vorwerfbar. Der Jurist hat es nicht anders gelernt. Von der Idee, daß Richten Dienst am Menschen bedeutet, mag der eine oder andere zwar gehört oder gelesen haben. Doch jeder weiß, daß Humanität nicht geprüft wird. Sie gehört nicht zu den Qualifikationsmerkmalen, die für die Einstellung oder Beförderung in der Justiz irgendeine Rolle spielen.
Zur intensiven Beschäftigung mit den ethischen Grundlagen des Berufs fühlen sich deshalb nur wenige genötigt. Das erklärt auch die fehlende Bereitschaft, sich mit dem Versagen des eigenen Berufsstandes auseinanderzusetzen. Und dieser Mangel wiederum mußte zwangsläufig zu einem unreflektierten Selbstverständnis führen – ein kollektiver Vorgang, der den Verdrängungsmechanismen der Individualpsychologie entspricht. Dazu vorerst nur ein Stichwort: Die Sonderrichter sind mit demselben Qualifikationsbegriff groß geworden wie die Richter von heute.
Diese Linienführung wurde lange Zeit nicht mal thematisiert. Interessierte Kreise sprechen mittlerweile darüber. Doch zu einer Generalinventur hat sich der Berufsstand nicht aufgerafft. Bei allen Geisteswissenschaften gab es nach 1945 eine große Aufbruchstimmung und eine intensive Vergangenheitsbewältigung. Das gilt für die Philosophie – ich erinnere nur an die Aus-

einandersetzungen um Heidegger, das gilt für die fast revolutionären Denkansätze in der Theologie und die Abrechnung etwa mit den deutschen Christen. Das gilt für die Verbreitung der totgeschwiegenen Tiefenpsychologie oder die Wiedergeburt der Frankfurter Schule, um nur einige Beispiele zu nennen.

Die Juristen hingegen taten so, als ob nichts geschehen sei. Die allergröbste Aufräumarbeit war ohnehin von anderen erledigt worden. Die Alliierten hatten die Blutschutzgesetze, die Volksschädlingsverordnung und manchen anderen rechtsfeindlichen Paragraphen ersatzlos gestrichen. Vom Parlamentarischen Rat war die Todesstrafe abgeschafft worden. Die Rechtswissenschaft begnügte sich damit, über das eine oder andere Symptom nachzudenken. Zu den wenigen Ausnahmen gehört Redeker, der den Niedergang der Jurisprudenz in einem eindrucksvollen Aufsatz geschildert hat[3].

Bezeichnenderweise beunruhigte die Erkenntnis, daß Berufsqualitäten auch ins Gegenteil umschlagen können, alle möglichen Intellektuellen – nur nicht die Richter. Unter den Kernphysikern zum Beispiel gab es nach Hiroshima selbstquälerische Diskussionen über die Frage, was geschehen soll, wenn die eigene Wissenschaft aus den Fugen gerät. In dieses Bild sensibler Reflexionen paßt, daß 18 der prominentesten Atomphysiker Adenauer im sogenannten »Göttinger Manifest« eindringlich vor einer Atomrüstung warnten. Das war am 12.4.1957. Die Richter haben knapp 39 Jahre gebraucht, um sich in der Richterakademie mit der Vergangenheit ihres Berufsstandes zu beschäftigen. Im Frühjahr 1984 hielt der Vorsitzende des Deutschen Richterbundes, Helmut Leonardy, zum 75. Jahrestag des Vereins eine ungemein kritische Rede – spät, aber nicht zu spät.

8.1.5 *Die Rolle des Reichsgerichts*

Festzuhalten ist, daß es sich diejenigen zu leicht gemacht haben, die sich damit begnügten, nur auf Distanz zum Volksgerichtshof zu gehen. Es ist eine bare Selbstverständlichkeit, sich von den Männern abzugrenzen, die sich unter dem Schutz der Robe zu einer terroristischen Vereinigung zusammengefunden hatten. Sinnvollerweise muß eine andere Frage beantwortet werden: Welche Rolle hat das renommierte Reichsgericht gespielt? Kann die altehrwürdige Instanz für den Richter von heute noch Vorbild sein? Oder ist sie vielmehr ein abschreckendes Beispiel dafür, wozu hochqualifizierte Spitzenjuristen fähig sind? Auch eine solche selbstkritische Bilanz hat nie stattgefunden.

Im Gegenteil: Die deutsche Justiz lebt – das läßt sich kaum leugnen – in der Tradition des Reichsgerichts. Grundsatzurteile des Bundesgerichtshofs wie der Oberlandesgerichte sind ebenso wie »Palandt« oder »Schönke-Schröder« gespickt mit Berufungen auf das Reichsgericht. Einer der berühmte-

sten Kommentare nimmt nicht Bezug auf den BGH, sondern heißt »Reichsgerichtsräte-Kommentar«. Zu jeder juristischen Bibliothek, die etwas auf sich hält, gehört die Leipziger Entscheidungssammlung. Der BGH ließ es sich nicht nehmen, 1979 eine Feier zum hundertsten Jahrestag des Reichsgerichts zu veranstalten. Reichsgerichtsräte sind die Ahnherren der Richter von heute - bewußt oder unbewußt. Das eine ist so bedrohlich wie das andere.
Wahrscheinlich aber handelt es sich um eine unbewußte Traditionspflege. Es spricht vieles dafür, daß sich die Richter ganz einfach aus der Geschichte des eigenen Berufsstandes hinweggestohlen haben - und dies ist auch eine Form von Selbstverständnis. Die Mehrheit weiß nicht oder will nicht wahrhaben, daß die schlimmsten, weil handwerklich perfekten Unrechtsurteile vom Reichsgericht stammen. Sie verdrängen, daß dies Richter waren, die sich in nichts unterscheiden von der heutigen Richter-Generation - mit derselben Ausbildung, mit demselben Anspruch an Qualifikation, mit demselben Bekenntnis zur sogenannten politischen Neutralität, was immer das in Wahrheit sein mag.
Auch die Hundertjahrfeier in Karlsruhe brachte keine Aufarbeitung der Geschichte. Die Zeremonie war ohnehin nur mit logischen Verrenkungen zu bewältigen: Die Bundesrichter mußten ja sagen zur konservativen Rechtstradition ihrer Vorgänger zwischen 1879 und 1933 - sonst hätte die ganze Feier keinen Sinn gehabt. Sie mußten nein sagen zur faschistischen Rechtsperversion zwischen 1933 und 1945 - sonst wäre die Feier ein Skandal geworden. Der damalige BGH-Präsident, Gerd Pfeiffer, bewältigte dieses Problem mit einem anspruchsvollen und differenzierten Vortrag, der unter konservativen Richtern nicht nur Beifall fand.
Mit der Reichsgerichts-Feier freilich hatte der BGH unwillentlich Fragen nach seinem Selbstverständnis aufgeworfen, die erstaunlicherweise beim eigenen 25jährigen Jubiläum 1975 untergegangen waren. Der Eindruck von Geistesverwandtschaft, den die Gedenkstunde zwangsläufig vermittelte, weckte schlafende Hunde. Er machte neugierig auf das Vorbild, dem sich die höchsten bundesdeutschen Straf- und Zivilrichter verbunden fühlen. Wer genauer hinsah, stellte fest, daß die Vorbilder in den roten Roben - im Zweifelsfall - nie Diener des Rechts, sondern immer Diener der jeweiligen Macht waren.

8.1.6 *Selbstdemontage vor 1933*

Tatsächlich begann der Verfall des Rechts nicht erst 1933. Die Selbstdemontage des Reichsgerichts hat lange vor Hitler angefangen. Sogar in seiner Glanzzeit vor der Jahrhundertwende war das Obergericht nicht nur jenes berühmte Gremium, das für Rechtseinheit und Rechtsfortbildung sorgte, sondern immer auch der willfährige Vollstrecker von Herrschaftsinteressen. In der amtlichen Sammlung finden sich neben Entscheidungen, die noch heute dem Glasperlenspiel des Revisionsrechts als Vorbild dienen, ganz profane Unterdrückungsurteile.

So bestrafte der 1.Strafsenat am 22.12.1887 zwei Angeklagte als Mitglieder einer kriminellen Vereinigung, weil sie die Zeitung »Der Sozialdemokrat« verbreitet hatten[4]. Drei Jahre später, am 6.10.1890, qualifizierte der 3.Strafsenat den Streik als strafbare Erpressung und rügte vor allem, daß die Arbeiter »in höhnischer und dreister Weise« aufgetreten seien[5]. Zur vielzitierten Rechtskontinuität gehörte auch, daß die Versammlung konservativer Männer in Leipzig der Demokratie von Weimar nicht mit derselben Loyalität diente wie dem Kaiserreich. Zahllose politische Urteile belegen ihre Obstruktion.

Schon sehr früh, in den Jahren 1923 und 1924, wurden Faschisten, die mit dem Lied »Wir brauchen keine Judenrepublik« Staat und Mitbürger geschmäht hatten, freigesprochen. Der 4.Strafsenat verneinte »eine Kundgebung gegen die Republik« und stellte fest: Die Liedzeile sei »lediglich ein Ausfluß des Antisemitismus«[6].

Auch sonst versagten die Richter der ungeliebten Republik, die sie als »gegenwärtig bestehende« Staatsform abqualifizierten, den strafrechtlichen Schutz. Als Konservative 1929 die Reichsfarben mit dem rechtsradikalen Slogan »Schwarzrot-Hühnereigelb« verächtlich machten, hob das Reichsgericht nicht nur Strafurteile der Vorinstanzen auf, sondern stellte darüber hinaus anderen, damals üblichen Schmähparolen einen Freibrief aus. Das Wort »Hühnereigelb« sei wertfrei. Nichts anderes gelte, wenn »ein Zusatz- oder Ersatzwort gewählt« werde, wie etwa »Senf oder Mostrich«[7].

Ende 1933 formulierte der spätere Vizepräsident Freiherr Prätorius von Richthofen, Reichsgerichtsrat seit 1919, die geistige Unterwerfung der Leipziger Oberinstanz: »Das Reichsgericht hat sich immer vor Augen gehalten, daß seine Rechtsprechung den Zielen Rechnung tragen muß, welche die Regierung der nationalen Erhebung verfolgt, und daß sie in diesem Sinne auf die nachgeordneten Gerichte Einfluß zu nehmen hat«[8].

»Getreulich«, wie Richthofen versprochen hatte, entwickelte sich das Reichsgericht – in Konkurrenz zum Volksgerichtshof – zu einer Oberinstanz, die alles sanktionierte, was den Machthabern an Rechtswillkür einfiel. Und wo die braunen Gesetzesmacher dilletantisch formuliert hatten, halfen die Reichsrichter mit gekonnter handwerklicher Perfektion aus.

8.1.7 *Ehre von Prostituierten*

So hatten die Nazis in ihren Rassenschandegesetzen für die Strafwürdigkeit von Intimbeziehungen zwischen Ariern und Juden den Begriff »Geschlechtsverkehr« verwendet. Eilfertig weitete der große Senat des Gerichts den Begriff der Rassenschande und damit den Kreis der Verfolgten aus. Mit Geschlechtsverkehr sei nicht nur Beischlaf gemeint, sondern auch andere »Geschlechtliche Betätigungen – Handlungen und Duldungen – zwischen Juden und Staatsangehörigen oder artverwandten Blutes«[9]. Denn die Blutschutz-Bestimmungen dienten laut Reichsgericht »Nicht nur dem Schutze des deutschen Blutes«, sondern auch dem Schutze »der deutschen Ehre«. Geschützt – durch Bestrafung von Juden – wurde in Leipzig auch die Ehre von Prostituierten[10].

Neben unzähligen korrekten Sachentscheidungen, die – wer wollte das leugnen – tagtäglich in Leipzig ergingen, finden sich immer wieder Urteile, die mit spitzfindiger Inhumanität den Rechtsbruch höchstrichterlich absegnen. Auch die Zivilsenate erfüllten ihr Soll – sei es, daß sie Ariern den Weg frei machten für die mühelose Scheidung von ihren jüdischen Ehepartnern, sei es, daß sie Pflegeeltern das Kind nahmen, weil »zwar die Pflegemutter, nicht aber der Pflegevater arischer Abstammung« sei[11].

Als es darum ging, ob der nach 1933 geschlossene Vertrag zwischen einem jüdischen Schriftsteller und der größten deutschen Filmgesellschaft rechtsgültig sei, führte das oberste deutsche Gericht in Leipzig die »Person minderen Rechts« ein. Und um den Vertragsbruch abzusegnen, erfanden die Reichsgerichtsräte die Figur des »Bürgerlichen Todes« zu Lebzeiten[12].

Während Juden und Linke in Leipzig auf unbarmherzige Härte stießen, kamen Herrenmenschen glimpflich davon. Ein SA-Standortführer, der – obwohl selbst körperlich überlegen – einen Kameraden im Streit auf dem Tanzboden mit dem Ehrendolch erstochen hatte, verließ das Reichsgericht als freier Mann. Vom Schwurgericht in Verden an der Aller war er immerhin wegen Totschlags zu zweieinhalb Jahren Gefängnis verurteilt worden (ohne Folgen für die Richter). Die Reichsgerichtsräte erfanden für den braunen Messerstecher etwas ganz Neues – die Ehrennotwehr. Man werde seiner Situation nicht gerecht, wollte man ihm »zumuten, seine Waffe preiszugeben und sich in eine Balgerei mit einem Untergebenen einzulassen«[13].

Der »Bürgerliche Tod« für den einen und die »Ehrennotwehr« für den anderen – dies waren, darüber soll man sich nicht täuschen, rechtsschöpferische Erfindungen, die eine überdurchschnittliche Intelligenz erfordern. Reichsgerichtsrat wurde nur einer, der über besondere Qualifikationen verfügte. Diese Qualifikation, diese besondere Eignung galt es, immer aufs Neue zu beweisen – sie hatte, muß man jedenfalls annehmen, für viele einen höheren Stellenwert als das Recht. An den Maßstäben hat sich nichts geändert. Beförderungen in der Justiz werden nach denselben Kriterien ausgesprochen wie im Dritten Reich oder in der Republik.

Was das konkret bedeutet, läßt sich an der Person des Reichsgerichtspräsidenten Erwin Bumke verdeutlichen. Zahllose Unrechtsurteile, die den Ruf des Reichsgerichts ruinieren, tragen Bumkes Unterschrift. Den Tiefstand, den das Gericht unter seiner Präsidentschaft erreicht hatte, zeigt der Kniefall, mit dem er und sein Senat auf ausdrücklichen Wunsch Hitlers im berühmt-berüchtigten Fall Schlitt fünf Jahre Zuchthaus in eine Todesstrafe umwandelten[14].

8.1.8 Präsident Bumke

Bumke ist eine Schlüsselfigur zum Verständnis des Leipziger Obergerichts – allein deshalb, weil er nicht in das Klischee vom NS-Juristen paßte. Im Gegensatz zu Freisler, dem Präsidenten des Volksgerichtshofes, war Bumke kein Parteigänger Hitlers, sondern ein renommierter Jurist – im Kaiserreich geheimer Oberregierungsrat beim Reichsjustizamt, in der Weimarer Republik Ministerialdirektor im Reichsjustizministerium. 1929, lange vor Hitlers Machtergreifung, wurde er Präsident des Reichsgerichts in Leipzig. Zeitgenossen schildern ihn als einen Mann von bestechendem Fachwissen und geschliffenen Umgangsformen. Sein Haus war kultureller Mittelpunkt in Leipzig. Gerhart Hauptmann und die Gebrüder Brockhaus gehörten zu seinen ständigen Gästen[15].
Ein Jurist wie der frühe Bumke – mit der deutschen Traumbenotung: fachlich qualifiziert und politisch neutral – wäre auch heute die Zierde eines jeden Ministeriums, Anwärter für hohe und höchste Posten in der Justiz. Bumke lieferte den historischen Beweis, daß die sogenannte fachliche Qualifikation, an der bis heute Juristen gemessen werden, nichts über die wirkliche Qualität aussagt. Im Gegenteil: Es hat sich gezeigt, daß die strenge juristische Denkschule offenbar namentlich Musterschüler in die Lage versetzt, auch noch den Rechtsbruch logisch zu begründen. Bumkes Werdegang nötigt – auch heute – zu der Frage: Ist es vielleicht gerade das aberwitzige Streben nach Perfektion, das manchen deutschen Richter im besten Fall zu einem realitätsfremden Urteilsverfasser und im schlimmsten Fall zum mustergültigen Vollstrecker des Unrechts macht?
In diesem Licht gewinnt die Tatsache, daß nach 1945 kein NS-Richter wegen Rechtsbeugung verurteilt worden ist, eine ganz besondere Bedeutung. Richter sind, wenn sie über Kunstfehler in anderen Berufen zu urteilen haben, nicht zimperlich bei der Abgrenzung zwischen korrektem, fehlerhaftem und kriminellem Tun. Mit der Verschonung ihrer eigenen schwarzen Schafe hat die Nachkriegsjustiz dem Gerechtigkeitsgedanken, dem Gleichheitssatz und nicht zuletzt der eigenen Reputation schweren Schaden zugefügt. Schlimmer ist die damit verbundene Bereitschaft, die intellektuelle und moralische Zerstörung der eigenen Wissenschaft schweigend und ohne Scham hinzunehmen.

8.2 Die Fiktionen der Hierarchie

8.2.1 Opportunität in eigener Sache

Der faktische Freispruch für die Mörder unter der Robe, aber auch für die Erfinder des »Bürgerlichen Todes« oder der »Ehrennotwehr« - dieser faktische Freispruch ist ein beschämender Beweis für den weiten Spielraum an Normalität, den sich die Justiz selbst zubilligt. Letztlich gehört dieses Vakuum an Urteilskraft auch zu den Parametern, mit denen Qualifikation definiert wird. Die Bereitschaft, nicht nur ein Auge, sondern beide zuzudrücken, steigert sich zu besonderer Virtuosität, wenn es um die Anwendung des Opportunitätsprinzips geht, namentlich in eigener Sache.
Andererseits deutet die Beliebigkeit, mit der die Legitimation für weiche oder harte Auslegungen, für Durchgreifen oder Wegsehen, mal im Positivismus, mal im Naturrecht gesucht und gefunden wird, auf die Brüchigkeit der Fundamente hin. Der sichere Blick für die ethischen Grundlagen des Rechts wird weder gelehrt noch verlangt; er gehört nicht zu den Qualifikationsmerkmalen, die geprüft, geschweige denn honoriert werden.
Die Realität ist profaner. Der Richter lebt von seinem Eintritt in den Stand bis zur Pensionierung in einem hierarchischen System, das auf stillschweigend akzeptierten Fiktionen beruht. Erstens: Qualifikation ist meßbar. Zweitens: Der Qualifizierte wird befördert. Drittens: Die jeweils obere Instanz ist klüger als die darunter. Weil das Schema in sich logisch erscheint und weil es, oberflächlich betrachtet, sogar funktioniert, verspüren die Spitzen der Justiz auch wenig Neigung, an den Maßstäben für Eignung und Befähigung viel zu ändern.
Wenn Veröffentlichungen ein Indiz dafür wären, wie viele Richter sich Gedanken darüber machen, ob, warum und wie extensiv der Kriterien-Katalog für Qualifikation erweitert werden sollte, stünde die Justiz traurig da. Tatsächlich gibt es nur wenige. Und die finden sich vorwiegend in »Betrifft: Justiz« - dem Blatt, um das sich, wie bereits erwähnt, eine kleine Vorhut engagierter Juristen schart. Christoph Strecker etwa fordert offene Aussprache. Denn die Kriterien, nach denen Richter befördert würden, seien »keineswegs selbstverständlich, sondern bedürfen in einer pluralistischen Gesellschaft der Diskussion«[16]. Ihre Anwendung auf den konkreten Fall sei »überdies ein ebenso komplexer Vorgang wie die Anwendung anderer Normen«.
Wie notwendig gerade eine solche Erweiterung der Beurteilungsmerkmale wäre, beschreibt Streckers Kollege Ingo Hurlin. Er nennt die gängigen, die alles mögliche erkennen lassen, nur keine mitmenschlichen Züge: »Fachkenntnisse, Auffassungsgabe und Denkvermögen, Urteilsvermögen und Entschlußkraft, Ausdruck, Disposition, Kooperation, Verhandlungsge-

schick, Behauptungsvermögen, Belastbarkeit und Arbeitszuverlässigkeit«[17]. Hurlin fehlen dabei wesentliche Ergänzungen: »Offenheit und Einfühlungsvermögen, Dialogfähigkeit, Zivilcourage, aktive und passive Kritikfähigkeit und die Fähigkeit zum Ausgleich und zur kreativen Entwicklung von Konfliktlösungsmöglichkeiten«.

8.2.2 Transparenz und Lernfähigkeit

Diese Eigenschaften, die in jedem effizienten Unternehmen zu den Grundvoraussetzungen für eine Karriere gehören, sind in der Justiz vorläufig noch mit der Lupe zu suchen. Doch die Erweiterung des Horizonts wird neuerdings auch dort nicht nur von einzelnen Versprengten an der Basis gefordert, sondern in dem Maße, in dem eine neue Generation in die oberen Ränge eingezogen sind, auch von den Spitzen der Gerichtsbarkeit. BAG-Präsident Thomas Dieterich versteht Offenheit »in doppeltem Sinne«. Erstens: »Objektiv als Öffentlichkeit oder Transparenz«, zweitens: »Subjektiv als Aufgeschlossenheit oder Lernfähigkeit«[18]. Dazu gehören für ihn »der Grundsatz des rechtlichen Gehörs« und »ein offenes Rechtsgespräch«.

Was Dieterich darüber hinaus fordert, ist eine einzige Absage an die verbreitete Unart, Urteile formal und sklavisch durch Versatzstücke aus der höchstrichterlichen Rechtsprechung abzusichern – und damit eine spezifische Form der Abhängigkeit zu demonstrieren. »Die Entscheidungsgründe sind nicht nur der Nachweis, daß das gewonnene Ergebnis aus dem Bestand der geltenden Normen, zumindest aus deren Wertungen, abzuleiten ist.« Sie bildeten darüber hinaus »auch ein Angebot, gleichsam eine offene Hand«. Entscheidungsgründe, so der BAG-Präsident, »dürfen nicht nur, sie sollen diskutiert werden«.

Wer wollte bestreiten, daß auch diese Form der intellektuellen Präsenz zur Qualifikation eines modernen Richters gehört und derzeit noch intensiver Reklame bedarf. Jörg Berkemann zielt in die gleiche Richtung wie Dieterich und beklagt, daß »aus der Alltagskommuniktion bekannte stereotype und vorurteilsbedingte Argumentationsmuster« vom Richter übernommen würden. Er vermutet, daß diese Zusammenhänge »in einer soziolinguistischen Analyse« näher belegbar wäre.

8.2.3 Unfähigkeit zur eigenen Meinung

Berkemanns Erklärung ist nicht eben schmeichelhaft: »Gerade der latente Widerspruch zwischen dem vom Verfahrensrecht institutionalisierten Meinungszwang richterlicher Entscheidungsbegründung und einer Unfähigkeit zum eigenen Meinen« könne dazu führen, »tradierte stereotype Argumentationsformen zu akzeptieren, um sich der Mühe des Meinens zu entheben und dennoch das positiv bewertete Bild richterlicher Unabhängigkeit aufrecht zu erhalten«[19].

Der Autor registriert »die Radikalität ideologiekritischer Fragestellungen und deren durchaus politisch-aufklärerische Funktion insbesondere gegen Konformismen«[20]. Beides deute darauf hin, »daß die Rechtswissenschaft durch Überbetonung positivistisch-dogmatischer Forschung eine Ideologkritik als ›revierfremd‹ zu betrachten« suche. Berkemanns Schlußfolgerung: »Eine solche Einstellung zur Ideologiekritik wäre selbst ideologisch, wenn sie deren Beitrag zur Erziehung zum rationalen Problemlösungsverhalten als ›störend‹ zu minimieren drohte.«

Problematisch dürfte sein, daß solche Reflexionen über die eigene Ideologieanfälligkeit weder im Studium noch in der späteren Ausbildung gelehrt werden - es sei denn der junge Jurist stieße auf eine Vorbildfigur, die ein Sensorium für derlei Selbstgefährdungen entwickelt hat. Normalerweise wird die Abwehr solcher Irritationen solidarisch eingeübt - frei nach Morgenstern: Es kann nicht sein, was nicht sein darf.

Horst Häuser hat dieses Phänomen für einen Teilbereich beschrieben - für die Frage, ob und in welcher Weise Richter Ämterpatronage wahrnehmen. Er empfand es zunächst als »überraschend«, »mit welchem Desinteresse und mit welcher Kritiklosigkeit« dieser Eingriff in die richterliche Unabhängigkeit hingenommen wird. »Die Gründe dafür sind nur psychologisch zu erklären«[21]. Häuser entdeckte drei Reaktionen: Leugnung, Verdrängung, Verharmlosung.

Viele Richter, fand der Autor heraus, verleugneten »sowohl den Anpassungsdruck des hierarchischen Systems als auch die eigene Anpassung«. Diese Kollegen begriffen sich als Teil eines »übergeordneten Ganzen« und bald auch als »Vollstrecker eines übergeordneten Willens«. Diese »Überangepaßtheit« empfänden sie nicht »als schmerzliche Deformation ihrer Persönlichkeit« (»wieder ein Stück Selbstachtung der Karriere geopfert«), sondern »ihr subalternes Verhalten« werde zur »staatstragenden Gesinnung« hochstilisiert und als »wertvolle Charaktereigenschaft erlebt«.

Die zweite Kategorie leugne die Ämterpatronage keineswegs, »den Wahrnehmungen der Realität wird innerlich der Wirklichkeitscharakter nicht abgesprochen«. Doch diese Kollegen verdrängten die »unliebsame Erkenntnis alsbald wieder aus ihrem Bewußtsein, um sich die belastende Auseinandersetzung mit der peinlichen und beschämenden Realität zu ersparen«.

Von der dritten Kategorie schließlich werde die Erosion der Justiz »weder verleugnet noch verdrängt, sondern verharmlost«. Diese Kollegen beruhigten sich und andere mit dem Hinweis auf allgemeine Schwächen - »auf die Unvollkommenheit des Menschen«, auf »die Schlechtigkeit der Welt«, auf die Tatsache, »daß es Ämterpatronage schon immer gegeben habe und immer geben werde«. Genau besehen, erweise sich diese Verharmlosung »als

Rationalisierungsversuch einer Gesinnung, die dem anderen jede Amoralität zutraut«. Sie setze voraus, daß man selbst – »gesetzt den Fall, die Gelegenheit würde sich bieten« – der Versuchung nicht widerstehen könnte, zu »patronisieren« oder sich »patronisieren zu lassen«.

8.2.4 *Die Finalität der Beurteilung*

Häuser reflektierte auf Mechanismen, die weithin bekannt und auch durchschaubar sind. Auf welchem Kollegen der wohlwollende Blick der Oberen ruht, weiß jeder – und zumeist auch warum. Versteckte und dennoch gezielte Förderung verlangt finale Noten. »Auch noch so ausdifferenzierte Beurteilungsbögen, die ein hohes Maß an Objektivität suggerieren«, könnten, meint Bernd Graefe, nichts daran ändern, »daß jede Beurteilung neben der Frage der Eignung auch von den Wunschvorstellungen des Beurteilers getragen wird«[22]. Jedes Zeugnis enthalte damit ein mehr oder weniger stark ausgeprägtes »voluntatives Element«.

Mal sind die Fäden, an denen gezogen wird, schon früh und sehr deutlich erkennbar. Mal kommen sie überhaupt erst zum Vorschein, wenn die Marionetten-Figuren schon an ihrem ausersehenen Platz stehen. »Nicht nur im Hinblick auf eine bestimmte Stellung, sondern auch im Rahmen langfristiger Personalplanung« kann sich, so hat Christoph Strecker beobachtet, »die Vorstellung, jemand solle gefördert werden, in den Beurteilungen niederschlagen«[23]. Er weist darauf hin, daß die häufig zu lesende Formulierung »verdient Förderung« deutliche Züge »einer self-fulfilling-prophecy« trägt. Wenn Zeugnisse Instrumente der Personalplanung seien, liege es nahe, vermutet Strecker, »daß der Wunsch auch der Vater des Gedankens und das Dienstzeugnis ein Mittel zur Realisierung personalpolitischer Vorstellungen sein könnte«. Zu argwöhnen sei, daß die »Beurteilung anders« ausfalle – je nachdem, ob einer »die betreffende Stelle bekommen soll« oder auch nicht.

8.2.5 *Qualitative und quantitative Unterschiede*

Falls sich solche Auslese später als richtig herausstellt, dann sicher nicht wegen des Systems. Messen lassen sich nur wenige Faktoren: Leere Aktenböcke oder immer wieder anwachsende Rückstände, die einen Spruchkörper in Bedrängnis bringen, aalglatte Anpassung oder hartleibige Widerborstigkeit in den Beratungen, flüssige oder unbeholfene Formulierung der Urteilsgründe, aber auch Profanitäten wie Kleidung, Umgangston, Pünktlichkeit und Verläßlichkeit. Was insoweit gesucht wird, läßt sich zumeist finden: der unkomplizierte, schnelle, intelligente und obendrein freundliche

Arbeiter. Ob seine Vorstellung von Gerechtigkeit funktioniert, steht nicht mal auf einem anderen Blatt. Es steht nirgendwo.
Selbst die Kritiker des Systems sind nicht so töricht, daß sie von einer Gleichheit aller Kollegen ausgehen. »Wer wollte in Abrede stellen«, fragt Graefe, »daß es auch bei der Ausübung des Richteramtes – wie bei jeder Arbeitsleistung – qualitative und quantitative Unterschiede gibt, und daß nicht jeder gleich gut für jedes Amt geeignet ist«[24]. Das sei zwar »eine Binsenweisheit«, aber keine »zureichende Bedingung« für die formalisierte »Bestenauslese«. Sie hängt letztlich davon ab, daß »die Chemie zwischen den Beteiligten stimmt«. Solche Wechselbeziehungen, über die Industriemanager freimütig reden, würden Richter nie zugeben.
Sie protestieren zwar gegen Ämterpatronage, verdrängen aber alle anderen subkutanen Einflüsse, die für die Karriere eine Rolle spielen – offenbar, weil das Eingeständnis, daß es in der Justiz so zugeht wie überall, dem stilisierten Selbstbildnis widersprechen könnte. Vermutlich gibt es in Gerichtsbezirken viel weniger »Seilschaften«, als allgemein angenommen wird.
Doch es widerspräche jeder menschlichen Natur, wenn der Personalreferent die lobenden Worte des Ministers über einen bestimmten Richter nicht in seinem Hinterkopf speichern würde. Wer will ernsthaft in Abrede stellen, daß »alte Herren« nicht immer wieder mal für den Nachwuchs ihrer Burschenschaft sorgen. Und der Rotarier, der dem Club-Mitglied in die Steigbügel hilft, ist sich seiner Motive vielleicht nicht mal bewußt. »Man« kennt sich einfach – die Ehefrauen spielen miteinander Tennis. Und Vorgesetzte, die – das eigene Fortkommen im Auge – auf einen tatsächlichen oder vermeintlichen Wink von oben in vorauseilendem Gehorsam Dienstzeugnisse schreiben, dürften auch keine Seltenheit sein. Im übrigen: Wer positive Selektion betreibt, sieht ohnehin nur Vorzüge und ist von der Qualifikation des Geförderten vermutlich oft sogar überzeugt.
»Es darf und muß davon ausgegangen werden«, notiert Strecker, »daß bei Personalentscheidungen auch andere Informationen verwandt werden als die dienstlichen Beurteilungen«[25]. Die Vorstellung, das Zeugnis sei die Grundlage der Personalplanung, sei »nichts als ein Mythos«. Strecker beschreibt auch die Ideologie, die dahintersteckt: »Mythen haben häufig die Funktion, bestehende (Herrschafts-)Verhältnisse zu erklären und zu legitimieren«. Es liege nahe, »daß die Verwalter der weltlichen oder religiösen Macht diese Mythen geflissentlich pflegen«.
Sie dienen im übrigen nicht nur der Macht schlechthin, sondern auch dem höchstpersönlichen eigenen Einfluß. Wer die Fiktion aufrechterhält, er könne definieren, was Qualifikation eigentlich ausmacht, okkupiert damit eine Schlüsselposition. Und er kommt damit der realen Wahrheit sogar sehr nahe. Denn zumindest diejenigen Beurteiler, die einen untrüglichen In-

stinkt für fachliche und menschliche Vorzüge anderer haben, sind durchaus imstande, Qualitätsmaßstäbe zu setzen. Doch die beziehen ihre Überzeugungskraft stets aus subjektiven Quellen.

8.2.6 Die individuelle Methode

Wollte man diese Beobachtung objektivieren, käme eine Aussage heraus, die sich nur in sehr beschränktem Umfang verwenden ließe. Sie könnte lauten: Während der Zeit, in der OLG-Präsident X. amtierte, war das Gesamtniveau der Richterschaft in diesem Bezirk deutlich höher als in vergleichbaren anderen. Es wäre ein Lob für die individuelle Methode und das Fingerspitzengefühl des erfolgreichen Präsidenten – nicht mehr und nicht weniger. Die stringente, aber kaum realisierbare Schlußfolgerung müßte nach dieser Logik in einen Appell an die Justiz münden: Setzt reife, weise und unabhängige Persönlichkeiten an die Spitze des Gerichts!
Angesichts der Tatsache, daß die Parteien sich auch personell zumeist auf den kleinsten gemeinsamen Nenner einigen, gehört dieser Wunsch vermutlich in die Traumlandschaft der Utopien. Ein brauchbarer Kompromiß könnte daher der Vorschlag von Karl Friedrich Piorrek sein: »Als Fernziel sollen die Beförderungsämter – jedenfalls auf Landesebene – abgeschafft und die Gerichtspräsidenten von der Richterschaft auf Zeit gewählt werden«[26].
Wer die Qualifikation herausfinden will, braucht qualifizierte Beurteiler – und die Einsicht, daß das Wünschenswerte aus einem unübersichtlichen Bündel von Eigenschaften besteht. Rainer Voss skizziert, pars pro toto, das Problem. Auf charakterliche Eigenschaften werde »leider vielfach bei der Berufung in ein Richteramt nur am Rand geachtet«[27]. »Im Vordergrund stehen die Examensnoten.« Der Richterbundsvorsitzende fügte allerdings »ehrlicherweise« hinzu, daß es »bei der Einstellung auch sehr schwer, wenn nicht sogar in vielen Fällen unmöglich sein würde, derartige Eigenschaften zuverlässig ermitteln zu wollen«.

8.2.7 Dienstzeugnis und Flüsterpropaganda

Bei Beförderungen könnte es leichter sein – vorausgesetzt, es gelänge, die wenig effiziente Gemengelage von Dienstzeugnis und Flüsterpropaganda aufzulösen. Strecker beschäftigt sich mit der Eigendynamik, die Kulissengeflüster entwickeln kann. Er beschreibt die Diskussion in einem Präsidialrat, die häufig stattfinden dürfte. Der Berichterstatter liest aus dem Dienstzeugnis eines Richters vor: »Der betreffende Kollege hält sein Referat ›in guter Ordnung‹«[28]. Ein Teilnehmer der Runde läßt »dezentes Stöhnen ver-

nehmen«. Aus einem anderen bricht es heraus: »Das weiß doch jeder, daß das Referat total abgesoffen ist«.
Solche Kommentare stehen im Raum. Handelt es sich vielleicht um üble Nachrede? Und wenn ja: Wer will wem warum eins auswischen? Beruhen die Anmerkungen auf Fakten - und wenn ja: Gibt es womöglich plausible Entschuldigungen? Strecker stellt die berechtigte Frage, »ob - und wie - dieses private Wissen eines Mitglieds des Präsidialrates zur Kenntnis genommen wird und verwandt werden kann«. Das gilt selbstverständlich auch für positive Bewertungen, etwa der Kollege »sei besonders beliebt in der Kammer«. Doch das Abträgliche ist besonders verhängnisvoll, weil dem Betroffenen - anders als beim Dienstzeugnis, zu dem er Stellung nehmen kann - jedes rechtliche Gehör versagt wird.
Auch Strecker schränkt allerdings seine Vorbehalte gegen das derzeitige System teilweise ein. Er behaupte nicht, »daß den dienstlichen Beurteilungen keinerlei Funktion zukäme«[29]. Denn »besser als bloße Gerüchte sind sie allemal«. Zumindest könne der Betroffene von seinem Zeugnis »Kenntnis nehmen und sich (wenn auch nicht gegen alle Verzerrungen, so doch wenigstens) gegen extreme Unrichtigkeiten wehren«. Zutreffend dürfte seine Feststellung sein: »Manche dienstliche Beurteilung ist eher ein Willens- als ein Erkenntnisakt«[30]. Die Wahrnehmungen des Zensors seien oft selektiv. Denn »nicht jeder hat die Beobachtungsgabe und die sprachlichen Fähigkeiten, um einer anderen Person bei der Beschreibung ihrer Stärken und Schwächen gerecht zu werden«.

8.2.8 *Zeugnisse offen legen!*

Weil das unbestreitbar so ist, empfiehlt »Betrifft: Justiz« die Ausnahme zur Regel und das Beurteilungswesen zwecks besserer Kontrolle transparent zu machen. Strecker animiert und provoziert seine Kollegen mit der Frage: »Muß denn der Inhalt der dienstlichen Beurteilung ein süßes Geheimnis zwischen Präsident, Personalreferent und dem Beurteilten bleiben?«[31]. Er weist auf die Tatsache hin, daß Kollegen die Qualitäten des jeweils anderen oft besser einschätzen können als Vorgesetzte. Bei einem systematischen Vergleich würden Richter besser in der Lage sein, »Gunst und Ungnade in den Beurteilungen zu erkennen und zu durchschauen«.
Weitere Vorteile: Sie könnten »die Bedeutung subtiler Formulierungen, Andeutungen und Auslassungen« einschätzen und sich im Gespräch mit dem Beurteiler »zur Wehr setzen« und »auf andere Formulierungen drängen«. Die Konsequenzen dieser Methode liegen auf der Hand: Wenn die Beurteiler begreifen, daß ihre Aktivitäten transparent gemacht und sie ihrerseits beurteilt werden, verändert sich zwangsläufig auch ihr Bewußtsein. Wer

weiß, daß er ebenfalls kontrolliert wird, kann Richter nicht mehr gegeneinander ausspielen.
Strecker hat bei Vergleichen in seinem Umfeld »sensible Formen der Kommunikation« entdeckt - der Beurteiler schreibe »gleichsam augenzwinkernd«: »Du weißt schon, was ich meine«[32]. Weglassungen, fand er heraus, bedeuten: »Insoweit nichts Positives zu berichten«. Wer ablenken wolle, berichte Menschliches statt Faktisches. Der versteckte Hinweis, einer sei umweltorieniert, solle sagen: Er ist ein »Grüner«. Das begrenzte Lob »solide« verrate, daß der Betreffende »nicht gut« sei. Gleichlautende Formulierungen verschiedener Beurteiler brauchten nicht das Gleiche zu bedeuten. Letztendlich: »Das Prädikat ist das Entscheidende.«
Streckers Vorschlag ist zwar nicht utopisch, erfordert aber noch einige Metamorphosen im richterlichen Denken. Die Instrumentalisierung des Austauschs von Zeugnissen würde auch nach seiner Überzeugung eines voraussetzen, was noch ziemlich rar und doch für eine demokrative Justiz unentbehrlich sein sollte: »Kollegiale Solidarität statt eines permanenten Wettlaufs ›jeder gegen jeden‹ im hierarchischen System«.
Tatsächlich garantieren Unabsetzbarkeit, Unversetzbarkeit und alle rechtsstaatlichen Sicherungen im Dienstrecht nur einen Bruchteil der richterlichen Unabhängigkeit. »Keinen Schutz« gebe es bisher, meint Strecker, »gegen die Versuchung, sich durch Wohlverhalten dem Wohlwollen derer zu empfehlen, die über Ernennungen und Beförderungen entscheiden«[33]. Er kommt zu dem Schluß, daß die Unabhängigkeit der Richter »im Kern gefährdet« bleibt, »solange das System der Justiz überhaupt die Möglichkeit vorsieht, nach beruflichem Fortkommen zu streben«.

8.2.9 Rechtstechnokraten und Paragraphenreiter

Ein ausgewiesener Linker wie Wolfgang Nescovic aus Lübeck kommt zu dem resignativen Schluß, daß hierzulande nach wie vor »der Rechtstechnokrat und Paragraphenreiter« bevorzugt werde - derjenige, »der mit einem konservativen Staatsverständnis ausgestattet, wendig und anpassungsfähig, mit schwach ausgeprägtem Rückgrat an seiner Karriere bastelt«[34].
Dreh- und Angelpunkt dieses Systems ist, worauf Bernd Graefe hinweist, die Tatsache, daß Beförderungen »in vielen Fällen maßgeblich von den persönlichen Präferenzen des Beurteilenden« abhängen. »Was liegt für einen Beförderungswilligen näher, als sich die Gunst dessen zu sichern, der ihn beurteilt?«[35]. An der Grundthese, daß diese Abhängigkeit »Vorauseilenden Gehorsam tendenziell begünstigt und streitbare Geister - gleich welcher Couleur - eher benachteiligt, läßt sich meines Erachtens nicht deuten«.
Für diese Diagnose spricht, daß erfahrene Juristen aus Graefes Ahnengalerie die gleichen Beobachtungen gemacht haben. Im übrigen habe »die per-

sönliche Unabhängigkeit Grenzen«, konstatierte Konrad Zweigert, die bei Beförderungen »in der Natur der Sache« lägen, solange – »wie bei uns« – »die Stellung des Richters in ein Karrieresystem eingebaut ist«[36]. Eine Beeinflussung der richterlichen Entscheidungstätigkeit könne »daraus dann resultieren, wenn der Richter auf die persönlichen Anschauungen dessen sieht, der über seine Beförderung zu befinden hat«.

Aus diesem Grund sieht Zweigert »nicht ohne Neid« auf die Justiz in der angelsächsischen Welt, »wo ein Jurist in der Regel nicht vor Erreichung seines 50.Lebensjahres zum Richter ernannt wird und vor der Ernennung Barrister, plädierender Anwalt, gewesen sein muß«[37]. Der englische Richter habe mithin »noch nie einen Vorgesetzten gehabt« – »welch ein Plus für die Bildung eines souveränen Menschen«.

Jünger als Zweigert, aber nun auch schon ein Veteran der Justiz, ist Gerd Pfeiffer, Ex-Präsident des BGH. Ihm fällt, wie vielen anderen, zunächst erst mal die Sottise des preußischen Justizministers Leonhardt ein, der sich angesichts seines Beförderungsrechts nur über die Unabhängigkeit amüsieren konnte. Diesem »oft zitierten« Anspruch liege, so Pfeiffer, »eine zutreffende Beobachtung menschlicher Schwächen zugrunde«[38]. Das Resümee des ehemaligen BGH-Chefs klingt nicht weniger resignativ als das Zweigerts: »Wirklich unabhängig sind vielleicht tatsächlich nur der Amtsrichter, der alle Karrierevorstellungen aufgegeben hat, und die Präsidenten des Bundesverfassungsgerichts und der obersten Gerichtshöfe«.

8.3   Externe Qualitätskontrolle

8.3.1   Computerprogramm »Tristan«

Selbst die »Chef«-Präsidenten, die Pfeiffer apostrophiert, mußten, bevor sie den Gipfel erreichten, den mühsamen und dornigen Aufstieg über Regel- und Anlaßbeurteilungen hinter sich bringen. Gleichwohl verdanken sie ihre letzte Ernennung keinem Zeugnis – schon deshalb nicht, weil in einer pluralistischen Gesellschaft die Besetzung der Spitzenämter weniger von Noten als von politischen Konstellationen abhängt. Beim Fußvolk ist es anders: Gute Noten spielen zwar die Hauptrolle, doch vielen nützen sie nichts. Auch Qualifizierte können nur befördert werden, wenn die entsprechenden Stellen vorhanden sind.

Für Niedersachsen zum Beispiel hat Ulrich Vultejus errechnet, daß zwar die Zahl der Beförderungsstellen größer ist, als die Zahl der Kollegen (6,7 %), die mit der Note »vorzüglich geeignet« an der Spitze stehen. Doch die Schar der »sehr gut geeigneten« ist wiederum zu groß; nicht jeder kommt zum Zug. »So verläuft die Scheidelinie der Beförderung mitten durch die Zahl

der ›sehr gut geeigneten‹ Richter«[39]. Es liege auf der Hand, folgert Vultejus, »daß mit einem Schnitt durch diese Gruppe rational zu begründende Personalentscheidungen nicht immer möglich sind und es zwangsläufig auch zu Entscheidungen kommen muß, die als willkürlich empfunden werden«.
Das Dilemma begünstigt die Spitzen der Justiz. Wer befördert, kann sich, wann immer er will, auf die Note berufen – er muß es aber nicht. Die norddeutsche Skala dürfte repräsentativ für die Republik sein. In Hannover werden Zeugnisse durch das Computerprogramm TRISTAN erstellt. Noten: Vorzüglich geeignet, sehr gut geeignet, gut geeignet, weniger geeignet, nicht geeignet. Ausgewertet werden dabei diverse Kriterien: Fachkenntnisse, Auffassungsgabe, Ausdrucksvermögen, mündliche und schriftliche Dispositionsfähigkeiten, Verhalten zu anderen, Verhandlungsgeschick, Durchsetzungsfähigkeit, Belastbarkeit[40].

8.3.2 *Mathematisierte Subjektivität*

Der Versuch, Eignung zu mathematisieren, zeugt zwar von einem Bemühen um Objektivität – und ist dennoch hochproblematisch. Denn die scheinbar wertfreien Zahlen können nur aus subjektiver Sicht entstehen. Wie beurteilt ein Vorgesetzter, der die herkömmliche abstrakte und blutleere Juristensprache für ein Qualifikationsmerkmal hält, das »Ausdrucksvermögen« eines jungen Kollegen, der im Interesse der Rechtsuchenden den Klartext bevorzugt?
Und weiter: Wie ist zu verhindern, daß die zum Teil kontradiktorischen Vorstellungen über den Umgang mit Prozeßparteien, bei der Beurteilung des »Verhandlungsgeschicks« durchschlagen? Mit welcher Note über das »Verhalten zu anderen« muß einer rechnen, der seine Meinung ungeschminkt äußert und dabei auf einen Vorgesetzten stößt, der allergrößten Wert auf Etikette legt?
Ob der Beurteiler willens und imstande ist, solche Fragen halbwegs objektiv zu beurteilen, läßt sich aus Antworten in Ziffern schwerlich erkennen. Es spricht mithin vieles für die Forderung, die Ingo Hurlin erhebt: »Bei der schriftlichen Abfassung« des Zeugnisses sei jedem Beurteiler zuzumuten, »in einem zusammenhängenden Text anhand vorgegebener Kriterien die Beurteilung zu begründen«[41] (wie etwa in Nordrhein-Westfalen).
Das hat zwei Vorteile: Der übergeordnete Autor muß sich selbst disziplinieren. Wenn er intelligent ist, merkt er beim Schreiben, daß ihm unkontrollierte Emotionen in die Feder fließen. Wenn er beschränkt ist, entlarvt er sich selbst. Obendrein muß er damit rechnen, daß seine eigene Unzulänglichkeit publik wird – jedenfalls dann, wenn die Richter mehrheitlich Strekkers Vorschlag beherzigen und die Dienstzeugnisse transparent machen.
Genau besehen, ist allerdings Hurlins Forderung, die »Regelbeurteilung«

gänzlich abzuschaffen, nicht ohne Widerhaken. Seiner Begründung, daß dieses »Kontrollinstrument überflüssigen Druck« erzeuge und »Anpassungsdenken« begünstige, ist zwar zuzustimmen. Und der Gedanke, daß sich Richter ohne nennenswerten Protest bis zum 50.Lebensjahr wie Schulbuben benoten lassen, ist für keinen Außenstehenden nachvollziehbar. Richtig ist auch, wie Hurlin meint, daß »ein Fragenkatalog mit ›Ankreuzen‹ der Würde« des Richters nie gerecht werden kann. Doch solange die Hierarchie besteht, wird sie – offen oder versteckt, in Chiffren oder in Texten – Zensuren verteilen.

Wenn aber, was kaum zu verhindern ist, jede Beurteilung auf subjektiven Quellen beruht, ist eine einzelne gewichtiger und folgenschwerer als der Querschnitt aus vielen. Das ist der Grund, warum viele Lehrer neben den im Schulplan vorgesehenen Klassenarbeiten sogenannte Zettelarbeiten schreiben lassen. Auf diese Weise erhalten sie einen besseren Überblick, sie kommen beim Endergebnis der Gerechtigkeit näher.

In Analogie bedeutet das für die »Anlaßbeurteilung«: Sie muß, falls ihr etliche »Regelbeurteilungen« vorangegangen sind, auf diese Bezug nehmen. Wer dem vielfach als »sehr gut geeignet« eingestuften Richter die Beförderung versagen will, ist genötigt, ausführlich zu begründen, warum es nun plötzlich nur noch »gut« sein soll.

»Richter sind«, notierte Strecker, »keine besseren Menschen als der Durchschnitt der Bevölkerung oder der Politiker«[42]. Sie hätten nicht »mehr Mut, Moral und Verantwortungsbewußtsein als andere«. Deshalb sei »ihre Unabhängigkeit gefährdet, wenn es überhaupt Institutionen gibt, von denen die Richter Vorteile erhoffen oder Nachteile befürchten müssen«. Diese zutreffende Einsicht gilt für Objekte und Subjekte des Beförderungswesens gleichermaßen. Sie gilt vor allem, wenn Vorgesetzte zu den Noten weitere Grammgewichte auf die Beförderungswaage legen.

8.3.3 Chancen für die Chancenlosen

Die Gewichte haben sich verändert. Es sind andere als früher. Der Generationswechsel hat allmählich auch in der Justiz das Bewußtsein verändert. Es kommen, konstatiert Graefe, auch Richter zum Zuge, »die noch vor Jahren chancenlos gewesen wären«[43]. Die Richterschaft sei »insgesamt pluralistischer« geworden, doch das Beförderungswesen habe sich »nicht zum Besseren gewandt«.

Graefe hat auch eine Erklärung dafür: »Solange sich die Richtersozialisation in unverändert streng hierarchischen Strukturen am Aufstiegsdenken orientiert und sich der Aufstieg ohne hinreichende demokratische Legitimation vollzieht, werden überkommene verfestigt und reproduziert, da braucht man sich keinen übertriebenen Illusionen hinzugeben.«

Manche haben mehr Illusionen, manche weniger. Auch die Veränderer unter den Juristen scheiden sich nämlich in Pessimisten und Optimisten. Konstanze Görres-Ohde, seit 1989 Landgerichtspräsidentin in Itzehoe und eine derjenigen, die früher »chancenlos« gewesen wären, wird nicht müde, »unseren Leuten zu vermitteln, daß gerade kritische (nicht mäkelnde) Kollegen besonders förderungswürdig sind«[44]. Sie hat sich die Aufgabe gestellt: »Wie kann ich es erreichen, auf Kritik angemessen zu reagieren?« Dies sei »ein lebenslanges und mich immer wieder beschäftigendes Thema«[45]. Vorbild seien Vorgesetzte dann, wenn sie »selbst Kritik aushalten«.

Die Präsidentin räumt ein, »daß diejenigen, die sich am Beförderungssystem beteiligen, ihr kritisches Potential verlieren«. Da helfe nur eines: Solche zu »fördern«, die »wir gern selbst als Vorgesetzte hätten«[46]. Und sie beschreibt, wie die beschaffen sein müßten: »Couragiert, mit sozialer Kompetenz ausgestattet, offen, einfühlsam, kreativ, ausgleichend... eben mit all diesen wahnsinnig tollen Eigenschaften, und dann... ach, da war doch noch was: die fachliche Kompetenz versteht sich von selbst.«

8.3.4 *Soziale Kompetenz*

Konstanze Görres-Ohde versucht mit dieser – eher ironischen – Betonung einer puren Selbstverständlichkeit, jenem Vorbehalt zu begegnen, der allen Reformern in der Justiz entgegenschlägt. Jeder muß sich gegen den ausgesprochenen oder unausgesprochenen Verdacht wehren, daß er mit seinen Wünschen nach einer erweiterten Job-Description eine Aushöhlung der fachlichen Fundamente billigend in Kauf nehme. Schon der Einwand legt den Verdacht nahe, daß den Kritikern der Kritiker womöglich eine Dimension fehlt.

Um nur einen Aspekt zu nennen: Technokratische Perfektion, etwa die Fähigkeit, blendend zu subsumieren, dürfte für eine verfassungskonforme Interpretation des einfachen Rechts kaum ausreichen. Die Frage, ob der Anblick von Behinderten einen Reiseschaden darstellt, läßt sich mit fachlicher Kompetenz nicht gerecht beantworten. Soziale Kompetenz, ein Sensorium für die Werte-Vorgaben des Grundgesetzes, muß hinzukommen. Wer über diese Gabe verfügt, ist qualifizierter als einer, der seine Konkurrenten mit einem überragenden Noten-Querschnitt aussticht. Zugegeben: Die neuen Elemente der juristischen Chemie müssen entdeckt und definiert werden: ihr spezifisches Gewicht ist zu vermessen, bevor es auf die Waage der Qualifikation kommt.

Diese Mühe, das Anforderungsprofil auf den neuesten Stand der Erkenntnisse zu bringen, muß sich freilich jeder Berufsstand unterziehen, der auf der Höhe der Zeit bleiben will. Fazit: Ergänzende Merkmale können den Begriff der Qualifikation letztlich nur optimieren. Erstaunlich ist immer wieder, daß nach dem Fiasko der Jurisprudenz zwischen 1933 und 1945 der Richterstand nicht zusätzlich andere Bewertungs- und Testkriterien entwickelt hat – eine neue Art von Problemlösungsverhalten. Fast alle modernen Berufe kennen Strategiespiele. Anfänger und Fortgeschrittene werden mit einer gedachten Situation konfrontiert und daraufhin getestet, ob und wie sie mit dem konstruierten Problem fertig werden. So etwas gibt es für Richter leider nicht. An Stoff und Spielmaterial würde es weiß Gott nicht mangeln.

Zum Beispiel: Wie begegnet man dem äußeren Druck einer politischen Administration, den Kampagnen einer manipulierten Öffentlichkeit? Oder einer unzulässigen Einflußnahme der eigenen Gerichtsspitze? Ob einer im Ernstfall Charakter zeigt, wird man dabei kaum herausfinden. Aber der Lähmung, die durch Überraschungsangriffe hervorgerufen wird, kann man mindestens vorbeugen.

Anders ausgedrückt: Die Kriterien, an denen richterliche Qualifikation gemessen wird, hätten nach dem Versagen im Dritten Reich um ein Dutzend Parameter ergänzt werden müssen – um vielfältige Charaktertests, um die Prüfung des Stand- und Durchhaltevermögens, um die Frage, ob die Neigung zum Subsumieren oder die Liebe zum Recht überwiegt, vor allem aber, ob einer bereit und imstande ist, seinen Vorgesetzten zu widersprechen.

8.3.5 *Anleihen bei der Industrie*

Für solche Forschungsarbeit bieten sich geistige Anleihen bei der Industrie geradezu an. Sie steht bei der Rekrutierung tüchtiger Nachwuchskräfte vor vergleichbaren Problemen. »Wir suchen Leute mit Ecken und Kanten, denn die glatten Gestalten bewegen heute nichts mehr.« Kirsten Hungermann zitiert in einer Arbeit über »Bewerberauswahl« und »Härtetests« den Chefpsychologen der Firma Henkel, Hagen Seibt. Sein Anspruch widerspiegelt die Erwartungen der meisten großen Konzerne. Sie bedienen sich eines Beurteilungsverfahrens, das »Assessment Center« genannt wird.

»Es testet und bewertet«, so Hungermann, »wie sich die Bewerber in schwierigen Situationen verhalten. Die Übungen simulieren Entscheidungszwänge, Mitarbeiterkonflikte und Vermittlungsprobleme, mit denen die Kandidaten in ihren späteren Führungsjobs tatsächlich konfrontiert werden«[47]. Das Schattenboxen orientiert sich an der jeweiligen beruflichen Wirklichkeit. Die Kandidaten müssen in den Ring steigen, nur die Ringrichter wissen, worauf sie achten müssen: »Logik und Systematik der Argumentation, Stabilität und Sicherheit beim Diskutieren und natürlich Durchsetzungsvermögen«.

Die meisten Übungen konzentrieren sich auf die Kommunikation. Hungermann zitiert den Allianz-Bildungschef Reinhard Leiter: »Was dem akademischen Nachwuchs heute vor allem fehlt, ist die soziale Kompetenz, die an der Uni kaum eingeübt wird.« Wie einer »mit Menschen umgehen« könne, »das erfahren sie nicht, wenn sie ihn danach fragen«.

8.3.6 Testen durch »Assessment«

Die Methode des Assessment ist ebenso einfach wie bestechend: »Im Rollenspiel oder durch schriftliche Fallstudien soll der Kandidat Organisationstalent, Führungsbegabung, aber auch strategische und analytische Fähigkeiten beweisen«[48]. Von den Kandidaten werde, so Brigitte Lentz im »Manager-Magazin«, »die Durchschaubarkeit der Methode« gelobt. Sie müßten sich »nur solchen Fragen stellen, deren Sinn sie auch verstehen«. Zudem erhielten sie nach Testende ausführlich Gelegenheit zur Diskussion.
Die Topoi der Wirtschaft sind zwar nicht auf die Justiz übertragbar, doch die Methode des Problemlösungs-Verhaltens. Wenn, wie zu vermuten, subalternes Denken eine der Hauptursachen für die Perversion des Rechts in der NS-Zeit war, stellt sich für den Richterstand die Frage nach der Justiz-Hierarchie jeden Tag neu.
Von der Standfestigkeit gegenüber rechtsfremden Einflüssen hängt – heute wie gestern – richterliche Unabhängigkeit ab; sie dürfte neben der Fachkompetenz ein wesentliches Qualifikationsmerkmal sein. Und das ließe sich durch »Assessment« testen. Die Richter und Beamten, die für das Beurteilungswesen zuständig sind, müßten nur versuchen, die in der Wirtschaft erprobten Testverfahren zu erlernen, die für die Justiz einschlägigen Themen ergäben sich dann von selbst.
Wer immer solche Tests konzipiert, könnte zum Beispiel in den Fundus des Disziplinarrechts greifen. Dort haben sich in Jahrzehnten unzählige Fälle angesammelt. Die Rollenverteilung für ein Stehgreifspiel lägen auf der Hand: auf der einen Seite ein Richter, der tatsächlich (oder vermeintlich) Amtspflichten verletzt hat und sich verteidigen muß, auf der anderen Seite ein Untersuchungsführer, der wesentliche Vorwürfe von unwesentlichen trennt, und schließlich das Dienstgericht. Das Scenario hat, wenn es sich vor sachverständigem Publikum abspielt, den unschätzbaren Vorteil, daß alle miteinander ausloten können, wieweit sich ein Richter aus der Bannmeile der Konventionen entfernen darf.
Für das »Einzel-Assessment«, das die Wirtschaft immer mehr bevorzugt, würde sich eine schriftliche Erledigung der Fallstudien anbieten. Der Richter, der eingestellt oder befördert werden will, löst die Aufgabe wie eine Examensarbeit. Die Gefahr, daß ein Prüfling, der den Fall flexibel zu entscheiden versucht, auf Betonköpfe unter den Examinatoren stößt, ließe sich zumindest relativieren, wenn allgemein bekannt ist, daß die Schlußbewertung transparent gemacht wird.

Arbeits-, sozial- und mietrechtliche Fälle oder Probleme der Gleichberechtigung, des Sorge- und Umgangsrechts, die samt und sonders soziale Kompetenz verlangen, dürften ohne Mühe bei JURIS zu erfragen sein. Die Klausur- und Diskursthemen, die sich daraus entwerfen lassen, müßten diejenigen, die über entsprechende Fallkonstellationen nachdenken müssen, und diejenigen, die sie lösen sollen, gleichermaßen elektrisieren. Im übrigen sind der Phantasie beim Aufspüren von Themen keine Grenzen gesetzt.

Die Justiz würde allerdings vor einer Schwierigkeit stehen, die auch die Wirtschaft von Fall zu Fall bewältigen muß. Das »manager magazin« definiert das Problem: »Eine weitere Tücke lauert in der Definition des Anforderungsprofils, das Auftraggeber und Berater gemeinsam festlegen. Wenn die sich auf Persönlichkeitsmerkmale einigen, die eigentlich nicht zur vakanten Position passen, kann das Ergebnis des Assessments nicht viel taugen«[49]. Der Kunde, so ein Experte, wisse oft genug selbst nicht, welcher Menschentyp in die Kultur seines Unternehmens passe.

8.3.7 *Profile gemeinsam erarbeiten!*

Das Handicap der freien Wirtschaft könnte sich für die Justiz vervielfältigen. Ist sie ein homogenes Unternehmen, das überall den gleichqualifizierten Richter sucht? Oder zerfällt der Konzern »Gerichtsbarkeit« in Einzelbetriebe, deren Spitzen – jede für sich – unterschiedliche Vorstellungen von richterlicher Unabhängigkeit und Qualifikation haben. Meinen die Justizminister und OLG-Präsidenten in Hessen oder Bayern, in Nordrhein-Westfalen oder Baden-Württemberg dasselbe, wenn sie »soziale Kompetenz« sagen oder »selbständiges Denken« beschwören? Und wie bewerten Prüfer, die etwa von einer extensiven Interpretation des Grundrechts auf Meinungsfreiheit nicht viel halten, einen Kandidaten, der mit erkennbarer Sympathie den Standpunkt des BVerfG vertritt?

Die Fragen machen zumindest eines deutlich: Wenn die Justiz mit der überfälligen Erweiterung der Qualifikationsmerkmale wirklich ernst machen will, wird es mit linearen Beurteilungen – von oben nach unten – nicht getan sein. Die Beurteiler stehen selbst auf dem Prüfstand – und mancher wird durch das Examen fallen, das er abhält. Denn alle Profile, die über die Fachkompetenz hinausgehen, lassen sich auf Dauer nur gemeinsam erarbeiten. Was etwa unter sozialer Kompetenz zu verstehen ist, läßt sich nicht verordnen, sondern kann nur im Diskurs entstehen – und dabei ist auch der Vorgesetzte bestenfalls dann Primus inter pares, wenn er über die nötige intellektuelle Autorität verfügt.

8.3.8 *Forum für Diskurse*

Diskurs setzt freilich zweierlei voraus: den Wunsch und die Bereitschaft, miteinander zu reden, aber auch einen äußeren Rahmen, in dem Gespräche stattfinden und organisiert werden können. Das Reden beschränkt sich in der Justiz weitgehend auf Kantinengespräche und auf den Gedankenaustausch zwischen Richtern, die sich nahestehen. Ein Forum, das Diskussionen über die zentralen Probleme des Berufs erlaubt, ist weit und breit nirgendwo in Sicht, wenn man von regionalen »Juristischen Studiengesellschaften« absieht, die in aller Regel aber auch nur Fachthemen behandeln.
Als beim BGH das Problem der überbesetzten Senate und die Frage nach dem gesetzlichen Richter hochkam, war das ganze Haus in Aufruhr. Das Thema, das ohne Unterschied alle betraf, wurde auf den Fluren, in der Kantine und unter vier Augen heiß diskutiert, doch ein Forum, das eine allgemeine Meinungsbildung ermöglicht hätte, gab es nicht[50]. Wenn nicht die Karlsruher »Justizpressekonferenz«, die einmal im Monat Verfassungsrichter, Bundesrichter, Bundesanwälte und Rechtsanwälte zu einem Gesprächsabend einlädt, das Thema auf die Tagesordnung gesetzt hätte, wäre es im größeren Kreis überhaupt nicht erörtert worden.
Fazit: Wenn Richter über intellektuelle Befindlichkeiten ihres Berufs reden wollen, müssen Einzelne oder Gruppierungen die Initiative ergreifen und den Diskurs in Gang setzen. Der Ablauf ist nicht anders als in jeder Laubenkolonie: Die Engagierten formulieren das Thema, das alle interessiert oder betrifft, sie laden auf einem hektographierten Bogen die anderen ein, in den Plenarsaal, die Kantine oder das Stammlokal, einer faßt Thesen oder Fragen in einem Statement zusammen, ein anderer übernimmt die Moderation, das Treffen endet mit einer Erweiterung des Horizonts oder auch, wenn nötig, mit Beschlüssen. Die hätten zwar keine bindende Wirkung, aber - wenn sie überzeugend formuliert sind - eine unheimliche Suggestionskraft, zumal dann, wenn sie von den Medien aufgegriffen werden.
Ganz selten leuchtet mal auf, wie spannend und fruchtbar solche Auseinandersetzungen über das Wesen des Rechts eigentlich sein können - abends in der Richterakademie, wenn vorher irgendein Funke übergesprungen ist oder wenn, wie nach dem Mannheimer Deckert-Urteil, plötzlich die Grundfesten des Berufs erschüttert sind. Dann, im Wechselspiel zündender Argumente, wird mitunter deutlich, daß die Jurisprudenz auch ein intellektuelles Abenteuer sein kann. Und bei manchem erwacht das Interesse, das eigene Tun zu reflektieren oder zu ergründen, von welchen Impulsen die Rechtsfindung gesteuert wird.

8.4 *Noten von anderen*

8.4.1 *Amerikanische Experimente*

Zur Qualifikation gehört auch die Fähigkeit, sich in Frage zu stellen und in Frage stellen zu lassen. Richter in anderen Ländern, mit einem weniger elitären Bewußtsein als die Deutschen, scheuen sich vor solchen Erfahrungen nicht. In den USA zum Beispiel hat sich die »Evaluation« des Gerichtswesens (Messungen und Bewertungen von Ergebnissen) mehr und mehr durchgesetzt.
Klaus F.Röhl, Professor in Bochum, berichet über diese Entwicklung in einer breit angelegten und ungewöhnlich instruktiven Abhandlung in der »Deutschen Richterzeitung«, die sich nicht nur in diesem Fall aufgeschlossener zeigt als der Berufsstand selbst. Das »Organ des Deutschen Richterbundes« muß zwar mehr Rücksicht auf das breite Spektrum der Verbandsmitglieder nehmen als etwa »Betrifft: Justiz«, doch es hat sich – trotz dieser Pflicht zu vielfältiger Rücksichtnahme – im letzten Jahrzehnt zu einem offenen, mitunter sogar progressiven Forum der Richterschaft entwickelt.
Abhandlungen – wie die von Röhl – haben schließlich nicht nur das Ziel, über Trends aus dem Ausland zu informieren, sondern auch die Absicht, nachdenklich zu machen. »Auf die Dauer«, vermutet der Bochumer Professor, »wird sich die deutsche Justiz einer analogen Entwicklung jedoch kaum entziehen können«[51]. Was sich da in den USA zum Teil anbahnt, zum Teil bereits durchgesetzt hat, muß deutschen Richtern wie eine Revolution erscheinen. Nur in einem Punkt ist der Boden vorbereitet. Einer der amerikanischen Grundgedanken wird auch hierzulande schon erörtert, daß nämlich die Justiz »Rechtsbedürfnisse (legal needs)« zu befriedigen hat und daß sie demzufolge »Dienstleistungen (legal services)« erbringt.
Es stehe außer Frage, meint Röhl, »daß die Qualität der Justiz schwerer zu ermessen ist als ihre Effizienz«[52]. Intern sei die Justiz »durch die Bindung an Recht und Gerechtigkeit auf eine bestimmte Qualitätsphilosophie festgelegt«. Extern sehe sie sich »mit einem permanenten Legitimationsdruck konfrontiert, dem sie nur durch Qualitätsarbeit, was auch immer das sei, begegnen kann«. Während in Amerika die Effizienz – ähnlich wie in Deutschland, vielleicht nur etwas intensiver – durch »Vergleich der aktuellen Daten mit den früheren Leistungsdaten eines Gerichts« oder durch Vergleich mit anderen Spruchkörpern gemessen wird, befindet sich die Qualitätskontrolle noch in der Erprobung[52].
So werden – »als einer unter anderen Standards« – auch die Erwartungen von Zielgruppen herangezogen. »In den letzten Jahren«, so Röhl, »sind Befragungen von Rechtsanwälten, Prozeßparteien und auch des allgemeinen Publikums über ihre Zufriedenheit mit dem Gericht oder sogar auch mit ei-

nem bestimmten Richter nicht mehr ganz selten«[53]. Der Maßstab, den die Amerikaner anlegen, dürfte bei keiner demokratischen Justiz auf Widerstand stoßen. »Für entscheidend hält man das Vertrauen der Bevölkerung (confidence and trust of people)«.

8.4.2 Auswirkungen auf die Gesellschaft

Gegenstand amerikanischer Studien sind »die Auswirkungen der Gerichtstätigkeit auf die Gesellschaft«, »rassische und ethnische Diskriminierung« oder die »repräsentative Zusammensetzung der Jury«[54]. Bemerkenswert findet Röhl, »daß die ›Gerechtigkeit‹ nicht mit den herkömmlichen juristisch-normativen Methoden, sondern mit sozialwissenschaftlichen Instrumenten untersucht wird«. Diskutiert werde auch die »Qualität der Konfliktsregelung durch die Gerichte« im Vergleich zu alternativen Verfahren. Dabei finde »insbesondere die Befriedungswirkung Aufmerksamkeit«.

Für die Frage nach der Reputation der Justiz gibt es 75 Indikatoren. Getestet wird, ob Richter »gegenüber dem Publikum höflich und hilfsbereit« sind, ob sie »Hör- oder Sprachbehinderten« die nötige Unterstützung angedeihen lassen, ob »die Qualität der Übersetzungen von Dolmetschern« als auszureichend anzusehen ist. »Als Instrumente dienen dazu neben den üblichen statistischen Checklisten, standarisierte Beobachtung durch Freiwillige und Sachverständige, Aktenuntersuchungen, Anwalts- und Publikumsbefragungen und praktische Tests, die in einem umfangreichen Band genau beschrieben werden«[55].

Abgedruckt sind dort die »Trial Court Perfomance Standards«. Sie wurden von einer hochrangig besetzten Kommission (bestehend aus Richtern, Court-Managern und einer Rechtsprofessorin unter Beteiligung des National Center for state courts und des United States Department of Justice) verabschiedet. Ihre Bedeutung: »Sie gelten als Empfehlung für die Eingangsgerichte« und »sind ausschließlich für die interne Selbstkontrolle, Selbsteinschätzung und Leistungssteigerung des Gerichts gedacht«.

Die Verbindungslinien zwischen der Justiz und der Außenwelt, vor allem zum Souverän, der den Richter zu seinem Tun überhaupt erst legitimiert, sind in den Vereinigten Staaten ungleich stärker als hierzulande. Röhl berichtet, daß es Umfragen unter Anwälten zur Beurteilung von Richtern schon 1873 gegeben haben soll. »In den siebziger Jahren entstanden in manchen Städten Bürgerinitiativen zur Gerichtsbeobachtung (Court watching groups).« Sie hätten allerdings keine große Bedeutung erlangt. »Wichtiger oder störender erschien die Berichterstattung in den Medien, die jährlich die zehn besten und die zehn schlechtesten Richter küren.«

Im übrigen sind die »Quellen und Methoden der Informationssammlung« vielfältig und weit gefächert. Bei der Befragung verschiedener Personenkreise steht die Anwaltschaft an erster Stelle. Kontaktiert werden aber auch »Parteien oder Angeklagte, Geschworene, Bewährungshelfer, Sozialarbeiter und Vollstreckungsbeamte«. Umfragen seien aber nur, hält Röhl fest, »ein Element für die judicial performance evaluation, also die Richterbeurteilung«. Als solche hätten sie sich indessen in den USA durchgesetzt. Daneben träten Selbstauskünfte der Richter, Statistiken und gelegentlich auch Aktenuntersuchungen. Mit Hilfe sozialwissenschaftlicher Berater würden die Bewertungsmethoden fortentwickelt. »Zur Zeit wird die Verhandlungsbeobachtung durch Richterkollegen (peer evaluation) und die Videoaufnahme von Verhandlungen zur Selbstkontrolle erprobt«[56].

Der Persönlichkeitsschutz bleibt gewährleistet. »Die im Zuge der Richterbeurteilung gesammelten Daten sind überall vertraulich«, der Richter erhält »selbst Gelegenheit zur Stellungnahme«. Vor allem: »Ergebnisse, die einzelne Richter betreffen, werden nur diesem Richter und dem Chief Justice zugänglich gemacht«. Dem Publikum würden »nur die jeweils für das ganze Gericht aggregierten Daten bekannt gegeben«.

8.4.3 *Bewertung aus deutscher Sicht*

Röhl präsentiert auch ein Resümee – die Bewertung des amerikanischen »Qualitätsmanagement aus deutscher Sicht«. Er verweist auf die Wechselwirkung von richterlicher Unabhängigkeit (»die Rückseite der Medaille«) und der Bindung an Recht und Gesetz (die »Vorderseite«). Diese Bindung sei die Hauptsache, die den Richtern gewährte Unabhängigkeit »nur Mittel zum Zweck«. Seine Schlußfolgerung: »Deshalb müssen sich auch Richter wie alle Träger eines öffentlichen Amts eine Kontrolle gefallen lassen«. Jedenfalls könne man sie nicht von vornherein als unzulässig ansehen. »Kollegiale Kontrolle gilt seit jeher als Merkmal einer Profession im engeren Sinne. Der Ruf nach öffentlicher Kontrolle ist dagegen neu.«

In Deutschland habe es 1981 auf einer Tagung der Evangelischen Akademie in Bad Boll über »Innere und äußere Kontrolle der Justiz« erste Ansätze gegeben. Seither sei das Thema aber wieder in Vergessenheit geraten. »Die Qualität der Justiz wird mehr oder weniger kategorisch für unkontrollierbar erklärt«[57]. Das müsse, wie das amerikanische Beispiel zeige, nicht das letzte Wort sein. »Es ist der Überlegung wert, ob die Justiz nicht von sich aus eine Qualitätskontrolle in Gang setzen sollte, bevor sie ihr von außen aufgezwungen wird.«

8.4.4 *Private Gerichtsbarkeit als Konkurrenz*

Röhl spricht damit ein Defizit an, das augenfällig ist – den Hang der Richterschaft, nie weiter als über den Tellerrand zu sehen. Mit dem Mangel an

Diskurs geht die Unfähigkeit einher, in Alternativen zu denken. Auffällig ist jedenfalls eines: Den Richtern in ihrer Eigenschaft als Robenträger fehlt, trotz ihres intellektuellen Handwerkszeugs und trotz ihres logischen Instrumentariums, ein wichtiger Impuls nahezu völlig – die Fähigkeit und die Bereitschaft, das Bezweifelbare zu bezweifeln.

Es fehlen nicht nur innovative Impulse, sondern auch Visionen für die Zukunft – etwa die Frage, auf welche gesellschaftlichen Entwicklungen sich die Justiz womöglich einstellen muß. Röhl erwähnt bei seinen Parallelen zur Wirtschaft die »Notwendigkeit, sich am Markt durchzusetzen« und kommt zu dem Schluß: »Dieser Notwendigkeit ist die Justiz enthoben«[58]. Ist sie das wirklich? Oder könnte es eines Tages doch Konkurrenz geben?

Keiner sollte sich täuschen: Die Monopolstellung der Justiz ist keineswegs gottgegeben. Die Frage, ob die Justiz – verschont von jedwedem Wettbewerbsdruck – ihre vordringliche Aufgabe, nämlich Streit zu schlichten, ordentlich erfüllt, stellt sich schon heute. Die scheinbar provokante Frage, was passieren würde, wenn den staatlichen Gerichten eine effiziente Konkurrenz erwüchse, ist nicht so abwegig wie sie sich anhört. Für eine Verlagerung der Kompetenzen liefert das zehnte Buch der ZPO alle erforderlichen Bausteine.

Paragraph 1025 ZPO bietet eine weitreichende gesetzliche Ermächtigung für die Installation von Schiedsgerichten. Paragraph 1040 ZPO bestimmt ohne Wenn und Aber: »Der Schiedsspruch hat unter den Parteien die Wirkungen eines rechtskräftigen gerichtlichen Urteils.« Die Betuchten der Gesellschaft machen von den Möglichkeiten, die sich da bieten, ausgiebig Gebrauch. Die Industrie hat sich längst ihre private Gerichtsbarkeit zugelegt. Für die Kontrahenten erweist sich dieser Akt ziviler Deregulierung als vernünftig und wirtschaftlich. Sie wissen nach kurzer Zeit, woran sie sind. Ein Verfahren vor dem Schiedsgericht dauert in der Regel nur wenige Monate. Es ist zwar nicht billig, kostet jedoch, weil die Instanzen fortfallen, im Endeffekt weniger als ein regulärer Prozeß.

Alternativ gedacht, liegt der Vereinbarung eine pragmatische und unsentimentale Idee zugrunde. Wer sich auf sie einläßt, hat drei Prämissen akzeptiert: Er gehört nicht zu den Anhängern einer verschwommenen Gerechtigkeits-Utopie; er unterscheidet sich von den Kunden der Justiz, die Gerichtssäle mit der ebenso idealistischen wie querulatorischen Forderung »Ich will mein Recht« bevölkern; er begnügt sich – schon bei Abschluß der Vereinbarung – mit einem bescheidenen Ziel: Wenn es zum Streit kommt, soll dieser von kompetenten Fachleuten geschlichtet werden.

Den auf Effizenz bedachten Rechtskonsumenten interessiert im Grunde genommen nur eine Frage: Ob die streitige Summe auf der Soll- oder auf der Habenseite seiner Bilanz erscheint? Genauer: Ob seiner etwaiger Verlust

von der Steuer abgeschrieben werden kann? Recht hat nach dieser Logik nur eine Funktion: Herstellung von verbindlicher Klarheit.
Dieses Rechtsverständnis wiederum kann sich auf eine Fülle von Vordenkern stützen, die den Staat über Vertragstheorien definieren. Das Gewaltmonopol, das in erster Linie die Aufgabe hat, Faustrecht zu verhindern, verliert dabei keinesfalls seinen Sinn. Auch die Schiedsgerichte sind Instanzen von Staates Gnaden. Er hat die Aufgabe, Streit in geordneten Bahnen zu schlichten, lediglich delegiert.

8.4.5 Entbehrlichkeit von Symbolen

Die Privatisierung weiter Teile der Justiz ist - unabhängig von der Frage, ob dies wünschenswert ist - jedenfalls theoretisch denkbar. Auf der Basis der ZPO könnten Serviceunternehmen entstehen, deren Zuständigkeit per Vereinbarung begründet wird. Schiedsrichter kann jede natürliche Person sein - juristische Staatsexamina sind keine Bedingung.
In der Regel setzen sich Schiedsgerichte aus drei Personen zusammen - jeweils einem, den die Kontrahenten benennen, sowie dem Obmann, auf den sich die beiden einigen müssen. Bei dieser zweckorientierten Konstellation sind weder eine Garantie der Unabhängigkeit noch eine Anstellung auf Lebenszeit vonnöten.
Der Richterschaft könnte also durchaus eine Konkurrenz erwachsen, die sie zwingt, über den eigenen Status gründlicher als bisher nachzudenken. Dabei würde zwangsläufig der Blick auf jene fallen, die bisher als zu vernachlässigende Größe behandelt worden sind: die Rechtskonsumenten.
Popper sagt: »Der Kampf zwischen Thesis und Antithesis dauert nur solange, bis irgendeine Lösung zustande kommt, die in gewissem Sinne über Thesis und Antithesis hinausgeht, und zwar durch Anerkennung ihrer Vorteile und durch den Versuch, die Stärken beider zu bewahren und ihre Schwächen zu vermeiden«[59].
Das hieße, bezogen auf das Thema, die Antithesis der Privatisierung von Recht muß nur einmal ausgesprochen werden. Allein der Gedanke an die bedrohliche Alternative könnte den notwendigen Innovationsschub auslösen - mit keineswegs irrealen Ergebnissen:
Erstens: Die euphemistische Behauptung, daß der Bürger in einer Demokratie nicht Objekt, sondern Subjekt des staatlichen Gerichtsverfahrens sei, könnte in die Wirklichkeit umgesetzt werden.
Zweitens: Das Demokratiegebot in Artikel 20 GG, das alle drei Gewalten, also auch die rechtsprechende, zur größtmöglichen Transparenz verpflichtet, würde endlich zum Tragen kommen.
Drittens: Richter wären gezwungen, sich an den Gedanken des Brüsseler

Rechtsphilosophen Chaim Perelmann zu gewöhnen, der das Auditorium als entscheidenden Faktor jedes Diskurses ansieht[60]. Recht wird bekanntlich »im Namen des Volkes« gesprochen. Und die Gerichtsprache ist nach Paragraph 184 GVG deutsch.

Wenn diese und andere Voraussetzungen gegeben sind, könnten die Rechtskosumenten womöglich sogar begreifen, was sie an unabhängigen Richtern haben.

QUELLEN: Kapitel 8

1 Urteil des 2.Strafsenats vom 14.12.1988, AZ: StR 275/88.
2 Franz Josef Düwell, BJ 1993, 139.
3 Konrad Redeker, NJW 1964, 1097.
4 RGSt 17, 193 ff.
5 Urteil: III.Strafsenat v.6.10.1890, Aktenzeichen: g.B.u.Gen.Rep.1893/90.
6 AZ: 4 D 747/1923, abgedruckt bei Ilse Staff, »Justiz im Dritten Reich«. Fischer TB 3409, S.17.
7 Juristische Wochenschrift 1929, 1148 ff.
8 Richthofen: »Die Bedeutung des Reichsgerichts im Aufbau der deutschen Rechtspflege« in »Deutsches Recht« 1933, S.484.
9 RGSt 70, 375.
10 RGSt 71, 4.
11 IV Zivilsenat, Beschluß v.11.2.1935, AZ IV B 7/35.
12 Zitiert bei Walter Hofer, »Der Nationalsozialismus - Dokumente 1933-1945«, Frankfurt 1957, unter Hinweis auf J.A.Seufferts Archiv für Enscheidungen der Obersten Gerichte in den deutschen Staaten; Band (Der dritten Folge 36, Band) München/Berlin 1937, S.65 ff.
13 III.Strafsenat, Urteil vom 4.4.1935, AZ.3 D 76/35, RGSt 69, 183/184.
14 Dieter Kolbe: »Reichsgerichtspräsident Dr. Erwin Bumke - Studien zum Niedergang des Reichsgerichts und der deutschen Rechtspflege«. C.F.Müller, Karlsruhe 1975, S.337 ff.
15 Kolbe, aaO, S.409 ff.
16 Christoph Strecker, BJ 1991,142.
17 Ingo Hurlin, BJ 1990, 236.
18 Thomas Dieterich, »Freiheit und Bindung des Richters«, RdA 1986, S.4.
19 Jörg Berkemann (Kapitel 6, Fn 35), S.312.
20 Jörg Berkemann, wie zuvor, S.314.
21 Horst Häuser, BJ 1990, 237.
22 Bernd Graefe, BJ 1994, 232.
23 Christoph Strecker, BJ 1990, 234.
24 Bernd Graefe, BJ 1994, 232.
25 Christoph Strecker, BJ 1990, 234.
26 Karl Friedrich Piorrek, DRiZ 1993, 115.
27 Rainer Voss, DRiZ 1994, 445 ff.
28 Christoph Strecker, BJ 1990, 235.
29 Christoph Strecker, BJ 1990, 234.
30 Christoph Strecker, BJ 1990, 233.
31 Christoph Strecker, BJ 1990, 235.
32 Christoph Strecker, BJ 1990, 233.
33 Christoph Strecker, BJ 1991, 142.
34 Wolfgang Nescovic, BJ 1990, 238.
35 Bernd Graefe, BJ 1994, 232.
36 Konrad Zweigert, (Kapitel 6, Fn 25), S.713.

37 Konrad Zweigert, wie zuvor, S.721.
38 Gerd Pfeiffer, (Kapitel 6, Fn 40), S.70.
39 Ulrich Vultejus, DRiZ 1993, 177 ff.
40 Ulrich Vultejus, wie zuvor.
41 Ingo Hurlin, BJ 1990, 236.
42 Christoph Strecker, BJ 1991, 142.
43 Bernd Graefe, BJ 1994, 232.
44 Konstanze Görres-Ohde, BJ 1994, 234.
45 Konstanze Görres-Ohde, BJ 1994, 233.
46 Konstanze Görres-Ohde, BJ 1994, 234.
47 Kirstin Hungermann, »Bitte recht dynamisch«, DIE ZEIT, 15.9.1989.
48 Brigitte Lentz, »Reifeprüfung«, »Manager-Magazin«, Juli 1989, S.230 ff.
49 Brigitte Lentz, wie zuvor, S.237.
50 (Kapitel 5, Fn 11).
51 Klaus F.Röhl, »Qualitätskontrolle der Justiz – eine neue Entwicklung in der Justizverwaltung der USA, DRiZ 1993, S.301 ff. (310).
52 Klaus F.Röhl, wie zuvor, S.302.
53 Klaus F.Röhl, wie zuvor, S.305.
54 Klaus F.Röhl, wie zuvor, S.306.
55 Klaus F.Röhl, wie zuvor, S.307.
56 Klaus F.Röhl, wie zuvor, S.308.
57 Klaus F.Röhl, wie zuvor, S.310.
58 Klaus F.Röhl, wie zuvor, S.302.
59 Karl Raimund Popper, in: Topitsch, »Logik der Sozialwissenschaften«, Köln-Berlin, 7.Auflage 1971, S.263.
60 Chaim Perelmann, zitiert bei Robert Alexy, »Theorie der juristischen Argumentation«, Frankfurt am Main, 2.Auflage 1991, S.199, 200.

9. Maßstab und Orientierung

9.1 *Das schweigende Gesetz*

9.1.1 *Politikrelevante Tätigkeit*

Gefahren drohen der Unabhängigkeit aus vielen Richtungen: Druck von »außen«, Druck von »oben«, Druck von »innen«. Der Richter ist (durch Garantien der verschiedensten Güte) gegen nahezu alle Attacken gewappnet – fast so wie der Held aus der Siegfried-Sage. Doch auch er hat eine verwundbare Stelle: Sein Wahrnehmungsvermögen ist empfindlich. Es muß Blitz- und Irrlichter aushalten, sich aber auch in totaler Finsternis zurechtfinden. Jutta Limbach zielte auf diesen Punkt, an dem sich die Wege zwischen geistiger Unabhängigkeit oder Abhängigkeit gabeln: »Jenseits des labilen Gleichgewichts unserer Gewaltenteilung interessiert, woher der Richter eigentlich seine Orientierungswerte nimmt, wenn das Gesetz ihm die Auskunft schuldig bleibt«[1]. Diese Frage setze freilich das Eingeständnis voraus, »daß es einen unpolitischen oder apolitischen Richter nicht geben kann«.
Den gleichen Gedanken, der nach wie vor auf innere Widerstände stößt, hatte Jutta Limbachs Vor-Vorgänger, Wolfgang Zeidler, schon 1984 ausgesprochen. Er vermißte damals die Einsicht, »daß rechtsprechende Tätigkeit politikrelevante Tätigkeit ist«[2]. Das Defizit, das er euphemistisch auf die ersten Nachkriegsjahre begrenzen wollte, besteht freilich immer noch. Zeidler verwies auf die Neigung der Konservativen, »sich selbst für unpolitisch zu halten und denjenigen, die sich um Reformen bemühten, vorzuwerfen, sie politisierten die Justiz«.
Die Debatte um die Abtreibungsreform bestätigt nicht nur diese These, sondern noch eine weitere Beobachtung Zeidlers: »Überhaupt entspricht es konservativer Denkweise, sich selbst für unpolitisch auszugeben und die eigene politische Richtung in das Gewand des Sachlich-Fachlichen zu kleiden«.
Spiegelfechtereien wie diese sind zwar nicht überwunden, doch mehr und mehr zur stumpfen Waffe geworden. Alle wissen oder ahnen: Als Wegweiser für die Rechtsprechung taugen weltanschauliche Quellen jedenfalls nicht. Sie verraten allenfalls dem Außenstehenden, wes Geistes Kind ein Richter ist. Andererseits: Der alltäglichen Mühe, möglichst wertneutrale Fixpunkte der Orientierung zu suchen, kann sich kein Richter entziehen. Vor diesem Dilemma steht er immerfort – und der Betrachter seiner Pro-

dukte ebenso. In die Verlegenheit, Recht neu zu schöpfen, kommt er häufiger, als ihm lieb (und bewußt) ist.
Er riskiert, immer wenn er über den Graben springt, seine Autonomie. Horst Sendler sieht diese Gefährdung und bedauert sie zugleich: »Je stärker die Bindung durch das Gesetz, desto unabhängiger sind wir und können wir es sein; je schwächer die Gesetzesbindung, desto stärker ist unsere Unabhängigkeit in Mitleidenschaft gezogen und in Frage gestellt«[3]. Jedenfalls könnten Unabhängigkeit und Gesetzesbindung »heutzutage nicht konfliktlos nebeneinander bestehen«. Nichts gefährde die Unabhängigkeit des Richters mehr »als die Unsicherheit darüber, woran er denn gebunden sei«.
Deshalb müßten die Richter aus dem Umstand, daß sie »politisch unverantwortlich sind« und »politisch nicht zur Rechenschaft gezogen werden können«, Konsequenzen ziehen. Das heiße: »Zurückhaltung«, »Mäßigung«, scharfe »Selbstkontrolle« und »Selbstbeschränkung«. Oder anders: Richter müßten sich davor hüten, »eigene Politik machen zu wollen«, sie hätten die Pflicht, sich selbst (»denn ein anderer kann es nicht«) »streng in die Zucht zu nehmen« und sich insbesondere »keinen generellen politischen Gestaltungsauftrag« zuzumessen.

9.1.2 *Grobmaschiges Normen-Geflecht*

Solche Beschwörungen verfehlen nicht ihren Zweck, wenn sie ein Richter mit der Autorität Sendlers ausspricht. Doch andererseits haben auch die eindringlichsten Appelle an die Einsicht auf Dauer immer nur eine begrenzte Wirkung. Hinzu kommt, daß sich der eine, scheinbar bekannte Faktor in Sendlers Gleichung, die Bindung an das Normengeflecht, bei näherem Hinsehen als große Unbekannte entpuppt.
Sobald der Gesetzgeber schwammige Paragraphen formuliert, mit Generalklauseln operiert und sich auf unbestimmte Rechtsbegriffe zurückzieht, muß der Richter ohne Netz und Seil turnen. Er ist dann genau in der Lage, die der Ex-Präsident für gefährlich hält. Wenn Sendlers Konditionalsatz stimmt, der die Ungebundenheit des Richters von der Gebundenheit an das Gesetz abhängig macht, dürfte es um die Unabhängigkeit der Richter nicht gut bestellt sein.
Selbst ein Gesetzgeber, der »eine lückenlose Kodifikation« anstrebt, gibt Thomas Dieterich zu bedenken, kann »nur Regeln für Konflikte schaffen, die ihm vorstellbar sind«[4]. Der begrenzte Erkenntnisstand führe dazu, »daß bestenfalls ein sehr grobmaschiges Geflecht von Regeln« entstehe. Das BGB etwa sei »besonders konsequent und durchdacht«. Doch letztlich werde »die Detailregelung, in der bekanntlich der Teufel« steckt, »ganz unverhohlen dem Richter zugeschoben«. Und noch ein Handicap: »Zu diesen

Geburtsfehlern der Gesetze kommt in unserer schnellebigen Zeit ihre früh einsetzende und rapide fortschreitende Altersschwäche«.

Keiner dieser Umstände ermächtigt den Richter, sich vor der Entscheidung zu drücken. Er hat dem »rechtsstaatlich durchaus begründbaren Justizgewährungsanspruch und dem allgemeinen Verbot der Rechtsverweigerung« zu genügen, meint Jörg Berkemann[5]. Im übrigen sei es schon seinen Vorfahren in Robe vor mehr als 100 Jahren nicht anders gegangen. Berkemann zitiert O.Bülow, der 1885 gesagt hatte: »Innerhalb der Schranken des Gesetzes eröffnet sich dem Richter ein weiter Spielraum selbständiger Rechtsbestimmung«[6]. Doch der Spruch, der dabei herauskommt, ist immer – darauf weist Berkemann zutreffend hin – »nicht nur kognitiver, sondern ebenso volitiver Akt konkretisierender Rechtsentscheidung«[7].

9.1.3 Unscharfe Methodenlehre

Berkemanns Erkenntnis berührt die richterliche Unabhängigkeit im Sinne Sendlers. Denn tatsächlich wirft der »sowohl rechtstheoretisch als auch verhaltenssoziologisch und psychologisch gesicherte Befund« im Hinblick auf Artikel 20 II und III GG die Frage auf, »in welcher Weise sich die Rechtsprechung demokratisch und rechtsstaatlich legitimieren kann«. Erkennbar bewegt sich der unabhängige Richter da auf unsicherem Boden. Die juristische Methodenlehre, die ihn aus diesem Dilemma erlösen sollte, ist jedenfalls – wie Dieterich hervorhebt – »von bemerkenswerter Unschärfe«[8]. Das zeige sich bereits bei der allgemein anerkannten »objektiven Gesetzesauslegung«, die sich schnell »vom historischen Willen des Gesetzgebers« entferne und »dessen Intentionen den veränderten Regelungsbedürfnissen« anpasse: »Sie ist alles andere als ›objektiv‹.«

Berkemann kommt über die Gedankenkette – Gesetz, Justizsyllogismus, Urteil – zum gleichen Schluß. Er geht davon aus, daß nur das Gesetz »Rang und Prädikat einer demokratischen Mehrheitsentscheidung« besitzt[9]; der »geforderte Begründungszusammenhang zwischen Gesetz und Urteil« solle »von dem deduktiv verstandenen Justizsyllogismus garantiert werden«. Berkemann hält dies – ähnlich wie Dieterich mit seinem Hinweis auf die Unschärfen – für einen frommen Selbstbetrug: »Dieses methodologische Erbe des alten Gesetzespositivismus kann heute indes nur als eine rechtsideologische Verbrämung der Problemlage verstanden werden«.

Überflüssig sind indes »alle diese Ansätze und Anstrengungen« keineswegs. Dieterich hält sie für wichtig, ihre Kenntnis sei »für den Richter unerläßlich«: Denn »sie bringen Ordnung in unser Denken und ermöglichen eine rationale Verständigung«[10]. Doch er warnt vor Selbsttäuschungen und macht darauf aufmerksam, daß auch die beste Methodenlehre das Unmögliche nicht möglich machen kann. Bedauerlich, aber wahr: Es fehlt nach dieser realistischen Einschätzung »ein zwingendes Verfahren der Rechtsgewinnung, dessen Ergebnisse von subjektiven Einflüssen frei und eindeutig verifizierbar oder falsifizierbar wären.«

Mit den objektiven Maßstäben ist es also nicht weit her. Die Parole »zurück zum Gesetz«, die immer wieder zu hören ist, hilft auch nicht weiter. Dieterich nimmt ihr den Nimbus: »In Wahrheit geht es auch gar nicht um die Form, sondern um den Inhalt. Nicht die Methode der Rechtsgewinnung, sondern deren Ergebnisse« würden beanstandet. »Zurück zum Gesetz« meine: »Zurück zu einem älteren Rechtsverständnis!«

Doch andererseits: Aus welcher Perspektive der Richter immer entscheiden mag – er löst, worauf der BAG-Präsident hinweist, seine Aufgabe anders als der Gesetzgeber. »Er entscheidet Einzelfälle und gibt eine Begründung, die den Anspruch erhebt«, das Urteil »nachvollziehbar und plausibel aus dem geltenden Normenbestand – zumindest aus den Wertentscheidungen der Gesetze herzuleiten«. An der Spitze des Normenbestandes, auf den Dieterich hinweist, steht die Verfassung: das Grundgesetz, namentlich seine Grundrechte. Sie wiederum geben alle wesentlichen Wertentscheidungen vor.

9.1.4 *Jurist unter vier Reichen*

Genau da liegt der Unterschied zu früheren Zeiten – und deshalb müssen auch alle Parallelen zur Juristengeneration in der Vergangenheit relativiert werden. Der Richter von heute ist – anders als seine Altvorderen – nicht mehr hilflos dem Positivismus ausgeliefert. Für die erste Hälfte die Jahrhunderts galt allerdings, worauf Hans-Ernst Böttcher zu Recht hinweist, das Phänomen der beliebigen Verwendbarkeit von Juristen. Die Ausbildung in der NS-Ära konnte nahtlos an alte Traditionen anknüpfen. Über »das im Kern autoritäre Modell« wurden, wie Böttcher meint, die jungen Juristen so »anpassungsfähig« erzogen, daß sie sich ohne Mühe »in die neue Verfassungs-, Staats- und Gesellschaftsordnung« einfügen konnten[11].

Böttcher nennt Fritz Hartungs Buch »Juristen unter vier Reichen« weise, denn der Titel enthalte, »wahrscheinlich unbewußt«, eine höhere Wahrheit: Offenbar habe »eine spezifische Geistes- und Berufshaltung des deutschen Juristen im 20. Jahrhundert darin« bestanden, »über alle historischen Epochen, Gesellschaftssysteme und Verfassungen hinweg auf der Grundlage eines einmal erlernten Instrumentariums« Jurisprudenz zu betreiben. Die auf diese Weise sozialisierten Juristen hätten sich wenig darum geschert, »ob und wie sie das Recht eines autoritären monarchistischen Staates, eines faschistischen Willkürstaates oder aber des ersten oder zweiten demokratischen Staates auf deutschem Boden anwandten«.

9.1.5 *Die Farben eines Chamäleons*

Böttchers Anamnese zeigt den Richter als schillernde Figur - als Chamäleon, das mühelos die Farbe der jeweiligen Herrschafts-Epoche annimmt. Eine Diagnose dieser wechselnden Momentaufnahmen bietet sich geradezu an: Danach erscheint die Jurisprudenz als wertneutrale Konstante, deren Güte von Variablen abhängt, die sie wiederum mal strahlend und mal schäbig aussehen lassen. Die Schlußfolgerung, daß es auf die Beschaffenheit der Variablen ankommt, ist zwingend. Wenn diese Quellen des Rechts im Dunklen liegen, wenn es wirklich keine sichere Methode gibt, um sie aufzuhellen, dann können die Resultate in der Tat nur mehr oder weniger beliebig sein.
Doch diese Phase, in der es an verläßlichen Instrumentarien fehlte, gehört - genau besehen - eigentlich der Vergangenheit an. Es sieht allerdings so aus, als ob manche diese Metamorphose noch gar nicht bemerkt hätten. So wie den Richtern die Unabhängigkeit in den Schoß gefallen ist, haben sie auch ein Verfassungs-Kapital geerbt, das sie erst noch erwerben müssen, um es zu besitzen. Im Grundgesetz sind nahezu alle Menschen- und Bürgerrechte verankert. Damit wurden tragende naturrechtliche Prinzipien, die der Richter von früher je nach Belieben aufgreifen oder ignorieren konnte, für seine Nachfahren verpflichtendes Recht.
Rechtsfortbildung hat unter der Ägide des Grundgesetzes und seiner Interpretation durch das Bundesverfassungsgericht neue Dimensionen erhalten. Qualitätssprünge, die früher Jahrzehnte benötigten, entstehen heute gleichsam über Nacht. So gesehen, hat im Jahr 1949 die einschneidendste Zäsur stattgefunden, die das deutsche Recht je erlebt hat - eine Stunde Null.
Vor dieser Zeitrechnung verlief Rechtsfortschritt in einem mühsamen und quälenden Schneckengang: Irgendwann wurde eine Idee geboren, publiziert und in Fachkreisen diskutiert. Sie repräsentierte zunächst eine Minderheitenmeinung. Es dauerte für gewöhnlich lange, bis sich der neue Denkansatz in der Gelehrtenrepublik durchgesetzt hatte - und noch länger, bis er in die Welt der Politik vorgedrungen war. Dort schmorte er dann auf der Wartebank im Vorraum zum Himmelreich.
Die Antwort auf die Frage, wie Recht entsteht und Recht vergeht, hing ausschließlich von parlamentarischen Mehrheiten ab, heute genügen fünf Stimmen im jeweils zuständigen Senat des BVerfG. Nur ein Beispiel: Die Gleichstellung von nichtehelichen und ehelichen Kindern wäre allein im normalen Gesetzgebungsverfahren vermutlich nie zustande gekommen. Wer den schleppenden Gang dieser »Reform« verfolgt hat, weiß noch gut, daß jeder Entwurf in irgendeinem der Ausschüsse unerledigt liegen blieb - spätestens, wenn das Erbrecht für den »Bankert« auf der Tagesordnung stand. Selbst ein deutlicher Appell aus Karlsruhe bewirkte nichts. Doch

dann kam die Wende über Nacht. Das BVerfG verkündete sein berühmtes Ultimatum. Tenor: Bis zum Ende der Legislaturperiode muß das Reformgesetz verabschiedet sein. Dem Bundestag blieben nur wenige Monate.

An diesem Beispiel läßt sich der Wandel im Recht besonders anschaulich illustrieren. Wenn es um elementare Grund- und Menschenrechte geht, müssen sich auch widerstrebende parlamentarische Mehrheiten fügen. Die Entscheidungen des BVerfG, deren Sammlung auf den hundertsten Band zusteuert, sind eine eindrucksvolle und spannende Dokumentation dieses Fortschritts. Pars pro toto: Deutschlands Presse- und Meinungsfreiheit, die sich weltweit sehen lassen kann, besteht – in Ermangelung eines kodifizierten Rechts – überhaupt nur aus Mosaiksteinen der Karlsruher Rechtsprechung.

Einem Staat, der – wie die Bundesrepublik – seiner Verfassungsgerichtsbarkeit eine dominierende Rolle zuweist, ist zumindest theoretisch der qualitative Sprung zu einer höheren Stufe von Demokratie gelungen. Wenn der Begriff Rechtsstaat einen Sinn hat, dann diesen. Innovative und zwingende Ideen suchen sich ihre Mehrheiten normalerweise im Parlament, aber nicht notwendig immer. Wenn der Gesetzgeber in Agonie fällt und sich zu überfälligen Anpassungen des Rechts außerstande zeigt, springen die Karlsruher Richter als Nothelfer ein. Streng genommen, ist die Verfassungsbeschwerde institutionalisierter Minderheitenschutz. Einzelne Bürger und politische Minoritäten sind nicht mehr völlig machtlos.

9.1.6 *Der Katechismus des Rechts*

Das Grundgesetz ist gleichsam der Katechismus, in dem jahrhundertelang umkämpfte Forderungen ihren Niederschlag gefunden haben. Unverbindliches ist verbindlich geworden: Von der Menschenwürde über dezidierte Persönlichkeitsrechte und den Anspruch auf körperliche Unversehrtheit bis zum Gleichheitssatz, vom Anspruch auf rechtliches Gehör und auf ein faires Verfahren bis zu ehernen Rechtsstaatsprinzipien wie »nullum crimen sine lege« oder »ne bis in idem«.

Die Unterschiede zur vorkonstitutionellen Ära sind evident und gravierend: Während sich der Richter in früheren Zeiten, wenn er sein Urteil auf ethische oder moralische Kategorien stützen wollte, auf Philosophen, Theologen oder Sozialpioniere berufen mußte, braucht er heute nur das GG und die Rechtsprechung des BVerfG zu zitieren. Er bewegt sich auf sicherem Boden. Er braucht vor allem nicht zu befürchten, daß verknöcherte Oberinstanzen seine Erwägungen vom Tisch wischen – mit dem wohlfeilen Argument: Die Prinzipien, die er herangezogen habe, seien zwar ehrenwert, hätten aber mit dem Recht rein gar nichts zu tun.

9.1.7 Kopernikanische Wende

Thomas Dieterich erinnert an die Aufbruchstimmung nach Kriegsende und an die Antinomie Gustav Radbruchs »Gesetzliches Unrecht und übergesetzliches Recht«. Er resümiert: »Allen war klar: Juristisches Denken darf sich nicht mit dem Satz begnügen: ›Gesetz ist Gesetz‹«[12]. Über dem positiven Recht müsse es »materiale Rechtsgrundsätze« geben, die »nicht oder nur unter erschwerten Voraussetzungen zur Disposition des Gesetzgebers stehen«.

Dieterich macht den Neubeginn deutlich, der mit der Verabschiedung des Grundgesetzes stattgefunden hat. Er spricht mit Blick auf die Rechtsweggarantie des Artikels 19 IV GG und »die Verfassungsbeschwerde als Rechtsbehelf für jedermann« von einer »Kopernikanischen Wende« gegenüber der »Zeit des Rechtspositivismus«. Infolge dieses Einschnitts sei dem Recht (und damit der Justiz) »eine völlig neue, eine zentrale, ja integrative Rolle zugewiesen« worden.

Das Grundgesetz, notiert Dieterich, habe »den Gedanken des überpositiven Rechts und des gesetzlichen Unrechts aufgenommen«. Es spreche »schon im ersten Artikel von den unveräußerlichen Menschenrechten als Grundlage« jeder menschlichen Gemeinschaft und binde »Gesetzgebung, vollziehende Gewalt und Rechtsprechung an die Grundrechte als unmittelbar geltendes Recht«. Vom BVerfG sei verbindlich festgeschrieben worden, »daß alle Grundrechte objektive Wertentscheidungen verkörpern, insgesamt ein Wertsystem bilden und nicht nur bei der Schaffung, sondern auch bei der Auslegung und Anwendung von Gesetzen beachtet werden müssen«. Diesen »Ansatz« habe das Gericht »in äußerster Konsequenz und mit weitreichenden Folgen zu Ende gedacht«.

Die Bedeutung dieses Anstiegs auf eine höhere juristische Bewußtseinsebene unterstreicht auch Helmut Simon. »Diesen Vorrang der Verfassung und der von ihr verbrieften Rechte haben die besten unserer Vorfahren in langer, leidvoller Auseinandersetzung den Inhabern der Staatsmacht abgerungen«[13]. Damit hätten sie »das uralte Spannungsverhältnis zwischen Macht und Recht zugunsten des Rechts entschieden«. Dem Grundgesetz weist Simon eine »Doppelfunktion« zu. Es wirke »als Richtschnur für einen immerwährenden Annäherungsprozeß an mehr Gerechtigkeit und Freiheit und zugleich als Schutz gegen die Verletzlichkeit des einzelnen in Zeiten des Wandels«.

9.1.8 Nicht nur Grenzmarkierungen

Für Richter, die bereit sind, ihre Unabhängigkeit wahrzunehmen und auszuschöpfen, bietet das Grundgesetz aus dieser Sicht eine ideale Ausgangsposition: als Fundament und als Startrampe für durchdachte Höhenflüge. Denn »die Verfassungspostulate« sind, wie Simon hervorhebt, »nicht nur Grenzmarkierungen, sondern zugleich Richtwerte für das Handeln aller Staatsorgane in den ihnen zugewiesenen Verantwortungsbereichen«[14].

Simon verweist auf »die wertorientierte Rechtsprechung des BVerfG«, die »weit über eine bloße Normsubsumtion hinausgeht«. Sie sei »schöpferisch in der Herausforderung solcher Richtwerte und Handlungspflichten« gewesen. »Charakteristisch ist beispielsweise die Ausweitung des Gleichheitssatzes als eines elementaren Gerechtigkeitsprinzips.«

Auch methodisch steht der Richter, der den Adressaten seines Urteils Gerechtigkeit widerfahren lassen will, nunmehr auf sicherem Grund und Boden. Simon erläutert die Prinzipien der Karlsruher Rechtsprechung: »Die Intensität, mit der eine angegriffene Maßnahme oder Entscheidung überprüft wird (Kontrolldichte), hängt maßgeblich vom Bestimmtheitsgrad (Regelungsdichte) des jeweiligen verfassungsrechtlichen Prüfungsmaßstabs und vom Gewicht der Maßnahme für den Betroffenen ab«[15].

Simon gibt auch die Richtung an: »Daß bei schwerwiegenden Eingriffen in klassische Freiheitsrechte eine strenge Prüfung erfolgt, entspricht dem guten Sinn der Verfassung.« Das gelte vor allem für solche Rechte, die das Grundgesetz vorbehaltslos garantiere und damit einer gesetzgeberischen Regelungsbefugnis entziehe, wie »etwa Gleichberechtigung der Geschlechter, die Glaubensfreiheit oder die Freiheit von Kunst und Wissenschaft«.

Diese, vom BVerfG verordnete Pflicht, dem Geist des Grundgesetzes Respekt zu bezeugen, setzt dann allerdings den Gesetzgeber gelegentlich unter Entscheidungsdruck. Wenn er glaubt, daß Modifikationen eines klaren Grundgesetz-Artikels in Karlsruhe keinen Bestand haben werden, und wenn er sich anders nicht zu helfen weiß, ändert er kurzerhand die Verfassung. So erging es dem Artikel 16 II GG, einem Gelöbnis von schlichter Prägnanz: »Politisch Verfolgte genießen Asylrecht.« Als die Aufnahmeanträge von Flüchtlingen, wie viele meinten, die Grenze des Erträglichen überschritten hatten, änderte der Bundestag 1993 die Verfassung mit der erforderlichen Zweidrittel-Mehrheit. Der klare Satz wurde gestrichen und durch Artikel 16a, ein ellenlanges, systemwidriges Wortungetüm, ersetzt. Die Suggestionskraft und Kompromißlosigkeit der Karlsruher Rechtsprechung kann auch, wie das Beispiel zeigt, kontraproduktive Folgen haben.

Bei Jahrhundertproblemen, zum Beispiel beim Kampf um eine Reform des Abtreibungsrechts, ist selbst das BVerfG – anders als sonst – außerstande, den Wandel durch einen Federstrich herbeizuführen. Wenn weltanschauliche Gegensätze eine Verfassungsfrage überlagern, setzen sich diese Stimmungen bis ins Gericht fort. In solchen Fällen vollzieht sich Rechtsentwicklung zwar nicht im Schneckentempo wie im politischen Raum, aber auch nur Schritt für Schritt.

In der ersten Hälfte dieses Jahrhunderts hatte sich nichts bewegt. Die Lobby der Frauen - in den Rechts- und Sozialwissenschaften, aber auch in der Politik - blieb stets in der Minderheit. Am Paragraphen 218 StGB lernten Jurastudenten bis zu den fünfziger Jahren noch die Denkschemata ihres Fachs: Der Abtreibungsversuch mit Zuckerwasser an einer nichtschwangeren Frau ist strafbar.

9.1.9 Zwei Schritte nach vorn

Dann kam Bewegung in die Sache. Beide BVerfG-Entscheidungen zum Thema Schwangerschaftsabbruch enttäuschten zwar die Reformer, namentlich die Reformerinnen. Doch letztlich wurde die Festung der starren Strafvorschriften doch geschleift. Das erste Karlsruher Urteil ließ Ausnahmen von der Regel des strafbewehrten absoluten Abtreibungsverbots zu und gab den Weg für eine modifizierte Indikationsregelung frei. Die zweite höchstrichterliche Entscheidung von 1993 kassierte zwar das Reformgesetz, billigte aber im Grundsatz die Fristenlösung. Wenn sich nach einigen Jahren der Rauch verzogen hat, wird sich herausstellen, daß dies im Endeffekt auch ein Schritt nach vorn war.

Das aktuelle Echo indessen war zwiespältig. Der Eindruck, daß sich die Mehrheit im Zweiten Senat des BVerfG als Ersatzgesetzgeber betätigt hatte, drängte sich geradezu auf[16]. Tatsächlich stellten die 17 Leitsätze und 21 Ausführungsbestimmungen des Urteils vom Duktus und von der Intention her Normen dar - ein Quasi-Gesetz. Unter dem Aspekt, der hier in Rede steht, heißt das: Die Richter hatten ihre Unabhängigkeit bis zur Neige ausgeschöpft. Die Frage, ob solche Ausdehnung der Kompetenzen zulässig ist oder nicht, wird sich selten befriedigend beantworten lassen. Klare Fronten sind nie auszumachen, sie wechseln, denn die Kritik am Verfahren wird in der Regel vom Ärger über den Inhalt gesteuert.

9.2 Rechtsprechung als Kunst

9.2.1 Kein bloßer Subsumtionsvorgang

Gerd Pfeiffer hält das mixtum Compositum aus Gefühl und Vernunft, das zumeist Gegenstand der heftigen Kritik ist, für unvermeidlich - und er spricht diese Erkenntnis mit erfrischender Offenheit aus. »Ein Zustand völliger innerer Freiheit zur Ermöglichung einer optimalen Bindung an Gesetz und Recht ist aber«, so findet er, »nicht nur unerreichbar - er wäre nicht einmal wünschenswert«[17]. Grundeinstellung und Vorverständnis des Richters seien »nicht etwa bedauerliche« Begleiterscheinungen der Rechtsfindung, sondern »notwendige Voraussetzungen«. Für den ehemaligen BGH-Präsidenten ist die Gesetzesanwendung »kein bloßer Subsumtionsvorgang«, er sieht in ihr einen »wertenden Akt der Rechtsschöpfung«.

Pfeiffer steht mit dieser Meinung nicht allein, und er verrät damit auch kein Geheimnis – wenngleich die Unsicheren unter den Richtern, und das sind nicht wenige, dieser Hintergrundinformation allzu gern den Stempel »streng vertraulich« aufdrücken würden. Wenn die Rechtsfindung ein kreativer Akt ist, zeigt sie naturgemäß auch mehr offene Flanken. Richter wissen oder ahnen zumindest, daß ein Urteil, das wie das Ergebnis einer mathematischen Operation daherkommt, eher Akzeptanz findet als ein Kunstwerk, das stets dem Geschmack unterworfen ist, über den man bekanntlich streiten kann.

Die Berufung auf Methodenlehren wird, so gesehen, noch fragwürdiger. Namentlich Richter, die – wie die Mitglieder des BVerfG – nur noch den blauen Himmel über sich haben, bedienen sich denn auch je nach Bedarf. Wer in den Entscheidungsbänden des hohen Gerichts Antwort auf die Frage sucht, welche der herkömmlichen Auslegungskriterien er wann anwenden soll, ist am Ende verwirrter als zu Beginn. Auch das BVerfG hat keine verbindliche Handlungsanweisungen gefunden – für sich selbst nicht und auch für andere nicht.

Doch Abstufungen wie etwa in der Malerei – vom Handwerk über das Kunsthandwerk bis zur Kunst – sind auch in der Jurisprudenz nicht ausgeschlossen. »Im ausfüllungsbedürftigen Raum«, meint Konrad Zweigert, stehe »keineswegs alles willkürlich zur Wahl«[18]. Vieles werde durch »verbindliche Grundsätze angewandter Richterkunst« reguliert. An erster Stelle nennt auch Zweigert die »Verfassungsprinzipien«. Streng genommen, löst sich aus dieser Sicht sogar der scheinbare Widerspruch zwischen »Ideologie und Recht« auf.

Bernd Rüthers konstatiert in seiner beeindruckenden Untersuchung, daß »jede Staatsform und jede staatliche Machtausübung« dazu tendiere, »eine systemgemäße Staatsideologie zu entwickeln, welche die jeweilige Herrschaftsform legitimiert«[19]. Das Ziel sei, »über die Faktizität der Machthabe hinaus die Akzeptanz der Staatsbürger« zu erringen. »Machthabe strebt nach Legitimationsideologie«. Diesen Obersatz kann die Bundesrepublik guten Gewissens für sich gelten lassen. Die »systemgemäße Staatsideologie« steht im Grundgesetz. Sie »legitimiert« sich über die Rechtsprechung des BVerfG.

Es lohnt sich, darüber nachzudenken, wie diese Staatsideologie »Akzeptanz« beim Bürger finden kann. Der Richter wie der Souverän, der ihn zu seinem Tun überhaupt erst ermächtigt, stehen in einem bedingten Verhältnis zueinander: Ohne ihren Diskurs, ohne Signal und Echo, läßt sich Recht

nicht zum Leben erwecken. Der kleine Finger, den das formalisierte Recht reicht, ist das Öffentlichkeitsprinzip – die ganze Hand Artikel 5 GG.
Klaus Adomeit weist auf Wechselwirkungen hin, etwa auf die Tatsache, daß die von den Gerichtsverfassungen vorgesehene Öffentlichkeit auf die Rechtsprechung einwirkt – »als reales oder gedachtes Publikum, vor dem Argumente und Entscheidung Bestand haben sollen«[20]. Weiter: Der Laie fühle sich angesprochen, herausgefordert, zum Engagement aufgerufen; er entwickle, wie sonst nur in der Politik, Leidenschaft, gelegentlich bis zum Fanatismus gesteigert. Die Reaktionen auf die Entscheidung des BVerfG zur Abtreibung, zur Bodenreform oder zum Soldatenmörder-Zitat sind eine Bestätigung für Adomeits These.

9.2.2 Bürger ohne Sprachrohr

Doch angesichts der Vielzahl von Urteilen, die täglich ergehen, sind das Ausnahmen. In der Regel bleiben die Bürger stumm im Hintergrund, der aktive Beitrag zum Recht ist ihnen verwehrt. Sie haben kein Sprachrohr, das ihre Wünsche zur Geltung bringt, kein Forum, auf dem sie sich artikulieren könnten. Plebiszitäre Einflüsse erlaubt das Grundgesetz, was bedauerlich genug ist, noch nicht mal in der Politik, geschweige denn im Recht.
In den Bereichen freilich, in denen sich der Richter den Zeitströmungen nur schwer entziehen kann, findet durchaus eine – nicht meßbare – Osmose zwischen Volksmeinung und Rechtsprechung statt. Die Bereitschaft des einzelnen Richters, sich solchem Drängen zu öffnen, wächst vermutlich in dem Maße, in dem er sich (jenseits von schichtenspezifischen Barrieren) als Teil einer Gruppe fühlt, etwa in seiner Eigenschaft als Mieter, als Konsument, als Vater oder Autofahrer. Wenn sich ein Grundkonsens aufzulösen beginnt, registriert er das zu allererst in der eigenen Familie.

9.2.3 Rede und Gegenrede

Die Gesprächspartner des Richters, im Dienst, aber auch in seinem Umfeld, sind wie er selbst Teilhaber aller öffentlichen Kontroversen und sie profitieren tagtäglich von der Meinungsfreiheit. Deren Bedeutung definiert das BVerfG im Lüth-Urteil: »Erst im Widerstreit der in gleicher Freiheit vorgetragenen Auffassungen kommt die öffentliche Meinung zustande, bilden sich die einzelnen angesprochenen Mitglieder der Gesellschaft ihre persönliche Ansicht«[21].
Waffengleichheit gehört nach ihrem Verständnis dazu: Der Wert eines Grundrechts zeige sich »gerade auch darin, daß jeder von ihm Gebrauch machen kann.« Wer sich durch die öffentliche Äußerung eines anderen ver-

letzt fühle, könne ebenfalls vor der Öffentlichkeit erwidern. Rechtsprechung ist von diesem Disput selbstverständlich nicht ausgenommen.
Im »SPIEGEL«-Urteil schließlich verhalf das BVerfG dem Transparenzgebot aus Artikel 20 II GG zur Geltung und unterstrich die Bedeutung der Presse als Kontrollinstanz und als Mittler zwischen dem Volk und den drei Gewalten im Staat. Die Verfassungsbeschwerde des Nachrichtenmagazins gegen die »Nacht- und Nebel«-Aktion endete in der Residenz des Rechts 1966 zwar mit einem Patt. Vier Richter hielten die Aktion für grundgesetzwidrig, vier nicht. Doch alle acht setzten im Grundsatzteil ihres Urteils verbindliche Maßstäbe, die seither möglichen Wiederholungstätern in deutschen Amtsstuben als Warnung dienen.
Zur Stützung ihrer These, daß eine freie Presse »für die moderne Demokratie unentbehrlich« sei, verweisen die Richter auf den Souverän: »Soll der Bürger politische Entscheidungen treffen, muß er umfassend informiert sein, aber auch die Meinungen kennen und gegeneinander abwägen können, die andere sich gebildet haben«[22]. Nach Überzeugung des BVerfG hält »die Presse diese ständige Diskussion in Gang; sie beschafft die Informationen, nimmt selbst dazu Stellung und wirkt damit als orientierende Kraft in der öffentlichen Auseinandersetzung«. Durch »Rede und Gegenrede« erhielten Argumente »deutliche Konturen« und erleichterten »dem Bürger Urteil und Entscheidung«.
In einer repräsentativen Demokratie habe die Presse eine weitere Funktion: »als ständiges Verbindungs- und Kontrollorgan zwischen dem Volk und seinen gewählten Vertretern in Parlament und Regierung«. Deshalb sei der Staat verpflichtet, »in seiner Rechtsordnung überall, wo der Geltungsbereich einer Norm die Presse berührt, dem Postulat ihrer Freiheit Rechnung zu tragen«. Mit dieser Positionsbestimmung ist die Presse zwar immer noch nicht die »vierte Gewalt« im Staate, wie Gegner der »Medien-Macht« gern behaupten, doch die öffentliche und die veröffentlichte Meinung gehören wiederum im Kontext zu dieser Spruchpraxis unzweifelhaft auch zu den verfassungsrechtlichen Parametern von Gewicht. Berkemann sagt das in einem Satz: »Der Richterspruch muß durch seine Begründung an der im demokratischen Rechtsstaat unabdingbaren diskursiven Erörterung teilnehmen können«[23].
Zwei Leuchttürme, an denen sich der Richter orientieren kann, sind mithin nicht zu übersehen: die Verfassungsprinzipien und der Diskurs mit der Öffentlichkeit, mit dem Souverän. Diese Wegweisung hat mehr Bedeutung, als mancher zugeben will. Überdies befreit sie ihn von Skrupeln – solchen, die er eingesteht und solchen, die er lieber für sich behält.
Die meisten haben beim Studium Rechtstheorien und Methodenlehren als reizvolle oder als abschreckende Herausforderung erlebt – und dann im Referendariat gelernt, daß es vornehmlich auf die Präjudizienvermutung an-

kommt. Dem fertigen Juristen und wohlbestallten Richter bleibt angesichts seines Aktenbocks, der überquillt, kaum noch Zeit, das Labyrinth weiter zu ergründen. Und ihm vergeht auch die Lust dazu, weil er von den Zynikern unter den älteren Kollegen immer wieder hört, man könne in die Wundertüte der Methoden hineingreifen, es aber auch sein lassen.

Verdrängungen sind die Folge. Der Richter lebt in der Suggestion, daß sich in der Methodenlehre, deren Prioritäten er nicht zu erkennen vermag, das Geheimnis der Rechtswissenschaft verbirgt. Zu der souveränen Aussage, daß es sich hier um ein Konvolut »von bemerkenswerter Unschärfe« (Dieterich) oder »eine rechtsideologische Verbrämung der Problemlage« (Berkemann) handele, kommt er – wenn überhaupt – erst in reiferem Alter. Fatal daran ist, daß er – mit seiner unerwiderten Liebe für das Fernliegende – das Naheliegende nicht sieht: die Tatsache, daß die Grundrechte der Verfassung (und ihe Modifzierungen durch das BVerfG) in aller Regel als Maßstab und als Movens ausreichen.

9.2.4 Fall einer Fall-Reihe

Mit derlei praktischen Einsichten hat sich auch die Theorie seit langem beschäftigt. »Methode« bezeichne »beim Wort genommen«, so Rolf Gröschner, »das Vorwärtsgehen auf einem Weg (›hodos‹)« – »von hier nach dort (›meta‹)«. Das für die Philosophie der Methode Entscheidende sei dabei stets das Dort. »Denn dieses Dort, das Wohin des Weges, bestimmt die Methode: man muß immer erst wissen, wohin man will, wenn man den kürzesten Weg, die beste Vorgehensweise oder die richtige Methode wählen will«[24].

Gröschner, der – wie inzwischen viele – Rechtsfindung nicht nur als intellektuellen, sondern auch als schöpferischen Akt begreift, beschreibt den Vorgang: »Die Kunst des Richters« bestehe darin, den einzelnen Fall »als Fall einer bestimmten Fall-Reihe beurteilen und diese Beurteilung in einem verfahrensmäßig geregelten ›Gespräch‹ begründen zu können«[25]. Die Philosophie eines solchen Könnens stehe daher unter zwei Bedingungen: »Daß sie klären kann, was – erstens – die ›Reihe‹ für das Urteil und – zweitens – das ›Gespräch‹ für die Kunst bedeutet«.

9.2.5 Dialog statt Subsumtion

Voraussetzung dafür ist nach seiner Ansicht, daß das Gespräch »an die Stelle des überkommenen Subsumtionsmodells« tritt: »das Gespräch zwischen den Parteien, zwischen dem Richter und dem Gesetzgeber« – als dem »stillen Partner«. Für die Überprüfung von Argumenten gebe es »kein anderes Verfahren als den Dialog und in ihm keine andere als eine dialogische, von ihrem Ende her unbestimme Wahrheit und deshalb keine Methode«[26]. Über die Richtigkeit einer Entscheidung dürfe bis zu ihrer Rechtskraft weiter gestritten werden. »Und auch die rechtskräftige Entscheidung beendet den Streit nicht aufgrund höherer Richtigkeit oder Gerechtigkeit, sondern aufgrund praktischer Notwendigkeit«.

Gröschner erläutert das procedere, das er vorschlägt, an einem Vergleich zwischen den abstrakten Begriffen Gesundheit und Gerechtigkeit. Beide seien nicht »als solche« zu verwirklichen. »Krankes ist nach den Regeln der Heilkunst, Streitiges nach den Regeln juristischer Kunst zu behandeln«[27]. Was aber »krank« oder »streitig« sei, falle unter die Kategorie des Einzelfalls.

»Die Regeln der Kunst« beruhten »auf nichts anderem als auf den Erfahrungen, die man in der langen Reihe der Behandlung dieser Einzelfälle gemacht hat«. Gemacht würden solche Erfahrungen aber – »jedenfalls außerhalb rein handwerklicher Fähigkeiten« – immer in Sprache. »Die Sprache ist es schließlich auch, die jene Ablösung der Erfahrung vom Einzelfall ermöglicht, aufgrund deren man dann ›abstrakt‹ und ›allgemein‹ reden kann«.

Selbst diese einleuchtende Erkenntnis ist aber, wie alles in dieser Höhe, nur von begrenzter Aussagekraft. Auch die Sprache birgt, worauf Josef Esser hinweist, noch genügend Tücken in sich: »Sie ist ein Stück Vorverständnis«[28]. In ihr seien »kognitive und volitive Elemente der Beurteilung untrennbar verbunden in einem vorbestimmten Schema der Erfahrung«. Die der Sprache »eigentümlichen Modalitäten der Sozialanschauung« würden mit jedem Gebrauch »aktualisiert«.

Schon dadurch werde »der Interpretationsvorgang gesteuert« – »worüber sich jedoch der Interpret keine Rechenschaft gibt«. Mit diesen »der Sprache inhärenten Denkschemata« konstituiere sich ein »Traditionszusammenhang«, der oft »Generationen hindurch wirksam bleibt, bis sich plötzlich neue Zusammenhänge erschließen«.

Esser spricht »von einem im weitesten Sinne durch soziale Erfahrung gewonnenen kategorialen Apparat«, mit dessen Hilfe der Richter die »öffentlich« relevanten Merkmale eines Falles und der »geeigneten« Normen zu dessen Lösung »schon unbewußt auswählt, registriert und einordnet«. In diesem Mechanismus spielen zwangsläufig auch Vorurteile eine Rolle – bei Klärung der Frage nämlich, »wie der Anwendende die rechtliche Bedeutsamkeit des Falles versteht und wie er die Regelungsabsicht der in Betracht kommenden Normen begeift«[29]. Das Urteil sei »ganz offensichtlich von dem Vorverständnis sowohl der Regelungsbedürftigkeit als auch des Regelungszieles abhängig«.

Der gute Richter werde deshalb nicht, rät Hans H. Paehler »die juristisch richtige Lösung suchen, sondern die richtige Lösung juristisch möglich machen«[30]. Eine solche Entscheidung werde »nicht vom (gefühllosen)

Recht diktiert, sondern von der (mehr oder weniger einfühlsamen) subjektiven Deutung des Richters«.
Berkemann beleuchtet diesen Aspekt unter Berufung auf Sigmund Freud und gibt zu bedenken, daß es »naturgemäß nicht gerade bequem« sei, seine Gefühle »wissenschaftlich zu bearbeiten«. Hinweise auf die eigene richterliche Überzeugung stellten »keinen Begründungsersatz dar«. Sie erlägen »der besonderen Gefahr zu kognitiven oder normativen Leerformeln«[31].

9.2.6 Launenhaftes Richterbewußtsein

Wer indes gegen Paehlers Appell, sich bewußte Emotionen zu gestatten, vordergründig aufbegehrt, muß wohl zunächst mal prüfen, inwieweit er selbst voller unbewußter Gefühle steckt. »Da das Patriarchat nur an seinen äußeren Rändern Reflexionen zuläßt, wird es«, vermutet Philipp Heinisch, »immer von dem bestimmt und geleitet, worüber er sich am meisten erhaben dünkt: von den Gefühlen«[32].
Solche Gefühle – manchmal sind es auch Ressentiments – spiegelten sich »in althergebrachten Vorstellungen von Wert und Unwert«. Von Ausnahmen abgesehen, meint er, »schwimmen die Juristen genauso auf den Wogen der kollektiven Gefühle wie jeder andere ›durchschnittlich handelnde und denkende Mensch‹ auch«. Mitunter diene der Begriff vom »richterlichen Vorverständnis« auch dazu, »das launenhafte Richterbewußtsein« soziologisch zu umschreiben[33].
Durchschnittlichkeit einzugestehen, fällt allen schwer, zwei Berufen besonders. »Justiz wie Medizin vermeiden es sorgfältig«, notiert Gisela Friedrichsen, »die Gebrechlichkeit ihrer Einrichtungen, die Grenzen ihrer Kunst, ihre Abhängigkeiten, ihre Fehlschläge und Versäumnisse offen darzulegen. In erhabenen Worten wird beschwichtigt, weggeschoben, relativiert«[34].
Diese verbreitete, aber weitgehend verdrängte Befindlichkeit erklärt vielleicht den Widerstand, der Esser entgegenschlug, als er den Begriff »Vorverständnis« in die Jurisprudenz einführte. Viele Juristen, »die an der Feststellung festhalten, das Gesetz verlange bindend seine ›objektive Anwendung‹ und sonst nichts«, hätten sich durch seine »Analyse«, »ja schon durch das Wort ›Vorverständnis‹ befremdet« gefühlt. Sie fürchten, vermutet Esser, eine »Aushöhlung« des Fundaments, »des juristischen Legitimations-Verständnisses«[35].

9.2.7 Das Phänomen der Wertungswidersprüche

Die von Esser apostrophierte Grundhaltung – »objektive Anwendung und sonst nichts« – erklärt, warum Richter die Wertungswidersprüche des Rechts, mit dem sie arbeiten, widerspruchslos ertragen. »Welcher Richter«, fragt Heinisch, »reflektiert heute über Staatsräson?« Wie der Papst »ex cathedra« immer »die absolute Wahrheit« verkünde, habe die Staatsräson »immer Recht« – und alle anderen Interessen hätten sich »ihr unterzuordnen«[36]. Deshalb dürfe »der Staat« durchaus »Geschäfte mit der Unterwelt machen (Kronzeugenregelung) oder an Geschäften, die Mord, Totschlag oder der Verbreitung von Sucht dienen (Waffenhandel, Taback, Alkohol) durch Steuern teilhaben«.

Noch evidenter sind die Wertungswidersprüche, auf die Heribert Prantl hinweist. Dem deutschen Strafrecht, so klagt er, »bedeuten Geld und Vermögen mehr als das Leben und die körperliche Unversehrtheit«[37]. Nicht der Schläger und Messerstecher, auch nicht der Vergewaltiger sei der größere Verbrecher, sondern der Dieb und der Räuber. Prantl führt als Beleg den Prozeß gegen zwei Täter an, die ein Camping-Paar am Oldenstätter See überfallen, das Zelt mitgenommen und das Mädchen vergewaltigt hatten. Sie bekamen fünf Jahre für den schweren Raub (die Wegnahme des Zeltes) und vier Jahre für die Vergewaltigung und die sexuelle Nötigung.

Pantl: »Die Mindeststrafe bei einer Vergewaltigung, bei der das Opfer stirbt, ist identisch mit der Mindeststrafe für einen Bankraub mit einer Spielzeugpistole«. Die Strafmöglichkeiten beim sexuellen Mißbrauch von Kindern endeten dort, »wo die Strafe beim Handtaschenraub gerade erst beginnt: bei fünf Jahren«.

Sensible Zeitgenossen – Juristen wie Laien – empfinden den Abgrund an Zynismus, der sich da im Recht auftut, als skandalös. Auf Richter, die das Unverständliche mit der Systematik des StGB zu rechtfertigen suchen, dürfte eine Diagnose Berkemanns zutreffen: »Die Unmöglichkeit einer durchgehenden Legitimierung der richterlichen Entscheidung aus dem Gesetz hat zu Scheinbegründungen geführt. Dies immer noch ernsthafte Problem steht mit dem Postulat der Wahrhaftigkeit in Widerspruch«[38]. Nicht zu begreifen ist jedenfalls, warum bisher noch kein Gericht dieses eklatante Wertungsgefälle irgendwann in Karlsruhe vorgelegt hat.

Die konkrete Normenkontrolle wäre nicht nur bei diesem Stoff ein gangbarer Weg. Mutigen Richtern käme, worauf Helmut Simon hinweist, die »Weisheit der Verfassung« zugute, die »durch die allgemeine, inhaltlich unbestimmte Fassung mancher Postulate sowohl die Weiterentwicklung offenhält, als auch einen breiten Konsens innerhalb einer pluralistischen Gesellschaft ermöglicht«[39]. Für die »Offenheit« der Verfassung ist der Familienbegriff in Artikel 6 GG ein illustratives Beispiel. Und mancher liberale Verfassungsrechtler ist im Nachhinein noch nicht mal böse, daß die aus dem eigenen Lager vorgeschlagene GG-Ergänzung in der Gemeinsamen Verfassungskommission gescheitert ist. So bleibt die Garantie offen.

Viel besagt sie wirklich nicht: Artikel 6 GG hat – noch im Glauben an eine heile Welt – nicht nur die Ehe, sondern auch die Familie unter den besonderen Schutz des Staates gestellt. Mehr verrät das vollmundige Versprechen nicht. Auf die Frage, was unter Familie zu verstehen sei, hüllt sich nicht nur die Verfassung in Schweigen, sondern auch das gesamte kodifizierte Recht – ein Zustand, an dem sich in absehbarer Zeit nichts ändern wird.

9.2.8 *Freiräume des Rechts*

Ob es gefällt oder nicht: Die Familie wird auch weiterhin zu den wenigen Begriffen gehören, denen unsere ansonsten durchformulierte Werteordnung eine Legaldefinition versagt. Es bleibt alles beim alten: Das Grundgesetz verwendet die Sentenz wie eine evidente Wahrheit, die keines weiteren Beweises bedarf. Doch diese Lücke muß kein Verhängnis sein. Sie kann, der gesellschaftlichen Entwicklung angepaßt, immer ausgefüllt werden.

Das Schweigen der Legislative könnte die Stunde der Judikative sein. Sie überschritte nicht mal ihre Grenzen, wenn sie sich eines Themas bemächtigt, das ihr zum freien Gebrauch offeriert wird. Artikel 6 GG ist geradezu ein Paradebeispiel für die Regel, daß offene Begriffe nicht nur interpretationsfähig, sondern auch interpretationsbedürftig sind.

Niemand kann einen Richter daran hindern, das Sozialgefüge von Vater, Mutter und Kind als Familie im Sinne des Grundgesetzes zu behandeln. Sollte dem ein Gesetz entgegenstehen, bleibt die konkrete Normenkontrolle nach Artikel 100 GG. Was sie für Möglichkeiten bietet, hat jener Tübinger Amtsrichter anschaulich bewiesen, der sich mit zwei erfolgreichen Vorlagen an das Namensrecht herangetastet und mit der dritten schließlich den Anstoß für eine tiefgreifende Reform gegeben hat[40].

Das Beispiel zeigt, daß juristische Phantasie, die sich mit Beharrlichkeit paart, durchaus zu qualitativen Veränderungen führen kann. Bislang haben deutsche Richter die Chancen, die Artikel 20 III GG bietet, kaum wahrgenommen, geschweige denn ausgeschöpft. »Rechtsprechung« ist, heißt es da wörtlich, »an Gesetz und Recht gebunden«. Das Wortpaar legt den Schluß nahe, daß der Verfassungsgeber bewußt darauf verzichtet hat, eine verbindliche Wahl zwischen Positivismus und Naturrecht zu treffen. Nach einer Epoche, in der pervertierte Normen zum Rechtsalltag gehörten, war diese Zurückhaltung ebenso verständlich wie angebracht. Für das Zugriffsrecht des einzelnen Richters spricht im übrigen ein Grundsatzurteil des BVerfG. Artikel 20, heißt es in dieser richtungsweisenden Entscheidung, die weitgehend unbemerkt geblieben ist, halte »das Bewußtsein aufrecht, daß sich Recht und Gesetz zwar im allgemeinen, aber nicht notwendig und immer decken«[41]. Gegenüber den positiven Satzungen der Staatsgewalt könne »unter Umständen ein Mehr an Recht bestehen, das seine Quelle in der verfassungsmäßigen Rechtsordnung als einem Sinnganzen besitzt«. Und dann ermuntern die Karlsruher Spitzenjuristen alle Instanzrichter förmlich zum

Selberdenken: Dieses Quentchen Mehr »zu finden und in Entscheidungen zu verwirklichen«, sei »Aufgabe der Rechtsprechung«.
Der Appell steht im Raum. Wenn sie nur wollen, dürfen Deutschlands Richter auch zeigen, was sie können.

QUELLEN: Kapitel 9

1 Jutta Limbach, »Richerliche Unabhängigkeit – ihre Bedeutung für den Rechtsstaat«, »Neue Justiz« 1995, Heft 6, Seite 1 (2).
2 Wolfgang Zeidler, DRiZ 1984, 254 (f).
3 Horst Sendler, »Zur Unabhängigkeit des Verwaltungsrichters«, NJW 1983, 1449 (1457).
4 Thomas Dieterich, »Freiheit und Bindung des Richters«, RdA 1986, 2 (3).
5 Jörg Berkemann, »Gesetzesbindung und Fragen einer ideologiekritischen Urteilskritik«, in »Menschenwürde und freiheitliche Rechtsordnung«, Festschrift für Willi Geiger, Tübingen 1974, Seite 299 f (300).
6 Berkemann, aaO, S.299.
7 Berkemann, aaO, S.301.
8 Dieterich, aaO, S.3.
9 Berkemann, aaO, S.301.
10 Dieterich, aaO, S.3.
11 Hans-Ernst Böttcher, BJ 1991, 110.
12 Thomas Dieterich, »Das Verhältnis von Recht und Politik«, in »Auftrag Grundgesetz«, Hsg. Martin Pfeiffer, Stuttgart 1989, S.46,47.
13 Helmut Simon, »Verfassungsgerichtsbarkeit«, in »Handbuch des Verfassungsrechts«, Hsg. Benda, Maihofer, Vogel, 1.Auflage Berlin-New York, 1983, Seite 1253 ff (1276).
14 Helmut Simon, wie zuvor, S.1281.
15 Helmut Simon, wie zuvor, S.1285.
16 Rolf Lamprecht, »Oligarchie in Karlsruhe: Über die Erosion der Gewaltenteilung«, NJW 1994, 3272 f.
17 Gerd Pfeiffer, »Die innere Unabhängigkeit des Richters«, in »Festschrift für Wolfgang Zeidler«, Berlin-New York, 1987, S.73.
18 Konrad Zweigert: »Zur inneren Unabhängigkeit des Richters«, in »Festschrift für Franz von Hippel«, Tübingen 1967, S.715 (unter Berufung auf Wiedeker«).
19 Bernd Rüthers, »Ideologie und Recht im Systemwechsel«, München 1992, Seiten 48, 49.
20 Klaus Adomeit, »Rechtstheorie für Studenten – Normlogik, Methodenlehre, Rechtspolitologie«, Heidelberg-Hamburg 1979, S.10.
21 »Lüth«-Urteil, BVerfGE 7, 198 ff.
22 »SPIEGEL«-Urteil, BVerfGE 20, 162 ff.
23 Jörg Berkemann (Fn 5), S.304,305.
24 Rolf Gröschner, »Die richterliche Rechtsfindung: ›Kunst‹ oder ›Methode‹?«, JZ 1983, 944 ff.
25 Rolf Gröschner, wie zuvor, S.947.
26 Rolf Gröschner, wie zuvor, S.949.
27 Rolf Gröschner, wie zuvor, S.947.
28 Josef Esser, »Vorverständnis und Methodenwahl in der Rechtsfindung«, Frankfurt am Main 1972, S.10.
29 Josef Esser, wie zuvor, S.30,31.
30 Hans H.Paehler, BJ 1990, 209.
31 Jörg Berkemann (Fn 5), S.306,307.
32 Philipp Heinisch, BJ 1993, 178.
33 Philipp Heinisch, BJ 1993, 176.
34 Gisela Friedrichsen, SPIEGEL 36/1994, S.82.

35 Josef Esser (Fn 28), S.13.
36 Philipp Heinisch, BJ 1993, 177,178.
37 Heribert Prantl, SZ 18.6.94.
38 Jörg Berkemann (Fn 5), S.306.
39 Helmut Simon (Fn 13), S.1286.
40 BVerfGE 84, 9 ff.
41 BVerfGE 34, 286.

Namensverzeichnis

Adenauer, Konrad 202
Adickes 163
Adomeit, Klaus 241
Arndt, Adolf 52
Arntzen, Friedrich 120, 121, 123, 124
Augustinowitz, Jürgen 60
Bahlmann, Kai 79
Baumbach 184
Beer, Klaus 30, 31, 156, 157, 158, 159
Benda, Ernst 40, 41, 52, 81, 84, 190
Berkemann, Jörg 169, 170, 175, 186, 179, 180, 208, 209, 233, 242, 243, 244, 246
Billing, Werner 75, 82
Böckenförde, Ernst-Wolfgang 16, 18, 186, 187, 188
Böttcher, Hans-Ernst 30, 234, 235
Bubner, Rüdiger 21
Bülow, O. 233
Bumbke, Erwin 205, 206
Caesar, Peter 26, 33, 54, 63
Däubler-Gmelin, Herta 84, 85, 95
Däubler, Wolfgang 106
Deckert, Günter 34, 35, 36, 37, 42, 43, 55, 58
Dehler, Thomas 52
Dieterich, Thomas 18, 19, 27, 54, 67, 68, 151, 168, 208, 232, 233, 234, 237, 243
Dihm, Hartmut 95
Doehring, Karl 106
Engelhard, Hans 51, 52, 53, 83
Ehrenstein, Dieter von 127
Esser, Josef 244, 245
Faller, Hans Joachim 49
Feiber 191
Filbinger, Hans 159
Franzki, Harald 112, 113, 129

Freisler 169, 193, 195, 196, 206
Freud, Sigmund 245
Friedrichsen, Gisela 245
Friesenhahn, Ernst 48, 81, 136
Funk, Winfried 91, 92, 93, 99
Gadamer 177
Geck, Wilhelm, Karl 70, 71, 74, 75, 80, 81
Geiger, Willi, 77, 78, 79, 80, 81
Geiger, Theodor 176
Geis, Norbert 82
Genscher, Hans-Dietrich 60
Gerster, Johannes 51, 63
Glück, Gebhard 93
Göhner, Reinhard 95
Görres-Ohde, Konstanze 166, 218
Graefe, Bernd 166, 210, 211, 214, 217
Grundei, Albrecht 119
Gröschner, Rolf 243, 244
Güde, Max 52
Habermas, Jürgen 23
Hannemann, Brigitte 133
Häuser, Horst 163, 164, 209, 210
Hartung, Fritz 234
Hauptmann, Gerhart 206
Heck, Philipp 170
Heider, Engelbert 93, 94
Heidegger 202
Heinisch, Philipp 29, 170, 171, 245, 246
Henrichs, Horst 103, 104
Herr, Robert 106, 107
Herzog, Roman 39, 84, 86
Hirsch, Martin 79, 80
Hitler, Adolf 42, 194, 200, 203, 206
Hochschild, Udo 163, 164
Hofstätter, Peter R. 153
Holzhaider, Hans 93, 94, 95
Hungermann, Kersten 219

Hurlin, Ingo 157, 165, 166, 207, 216, 217
Israel, Julius S. 201
Jopt, Uwe-Jörg 120, 121, 122, 123
Kaufmann, Arthur 15, 23, 24, 155, 167, 168, 170, 176, 177, 178
Kaupen, W. 179
Kelsen 79
Kerscher, Helmut 135
Kiesewetter, Ekkehard 85, 92, 96, 97, 98
Kinold, Wolfgang 31, 32, 90, 94, 98
Klein, Franz 73, 79
Kleinert, Detlef 82
Kleinknecht, Manfred 95
Knoblach, Walter 94
König, R. 179
Kohl, Helmut 34
Kriele, Martin 23, 79
Kröger, Klaus 74, 83, 96
Landfried, Christine 116
Laufer, Heinz 74
Larenz, Karl 176
Lauterbach 184
Lautmann, Rüdiger 145, 146, 147
Leibholz, Gerhard 189
Leiter, Reinhard 219
Lenz, Brigitte 220
Leonardy, Helmut 202
Leonhardt 67, 162, 215
Lewald, Walter 196
Letzgus, Klaus 161, 162
Leymann, Heinz 133
Limbach, Jutta 37, 45, 86, 231
Lindemann, Volker 164, 165, 167
Louwen, Klaus 117, 118
Mahrenholz, Ernst Gottfried 33, 53, 63, 79, 84, 85, 86, 89, 180
Marx, Karl 103
Mattick, Dierk 161
Meseke, Hedda 84
Metzger 195
Mielke, Erich 172, 177, 178
Möhring, Philipp 136, 143
Müller, Gebhardt 84
Müller-Luckmann, Elisabeth 129
Nehm, Kai 84
Nescovic, Wolfgang 30, 32, 214
Nickels, Christa 82
Noelle-Neumann, Elisabeth 28
Odersky, Walter 19, 141
Opel, Manfred 60
Orlet, Rainer 36, 37, 38, 39, 40, 41, 42, 44
Ossietzky, Carl von 22, 62
Paehler, H. 244, 245
Pakuscher, Ernst Karl 99
Panse, Winfried 133
Pehle, Rudolf 47, 48
Perelmann, Chaim 228
Peters, Karl 178
Peters, Manfred 110
Pfeiffer, Gerd 171, 203, 215, 239, 240
Piaget 173
Piorrek, Karl Friedrich 212
Pompe, Jürgen 94
Popper, Karl Raimund 20, 21, 23, 42, 151, 227
Prantl, Heribert 26, 55, 172, 246
Prestien, Hans-Christian 121
Priepke, Walter 91
Quack, Friedrich 137
Raabe, Christian 48
Radbruch, Gustav 237
Raden, Lutz von 31, 32
Rasehorn, Theo 196
Redeker, Konrad 202
Rehse 169, 195, 196
Richthofen, Prätorius von 204
Röhl, Klaus F. 223, 224, 225, 226
Rogge, Hartwig 172, 173, 174, 175
Rühe, Volker 60, 61
Rüthers, Bernd 23, 24, 29, 173, 178, 179, 240
Schäuble, Wolfgang 84
Schily, Otto 82
Schmidt-Hieber, Werner 85, 92, 96, 97, 98
Schmitt, Carl 170
Schneider, Peter 25
Schnorr, Thomas 128

Schottdorf, Egon 108
Schünemann, Bernd 111
Schultze-Rhondorf, Gerd 59, 60
Seibt, Hagen 219
Sendler, Horst 19, 30, 64, 67, 88, 89, 119, 120, 128, 130, 155, 232, 233
Simon, Dieter 16
Simon, Helmut 237, 238, 246
Stackelberg, Curt Freiherr von 106
Stamm, Barbara 93
Sternberger, Dolf 20
Strecker, Christof 25, 26, 31, 157, 159, 160, 163, 205, 210, 211, 212, 213, 214, 216
Stürner, Rolf 188
Thoma, Richard 73, 74
Tröndle, Heribert 27, 28, 29, 171
Tucholsky, Kurt 51, 62
Voss, Rainer 18, 19, 27, 64, 180, 212
Vultejus, Ulrich 215, 216
Wassermann, Rudolf 123, 124
Wenderlein, Friedrich 94
Wiebel, Markus 135, 137, 138, 139, 140, 141, 142, 148, 149, 150, 151, 152
With, Hans de 82
Zapf, Dieter 133, 135
Zeidler, Wolfgang 18, 32, 63, 69, 70, 231
Zinn, Georg August 18
Zweigert, Konrad 47, 136, 170, 171, 215, 240

Rolf Lamprecht
Richter contra Richter
Abweichende Meinungen und ihre Bedeutung für die Rechtskultur

„Publizität und Geheimhaltung verhalten sich in der Demokratie wie Regel und Ausnahme". Ausgehend von dieser Feststellung forderte schon 1968 der renommierte Verfassungsrechtler Konrad Zweigert für die dritte Gewalt zweierlei: Abkehr vom überholten Prinzip der Anonymität und Hinwendung zum Transparenzgebot des Grundgesetzes. Die Zulassung der „Dissenting Opinion" beim Bundesverfassungsgericht 1971 ist ein Schritt in diese Richtung: die Personen, die Recht sprechen, und der Dialog, den sie miteinander führen, werden der Öffentlichkeit zugänglich gemacht. Rolf Lamprecht untersucht die ideologischen Hintergründe für die Geheimniskrämerei bei Gericht. Er beschreibt zugleich die spektakulären Kontroversen beim Verfassungsgericht und belegt, wie und warum die höchste Instanz den Bürger als Souverän und als Adressat von Recht ernst nimmt, mehr als alle anderen Instanzen.

Lamprecht analysiert das Selbstverständnis der Richter, ihre rationalen und ihre emotionalen Motive. Seine Monographie wendet sich an die Akteure der dritten Gewalt und an alle, die mit ihnen (heute oder in Zukunft) zu tun haben – an Anwälte, Journalisten, mündige Bürger und alle nachwachsenden Juristen.

1992, 370 S., geb., 87,– DM, ISBN 3-7890-2599-2

 NOMOS VERLAGSGESELLSCHAFT
Postfach 610 • 7570 Baden-Baden